Heiner Lichtenstein/Otto R. Romberg (Hrsg.)
Täter – Opfer – Folgen

Schriftenreihe Band 335

Heiner Lichtenstein/Otto R. Romberg (Hrsg.)

Täter – Opfer – Folgen

Der Holocaust in Geschichte und Gegenwart

Bundeszentrale
für politische Bildung

Bonn 1995

Herausgeber: Bundeszentrale für politische Bildung
Redaktion: Dagmar Primke

Diese Veröffentlichung stellt keine Meinungsäußerung
der Bundeszentrale für politische Bildung dar.
Für die inhaltlichen Aussagen tragen die Autoren die Verantwortung.

Satz: Wetzlardruck GmbH, Wetzlar
Druck: Graphischer Großbetrieb Pößneck

ISBN 3-89331-231-5 · ISSN 0435-7604

Inhalt

Vorwort

Das Jahr 1995 war ein Jahr der Besinnung, des Rückblicks, des Ausblicks. In vielen Ländern bildete es den Anlaß, an nationalsozialistischen Terror, an Tod, Leid und Erlösung zu erinnern. Fünfzig Jahre nach dem Ende des Zweiten Weltkrieges galt es, der Opfer zu gedenken und für die neue Freiheit zu danken. Die Rückschau begann am 27. Januar dort, wo der Holocaust den größten jüdischen Friedhof der Welt hinterlassen hat: in Auschwitz-Birkenau, das an eben diesem Tag vor 50 Jahren endlich befreit worden war. Staats- und Regierungschefs aus mehr als 30 Staaten waren gekommen, um den Toten ihre Reverenz zu erweisen und zu geloben, Derartiges nie mehr zuzulassen. Doch es hat nicht einmal ein halbes Jahrhundert gedauert, ehe Geschichtsfälscher und sogenannte Revisionisten darangegangen waren, Auschwitz als Mythos, als Lüge, als Erfindung von Juden zu diffamieren. Die »Auschwitzlüge« ist der infame Versuch, den Völkermord als Legende erscheinen zu lassen. Sie hat das Gewissen und die Wissenschaft in gleicher Weise herausgefordert, der absichtsvollen Verbreitung politischer Zwecklügen entschieden entgegenzutreten.

Fünfzig Jahre nach dem Ende des Holocaust gibt es nur noch wenige Überlebende, die persönlich Zeugnis ablegen können von dem schrecklichen Geschehen einer zielstrebig geplanten und systematisch durchgeführten Vernichtung der Juden. Es ist daher mehr denn je eine wichtige Aufgabe der historischen Forschung, über den Holocaust und seine Folgen aufzuklären. Die in diesem Band zusammengestellten Beiträge fassen wichtige Erkenntnisse der Holocaust-Forschung zusammen und beschäftigen sich mit der Frage, wie wir heute der Verantwortung gerecht werden können, die sich aus dieser erschreckenden historischen Erfahrung für die Gegenwart ergibt.

Der Völkermord an den Juden war die Konsequenz nationalsozialistischen Rassenwahns. Am 20. Januar 1942 trafen sich auf der berüchtigten »Wannsee-Konferenz« Spitzenfunktionäre des NS-Regimes, um die Organisation der »Endlösung der Judenfrage« untereinander abzustimmen – von der »Erfassung« der Juden im gesamten Herrschaftsbereich der Nationalsozialisten bis zu den Massendeportationen gen Osten. Bei dieser Konferenz wurde der Völkermord keineswegs erst beschlossen. Dieser war vielmehr längst im Gange. Das zeigen die Beiträge über die Vernichtungslager ebenso wie über das »Unternehmen Barbarossa«. Das Bestreben, beide zu relativieren, also die Massenmorde in den Vernichtungslagern wie den Vernichtungskrieg in der Sowjetunion, konnte während des sogenannten Historikerstreits beobachtet werden. Es handelte sich um den Versuch, Deutschland von den schlimmsten Verbrechen zu entlasten: dem Holocaust und der Schuld am Zweiten Weltkrieg. Beide Versuche waren infam und sind gescheitert. Dies ist vor allem international angesehenen Historikern zu verdanken, die in diesem Buch die Ergebnisse der Forschung mit der gebotenen Deutlichkeit und Schärfe darlegen.

Das Jahr 1945 markierte das Ende des Zweiten Weltkriegs und das Ende der Shoah. Ob sich nach dem Versuch der Nationalsozialisten, die Juden Europas zu vernichten, in Deutschland wieder eine jüdische Gemeinschaft bilden würde, war zu jenem Zeitpunkt völlig ungewiß. Das galt auch für die verschleppten Juden, von denen viele nicht mehr in ihre osteuropäische Heimat zurückkehren konnten oder wollten. Sie fürchteten kommunistische Unterdrückung ebenso wie alten und neuen Antisemitismus. Ihr Schicksal als Folge des Holocaust wird in diesem Band ebenso behandelt wie die Lebensumstände junger Juden, deren Eltern zu den Überlebenden gehören.

Nach dem Ende des Holocaust gab es Mauern des Schweigens in Familien, Unsicherheit gegenüber dem Versuch, die Koffer auszupacken, in Deutschland zu bleiben. Gleichzeitig galt es, Vorwürfe aus anderen Staaten zurückzuweisen oder zu entkräften, nach dem Völkermord sei es jedem Juden versagt, sich im Land der Mörder niederzulassen. Auf der einen Seite nachdrücklich jüdische Interessen gegenüber dem neuen deutschen Staat zu vertreten und auf der anderen Seite den Aufbau neuer Gemeinden zu organisieren, das waren Aufgaben des Zentralrats der Juden in Deutschland. Diese Dachorganisation nannte sich aus gutem Grund nicht Zentralrat der deutschen Juden, weil viele die deutsche Staatsbürgerschaft nicht hatten und andere sie nicht wollten. Um dieser und anderen Organisationen zu helfen, »restitution« durchzusetzen – wir vermeiden bewußt das Wort »Wiedergutmachung«, weil es sie niemals geben kann –, wurde in Frankfurt eine Institution ansässig, deren Aufgaben bis heute nicht erfüllt und abgeschlossen sind. Auch dieser Aspekt gehört in den Kontext des vorliegenden Bandes.

Mit keinem Wort sind bisher die Täterinnen und Täter erwähnt worden, ohne die ja weder die Wannsee-Konferenz noch die Vernichtungslager oder das »Unternehmen Barbarossa« denkbar sind. Als im Oktober 1945 in Nürnberg vor dem Internationalen Militärtribunal der Prozeß gegen die »Hauptkriegsverbrecher« begann, war den Beteiligten nicht bewußt, welche Verwirrung der Name, unter dem dieses Tribunal bekannt wurde, später stiften sollte. Ihnen war keine andere Bezeichnung eingefallen, und so bezeichneten sie das Verfahren als Tribunal gegen »Kriegsverbrecher«. Doch die 24 Angeklagten hatten vor allem Verbrechen gegen die Menschheit und gegen die Menschlichkeit begangen. Deshalb darf in diesem Buch ein Beitrag über den Unterschied zwischen Kriegs- und NS-Verbrechen nicht fehlen. Eine Begründung dafür, daß auch eine Bilanz der NS-Prozesse zu ziehen war, erübrigt sich.

Den Abschluß des Bandes bilden Beiträge, die sich mit der Frage beschäftigen, wie den nachfolgenden Generationen der Holocaust als ewige Mahnung vermittelt werden kann. Die hier erläuterten Vorschläge sind Beispiele, nicht mehr, aber auch nicht weniger. Sie zeigen, daß es möglich ist, Holocaust-Unterricht zu erteilen. Ob das so in zehn oder 20 Jahren auch noch gelingen kann, muß die Zukunft erweisen. Längere Erfahrungen im Umgang mit Mahnen und Erinnern haben die Leiterinnen und Leiter von Gedenkstätten. Hier darf wohl eher angenommen werden, daß sich diese Formen des Gedenkens bewährt haben.

Über die Notwendigkeit und die Schwierigkeit des Gedenkens hat Bundespräsident Roman Herzog bei der zentralen internationalen Gedenkstunde in Bergen-Belsen am 27. April 1995 wichtige Gedanken geäußert. Dort hat auch – ein Vorgang mit ganz eigener Symbolkraft – eine zweite Persönlichkeit dieses Namens gesprochen: Chaim Herzog, Präsident des Staates Israel von 1983 bis 1993. Der Präsident des Volkes der Opfer zusammen mit dem Präsidenten des Landes der Täter – Versöhnung wird sichtbar. Sie soll auch durch dieses Buch gefördert werden. »Das Geheimnis der Versöhnung heißt Erinnerung«, steht im Talmud. Das gilt für Juden, Christen, Moslems und Menschen ohne religiöse Bindung.

Die Herausgeber danken der Bundeszentrale für politische Bildung für die Aufnahme dieses Buches in ihre Schriftenreihe. Mit Ausnahme der beiden Abschlußbeiträge sind alle Texte zuerst in »TRIBÜNE – Zeitschrift zum Verständnis des Judentums« erschienen. Wir hoffen, daß dieses Buch viele Leserinnen und Leser findet.

Frankfurt/Köln, im Juni 1995

Otto R. Romberg   Heiner Lichtenstein

Wolfgang Benz

»Endlösung«

Zur Geschichte des Begriffs

»Sie wissen nun Bescheid, und Sie behalten es für sich. Man wird vielleicht in ganz später Zeit sich einmal überlegen können, ob man dem deutschen Volk etwas mehr darüber sagt. Ich glaube, es ist besser, wir – wir insgesamt – haben das für unser Volk getragen, haben die Verantwortung auf uns genommen (die Verantwortung für eine Tat, nicht nur für eine Idee) und nehmen dann das Geheimnis mit in unser Grab.«[1]) Mit diesen Worten hatte Heinrich Himmler, als Chef der SS pedantischer Betreiber einer Mordmaschine und in seinem Selbstgefühl einer der Gralsritter des nationalsozialistischen Reiches, darüber gesprochen, wie »die Judenfrage« zu lösen sei. Das Auditorium der Rede bildete die politische Elite des NS-Staates. Es waren die Reichs- und Gauleiter der NSDAP, die am 6. Oktober 1943 in Posen zu einer Gauleitertagung versammelt waren, um Vorträge über die militärische, wirtschaftliche und politische Lage im vierten Kriegsjahr zu hören. Himmler redete eineinhalb Stunden lang über Probleme seines Machtbereichs, von der Partisanenbekämpfung über die Behandlung slawischer Völker, den Sturz Mussolinis und den Defätismus in Deutschland bis zu den Ersatzschwierigkeiten der Waffen-SS.

Die Ermordung der Juden im deutschen Machtbereich stand im Mittelpunkt des Referats. Niemals ist während des Dritten Reiches mit solcher Deutlichkeit über das Staatsverbrechen des Völkermords gesprochen worden. Kein einziges Mal wurde vor einem ähnlichen Kreis von Zuhörern auf die gängigen Sprachregelungen so vollkommen verzichtet. Im Drang zur Stilisierung seiner SS verwendete Himmler Metaphern aus Heldenepos und Märtyrerlitanei und brüstete sich mit der ganzen furchtbaren Wahrheit des Genozids: »Der Satz, die Juden müssen ausgerottet werden, mit seinen wenigen Worten, meine Herren, ist leicht ausgesprochen. Für den, der durchführen muß, was er fordert, ist es das Allerhärteste und Schwerste, was es gibt. . . Es trat an uns die Frage heran: Wie ist es mit den Frauen und Kindern? Ich habe mich entschlossen, auch hier eine ganz klare Lösung zu finden. Ich hielt mich nämlich nicht für berechtigt, die Männer auszurotten – sprich also, umzubringen oder umbringen zu lassen – und die Rächer in Gestalt der Kinder für unsere Söhne und Enkel groß werden zu lassen. Es mußte der schwere Entschluß gefaßt werden, dieses Volk von der Erde verschwinden zu lassen. Für die Organisation, die den Auftrag durchführen mußte, war es der schwerste, den wir bisher hatten. Er ist durchgeführt worden, ohne daß – wie ich glaube sagen zu können – unsere Männer und unsere Führer einen Schaden an Geist und Seele erlitten hätten.« Die Judenfrage werde in den von Deutschland besetzten Ländern bis Jahresende erledigt sein, verkündet er das Thema abschließend.[2])

Im folgenden Jahr erwähnte Himmler bei entsprechender Gelegenheit »die Judenfrage« und teilte etwa Generälen der Wehrmacht mit: »Sie wurde entsprechend dem Lebenskampf unseres Volkes, der um die Existenz unseres Blutes geht, kompromißlos gelöst. Ich spreche das zu Ihnen als Kameraden aus.«[3]) Ganz öffentlich, nämlich in einem 1944 unter dem Titel »Pesthauch der Welt« verbreiteten Pamphlet, begründete ein anderer prominenter Nationalsozialist den Mord an den Juden. Im Kontext der antisemitischen Tiraden, in denen keine der gängigen Stereotypen fehlten, konnte man die Behauptung Robert Leys, »der Jude« sei »in Deutschland und Europa ausgerottet«, leicht übersehen und auch den folgenden Satz als das übliche Bramarbasieren nationalsozialistischer Propagandaredner abtun: »Wir Nationalsozialisten haben in Deutschland den jüdischen Geist samt den Juden vernichtet. Wir werden auch diesen Kampf nicht eher beenden, bis das Urteil über den Juden endgültig gesprochen ist. Juda muß sterben!«[4])

Gemeinsam ist den Äußerungen Himmlers und Leys, daß sie die ungeheure Realität beim Namen nannten, von Ausrottung und Vernichtung sprachen, daß sie nicht den Begriff der offiziellen Sprachregelung benutzten, nämlich »Endlösung der Judenfrage«. Spätestens vom Frühsommer 1941 an meinten die Offiziellen des Dritten Reichs mit diesem Ausdruck die physische Vernichtung der Juden.[5]) Zusammengesetzt war das von Bürokraten erzeugte sprachliche Monstrum aus der im öffentlichen Diskurs seit dem 19. Jahrhundert geläufigen Metapher »Judenfrage« (als nicht unbedingt immer pejorative Zusammenfassung eines politischen, kulturellen, sozialen Problemfeldes), deren »Lösung« im Verständnis der Antisemiten und daher erst recht der nationalsozialistischen Ideologie immer als Ausgrenzung gedacht war und mit zunehmender Machtentfaltung des NS-Regimes radikalisiert wurde.

War die »Lösung der Judenfrage« (wenn wir von positiven Besetzungen des Begriffs zunächst absehen) also genuin ein Postulat der Antisemiten und eine Metapher nationalsozialistischer Propaganda mit noch unbestimmtem Inhalt, so wurde der Begriff von 1933 an durch Maßnahmen der Entrechtung, Ausgrenzung, Diskriminierung und Vertreibung (am deutlichsten durch die Nürnberger Gesetze von 1935 und deren Folgebestimmungen) gefüllt und schließlich in der Form »Endlösung der Judenfrage« verdichtet zum Synonym des Massenmords an allen Juden im deutschen Herrschaftsbereich.

Nach dem Novemberpogrom 1938, der die Wegmarke der nationalsozialistischen Judenpolitik bildet[6]) (als Punkt des Umschlagens von der Phase der Drangsalierung und Demütigung zur Vertreibung und Vernichtung), erweitert sich im amtlichen Sprachgebrauch der Begriff zur »Gesamtlösung« bzw. zur »endgültigen« Lösung der Judenfrage. Der semantischen Radikalisierung entsprach aber nicht ein von Anfang an festgelegter Inhalt, der etwa dem Gebrauch des Begriffs »Sonderbehandlung« in seiner Eindeutigkeit entsprochen hätte. Ein Schlüsseldokument zur Entwicklung des Sprachgebrauchs ist das »Bestellungsschreiben«, mit dem Hermann Göring als Reichsmarschall, Beauftragter für den Vierjahresplan und Vorsitzender des Ministerrats für die Reichsverteidigung am 31. Juli 1941 den Chef der Sicherheitspolizei und des SD, Reinhard Heydrich, zu Planungen autorisierte: »In Ergänzung der Ihnen bereits mit Erlaß vom 24. 1. 39 übertragenen Aufgabe, die Judenfrage in Form der Auswanderung oder Evakuierung einer den Zeitverhältnissen entsprechend möglichst günstigen Lösung zuzuführen, beauftrage ich Sie hiermit, alle erforderlichen Vorbereitungen in organisatorischer, sachlicher und materieller Hinsicht zu treffen für eine Gesamtlösung der Judenfrage im deutschen Einflußgebiet in Europa. Sofern hierbei die Zuständigkeiten anderer Zentralinstanzen berührt werden, sind diese zu beteiligen. Ich beauftrage Sie weiter, mir in Bälde einen Gesamtentwurf über die organisatorischen, sachlichen und materiellen Vorausmaßnahmen zur Durchführung der angestrebten Endlösung der Judenfrage vorzulegen.«[7])

Hinsichtlich der verfolgten Ziele ist dieses Dokument seinem Wortlaut nach noch keineswegs eindeutig. Schon der Bezug auf den Erlaß vom Januar 1939, mit dem die Forcierung der jüdischen Auswanderung beabsichtigt gewesen war[8]), könnte die Vermutung stützen, die »Gesamtlösung« hätte, in Erweiterung des Drucks zur individuellen Auswanderung, eine Umsiedlung durch Massendeportation mit anschließender Neuansiedlung der Deportierten zum Ziele gehabt. Daß davon zu diesem Zeitpunkt keine Rede mehr sein konnte, daß der Entschluß zum Völkermord bereits gefallen war, ist unter Historikern längst unstrittig. Die Tatsache, daß die Mordkommandos der Einsatzgruppen nach dem Überfall auf die Sowjetunion (22. Juni 1941) im Baltikum, in der Ukraine, in Weißrußland und Rußland gut vorbereitet tätig wurden, ist ein unabweisbares Indiz. Belege für den bereits vollzogenen Bedeutungswandel des Begriffs »Endlösung« finden sich auch in den Akten. So enthält ein Befehl des Reichssicherheitshauptamtes (RSHA), der am 20. Mai 1941 per Rundschreiben allen Staatspolizei(leit)stellen und nachrichtlich allen SD-Leitabschnitten übermittelt wurde[9]), zweimal den ausdrücklichen Hinweis »auf die zweifellos kommende Endlösung der Judenfrage«. Das konnte nur eine Steigerung der bis dato praktizierten Judenpolitik bedeuten. Die Ankündigung ist auch insofern höchst interessant, als der Anlaß des Befehls darin bestand, daß deutsche Juden, die in Belgien und Frankreich lebten, bei Behörden im Deutschen Reich Urkunden und Dokumente wie Führungszeugnisse, Reisepässe usw. anforderten, die zur Auswanderung nach Übersee benötigt wurden. Die dem Reichssicherheitshauptamt nachgeordneten Dienststellen wurden angewiesen, solchen Bitten nicht zu entsprechen. Weiter hieß es in dem RSHA-Befehl generell: »Eine Einwanderung von Juden in die von uns besetzten Gebiete ist im Hinblick auf die zweifellos kommende Endlösung der Judenfrage zu verhindern.«[10]) Welchen anderen Zweck könnte die Behinderung der Auswanderung von Juden noch gehabt haben als das Verlangen, sie im deutschen Machtbereich zu halten, um über sie verfügen zu können, d. h. sie zu vernichten?

Wenn man mit großer Sicherheit davon ausgehen kann, daß der Terminus »Endlösung« spätestens vom Frühsommer 1941 an nichts anderes mehr als Vernichtung bedeutete, so ist zu fragen, wann der Bedeutungswandel einsetzt. Am 24. Juni 1940 schrieb Heydrich an Außenminister Joachim von Ribbentrop einen Brief, in dem er auf seine Kompetenz für die »Durchführung der jüdischen Auswanderung aus dem gesamten Reichsgebiet« hinwies (Heydrich berief sich auf den Auftrag Görings vom Januar 1939 und machte entschieden deutlich, daß er bei eventuellen Besprechungen des Auswärtigen Amts zum Komplex »Endlösung« hinzugezogen werden müsse). Seit dem 1. Januar 1939 seien insgesamt 200 000 Juden aus dem Reichsgebiet ausgewandert. Aber: »Das

Gesamtproblem – es handelt sich bereits um rund 3¼ Millionen Juden in den heute deutscher Hoheitsgewalt unterstehenden Gebieten – kann aber durch Auswanderung nicht mehr gelöst werden. Eine territoriale Endlösung wird daher notwendig.«[11])

Der Chef des Reichssicherheitshauptamts meinte mit »territorialer Endlösung« das »Madagaskar-Projekt«, das seit Frühjahr 1940 Gegenstand von Planungen war. Der Gedanke, auf der französischen Kolonialinsel vor Ostafrika mit ihrem für Europäer mörderischen Klima Juden anzusiedeln, findet sich in der antisemitischen Literatur seit dem 19. Jahrhundert. Er wurde in der Zeit zwischen den Weltkriegen u. a. auch von britischen Autoren diskutiert und 1937 Gegenstand französisch-polnischer Verhandlungen, in deren Folge eine polnische Kommission vor Ort Ansiedlungsmöglichkeiten für jüdische Emigranten aus Polen prüfte. Man darf unterstellen, daß die Prüfung der Situation durch die Polen einigermaßen seriös war. Danach hätten nach Ansicht des Kommissionsmitglieds Lepecki allenfalls 40 000 bis 60 000 Menschen im madagassischen Hochland angesiedelt werden können. Leon Alter, ein anderes Mitglied, glaubte dagegen, höchstens 2000 Juden könnten auf Madagaskar angesiedelt werden.

Die deutsche Öffentlichkeit wurde von Zeit zu Zeit mit Madagaskar-Plänen konfrontiert. Julius Streicher etwa propagierte im Januar 1938 wieder einmal ein solches Deportationsprojekt: »Als der ›Stürmer‹ vor einigen Jahren davon sprach, daß die Verbringung der Juden nach der französischen Kolonialinsel Madagaskar eine Möglichkeit zur Lösung der Judenfrage darstelle, wurden wir von Juden und Judengenossen verhöhnt und als unmenschlich erklärt. Heute hat unser Vorschlag bereits Eingang in die Gedankenwelt auswärtiger Staatsmänner erhalten. Es meldete die Tagespresse, daß bei den Besprechungen, die der französische Außenminister Delbos in Warschau hatte, auch die das polnische Volk schwer bedrückende Judenfrage zur Erörterung kam. Dabei soll auch davon die Rede gewesen sein, ob nicht vielleicht ein Teil des jüdischen Überflusses aus Polen nach Madagaskar abgeleitet werden könnte. Sei dem, wie es wolle: das neue Deutschland befindet sich auf einem Weg, der zur Erlösung führt. Und über das erlöste Deutschland hinweg wird sich die Welt erlösen. Erlösen vom ewigen Juden.«[12])

Der Madagaskar-Plan war keineswegs ein philanthropisches Projekt. Das wurde auch in Diktion und Argumentation einer Rede deutlich, die Alfred Rosenberg am 7. Februar 1939 vor Vertretern der Auslandspresse und Diplomaten hielt. Er entwickelte dabei den »Vorschlag zur Lösung der Judenfrage durch Schaffung eines jüdischen Reservats auf Madagaskar oder in Guayana«, nachdem er ausführlich begründet hatte, warum Palästina »für eine weitschauende Auswandererpolitik nicht in Frage« komme und ebensowenig erwünscht sein könne wie die individuelle Auswanderung von Juden in alle Welt. Abgesehen davon, daß die Sympathien Rosenbergs den Arabern galten, hielt er einen zionistischen Staat in Palästina für unerwünscht und gefährlich, da er ein »alljüdisches Machtzentrum im Nahen Osten« darstellen würde, das als Operationsbasis weltweiter jüdischer Herrschaftsgelüste dienen werde. »Da also auch Palästina als eine Lösung für eine wirklich kompakte Siedlung der Judenheit nicht in Frage kommt und eine zerstreute Auswanderung das Problem nicht nur nicht löst, sondern rassisch und politisch Gefahren schlimmster Art für Europa und andere Länder heraufbeschwört, so bleibt eben als einzige Frage zu lösen übrig, ob und welches in sich abgeschlossene große Territorium die Demokratien bereitstellen wollen, um die Juden als Gesamtheit anzusiedeln. Dieses Territorium müßte vorsehen eine Kapazität von rund 15 Millionen Juden. Zu diesem Zweck müßten die jüdischen Millionäre und Milliardäre aus aller Welt etwa dem Büro der Evian-Konferenz in London ihre Mittel zur Verfügung stellen, was zweckmäßiger wäre, als sie in politische Hetze und Wirtschaftsboykott gegen Deutschland und für bolschewistische Propaganda innerhalb der Demokratien einzusetzen.«[13])

Der Gedanke, die Juden insgesamt an entlegener Stelle zu gettoisieren, enthielt von Anfang an Vernichtungsphantasien. Nicht von ungefähr waren Gegenden, »wo der Pfeffer wächst«, den Juden zugedacht in der Zuversicht, das tropische Klima werde sie mindestens dezimieren, wenn nicht ausrotten. So war außer Madagaskar auch Guayana zeitweise als Judenreservat in der Debatte. Auch Alaska als eisige menschenleere Wildnis war im Gespräch, und eine andere Sträflingskolonie hatte schon Ende des 19. Jahrhunderts ein antisemitischer Autor, Karl Paasch, als Variante der Ermordung vorgeschlagen. Die einfachste und praktischste Lösung der Judenfrage sei die Vernichtung. Da dies in Deutschland wohl nicht möglich und durchführbar erscheine, empfahl er als zweitbeste Alternative, die Juden nach Neu-Guinea zu deportieren. Dieses Rezept war 1892 in Danzig im »Antisemitenspiegel« veröffentlicht worden.[14])

Alfred Rosenberg machte in seiner Rede Anfang 1939 klar, daß er solchen Denktraditionen folgte: »Welches Territorium dann in Frage kommen könnte, darüber müßten naturgemäß die Besitzer dieser teilweise menschenleeren Gebiete selber entscheiden. Ob sie sich hier für Guayana entschließen oder für Madagaskar, das mag eine Zweckmäßigkeitsüberlegung sein, ein Ergebnis der Besprechungen zwischen England, Frankreich, den Vereinigten Staaten und Holland. Daß Alaska mit seinem herben nordischen Klima für die Juden zu schade wäre, liegt auf der Hand.«[15])

Ein gutes Jahr später wurde das Madagaskar-Projekt einige Wochen lang ganz ernsthaft betrieben. Die außenpolitische Situation war vollkommen verändert. Nicht mehr »die Demokratien« als Kolonialmächte würden nach dem deutschen Sieg über Frankreich und der als unmittelbar bevorstehend geglaubten Niederwerfung Englands die Verfügung über die entsprechenden Territorien haben. Man würde sie einfach erzwingen. Im Auswärtigen Amt plante Legationssekretär Franz Rademacher (er arbeitete im Judenreferat der Deutschlandabteilung D III), wie die von Frankreich abzutretende Insel Madagaskar unter deutscher Hoheit als Judengetto dienen könnte. Beflügelte die Aussicht auf Kolonialgebiete Siedlungsprojekte, die in Wirklichkeit Deportationspläne waren, so war im Frühjahr 1940 auch evident, daß Versuche zur Errichtung eines Judenreservats im Generalgouvernement in der Gegend von Lublin aus organisatorischen Gründen gescheitert waren. Im Zuge der Nisko-Aktion waren von November 1939 an insgesamt 6000 Juden vor allem aus Wien, Mährisch-Ostrau und Stettin in den Osten des Generalgouvernements deportiert worden.[16])

Zu den technischen Problemen hinzu kam der Widerstand des Statthalters im besetzten Polen, des Generalgouverneurs Hans Frank, der sich gegen Deportationen von Juden in seinen Hoheitsbereich wehrte. Vor seinen Ressortchefs verkündete er am 12. Juli 1940 in Krakau: »Sehr wichtig ist auch die Entscheidung des Führers, die er auf meinen Antrag gefällt hat, daß keine Judentransporte ins Generalgouvernement mehr stattfinden. Allgemeinpolitisch möchte ich dazu sagen, daß geplant ist, die ganze Judensippschaft im Deutschen Reich, im Generalgouvernement und im Protektorat in denkbar kürzester Zeit nach Friedensschluß in eine afrikanische oder amerikanische Kolonie zu transportieren. Man denkt an Madagaskar, das zu diesem Zweck von Frankreich abgetreten werden soll. Hier wird auf einer Fläche von 500 000 km^2 reichlich Gelände für ein paar Millionen Juden sein. Ich habe mich bemüht, auch die Juden des Generalgouvernements dieses Vorteils teilhaftig werden zu lassen, sich auf neuem Boden ein neues Leben aufzubauen. Das wurde akzeptiert, so daß in absehbarer Zeit auch hier eine kolossale Entlastung gegeben sein wird.«[17])

Hans Frank hatte sich vor allem gegen die Aussiedlung von Juden aus den annektierten westpolnischen Gebieten ins Generalgouvernement gewehrt. Ökonomische Gründe machte auch Göring gegen solche Deportationen geltend. Himmler, als Chef der SS und »Reichskommissar für die Festigung deutschen Volkstums« zuständig für Bevölkerungstransfer unter den Gesichtspunkten der Rassenpolitik, hatte im Mai 1940 in seiner berüchtigten Ausarbeitung »Über die Behandlung der Fremdvölkischen im Osten« konstatiert: »Den Begriff Juden hoffe ich, durch die Möglichkeit einer großen Auswanderung sämtlicher Juden nach Afrika oder sonst in eine Kolonie völlig auslöschen zu sehen.«[18])

Unter Federführung des Legationssekretärs Rademacher nahm der Madagaskar-Plan im Auswärtigen Amt Gestalt an. Im Juni 1940 wurden als Denkspiele erstens die Abschiebung aller Juden aus Europa, zweitens die Trennung zwischen West- und Ostjuden erwogen, die Ostjuden sollten »als Faustpfand in deutscher Hand« (Lublin?) bleiben, »um die Amerikajuden lahmzulegen«, während die Westjuden nach Madagaskar deportiert werden sollten.[19]) Die eigentliche Planung wurde freilich im Reichssicherheitshauptamt betrieben. Heydrich, der am 24. Juni 1940 Ribbentrop gegenüber so deutlich seine Zuständigkeit für die »Endlösung der Judenfrage« festgestellt hatte, beauftragte den Leiter des Referats IV B 4, Adolf Eichmann, mit der Ausarbeitung der Details.[20]) Am 15. August 1940 erhielt das Auswärtige Amt die fertige Projektbeschreibung, in der einleitend bemerkt wurde, daß »die Lösung des jüdischen Problems« im Reichsgebiet (einschließlich des »Protektorats Böhmen und Mähren«) infolge allenthalben auftretender Schwierigkeiten durch Auswanderung »in absehbarer Zeit schwer zum Ende geführt werden« könne. Nach dem »Hinzukommen der Massen des Ostens« sei »eine Bereinigung des Judenproblems durch Auswanderung unmöglich«. Vier Millionen Juden aus dem deutschen Herrschaftsgebiet seien deshalb in Madagaskar anzusetzen, denn: »Zur Vermeidung dauernder Berührung anderer Völker mit Juden ist eine Überseelösung insularen Charakters jeder anderen vorzuziehen.«[21])

Der Madagaskar-Plan ist nicht nur begriffsgeschichtlich bemerkenswert, weil die vorgeschlagenen Maßnahmen mit der Bezeichnung »Endlösung« belegt sind. Er ist auch als »logistisches und propagandistisches Sandkastenspiel zur Einübung des bald darauf geplanten und dann vollzogenen Massenmords«[22]) bedeutsam. Aber die Bedeutung des Projekts lag nicht nur darin, die Hemmschwellen deutscher Ministerialbeamter herabzusetzen, indem sie gedanklich daran gewöhnt wurden, »die Deportation von Millionen Menschen in unwirtliche und sumpfige Gegenden als Selbstverständlichkeit zu akzeptieren«.[23]) Der Madagaskar-Plan zur Errichtung »einer jüdischen Wohnstätte unter deutscher Oberhoheit«, die nach Meinung seiner Erfinder »im Innern als Polizeistaat aufgezogen«, de facto ein Großgetto mit dem Charakter eines Konzentrationslagers gewesen wäre, ist der entscheidende Schritt von der Idee der Vertreibung der Juden zu ihrer Vernichtung. Der Plan enthält schon alle Elemente der späteren Deportations- und Vernichtungspraxis, nämlich die erzwungene Mithilfe der jüdischen Organisationen beim Transport, die Ausplünderung der Juden vor ihrer Deportation (»Vermögenserfassung und -verwertung«), Transport unter katastrophalen Bedingungen. So sollten pro Person nur maximal 200 kg »nicht sperrendes« Gepäck erlaubt sein, zwei Schiffstransporte zu je 1500 Personen täglich sollten bei 120 Schiffen und 60 Reisetagen pro Jahr eine Million Juden jährlich deportieren. Bei einer vorgesehenen Zahl von vier Millionen sollte das Projekt in vier Jahren beendet sein. Zur Finanzierung sollte u. a. eine Kontribution dienen, auferlegt der »in den Westmächten ansässigen Judenschaft anläßlich des Friedensvertrages als Wiedergutmachung für jenen Schaden, der in Verfolg der Auswirkung des Versailler Vertrages durch die Juden dem Deutschen Reiche in wirtschaftlicher und sonstiger Beziehung zugefügt wurde«. Schiffsraum hoffte man im Rahmen des Friedensvertrages mit England und Frankreich zu erhalten, in den »zum Zwecke der Lösung des Judenproblems« eine entsprechende Bestimmung aufgenommen werden sollte.[24])

Weil eine wesentliche Voraussetzung fehlte, nämlich der Sieg über Großbritannien, war der Madagaskar-Plan schon bald nach seiner Fertigstellung im August 1940 Makulatur. Als Phantom einer vermeintlich humaneren Judenpolitik tat er noch einige Zeit seine Dienste in der Propaganda und der deutschen Außenpolitik, nicht zuletzt zur Verschleierung der wahren Absichten. Der inzwischen zum Legationsrat beförderte Rademacher schloß im Februar 1942 – kurz nach der Wannseekonferenz – die Akten des Madagaskar-Projekts. Er schrieb an den Afrika-Referenten der Abteilung Politik im Auswärtigen Amt, den Gesandten Bielfeld: »Im August 1940 übergab ich Ihnen für Ihre Akten den von meinem Referat entworfenen Plan zur Endlösung der Judenfrage, wozu die Insel Madagaskar von Frankreich im Friedensvertrag gefordert, die praktische Durchführung der Aufgabe aber dem Reichssicherheitshauptamt übertragen werden sollte. Gemäß diesem Plan ist Gruppenführer Heydrich vom Führer beauftragt worden, die Lösung der Judenfrage in Europa durchzuführen. Der Krieg gegen die Sowjetunion hat inzwischen die Möglichkeit gegeben, andere Territorien für die Endlösung zur Verfügung zu stellen. Demgemäß hat der Führer entschieden, daß die Juden nicht nach Madagaskar, sondern nach dem Osten abgeschoben werden sollen. Madagaskar braucht mithin nicht mehr für die Endlösung vorgesehen zu werden.«[25])

Wenn sich der Madagaskar-Plan als Vernichtungsmodell charakterisieren läßt, in dem auch der Terminus »Endlösung« in seiner dann definitiven Bedeutung verwendet wird, so fehlt ihm wegen des exotischen und irrealen Orts und der hypothetischen Planung die letzte Beweiskraft für die Absicht des Völkermords. Ein wenig bekanntes Dokument vom Dezember 1940, eine Zusammenstellung mit dem Titel »Die Judenfrage«, gibt über die Intentionen und zugleich über die Dimension, in der geplant wurde, deutlicheren Aufschluß. Es handelt sich um Notizen und einen Vermerk, offensichtlich aus Anlaß eines Vortrags beim Reichsführer SS Himmler zusammengestellt, der Zahlen über die jüdischen Bevölkerungsbewegungen (Auswanderung aus dem Altreich, aus der »Ostmark«, aus dem »Protektorat« und die »Evakuierungen« aus den westpolnischen Gebieten) enthält. Dabei wird »die Judenfrage« klar und eindeutig in zwei Phasen unterteilt, nämlich in eine »Anfangslösung der Judenfrage durch Auswanderung (durch Überführung der Initiative von den jüdisch-politischen Organisationen zu Sicherheitspolizei und SD)« und in »Die Endlösung der Judenfrage«. Unter diesem Rubrum heißt es lakonisch: »Durch Umsiedlung der Juden aus dem europäischen Wirtschaftsraum des deutschen Volkes in ein noch zu bestimmendes Territorium. Im Rahmen dieses Projektes kommen rund 5,8 Millionen Juden in Betracht.«[26])

Mit dem Überfall auf die Sowjetunion ergaben sich die von den Planern des Völkermords ersehnten Voraussetzungen. Die Einsatzgruppen waren als Mordkommandos seit Juni 1941 tätig. Aber bis zu der von Heydrich einberufenen »Besprechung mit anschließendem Frühstück« über »mit der Endlösung der Judenfrage zusammenhängende Fragen« am 20. Januar 1942 in der Villa »Am Großen Wannsee 56–58«[27]) lagen noch tarnende Schleier der Sprachregelung. Protokolliert von Adolf Eichmann, enthüllte Heydrich die Strategie im »Kampf gegen diesen Gegner«, der bisher als Druck zur Auswanderung betrieben wurde: »Das Aufgabenziel war, auf legale Weise den deutschen Lebensraum von Juden zu säubern. Über die Nachteile, die eine solche Auswanderungsforcierung mit sich brachte, waren sich alle Stellen im klaren. Sie mußten jedoch angesichts des Fehlens anderer Lösungsmöglichkeiten vorerst in Kauf genommen werden.«[28]) Bemerkenswert ist der Gebrauch der Vokabel »legal«, was darauf schließen läßt, daß man sich der Kriminalität des gewünschten Vorgehens bewußt blieb. Wichtig ist die Tatsache, daß die Auswanderung der Juden als Notbehelf bezeichnet wurde.

»Anstelle der Auswanderung« sei nunmehr als weitere Lösungsmöglichkeit nach entsprechender vorheriger Genehmigung durch den Führer die Evakuierung der Juden nach dem Osten getreten«[29]), erklärte Heydrich den versammelten Ministerialbeamten und Funktionären der NSDAP. Er verheimlichte nicht, daß die »Evakuierung« auf die physische Vernichtung von mindestens 11 Millionen Juden abzielte: »Unter entsprechender Leitung sollen nun im Zuge der Endlösung die Juden in geeigneter Weise im Osten zum Arbeitseinsatz kommen. In großen Arbeitskolonnen, unter Trennung der Geschlechter, werden die arbeitsfähigen Juden straßenbauend in diese Gebiete geführt, wobei zweifellos ein Großteil durch natürliche Verminderung ausfallen wird. Der allfällig endlich verbleibende Restbestand wird, da es sich bei diesen zweifellos um den widerstandsfähigsten Teil handelt, entsprechend behandelt werden müssen . . .«[30]) Gegenüber der Realität der Erschießungsgruben, Gaswagen und Gaskammern des Völkermords war auch dies noch sprachlich Mimikry. Aber die Absichten des NS-Regimes, die hinter dem Begriff »Endlösung« standen, waren vollkommen enthüllt.

Ganz erstaunlich ist die Ahnungslosigkeit des Reichspropagandaministers, der Anfang März 1942 eine Tirade seinem Tagebuch anvertraut, die inhaltlich aus einer schwachen Paraphrase des Wannseeprotokolls besteht und in der für Goebbels typischen selbstgefälligen Schwatzhaftigkeit alte Stereotypen und neue Informationen mischt: »Ich lese eine ausführliche Denkschrift des SD und der Polizei über die Endlösung der Judenfrage. Daraus ergeben sich eine Unmenge von neuen Gesichtspunkten. Die Judenfrage muß jetzt im gesamteuropäischen Rahmen gelöst werden. Es gibt in Europa noch über 11 Millionen Juden. Sie müssen später einmal zuerst im Osten konzentriert werden; eventuell kann man ihnen nach dem Krieg eine Insel, etwa Madagaskar, zuweisen. Jedenfalls wird es keine Ruhe in Europa geben, wenn nicht die Juden restlos aus dem europäischen Gebiet ausgeschaltet werden. Das ergibt eine Unmenge von außerordentlich delikaten Fragen. Was geschieht mit den Halbjuden, was geschieht mit den jüdisch Versippten, Verschwägerten, Verheirateten? Wir werden also hier noch einiges zu tun bekommen, und im Rahmen der Lösung dieses Problems werden sich gewiß auch noch eine ganze Menge von persönlichen Tragödien abspielen. Aber das ist unvermeidlich. Jetzt ist die Situation reif, die Judenfrage einer endgültigen Lösung zuzuführen. Spätere Generationen werden nicht mehr die Tatkraft und auch nicht mehr die Wachheit des Instinkts besitzen. Darum tun wir gut daran, hier radikal und konsequent vorzugehen. Was wir uns heute als Last aufbürden, wird für unsere Nachkommen ein Vorteil und ein Glück sein.«[31])

Der Generalgouverneur in Krakau, Hans Frank, der ja schon lange drängte, sein Herrschaftsgebiet »judenfrei« zu bekommen und der sich längst gegen den Zustrom von aus den annektierten polnischen Westgebieten vertriebenen Juden wehrte, machte im Dezember 1941 im Bewußtsein der als Vernichtung konzipierten und bereits begonnenen »Endlösung« seine Erwartungen offenbar: »Mit den Juden – das will ich Ihnen auch ganz offen sagen – muß so oder so Schluß gemacht werden.« Frank erinnerte in seiner Rede vor dem Regierungskollegium des Generalgouvernements an die öffentliche Vernichtungsandrohung Hitlers vor dem Reichstag am 30. Januar 1939[32]) und fuhr fort: »Wenn die Judensippschaft in Europa den Krieg überleben würde, wir aber unser bestes Blut für die Erhaltung Europas geopfert hätten, dann würde dieser Krieg doch nur einen Teilerfolg darstellen. Ich werde daher den Juden gegenüber grundsätzlich nur von der Erwartung ausgehen, daß sie verschwinden. Sie müssen weg. Ich habe Verhandlungen zu dem Zweck angeknüpft, sie nach dem Osten abzuschieben. Im Januar findet über diese Frage eine große Besprechung in Berlin statt. . . Aber was soll mit den Juden geschehen? Glauben Sie, man wird sie im Ostland in Siedlungsdörfern unterbringen? Man hat uns in Berlin gesagt: Weshalb macht man diese Scherereien. Wir können im Ostland oder im Reichskommissariat auch nichts mit ihnen anfangen, liquidiert sie selber! Meine Herren, ich muß Sie bitten, sich gegen alle Mitleidserwägungen zu wappnen. Wir müssen die Juden vernichten, wo immer wir sie treffen und wo es irgend möglich ist. Die Juden sind auch für uns außergewöhnlich schädliche Fresser. Wir haben im Generalgouvernement schätzungsweise 2,5, vielleicht mit den jüdisch Versippten und dem, was alles daran hängt, jetzt 3,5 Millionen Juden. Diese 3,5 Millionen Juden können wir nicht erschießen, wir können sie nicht vergiften, werden aber doch Eingriffe vornehmen können, die irgendwie zu einem Vernichtungserfolg führen, und zwar im Zusammenhang mit den vom Reich her zu besprechenden großen Maßnahmen.«[33])

Zeitpunkt und Umstände der Entschlußbildung und des Befehlsweges der »Endlösung« sind hier ebensowenig zu erörtern wie der zeitliche Verlauf und die Formen – Massaker und Deportation, Getto, KZ und Vernichtungslager – des Völkermords.[34]) Die Zahl der Opfer – sechs Millionen – ist an anderer Stelle behandelt worden.[35]) Probleme individueller und kollektiver Täterpsychologie und der Komplex Strafe und Sühne stehen hier nicht zur Debatte.[36]) Zu fragen bleibt aber, wie aus theoretischer Begrifflichkeit im Postulat einer »Lösung der Judenfrage«, in Traktaten und Pamphleten seit dem 19. Jahrhundert immer wieder erhoben, die mörderischen Aktivitäten der »Endlösung« werden konnten.

Wessen bedurfte es, um die verquasten und betulichen Erörterungen zur »Judenfrage«, die oft so akademisch wie langweilig waren[37]) und oft kaum die böse Absicht dahinter erkennen ließen[38]) oder gar eine philosemitische Haltung zum Hintergrund und Anlaß hatten[39]) und – natürlich – die haßerfüllten, aber in ihrer Diktion doch Totschlag und Massenmord weit von sich weisenden Schriften der Antisemiten[40]), aus dem Bereich allgemeiner Sprache und abstrakter Begrifflichkeit zum Vokabular der Mörder zu transformieren?

War der Umschlag vom abstrakten Reden und Eifern zum konkreten Morden genuin Sache der Nationalsozialisten, die das vorher Undenkbare erst dachten und dann unangefochten zur allgemeinen politischen Maxime erhoben, danach regierten und schließlich danach handelten und handeln ließen? Oder war die Erörterung der »Judenfrage« – bei der wir einmal davon absehen, daß sie im reaktiven Sinne auch Gegenstand jüdischer Reflexion war[41]) – von der Intention her, von allem Anfang an in ihrer ausgrenzenden Absicht der Beginn des Wegs nach Auschwitz?

Zu den langfristig folgenreichsten Publikationen gehört Eugen Dührings 1881 erstmals erschienenes Buch »Die Judenfrage«, in dem – dem Prinzip folgend, gegen einen »Ausnahmestamm« seien »Ausnahmeverhalten und Ausnahmegesetzgebung« notwendig – für rigorose Ausgrenzung plädiert wird: Nichtzulassung von Juden zum öffentlichen Dienst, insbesondere zur Justiz, »Entjudung der Presse«, gesellschaftliche Ächtung von »Mischehen«, »Mediatisierung der Hebräischen Finanzdynastien« usw.[42]) In der bildungsbürgerlichen Sprache des Wilhelminismus waren das die Forderungen, die von 1933 an als Rücknahme der Emanzipation bis zur völligen Entrechtung und Ausplünderung realisiert wurden.

Noch wirksamer und weiter verbreitet als Dührings Traktat blieb das »Handbuch der Judenfrage«, das 1907 erstmals unter diesem Titel erschienen war und in der letzten Auflage 1944 im 279.–330.Tausend stand.[43]) Wie Dühring (1833–1921) war Fritsch (1852–1933) als Schriftsteller quasi von Beruf Antisemit. Beide arbeiteten mit rassistisch argumentierenden Stereotypen (Dühring brüstete sich damit, daß er als erster »die Judenfrage« als rassisches und nicht als religiöses Problem thematisiert habe) und lieferten einer zweiten Generation von Antisemiten vom Schlage des Nationalsozialisten Julius Streicher die Schlagworte gegen »die Juden«.

Wenn sich ohne Schwierigkeit feststellen läßt, daß der seit den vierziger Jahren des 19. Jahrhunderts in Deutschland aufkommende Begriff »Judenfrage« anti-emanzipatorisch besetzt und von den seit 1889 florierenden Antisemitenvereinen als Schlagwort im politischen Kampf gegen Juden benutzt wurde[44]), so bleibt allenfalls noch zu klären, wie radikal die Postulate der bildungsbürgerlichen Antisemiten des 19. Jahrhunderts im Vergleich zu den pöbelhaften Nationalsozialisten waren. Die Analyse der älteren Texte zeigt, daß die Vernichtungsphantasien dort durchaus schon vorhanden sind. Allerdings verbergen sie sich in abstrakten Wendungen (»Unschädlichmachung«, »Entjudung«, »Entfernung«, »Ausmerzung«) oder hinter Konnotationen und Assoziationen. »So etwas wie ein internierter Judenstaat bedeutet daher Ausrottung der Juden durch die Juden«[45]), lautet ein Beispiel bei Dühring. An anderer Stelle heißt es: »Die Judenhaftigkeit läßt sich aber nicht anders als mit den Juden beseitigen.«[46]) Ein anderer Autor bezeichnete die Juden als »fremdes Element« im »deutschen Körper« und empfahl seine »Ausmerzung«.[47]) Noch drastischer formulierte es schon 1875 Ottomar Beta: »Die Schmarotzer ausrotten oder doch ihr Wuchern verhindern, heißt Hoeder entwaffnen und Baldur erhalten . . . Dann wird das dumpfe Dunkel verscheucht, in welchem der Schmarotzer gedeiht und in welchem der germanische Volksgeist verkümmert.«[48])

Die Schmarotzer-Parasiten-Metaphorik, die in der nationalsozialistischen Propaganda eine so beträchtliche Rolle spielte, war also unter deutschtümelnden Antisemiten des 19. Jahrhunderts längst im Schwange. Einer von ihnen schrieb im Jahre 1891: »Die einfachste und praktischste Lösung wäre allerdings die, wenn man den Spieß umkehrte und man den Juden das täte, was sie gegen uns lehren und was sie auch gegen uns unternehmen, soweit sie es ungestraft tun können. Man würde sie dann, wie die Engländer es mit den Thugs in Ostindien gemacht haben, ohne Rücksicht auf Alter und Geschlecht sämtlich totschlagen. Selbstredend ist eine solche Lösung, wenigstens für uns Deutsche, ausgeschlossen.«[49])

Die Skrupel waren, als die Gelegenheit zur mörderischen »Endlösung der Judenfrage« gekommen war, längst beseitigt. Unter Applaus verkündete Himmler im Mai 1944 vor Generalen der Wehrmacht, die Judenfrage »wurde nach Befehl und verstandesmäßiger Erkenntnis kompromißlos gelöst«.[50]) Ebenfalls vor Generälen sagte er vier Wochen später, Ende Juni 1944: »Es war die furchtbarste Aufgabe und der furchtbarste Auftrag, den eine Organisation bekommen konnte: der Auftrag, die Judenfrage zu lösen . . . Es ist gut, daß wir die Härte hatten, die Juden in unserem Bereich auszurotten.«[51])

Genau das hatten die eifernden Publizisten, die »die Judenfrage« hundert Jahre zuvor in die Diskussion gebracht hatten, insgeheim gewünscht und gehofft.

Anmerkungen

[1]) Rede vor den Reichs- und Gauleitern in Posen am 6. Oktober 1943. In: Heinrich Himmler, Geheimreden 1933–1945 und andere Ansprachen. Hrsg. von Bradley F. Smith und Agnes Peterson, Frankfurt a. M. 1974, S. 170.

[2]) Ebenda, S. 169.

[3]) Notizen einer Rede vor Generalen der kämpfenden Truppe in Posen am 26. Januar 1944, a. a. O., S. 202.

[4]) Robert Ley, Pesthauch der Welt, Dresden 1944, S. 74.

[5]) Vgl. Eberhard Jäckel/Jürgen Rohwer (Hrsg.), Der Mord an den Juden im Zweiten Weltkrieg. Entschlußbildung und Verwirklichung, Stuttgart 1985.

[6]) Vgl. Wolfgang Benz, Erziehung zur Unmenschlichkeit. Der 9. November 1938. In: Johannes Willms (Hrsg.), Der 9. November. Fünf Essays zur deutschen Geschichte, München 1994, S. 49–65.

[7]) Nürnberger Dokument PS 710.

[8]) Weisung Görings an Reichsminister des Innern, 24. Januar 1939: »Die Auswanderung der Juden aus Deutschland ist mit allen Mitteln zu fördern«. Nürnberger Dokument NG 2586.

[9]) Das Auswärtige Amt (Abt. III) wurde ebenfalls informiert, und der Beauftragte des Chefs der Sicherheitspolizei und des SD für Belgien und Frankreich erhielt den Befehl über den Militärbefehlshaber für Frankreich, General von Stülpnagel.

[10]) Nürnberger Dokument NG 3104.

[11]) Eichmann-Prozeß, Beweisdokument 464. Hervorhebungen im Original.

[12]) Julius Streicher, Madagaskar. In: Der Stürmer, Januar 1938/Nr. 1.

[13]) Völkischer Beobachter (Münchner Ausgabe), 8. Februar 1939, Nr. 39. (Eichmann-Prozeß, Beweisdokument 1054).

[14]) Zit. nach Hermann Graml, Reichskristallnacht. Antisemitismus und Judenverfolgung im Dritten Reich, München 1988, S. 79.

[15]) A. a. O. (Anm. 13).

[16]) Vgl. Seev Goshen, Eichmann und die Nisko-Aktion im Oktober 1939. Eine Fallstudie zur NS-Judenpolitik in der letzten Etappe vor der »Endlösung«. In: Vierteljahrshefte für Zeitgeschichte, 29 (1981), S. 74–96.

[17]) Abteilungsleitersitzung 12. Juli 1940. In: Das Diensttagebuch des deutschen Generalgouverneurs in Polen 1939–1945. Hrsg. von Werner Präg und Wolfgang Jacobmeyer, Stuttgart 1975, S. 252.

[18]) Denkschrift Himmlers über die Behandlung der Fremdvölkischen im Osten (Mai 1940). In: Vierteljahrshefte für Zeitgeschichte, 5 (1957), S. 194–198.

[19]) Nürnberger Dokument NG 5764; vgl. Helmut Krausnick, Judenverfolgung. In: Anatomie des SS-Staates, Band II, Olten–Freiburg im Brsg. 1965, S. 354 f.

[20]) Eichmann konnte an Vorüberlegungen anknüpfen, die bereits Anfang 1938 angestellt wurden. Es ging damals um die Materialsammlung für eine Denkschrift, die klarmachen sollte, »daß die Judenfrage auf der augenblicklichen Basis nicht zu lösen ist (finanzielle Schwierigkeiten usw.) und daß man daran herantreten muß, eine außenpolitische Lösung zu finden, wie sie bereits zwischen Polen und Frankreich verhandelt wurde (Madagaskar-Projekt)«, Eichmann-Prozeß, Beweisdokument 1508. Zu den Intentionen (und Strukturen) des Auswärtigen Amts in diesem Zusammenhang vgl. insbesondere Christopher Browning, The Final Solution and the German Foreign Office. A Study of Referat D III of Abteilung Deutschland 1940–1943, New York 1978, S. 35 f.

[21]) Reichssicherheitshauptamt, Madagaskar-Projekt, mit Anschreiben an Rademacher/AA, 15.August 1940, Eichmann-Prozeß, Beweisdokument 172.

[22]) Götz Aly/Susanne Heim, Vordenker der Vernichtung. Auschwitz und die deutschen Pläne für eine neue europäische Ordnung, Hamburg 1991, S. 259.

[23]) Ebenda.

[24]) RSHA, Madagaskar-Projekt (s. Anm. 21).

[25]) Rademacher an Gesandten Bielefeld, AA/Pol. X, 10. 2. 1942, Archiv Institut für Zeitgeschichte München, Fd. 42.

[26]) Vortrag über Siedlung, Dezember 1940, Bundesarchiv Koblenz NS 19/3979.

[27]) Besprechungsprotokoll der Wannseekonferenz, in: Kurt Pätzold/Erika Schwarz, Tagesordnung: Judenmord. Die Wannsee-Konferenz am 20. Januar 1942. Eine Dokumentation zur Organisation der »Endlösung«, Berlin 1992, S. 102–112.

[28]) Ebenda, S. 104.

[29]) Ebenda, S. 105.

[30]) Ebenda, S. 107.

[31]) Eintragung 7. März 1942, in: Die Tagebücher von Joseph Goebbels, Teil II: Diktate 1941–1945, Band 3, Januar bis März 1942. Im Auftrag des Instituts für Zeitgeschichte hrsg. von Elke Fröhlich, bearb. von Elke Fröhlich, München 1994, S. 431 f.

[32]) Hitler hatte erklärt: »Wenn es dem internationalen Finanzjudentum inner- und außerhalb Europas gelingen sollte, die Völker noch einmal in einen Weltkrieg zu stürzen, dann wird das Ergebnis nicht die Bolschewisierung der Erde und damit der Sieg des Judentums sein, sondern die Vernichtung der jüdischen Rasse in Europa.« Verhandlungen des Reichstags, Sten. Ber., 4. WP 1939–1942, Bd. 460, S. 16; vgl. Hans-Heinrich Wilhelm, Wie geheim war die »Endlösung«?, in: Miscellanea, Festschrift für Helmut Krausnick zum 75. Geburtstag. Hrsg. von Wolfgang Benz u. a., Stuttgart 1980, S. 131–148.

[33]) Hans Frank, Rede am 16. Dezember 1941 in Krakau in der Sitzung der Regierung des Generalgouvernements, Diensttagebuch (s. Anm. 17), S. 457 f. Vgl. Pätzold/Schwarz, Tagesordnung: Judenmord, S. 92 f.

[34]) Raul Hilberg, Die Vernichtung der europäischen Juden, 3 Bände, Frankfurt a. M. 1990.

[35]) Wolfgang Benz (Hrsg.), Dimension des Völkermords. Die Zahl der jüdischen Opfer des Nationalsozialismus, München 1991.

[36]) Christopher R. Browning, Ganz normale Männer. Das Reserve-Polizeibataillon 101 und die »Endlösung« in Polen, Reinbek 1993.

[37]) Vgl. etwa H. Polakowsky, Was soll mit den Juden geschehen? Eine Anleitung zur gesetzlichen Lösung der Judenfrage, Berlin 1881, oder Otto von Boenigk, Grundzüge zur Judenfrage. Soziologisch-ökonomische Studie, Leipzig 1894.

[38]) Aus der Perspektive des politischen Katholizismus erkannte ein Verfasser die drei Grundübel, die auf dem deutschen Volke lasteten: Alkoholismus, Bodenteuerung, Judentum. Als Therapie gegen das letztere empfahl er das übliche Einwanderungsverbot, Wirtschaftsboykott (gegen jüdische Firmen), Enthaltsamkeit (um konkurrenzfähiger gegen jüdische Gewerbetreibende zu werden), persönliche Abwehr des Judentums durch Aufklärung und Agitation. Eine Ausnahmebehandlung sei durch Gestalt und Wesen des Judentums zwar zwingend geboten, aber ethisch nicht möglich. Hans Rost, Gedanken und Wahrheiten zur Judenfrage. Eine soziale und politische Studie, Trier 1907.

[39]) Max Schneidewin, Die Jüdische Frage im Deutschen Reich. Versuch eines unparteiischen und auf die salus publica zielenden Schiedsspruches zwischen Antisemitismus und Philosemitismus, Hameln–Leipzig 1894; Hans Schliepmann, Eindeutschung und Judenfrage, Leipzig 1917; Curt Trützschler von Falkenstein, Die Lösung der Judenfrage im Deutschen Reich, Darmstadt 1917. Besonders zu erwähnen sind zwei Sammlungen von Statements, die überwiegend freundliche Bekenntnisse Gebildeter, Professoren, Schriftsteller, zeitgenössischer Prominenz (Adel) enthalten und eine positive Wirkung beabsichtigten: Carl Ed. Klopfer (Hrsg.), Zur »Judenfrage«. Zeitgenössische Original-Aussprüche, München 1891; Die Lösung der Judenfrage. Eine Rundfrage veranstaltet von Dr. Julius Moses, Berlin – Leipzig 1907.

[40]) Vgl. die Schlüsselpublikation, die bereits im Ersterscheinungsjahr 1879 12 Auflagen erlebte: Wilhelm Marr, Der Sieg des Judenthums über das Germanenthum. Vom nicht confessionellen Standpunkt aus betrachtet, Bern 1879.

[41]) Vgl. Alex Bein, Die Judenfrage. Biographie eines Weltproblems, 2 Bände, Stuttgart 1980.

[42]) Eugen Dühring, Die Judenfrage als Frage der Racenschädlichkeit für Existenz, Sitte und Cultur der Völker. Mit einer weltgeschichtlichen, religionsbezüglich, social und politisch freiheitlichen Antwort, Berlin 1881; mehrfach bearbeitet und erweitert bis zur 6. Auflage: Die Judenfrage als Frage des Rassencharakters und seiner Schädlichkeiten für Existenz und Kultur der Völker. Mit einer gemeinverständlichen und denkerisch freiheitlichen Antwort (6. vermehrte Auflage in Frau Berta Dührings Auftrage hrsg. von H. Reinhardt), Leipzig 1930.

[43]) Theodor Fritsch, Handbuch der Judenfrage. Eine Zusammenstellung des wichtigsten Materials zur Beurteilung des jüdischen Volkes, Hamburg 1907. Diese Ausgabe war die 26. Auflage des erstmals 1887 unter dem Pseudonym Thomas Frey veröffentlichten Antisemiten-Katechismus. Von der 26. bis zur 49. Auflage (279.–330.Tausend) Leipzig 1944 lautete der Untertitel: Die wichtigsten Tatsachen zur Beurteilung des jüdischen Volkes.

[44]) Vgl. Jacob Toury, »The Jewish Question« – a Semantic Approach. In: Yearbook Leo Baeck Institute, 11 (1966), S. 85–106.

[45]) Christoph Cobet, Der Wortschatz des Antisemitismus in der Bismarckzeit, München 1973, S. 133.

[46]) Ebenda.

[47]) Wilhelm Endner, Zur Judenfrage. Offene Antwort auf das offene Sendschreiben des Herrn Dr. Harry Breßlau an Herrn von Treitschke, Berlin 1880, zit. nach Walter Boehlich, Der Berliner Antisemitismusstreit, Frankfurt a. M. 1965, S. 114.

[48]) Ottomar Beta, Darwin, Deutschland und die Juden oder der Juda-Jesuitismus, Berlin 1875, S. 34 (zit. nach Cobet [Anm. 45], S. 213).

[49]) Carl Paasch, Eine jüdisch-deutsche Gesandtschaft und ihre Helfer. Geheimes Judentum, Nebenregierungen und jüdische Weltherrschaft, Leipzig 1891 (Selbstverlag), Teil 3, S. 252 (zit. nach Cobet [Anm. 45], S. 215).

[50]) Himmler-Rede vor Generalen in Sonthofen, 24. Mai 1944, Institut für Zeitgeschichte, Archiv, Mikrofilm MA 316, p. 4609–4656.

[51]) Himmler-Rede vor Generalen in Sonthofen, 21. Juni 1944, ebenda, Mikrofilm MA 315, p. 3945–4000.

WOLF KAISER

Die Wannsee-Konferenz

SS-Führer und Ministerialbeamte im Einvernehmen über die Ermordung der europäischen Juden

Bei ihren Recherchen zur Vorbereitung des »Wilhelmstraßen-Prozesses« gegen hohe Beamte der Ministerialbürokratie, des Falls 11 der Nürnberger Prozesse, stießen Mitarbeiter des stellvertretenden US-Hauptanklägers Robert W. Kempner im März 1947 auf das Protokoll einer Besprechung, die am 20. Januar 1942 in Berlin-Wannsee stattgefunden hatte. Die Authentizität dieses Dokuments steht außer Frage.[1]) Dennoch wird das Protokoll der »Wannsee-Konferenz«, wie die Besprechung später genannt wurde, von Leugnern des Völkermords an den europäischen Juden bis heute immer wieder als Fälschung bezeichnet. Es ist kein Zufall, daß sich derartige Angriffe gegen die historische Wahrheit auf das Wannsee-Protokoll konzentrieren, denn es ist ein Schlüsseldokument zur Geschichte der Verfolgung, Vertreibung und Ermordung der europäischen Juden durch die Nationalsozialisten. In keinem anderen Dokument haben Nationalsozialisten ihr Vorgehen gegen die Juden – von deren Ausschluß aus der Gesellschaft bis zur geplanten Ermordung sämtlicher Juden Europas – so geschlossen dargelegt. Die Kooperation der Zentralinstanzen von Partei und Staat bei der Planung und Organisation des Völkermords wird in keinem anderen Dokument so deutlich. Das Protokoll zeigt den Geist und die Sprache der Mörder und gibt trotz aller Tarnvokabeln und Euphemismen Auskunft über ihre Taten und Absichten. Im einzelnen erschließt es sich dem heutigen Leser allerdings erst, wenn er die Vorgeschichte und Entstehungssituation berücksichtigt und die Kompetenzen und Absichten der Konferenz-Teilnehmer untersucht.

Die Initiative zur Konferenz ging von SS-Obergruppenführer Reinhard Heydrich aus, dem Chef des Reichssicherheitshauptamts, in dem der Sicherheitsdienst der SS (SD) mit der Sicherheitspolizei, d. h. der Geheimen Staatspolizei und der Kriminalpolizei, zusammengeschlossen war. Heydrich hatte führende Vertreter der Ministerialbürokratie sowie des Partei- und SS-Apparates zu einer Besprechung über »eine Gesamtlösung der Judenfrage« eingeladen, die »der Erreichung einer gleichen Auffassung bei den in Betracht kommenden Zentralinstanzen an den übrigen mit dieser Endlösung zusammenhängenden Arbeiten« dienen sollte, wie es in fehlerhaftem Deutsch in den Einladungen heißt.[2])

Die ursprünglich für den 9. Dezember 1941 angesetzte Konferenz wurde, vermutlich wegen der Kriegserklärung des Deutschen Reiches an die USA und der deswegen anberaumten Reichstagssitzung, um einige Wochen verschoben. Am 20. Januar 1942 um

12.00 Uhr begann die »Besprechung mit anschließendem Frühstück«. Heydrich unterstrich durch diese diplomatischen Gepflogenheiten entsprechende Terminologie den offiziellen Charakter des Treffens, sorgte aber zugleich durch die Wahl des Ortes, des schön gelegenen Gästehauses des SD in der Straße Am Großen Wannsee 56–58, für eine angenehme, seinen Zielen förderliche Umgebung.

Die Teilnehmer der Konferenz

Von den zentralen staatlichen Institutionen waren die Reichskanzlei durch Ministerialdirektor Friedrich Wilhelm Kritzinger vertreten und der Beauftragte für den Vierjahresplan durch Staatssekretär SS-Oberführer Erich Neumann, der zugleich die Interessen der durch Staatssekretäre im Generalrat des Vierjahresplans vertretenen Ministerien für Arbeit, Ernährung, Wirtschaft, Verkehr und Finanzen sowie der Wehrwirtschaftsführung wahrnehmen konnte.[3]) Mehrere Ministerien hatten Staatssekretäre geschickt: das Reichsministerium des Innern SS-Brigadeführer Dr. Wilhelm Stuckart, das Reichsjustizministerium Dr. Roland Freisler (anstelle des damals mit der Ausübung der Geschäfte des Justizministers betrauten Staatssekretärs Schlegelberger, der eingeladen worden war), das Ministerium für die besetzten Ostgebiete Gauleiter SA-Obergruppenführer Dr. Alfred Meyer, der sich von Reichsamtsleiter Georg Leibbrandt begleiten ließ, das Auswärtige Amt Unterstaatssekretär SA-Oberführer Martin Luther. Der ebenfalls eingeladene Staatssekretär Gutterer vom Propagandaministerium kam nicht, obwohl sein Chef Goebbels immer wieder versucht hatte, in Fragen der »Judenpolitik« Einfluß zu gewinnen. Aus dem Generalgouvernement erschien Staatssekretär Dr. Josef Bühler in Vertretung des eingeladenen Generalgouverneurs Frank. Dagegen blieb der mit den Zivilbehörden in ständigem Streit liegende Höhere SS- und Polizeiführer im Generalgouvernement, SS-Obergruppenführer Friedrich Wilhelm Krüger, dem Treffen ebenso fern wie SS-Gruppenführer Ulrich Greifelt vom Stabshauptamt des Reichskommissars für die Festigung des deutschen Volkstums. Von seiten der Parteiinstitutionen folgten SS-Oberführer Dr. Gerhard Klopfer von der Partei-Kanzlei und SS-Gruppenführer Hofmann vom Rasse- und Siedlungs-Hauptamt der SS Heydrichs Einladung. Einige der Anwesenden sind auf den überlieferten Einladungsschreiben nicht genannt. Sie mußten nicht eingeladen werden, weil sie dem Gastgeber Heydrich unterstanden: der Chef der Gestapo, SS-Gruppenführer Heinrich Müller, der Leiter des Referats IV B 4 (»Judenangelegenheiten, Räumungsangelegenheiten«)[4]), SS-Obersturmbannführer Adolf Eichmann, der Befehlshaber der Sicherheitspolizei und des SD im Generalgouvernement, SS-Oberführer Dr. Eberhardt Schöngarth, sowie der Kommandeur der Sicherheitspolizei und des SD im Generalbezirk Lettland, SS-Sturmbannführer Dr. Rudolf Lange.

So eindrucksvoll und bedrohlich die Titel und Ämter der Beteiligten auch klingen – eines lag nicht in ihrer Kompetenz: die »Endlösung der europäischen Judenfrage« (Seite 2 im oben genannten Dokument) zu beschließen. Gerade dies wird zwar der Wannsee-Konferenz immer wieder zugeschrieben, doch die systematische Ermordung der europäischen Juden konnte nur vom »Führer« selbst beschlossen werden. Zwar ist kein »Führerbefehl« zur »Endlösung« überliefert; Hitlers maßgebliche Beteiligung an dem Völkermord ist aber genau untersucht und breit dokumentiert.[5])

Vorgeschichte und Entstehungszusammenhang

Als Zeitraum, in dem die Wende zu einer systematischen Völkermordpolitik vollzogen wurde, wird von den meisten Historikern, die die Entschlußbildung untersucht haben, der Sommer 1941 angesehen. Am 31. Juli 1941 ließ sich Reinhard Heydrich von Hermann Göring eine Ermächtigung erteilen, »alle erforderlichen Vorbereitungen in organisatorischer, sachlicher und materieller Hinsicht zu treffen für eine Gesamtlösung der Judenfrage im deutschen Einflußgebiet in Europa«.[6]) Göring war bereits nach dem Novemberpogrom 1938 von Hitler beauftragt worden, »die Judenfrage . . . zur Erledigung zu bringen«. Allerdings hatte er zu diesem Zeitpunkt sicher noch keine konkreten Vorstellungen entwickelt, wie die für den Fall des Krieges angedrohte »große Abrechnung mit den Juden zu vollziehen« wäre.[7]) Hitler selbst wollte bei der Organisation des Massenmords nicht in Erscheinung treten. Für die Teilnehmer der Wannsee-Konferenz dürfte aber kein Zweifel daran bestanden haben, daß die Ermächtigung zur »Endlösung« letztlich auf Hitler zurückging.[8]) Heydrich ließ offen, in welcher offiziellen Eigenschaft ihm Göring die Ermächtigung erteilte. Am 25. Januar 1942, also weniger als eine Woche nach der Wannsee-Konferenz, schrieb Heydrich an die Befehlshaber der Sicherheitspolizei und des SD, er übersende ihnen die »Photokopie eines Bestellungsschreibens des Reichsmarschalls des Grossdeutschen Reiches/Beauftragten des Vierjahresplanes und Vorsitzenden des Ministerrats für die Reichsverteidigung«.[9]) Das Anschreiben schließt mit dem Satz: »Die vorbereitenden Arbeiten sind eingeleitet.« Mit dieser Formulierung erläutert Heydrich, was unter den in Görings Ermächtigung erwähnten »erforderlichen Vorbereitungen . . . für eine Gesamtlösung der Judenfrage« zu verstehen war. Denn die Adressaten wußten um die Art der »vorbereitenden Arbeiten«, da sie selbst als Befehlshaber an deren Ausführung beteiligt waren: Als Chefs der vier Einsatzgruppen der Sicherheitspolizei und des SD hatten sie bereits mehr als eine halbe Million jüdischer Männer, Frauen und Kinder in den von der Wehrmacht eroberten Gebieten der Sowjetunion ermorden lassen. Im Januar 1942, als die Besprechung am Großen Wannsee stattfand, war der Völkermord also längst im Gange.

Viele Juden waren schon in der ersten Phase des Krieges Opfer nationalsozialistischer Gewalttaten geworden: Sie wurden im Rahmen der sogenannten »volkstumspolitischen Maßnahmen« ermordet, durch die polnisches Territorium für die Ansiedlung von Deutschen freigemacht werden sollte, oder sie starben durch Hunger, Seuchen oder Polizeikugeln in den Ghettos, in die die Juden seit Ende Oktober 1939 zwangsweise gepfercht wurden.

Die systematischen Massenmorde, die auf die vollständige Vernichtung der jüdischen Bevölkerung zielten, begannen gleich nach dem Überfall auf die Sowjetunion am 22. Juni 1941. Die Einsatzgruppen folgten unmittelbar den rasch vorstoßenden Wehrmachtsverbänden und erschossen jüdische Männer, bald auch Frauen und Kinder in der Nähe ihrer Wohnorte. Auch aus Deutschland deportierte Juden wurden schon Ende November 1941 in Kowno und Riga erschossen. Bereits im Jahre 1941 wurde der Massenmord zudem mit Gas betrieben: In Chelmno (»Kulmhof«) setzten Angehörige der Sicherheitspolizei und der Schutzpolizei die schon bei der sogenannten »Euthanasie«-Aktion verwendeten Gaswagen zur Ermordung von Juden sowie Sinti und Roma aus dem »Warthegau« ein. Im Konzentrationslager Auschwitz wurden sowjetische Kriegsgefangene mit Zyklon B ermordet, um dieses Mittel zu erproben. Die Konzentrations- und Vernichtungslager Auschwitz-Birkenau und Majdanek sowie das Todeslager Belzec waren im Aufbau begriffen.

Im Hinblick auf die Konferenz ist festzuhalten: Aufgrund der über die genannten Vorgänge vorliegenden Geheimberichte und der umlaufenden Gerüchte konnte kaum einer der zur Besprechung gebetenen hohen Funktionsträger des Reiches im Zweifel sein, was gemeint war, wenn Heydrich in seiner Einladung eine »Gesamtlösung der Judenfrage in Europa« ankündigte. Einige von ihnen waren ohnehin bereits unmittelbar an den Massenmorden beteiligt.

Die deutsche Bevölkerung insgesamt wurde Zeuge der Deportationen. Niemand ging von der Rückkehr seiner jüdischen Nachbarn aus, die seit Oktober 1941 vor aller Augen aus ihren Wohnungen geholt und in die Deportationszüge verfrachtet wurden. In der Folgezeit berichteten Soldaten und Polizisten auf Heimaturlaub im privaten Gespräch über die Massenerschießungen. Nach und nach sprach sich herum, was die sogenannte »Evakuierung« wirklich bedeutete: die Ausführung eines Vernichtungswillens, den Hitler öffentlich bekundet hatte. Schon in einer Rede vor dem Reichstag am 30. Januar 1939 hatte er die »Vernichtung der jüdischen Rasse in Europa«[10]) für den Fall des Krieges angedroht, den zu beginnen er bereits entschlossen war. Auf diese Redepassage haben Hitler selbst und andere führende Nationalsozialisten immer wieder nachdrücklich hingewiesen.[11]) Inzwischen hatte die Eroberung großer Teile Europas durch die deutsche Wehrmacht die Voraussetzungen dafür geschaffen, daß die Nationalsozialisten beginnen konnten, Hitlers Drohung in die Tat umzusetzen.

Im Protokoll der Wannsee-Konferenz heißt es, daß im Zuge der »Endlösung der europäischen Judenfrage . . . rund 11 Millionen Juden in Betracht« kämen. Die Zahl ergibt sich als Summe der von Eichmann zusammengestellten Zahlen für die einzelnen Länder Europas. Die Zahlen beziehen sich zunächst auf die Juden, die sich unmittelbar unter der damals vom Atlantik bis vor Leningrad, vom Nordkap bis Kreta reichenden deutschen Herrschaft befanden, und diejenigen, die in den mit Deutschland verbündeten Ländern lebten, aber auch auf Juden in neutralen und mit Deutschland im Krieg befindlichen Ländern. Die nationalsozialistische Führung hoffte offenbar, auch diese Juden im weiteren Verlauf des Krieges in ihre Gewalt bringen zu können. Aus der Perspektive der Jahreswende 1941/42 mußte das keineswegs als unmöglich erscheinen. Aber selbst wenn man diese Gruppe ausklammert, ergibt sich eine Zahl von fast 9 Millionen Juden im Macht- und Einflußbereich des nationalsozialistischen Regimes.

Ziele und Funktionen der Konferenz

Die Konferenz wurde im internen Dienstgebrauch als »Staatssekretärsbesprechung« bezeichnet.[12]) Diese Benennung ist aufschlußreich, verdeutlicht sie doch, wer vor allem Heydrichs Adressaten waren: hochgestellte Beamte der obersten Reichsbehörden. Der Chef des RSHA wollte über Fragen der »Endlösung« mit Vertretern der Ministerialbürokratie beraten und hatte dazu auch Funktionsträger des SS-Apparats eingeladen und mitgebracht.

Anhand des Protokolls lassen sich vier Ziele ausmachen, die Heydrich im Auftrag Görings und zweifellos im Einverständnis mit Hitler und Himmler verfolgte:

Zum ersten die Unterrichtung der Geladenen über den Plan zur Ermordung sämtlicher europäischer Juden. Heydrich machte deutlich, daß Zurückstellungen bestimmter Gruppen aus wirtschaftlichen Gründen oder außenpolitischen Rücksichten allenfalls vorübergehend in Kauf genommen würden. Er ließ keinen Zweifel, daß die gesamte europäische jüdische Bevölkerung in den Vernichtungsprozeß einbezogen werden sollte, einschließlich der Juden in den Ländern, die die Nationalsozialisten noch zu unterwerfen hofften.

Zum zweiten die Verdeutlichung der Federführung des Reichsführers SS und Chefs der Deutschen Polizei, Himmler, bzw. des Chefs der Sicherheitspolizei und des SD, Heydrich, in allen die Behandlung der Juden im Reich und im besetzten Europa betreffenden Fragen »ohne Rücksicht auf geographische Grenzen« (3). Heydrich betonte diese Kompetenz nicht zuletzt im Hinblick auf die Differenzen, die zwischen Exponenten von SS und Polizei auf der einen Seite und den Zivilverwaltungen im annektierten »Warthegau«, im Generalgouvernement und in den »besetzten Ostgebieten« auf der anderen Seite aufgetreten waren. Hier beabsichtigte er, Klarheit zu schaffen. »Federführung« (3) ist aber nicht mit Befehlsgewalt gleichzusetzen. Es mußte Einvernehmen hergestellt werden. Schon in Görings Ermächtigung hieß es ausdrücklich: »Sofern hierbei die Zuständigkeiten anderer Zentralinstanzen berührt werden, sind diese zu beteiligen.«[13])

Damit ist das dritte und entscheidende Ziel der Konferenz angesprochen: Die Einbindung der Teilnehmer und der von ihnen vertretenen Institutionen in die Planung und Organisation des Völkermords.[14]) Die Konferenz sollte eine möglichst wirkungsvolle Zusammenarbeit der Zentralinstanzen des Reiches bei der Durchführung des Verbrechens sicherstellen: eine »Parallelisierung der Linienführung« (2), wie Heydrich das nannte.

Viertens und letztens ging es darum festzulegen, was mit den »Mischlingen« (10 ff.) und »Mischehen« (14) geschehen sollte. Soweit wie möglich sollte eine Entscheidung über die Behandlung der Personen mit jüdischen und nichtjüdischen Großeltern und der mit Nichtjuden verheirateten Personen vorbereitet werden. Diese Entscheidung war in der Tat noch nicht gefallen.

Heydrich hat seine Ziele bis auf das zuletzt genannte erreicht. Er war – wie Eichmann später berichtet hat[15]) – mit dem Ergebnis der Besprechung höchst zufrieden. Es war ihm gelungen, »Klarheit in grundsätzlichen Fragen zu schaffen« (2) und die »Parallelisierung der Linienführung« herzustellen, wie er es einleitend angekündigt hatte. Er war damit der Erfüllung des ihm von Göring erteilten Auftrags, »einen Gesamtentwurf über die organisatorischen, sachlichen und materiellen Vorausmaßnahmen zur Durchführung der angestrebten Endlösung der Judenfrage vorzulegen«[16]), ein großes Stück nähergekommen. Ein solcher »Gesamtentwurf« ist nicht überliefert[17]), doch in der Praxis erfaßte die Vernichtungspolitik Zug um Zug alle von den Nationalsozialisten direkt oder indirekt beherrschten Länder Europas.

Hinsichtlich der »Bereinigung der Mischehen- und Mischlingsfragen« (14) blieb die Konferenz ohne Ergebnis. Der Staatssekretär in der Reichskanzlei, Kritzinger, hat deshalb nach Aussage eines seiner Mitarbeiter geäußert, die Besprechung sei »ausgegangen wie das Hornberger Schießen«.[18]) Die Bemerkung ist aufschlußreich, zumal sie von dem Konferenzteilnehmer stammt, dem noch am ehesten Vorbehalte gegenüber dem Völkermord zugeschrieben werden können.[19]) Aber auch dieser hohe Ministerialbeamte war bereit, die von seiten der SS vorangetriebene Vernichtungspolitik zu akzeptieren und allenfalls aufs Ganze gesehen geringfügige, wenn auch für die Betroffenen lebensentscheidende Einschränkungen hinsichtlich der »Mischlinge« und Partner in »Mischehen« zu verteidigen. Zugleich zeigt die Formulierung den Versuch, den eigentlichen Inhalt der Wannsee-Konferenz, nämlich die Beratung über den Völkermord, zu verdrängen.

Trotz eingehender Gespräche auf Folgekonferenzen an anderen Orten wurde auch später keine grundsätzliche Entscheidung über die »Mischlinge« herbeigeführt. In bezug auf die »besetzten Ostgebiete« unterband Himmler alle Versuche, seinen Mordkommandos eine klare Definition ihrer Opfer vorzugeben, denn er war der Ansicht: »Mit all diesen törichten Festlegungen binden wir uns ja selber nur die Hände.«[20])

Zu den Inhalten der Konferenz

Die während der Sitzung angefertigte stenographische Mitschrift ist nicht überliefert, doch gibt das Protokoll offenbar die wesentlichen Inhalte der Zusammenkunft wieder[21]), wenn auch z. T. in verschlüsselter Sprache. Allerdings ist es aus der Sicht und im Interesse des Reichssicherheitshauptamts formuliert. Eichmann hat es nach Heydrichs Anweisungen geschrieben. Das Protokoll ist aber keineswegs für den internen Gebrauch des Reichssicherheitshauptamts verfaßt worden.[22]) Vielmehr wurden Exemplare an die Konferenzteilnehmer und andere Amtsträger des »Dritten Reiches« verschickt. Insgesamt sind dreißig Ausfertigungen hergestellt worden. Der Verteiler ist nicht überliefert. Da die nationalsozialistische Bürokratie ebenso wie die Mörder vor Ort bemüht waren, die Spuren der Verbrechen zu verwischen, als ihre Herrschaft zu Ende ging, sind fast alle Exemplare des Protokolls der Wannsee-Konferenz vernichtet worden. Nur ein einziges Exemplar ist durch einen Zufall erhalten geblieben.

Heydrich ging (dem Protokoll zufolge) zunächst in einem Rückblick auf die bisher gegen Juden ergriffenen Maßnahmen ein, wobei er die Sicherheitspolizei als deren treibende Kraft erscheinen ließ. Er erwähnte die Verfolgung der Juden innerhalb des Deutschen Reiches – in der Sprache des Protokolls: »die Zurückdrängung der Juden aus den einzelnen Lebensgebieten des deutschen Volkes« (3) – und ihre Vertreibung. Das Protokoll bezeichnet die »Beschleunigung der Auswanderung der Juden aus dem Reichsgebiet« (3) als »einzige vorläufige Lösungsmöglichkeit« (3). Obwohl Heydrich die Erfolge rühmte, »auf legale Weise den deutschen Lebensraum von Juden zu säubern« (3), ging die ›Judenpolitik‹ des RSHA – wie schon an dieser Stelle deutlich wird – weit darüber hinaus. Heydrich hob deshalb die Nachteile der »Auswanderungsforcierung« (4) hervor und schilderte die dabei auftretenden Schwierigkeiten. Er schloß seinen Rückblick mit der Feststellung, daß Himmler »im Hinblick auf die Gefahren einer Auswanderung im Kriege und im Hinblick auf die Möglichkeiten des Ostens« (5) die Auswanderung von Juden verboten habe.[23]) Um »die Möglichkeiten des Ostens« ging es im zweiten Teil der Ausführungen.

Heydrich begann laut Protokoll mit der Mitteilung: »Anstelle der Auswanderung ist nunmehr als weitere Lösungsmöglichkeit nach entsprechender vorheriger Genehmigung durch den Führer die Evakuierung der Juden nach dem Osten getreten. Diese Aktionen sind jedoch lediglich als Ausweichmöglichkeiten anzusprechen, doch werden hier bereits jene praktischen Erfahrungen gesammelt, die im Hinblick auf die kommende Endlösung der Judenfrage von wichtiger Bedeutung sind.« (5)

Nur auf dem Hintergrund des zeitgenössischen Geschehens erschließt sich der volle Sinn dieser Sätze. »Evakuierung der Juden nach dem Osten« meinte nämlich nicht allein Deportation, sondern Massenmord, wie ihn die Einsatzgruppen bereits betrieben. Deshalb berief sich Heydrich an dieser Stelle – und nur hier – auf die »vorherige Genehmigung durch den Führer«. Da Hitler mit dem Mord an den Juden aber nicht direkt in Verbindung gebracht werden wollte, ist das Protokoll an dieser Stelle besonders vorsichtig formuliert. Die »Aktionen« werden als »Ausweichmöglichkeiten« bezeichnet, weil die Massenerschießungen wegen der damit den Mördern auferlegten psychischen Belastungen nicht als praktikable Methode angesehen wurden, die angestrebte »Gesamtlösung« herbeizuführen. Deshalb hatte Himmler schon im August 1941 angeordnet, nach alternativen Tötungsmethoden zu suchen.[24]) Auf der Konferenz wurde über die Erprobung dieser neuen Methoden gesprochen. Eichmann hat vor Gericht erläutert, daß die Formulierung im Protokoll: »Abschließend wurden die verschiedenen Arten der Lösungsmöglichkeiten besprochen« (15), bedeutete, daß »die verschiedenen Tötungsmöglichkeiten besprochen worden«[25]) seien. In der Zwischenzeit waren diese neuen Möglichkeiten, die Tötung durch Giftgas, bereits erprobt worden.

Heydrich verdeutlichte die Dimensionen der »Endlösung«, indem er die Zahl der Juden in den Ländern Europas nannte, und er deutete die geplante Vorgehensweise an.

»Unter entsprechender Leitung sollen nun im Zuge der Endlösung die Juden in geeigneter Weise im Osten zum Arbeitseinsatz kommen. In großen Arbeitskolonnen, unter Trennung der Geschlechter, werden die arbeitsfähigen Juden straßenbauend in diese Gebiete geführt, wobei zweifellos ein Großteil durch natürliche Verminderung ausfallen wird. Der allfällig endlich verbleibende Restbestand wird, da es sich bei diesem zweifellos um den widerstandsfähigsten Teil handelt, entsprechend behandelt werden müssen, da dieser, eine natürliche Auslese darstellend, bei Freilassung als Keimzelle eines neuen jüdischen Aufbaues anzusprechen ist.« (7/8)

An dieser Stelle gibt das Protokoll unmißverständlich zu verstehen, was »Endlösung« meint. Die Bedeutung der Euphemismen erschließt sich ohne Mühe. Man muß lediglich beachten, was ausgespart ist. Sämtliche arbeitsfähigen Juden sollten zu Tode gebracht werden, entweder, indem man sie durch Zwangsarbeit und Hunger zugrunde richtet, so daß sie »durch natürliche Verminderung ausfallen«, also sterben, oder indem man sie »entsprechend behandelt«, d. h. sie ermordet. (Schon die Konferenzteilnehmer dürften hier »Sonderbehandlung« assoziiert haben, eine von Heydrich bereits 1939 verwendete Tarnbezeichnung für Exekutionen, die so gebräuchlich wurde, daß sie zur Tarnung nicht mehr taugte, weshalb Himmler am 10. April 1943 anordnete, sie durch andere Bezeichnungen zu ersetzen.[26]) Die Ermordung der nicht arbeitsfähigen Juden, der Älteren und Kranken und der Kinder, wird gar nicht eigens erwähnt. Sie verstand sich im Rahmen einer »Gesamtlösung«, die keine »Keimzelle eines neuen jüdischen Aufbaues« übriglassen sollte, von selbst.

Anschließend führte Heydrich aus, wie die Einbeziehung der Juden aller europäischen Länder in die Deportationen vor sich gehen könne. Seine Formulierung, bei der »praktischen Durchführung der Endlösung« werde »Europa vom Westen nach Osten durchgekämmt« (8), wobei mit dem »Reichsgebiet einschließlich Protektorat Böhmen und Mähren« (8) begonnen werden müsse, geht offenbar auf Hitler selbst zurück. Himmler hatte den Reichsstatthalter im »Reichsgau Wartheland«, Arthur Greiser, am 18. September 1941 informiert: »Der Führer wünscht, daß möglichst bald das Altreich und das Protektorat vom Westen nach dem Osten von Juden geleert und befreit werden.«[27]) Heydrich ging dann auf die Gründung eines sog. »Altersghettos« (8) in Theresienstadt ein, von dem er sich versprach, daß durch die Vortäuschung einer bevorzugten Behandlung prominenter Juden »mit einem Schlage die vielen Interventionen ausgeschaltet« (9) werden könnten.

Relativ ausführlich erörterte Heydrich die Möglichkeiten zur Deportation der Juden aus den verschiedenen Ländern Europas, ohne jedoch einen detaillierten Plan vorzulegen. Er hob hervor, daß es von der militärischen Entwicklung abhänge, wann jeweils mit den Deportationen begonnen werde. In den Ländern des deutschen Einflußbereichs sollte der Weg dazu durch eine intensive Zusammenarbeit zwischen dem Reichssicherheitshauptamt und dem Auswärtigen Amt freigemacht werden. Beamte des Auswärtigen Amtes hatten bereits vielfach bei antijüdischen Maßnahmen mit dem Reichssicherheitshauptamt kooperiert, nicht zuletzt bei der Ermordung serbischer Juden im Oktober 1941. Diese Kooperation sollte durch Besprechungen zwischen den jeweils zuständigen Sachbearbeitern fortgesetzt werden, was in der Folgezeit auch geschah.[28]) Wie die Beteiligten dabei in verbündeten Staaten zu verfahren gedachten, läßt das Protokoll in bezug auf Ungarn besonders deutlich erkennen: Es sei erforderlich, heißt es dort, »in Zeitkürze einen Berater für Judenfragen der ungarischen Regierung aufzuoktroyieren« (9). Außerdem sollte auf Initiative des Chefs des Rasse- und Siedlungshauptamts der SS, Hofmann, ein Sachbearbeiter dieses Amts, als Gehilfe des Polizei-Attachés getarnt, nach Ungarn entsandt werden.

Die tatkräftige Mitwirkung des Auswärtigen Amtes an der »Endlösung« ging nicht zuletzt auf die Initiative des Unterstaatssekretärs Martin Luther zurück. Auf der Wannsee-Konferenz sagte Luther zwar Schwierigkeiten in den nordischen Staaten voraus und empfahl daher, diese Länder vorerst noch zurückzustellen, beeilte sich aber hinzuzufügen, daß damit in Anbetracht der geringen Zahl der dortigen Juden keine wesentliche Einschränkung verbunden sei. Für den Südosten und den Westen Europas sehe das Auswärtige Amt keine großen Schwierigkeiten; Luther war also überzeugt, daß die Vichy-Regierung und die Verbündeten Rumänien, Ungarn und Bulgarien der Ermordung ihrer jüdischen Bürger, insgesamt weit über eine Million Menschen, kaum Widerstand entgegensetzen würden. Das Auswärtige Amt sollte eines Besseren belehrt werden: So widersetzten sich die ungarische und – auf Druck der Bevölkerung – auch die bulgarische Regierung den Deportationsvorhaben. Doch letztlich wurden nur die Juden Bulgariens (in den Grenzen von 1940) gerettet.

Heydrich wandte sich im letzten Teil seines Vortrags der Frage zu, was mit den sog. »Mischlingen« und den jüdischen Partnern in »Mischehen« geschehen sollte. Er hatte bereits zuvor hervorgehoben, daß »die genaue Festlegung des in Betracht kommenden Personenkreises« (8) eine wichtige Voraussetzung für die Deportationen sei. Die Nürnberger Gesetze sollten »gewissermaßen die Grundlage« (10) der Definition bilden.[29]) Damit waren zwar die Kategorien festgelegt, aber noch nicht entschieden, welche Maßnahmen gegen die Menschen, die auch nichtjüdische Vorfahren hatten oder mit Nichtjuden verheiratet waren, ergriffen werden sollten.

Heydrichs Vorschläge dazu sind sehr viel detaillierter als zu andern Aspekten der geplanten »Endlösung«. Das hat seinen Grund darin, daß das Reichssicherheitshauptamt gerade bei der Definition, Erfassung und Einbeziehung verschiedener Opfergruppen auf die Kooperation der Ministerien des Innern und der Justiz und ihrer juristisch geschulten Fachleute angewiesen war, wenn die Maschinerie des Massenmords reibungslos funktionieren sollte. Heydrichs Vorstellungen liefen darauf hinaus, »Mischlinge« und »Mischehen«-Partner zum größten Teil in die Deportationen einzubeziehen. Unter bestimmten Bedingungen wollte er Menschen mit zwei jüdischen Großeltern die Wahl zwischen Deportation und Sterilisation lassen. In dieser Passage wird besonders deutlich, daß der Völkermord aus der Sicht der Initiatoren im Dienst ihrer rassistischen Utopie der »Reinheit des deutschen Blutes«[30]) stehen sollte. Sogar ein »rassisch besonders ungünstiges Erscheinungsbild« (12) sollte zuungunsten der Betroffenen den Ausschlag geben.

Das Protokoll gibt auf seinen letzten zwei Seiten die Diskussion der Teilnehmer über verschiedene Aspekte wieder. Staatssekretär Stuckart vom Reichsministerium des Innern kritisierte, die von Heydrich vorgeschlagenen komplizierten Regelungen bei der Behandlung der »Mischlinge« und »Mischehen« hätten einen zu großen Verwaltungsaufwand zur Folge. Er plädierte dafür, »Mischlinge« zwangsweise zu sterilisieren und Ehen zwischen Juden und »Deutschblütigen« (12) per Gesetz für geschieden zu erklären. Stuckart ist im Urteil des Wilhelmstraßen-Prozesses zugute gehalten worden, er habe die Zwangssterilisation womöglich nur vorgeschlagen, weil sie ihm undurchführbar erschienen sei.[31]) Er ist jedoch mit seinem Vorschlag zur Zwangsscheidung von »Mischehen« sogar über die Vorstellungen Heydrichs hinausgegangen, der die Möglichkeit offenhalten wollte, die jüdischen Partner mit Rücksicht auf die »deutschen Verwandten« (12) in ein »Altersghetto« zu überstellen, anstatt sie sofort in den Tod zu deportieren. Nach einer Scheidung qua Gesetz, wie Stuckart sie vorschlug, wären die Betroffenen zweifellos ohne Unterschied deportiert und ermordet worden.

Wie Stuckart erhob auch Staatssekretär Neumann, der Vertreter des Beauftragten für den Vierjahresplan, nicht grundsätzlich Einspruch gegen die geplante Ermordung aller europäischen Juden. Er war an der weiteren Ausbeutung jüdischer Zwangsarbeiter zugunsten der Kriegswirtschaft interessiert. Deshalb stellte er fest, Juden in kriegswichtigen Betrieben könnten nicht »evakuiert« (14) werden, solange kein Ersatz zur Verfügung stehe. Da in der deutschen Rüstungsindustrie immer mehr sowjetische Kriegsgefangene und vor allem mit gewaltsamen Methoden nach Deutschland gebrachte zivile Arbeitskräfte eingesetzt wurden, konnte Heydrich diesen Aufschub ohne weiteres zugestehen.

Ganz offen, wie zuvor Unterstaatssekretär Luther, unterstützten die Staatssekretäre Bühler vom Amt des Generalgouverneurs und Meyer vom Reichsministerium für die besetzten Ostgebiete den Mordplan. Bühler forderte, mit der Endlösung im Generalgouvernement zu beginnen. Er verwies darauf, daß hier weder Transportprobleme noch der Arbeitseinsatz in kriegswichtigen Betrieben hinderlich wären. Die meisten Juden im Generalgouvernement seien ohnehin bereits arbeitsunfähig. Diese Bemerkung Bühlers ist ein weiteres Indiz dafür, daß den Anwesenden die Absicht vollkommen klar war, sämtliche Juden, auch die nicht arbeitsfähigen, die Heydrich nicht ausdrücklich erwähnt hatte, zu ermorden. Zur Begründung des Massenmords behauptete Bühler, die Juden seien gefährliche Seuchenträger und verursachten durch Schleichhandel wirtschaftliche Unordnung. Im Protokoll ist – offenbar wegen vorhergehender Auseinandersetzungen zwischen dem Reichsführer-SS und Chef der Deutschen Polizei, Heinrich Himmler, und Generalgouverneur Hans Frank – ausdrücklich festgehalten, daß Bühler Heydrichs Federführung akzeptierte und ihm Unterstützung durch die Behörden des Generalgouvernements zusicherte. Bühler und sein Kollege Meyer aus dem Ministerium für die besetzten Ostgebiete forderten, »gewisse vorbereitende Arbeiten im Zuge der Endlösung«, die Massentötungen also, »gleich in den betreffenden Gebieten selbst durchzuführen, wobei jedoch die Beunruhigung der Bevölkerung vermieden werden müsse« (15). Die Staatssekretäre fürchteten die mit den Deportationen ins Generalgouvernement und in die »besetzten Ostgebiete« verbundenen Belastungen, denen ihre Verwaltungen ausgesetzt sein würden. Sie plädierten daher für Massentötungen jeweils vor Ort, wie sie ja auf den von der Wehrmacht besetzten Territorien der Sowjetunion bereits durchgeführt wurden. Durch den zitierten Nachsatz schreibt das Protokoll, statt die Diskussion über die Forderung der Staatssekretäre wiederzugeben, diesen selbst die Überlegung zu, welche der Linie zugrunde lag, die das Reichssicherheitshauptamt verfolgte: Die Deportationen und die Verwendung von Gas machten es möglich, den Massenmord in abgelegenen Gebieten unter größter Geheimhaltung zu vollstrecken. Während die Staatssekretäre also die Verbringung der Juden West-, Mittel- und Südeuropas in die von ihnen verwalteten Gebiete nicht verhindern konnten, wurde Bühlers »Bitte«, dem Generalgouvernement Vorrang einzuräumen und »die Judenfrage in diesem Gebiet so schnell wie möglich zu lösen« (15), umgehend entsprochen. Bereits im März 1942 begann im Distrikt Lublin der industrielle Massenmord an der jüdischen Bevölkerung in stationären Gaskammern.

Zur Beteiligung der Staatsverwaltung

An der Wannsee-Konferenz werden Struktur und Funktionsweise der nationalsozialistischen Herrschaft exemplarisch deutlich: das Zusammenwirken eines nicht nach allgemeinen Normen, sondern aufgrund von Führerbefehlen handelnden Machtapparats, der Führerexekutive, und der aufgrund von Gesetzen, mit Hilfe von Verordnungen, Durchführungsverordnungen und Ausführungsvorschriften agierenden Staatsverwaltung, des Normenstaats.[32]) Das Reichssicherheitshauptamt, in dem die Parteiorganisation SS als Exekutive der außernormativen Führergewalt mit der Polizei, ursprünglich einem nach gesetzlichen Normen handelnden Teil der Inneren Verwaltung, bereits verschmolzen war, trieb die Verwirklichung der verbrecherischen Vorstellungen der NS-Führung voran.

Eine umfassende Realisierung konnte aber nur gelingen, wenn die traditionelle Staatsverwaltung tatkräftig mitwirkte. Diese bedurfte, um effektiv zu funktionieren, des gewohnten Instrumentariums des Normenstaates. Auch unter dem Nationalsozialismus orientierte sich das Handeln der Verwaltungsbeamten an Gesetzen, Verordnungen, Ausführungsbestimmungen usw. Das gab dem Beamten der mittleren oder unteren Ebene ein Gefühl der Sicherheit, denn er tat formal nichts anderes als das, was er schon immer getan hatte: Er führte im Rahmen der hierarchischen und funktionalen Arbeitsteilung Anweisungen auf der Grundlage bestimmter Normen aus. In seiner Vorstellung reduzierte sich seine Verantwortlichkeit auf die Beachtung der von anderen gesetzten Normen, die korrekte Befolgung von Anweisungen und die Festlegung der Schritte, die geeignet waren, das »Aufgabenziel« (3), wie Eichmann im Wannsee-Protokoll formulierte, rasch und mit möglichst geringem Aufwand zu erreichen.[33]) Betrachtet man seine Tätigkeit jedoch vom Gesamtprozeß her, so war er, wenn er z. B. mit der Eintragung der »Rassenzugehörigkeit« auf Karteikarten, der Einziehung des Besitzes von Juden, der Bereitstellung von Räumen für Sammellager oder der Ausarbeitung von Fahrplänen für die Deportationszüge befaßt wurde, mitverantwortlich für millionenfachen Mord, der ohne die Mitwirkung von Hunderttausenden nicht hätte ausgeführt werden können.

Die Rechtsvorschriften und Anweisungen zu entwickeln, nach denen die Verwaltung handelte, war Aufgabe der Beamten der höchsten Verwaltungsebene, der Ministerialbürokratie. Dazu mußten sich die Ministerialbeamten untereinander und mit dem SS- und Polizeiapparat ins Benehmen setzen. Besprechungen wie die »Staatssekretärsbesprechung« am Großen Wannsee dienten diesem Zweck. Nur durch das eingespielte, trotz aller Kompetenzstreitigkeiten hocheffiziente Funktionieren der Staatsverwaltung war es möglich, Millionen Menschen aus fast allen Ländern Europas zu den Stätten der Vernichtung zu deportieren und zu ermorden.

Die Staatsverwaltung ist nicht erst durch die Wannsee-Konferenz in den Prozeß der Judenverfolgung eingeschaltet worden. Der Prozeß der Definition, Erfassung und Kennzeichnung der Juden, ihrer Ausgrenzung aus der Gesellschaft und ihrer systematischen Enteignung hat bereits im ersten Jahr nach der Machtübernahme Hitlers eingesetzt. Mit der Konferenz aber erwiesen sich die genannten Schritte als Vorbereitungsmaßnahmen zum systematischen Völkermord. Bis dahin wurde der Massenmord, insbesondere die

Ermordung der jüdischen Bevölkerung der besetzten sowjetischen Gebiete, in Kooperation mit der Wehrmacht von SS, Polizei und »Hilfswilligen« organisiert und durchgeführt. Mit der Wannsee-Konferenz wurde die staatliche Bürokratie, und das muß den teilnehmenden Staatssekretären klargeworden sein, zum integralen Bestandteil der Mordmaschinerie.

Dennoch hat es, folgt man dem Protokoll der Konferenz, die nach Eichmanns Erinnerung nur etwa eine bis eineinhalb Stunden gedauert hat[34]), von keiner Seite eine Distanzierung oder gar einen grundsätzlichen Einwand gegeben, der dem Reichssicherheitshauptamt hätte Schwierigkeiten machen können. Bühler hat das bestätigt, als er 1946 im Nürnberger Kriegsverbrecher-Gefängnis schrieb: »Ich kann mich noch daran erinnern, daß von den Anwesenden niemand Einspruch erhoben hat.«[35]) Er hätte hinzufügen müssen, daß einige Teilnehmer von seiten der Ministerialbürokratie, nicht zuletzt er selbst, sich schon während der Konferenz bemüht haben, durch Vorschläge zur effizienten Organisation des Völkermords beizutragen, ein Bemühen, das in der Folgezeit seine Fortsetzung in ihrer Verwaltungspraxis[36]) und im Handeln der ihnen unterstellten Behörden fand.

Anmerkungen

[1]) Das Original befindet sich im Politischen Archiv des Auswärtigen Amtes unter der Signatur »Akten Inland IIg, Band 177, Blatt 165–180«. Im folgenden entstammen alle Zitate, die nicht anders ausgewiesen sind, dem Faksimile dieses Dokuments. Die Seite des Dokuments, auf der die zitierte Passage zu finden ist, wird jeweils in Parenthese im Text angegeben. Das Protokoll ist abgedruckt in: Akten zur Deutschen Auswärtigen Politik 1918–1945. Aus dem Archiv des Auswärtigen Amts. Serie E, Bd. 1, Göttingen 1969, S. 267–275. Mit einer instruktiven Einleitung und Kurzbiographien der Konferenz-Teilnehmer sind das Protokoll und weitere Quellen, die in Beziehung zur Wannsee-Konferenz stehen, veröffentlicht in: Kurt Pätzold/Erika Schwarz, Tagesordnung: Judenmord. Die Wannsee-Konferenz am 20. Januar 1942. Eine Dokumentation zur Organisation der »Endlösung«, Berlin 1992 (im folgenden zit.: Pätzold/Schwarz).

[2]) Dieses und das folgende Zitat stammen aus den Schreiben Reinhard Heydrichs vom 29. November 1941 an Otto Hofmann und an Martin Luther, zit. n. Pätzold/Schwarz, S. 88 und S. 89.

[3]) Vgl. Götz Aly/Susanne Heim, Vordenker der Vernichtung. Auschwitz und die deutschen Pläne für eine neue europäische Ordnung, Hamburg 1991, S. 59 und S. 453.

[4]) Geschäftsverteilungsplan des RSHA, 1. März 1941, abgedr. in: Reinhard Rürup (Hrsg.), Topographie des Terrors. Gestapo, SS und Reichssicherheitshauptamt auf dem »Prinz-Albrecht-Gelände«. Eine Dokumentation, Berlin 1987, S. 78.

[5]) Vgl. u. a. Gerald Fleming, Hitler und die Endlösung. »Es ist des Führers Wunsch ...« Wiesbaden–München 1982, und Philippe Burrin, Hitler und die Juden. Die Entscheidung für den Völkermord, Frankfurt a. M. 1993.

[6]) Pätzold/Schwarz, S. 79.

[7]) Stenographische Niederschrift eines Teils der Besprechung über die Judenfrage unter Vorsitz von Feldmarschall Göring im RLM am 12. November 1938. In: Der Prozeß gegen die Hauptkriegsverbrecher vor dem Internationalen Militärgerichtshof, Nürnberg 1949, Bd. XXVIII, Dok. 1816-PS, S. 499–540, hier S. 499 und S. 539.

[8]) Vgl. die geheime Aufzeichnung des Unterstaatssekretärs Luther des Auswärtigen Amtes vom 21. August 1942, derzufolge Heydrich in der Sitzung erklärt habe, »der Auftrag des Reichsmarschalls an ihn [sei] auf Weisung des Führers erfolgt«. Heydrich mag sich mündlich auf eine Weisung Hitlers berufen, es jedoch vermieden haben, sie im Protokoll der Konferenz dokumentieren zu lassen. Jedenfalls

ging Luther davon aus, daß sie vorlag. Luthers Aufzeichnung ist auszugsweise abgedruckt in Pätzold/Schwarz, S. 127.

[9]) Eine Abschrift des Schreibens an den Chef der Einsatzgruppe A, Stahlecker, ist überliefert (Zentrale Stelle der Landesjustizverwaltungen in Ludwigsburg, Sammlung UdSSR). Dieses Dokument spricht gegen die von Susanne Heim und Götz Aly im Hinblick auf ökonomische Motive der »Endlösung« aufgestellte Behauptung, Göring habe den Auftrag an Heydrich in seiner Eigenschaft als Beauftragter für den Vierjahresplan erteilt. Vgl. dies., Die Ökonomie der »Endlösung«. Menschenvernichtung und wirtschaftliche Neuordnung. In: Sozialpolitik und Judenvernichtung, Berlin 1983, S. 11 (= Beiträge zur nationalsozialistischen Gesundheits- und Sozialpolitik 5).

[10]) Auszug aus der Rede in: Verfolgung, Vertreibung, Vernichtung. Dokumente des faschistischen Antisemitismus 1933 bis 1942. Hrsg. v. Kurt Pätzold, Leipzig 1983, S. 215–217, Zitat S. 217.

[11]) Im September 1943 wurde diese Redepassage, kalligraphisch gestaltet, als »Wochenspruch der NSDAP« verbreitet. Hrsg.: Reichspropagandaleitung. Folge 37, 7.–13. September 1943 München, Zentralverlag der NSDAP.

[12]) Protokoll der Besprechung am 6. März 1942 im RSHA, IV B 4 (Pätzold/Schwarz, S. 116) und Schreiben von Carltheo Zeitschel, Judenreferent an der Deutschen Botschaft in Paris, an Hans Heinrich Strack, Auswärtiges Amt, vom 23. März 1942 (Pätzold/Schwarz, S. 125); auch Eichmann wies später mehrfach auf diese Bezeichnung hin, vgl. Pätzold/Schwarz, S. 171 und S. 184.

[12]) Pätzold/Schwarz, S. 79.

[14]) Wolfgang Scheffler hat betont, die Absicherung gegenüber möglichen Einsprüchen sei für Heydrich das entscheidende Ergebnis der Konferenz gewesen (vgl. Wolfgang Scheffler, Die Wannsee-Konferenz und ihre historische Bedeutung. In: Erinnern für die Zukunft. Ansprachen und Vorträge zur Eröffnung der Gedenkstätte, Berlin o. J., S. 17 – 34). Teile der Ministerialbürokratie und ihr unterstellte Verwaltungen haben allerdings in der Folge keineswegs lediglich die Maßnahmen des RSHA hingenommen, sondern im Prozeß der Vernichtung durchaus aktiv mitgewirkt.

[15]) Eichmann im Verhör durch seinen Verteidiger Robert Servatius in der 79. Sitzung des Bezirksgerichts Jerusalem am 26. Juni 1961, vgl. Pätzold/Schwarz, S. 188f.

[16]) Pätzold/Schwarz, S.79.

[17]) Heydrich betrachtet das Protokoll der Wannsee-Konferenz nicht als den geforderten »Gesamtentwurf«, denn er lud in seinem Begleitschreiben zur Übersendung des Protokolls an Unterstaatssekretär Luther zu einer Nachfolgebesprechung der Sachbearbeiter am 6. März 1942 »zwecks Fertigstellung der vom Reichsmarschall gewünschten Vorlage« ein (Pätzold/Schwarz, S. 113).

[18]) Aussage des ehem. Reichskabinettsrats Hans Ficker vom 1. Oktober 1948, zit. n. Hans Mommsen, Aufgabenkreis und Verantwortlichkeit des Staatssekretärs der Reichskanzlei Dr. Wilhelm Kritzinger. In: Gutachten des Instituts für Zeitgeschichte, Bd. II, Stuttgart 1966, S. 381.

[19]) Kritzinger hat in seiner Vernehmung durch Robert W. Kempner am 11. März 1945 im Hinblick auf die Behandlung der Juden von Scham gesprochen (vgl. Pätzold/Schwarz, S. 140). Von keinem anderen Konferenzteilnehmer ist eine vergleichbare Äußerung bekannt.

[20]) Himmler an den Leiter des SS-Hauptamtes Gottlob Berger am 28. Juli 1942, zit. n. Raul Hilberg, Die Vernichtung der europäischen Juden, Frankfurt a. M. 1990, Bd. 2, S. 386.

[21]) Eichmann hat am 5. Juli 1960 im Verhör durch Hauptmann Avner Less dessen Frage bejaht, ob das Protokoll »inhaltlich eine genaue Wiedergabe der Wannsee-Konferenz« sei (Pätzold/Schwarz, S. 168); Eichmann hat diese Aussage mehrfach in ähnlichen Worten wiederholt (vgl. ebd. S. 186 und 187). Für die Richtigkeit dieser Behauptung spricht, daß auch Aussagen im Protokoll wiedergegeben sind, die – wie noch zu zeigen sein wird – zwar nicht in der Zielsetzung, aber doch in bezug auf die Vorgehensweise im Widerspruch zur Linie des RSHA stehen, obwohl das Protokoll in diesem Amt entstanden ist.

[22]) So Dieter Rebentisch, Führerstaat und Verwaltung im Zweiten Weltkrieg. Verfassungsentwicklung und Verwaltungspolitik 1939–1945, Stuttgart 1989, S. 439, Fußn. 214.

[23]) Vgl. das Schreiben des Chefs der Gestapo, Müller, vom 23. Oktober 1941. In: Die Ermordung der europäischen Juden. Eine umfassende Dokumentation des Holocaust 1941–1945. Hrsg. v. Peter Longerich, 2. Aufl. München–Zürich 1990, S. 82.

[24]) Vgl. Christopher Browning, Fateful months. Essays on the Emergence of the Final Solution, New York–London 1985, S. 59.

[25]) Vernehmung Adolf Eichmanns durch den Richter Itzchak Raveh vor dem Bezirksgericht Jerusalem während der 106. Sitzung des Gerichts am 21. Juli 1961 (Pätzold/Schwarz, S. 197).

[26]) Vgl. Alfred Streim, Sonderbehandlung. In: Das große Lexikon des Dritten Reiches, München 1985, S. 543.

[27]) Abgedruckt in: Dokumente des Verbrechens. Aus den Akten des Dritten Reiches 1933–1945, Bd. 3, Berlin 1993, S. 35.

[28]) Vgl. Christopher R. Browning, The Final Solution and the German Foreign Office. A Study of Referat D III of Abteilung Deutschland 1940–43, New York–London 1978.

[29]) Gemeint war die Erste Verordnung zum Reichsbürgergesetz vom 14. November 1935 (RGBl. 1935, Teil I, S. 1333f.).

[30]) So formuliert im Nürnberger »Gesetz zum Schutze des deutschen Blutes und der deutschen Ehre« vom 15. September 1935 (RGBl. 1935, Teil I, S. 1146).

[31]) Vgl. Das Urteil im Wilhelmstraßen-Prozeß, Schwäbisch Gmünd 1950, S. 167.

[32]) Vgl. dazu Hans Buchheim, Die SS – das Herrschaftsinstrument. In: Anatomie des SS-Staates. Hrsg. v. Martin Broszat u. a., Bd.1, 5. Aufl. München 1989, S. 15. Buchheim modifiziert das Konzept, das Ernst Fraenkel bereits in seinem 1940 in den USA erschienenen Buch »The Dual State« entwickelt hat.

[33]) Vgl. Zygmunt Bauman, Dialektik der Ordnung. Die Moderne und der Holocaust, Hamburg 1992, bes. S.113–117.

[34]) Eichmann im Verhör durch seinen Verteidiger Robert Servatius in der 79. Sitzung des Bezirksgerichts Jerusalem am 26. Juni 1961 (vgl. Pätzold/Schwarz, S. 188).

[35]) Niederschrift Josef Bühlers zur Ergänzung seines Verhörs durch den polnischen Staatsanwalt Jerzy Sawicki am 19. Februar 1946 in Nürnberg (Pätzold/Schwarz, S. 132).

[36]) Vgl. z. B. Bühlers Schreiben an den Gouverneur des Distrikts Lublin, Zörner, vom 3. März 1942 betr. Errichtung eines Durchgangslagers für reichsdeutsche Juden. In: Pätzold/Schwarz, S. 115; zu Luther vgl. Browning, The Final Solution and the German Foreign Office, passim, und Hans-Jürgen Döscher, Das Auswärtige Amt im Dritten Reich. Diplomatie im Schatten der »Endlösung«, Berlin 1987, S. 239–243.

WILLI DRESSEN

Die Vernichtungslager

Die endgültige Vernichtung der Juden in Europa hat ihre Basis und ihre Wurzeln in der radikalen antisemitischen Politik des NS-Staates. Bereits das Parteiprogramm der NSDAP vom 24. Februar 1920 enthielt den Plan, deutschen Bürgern jüdischer Herkunft die Staatsbürgerschaft abzuerkennen und sie unter Fremdengesetzgebung zu stellen. In zahlreichen Reden rief Hitler schon vor der sogenannten »Machtergreifung« vom 30. Januar 1933 zum leidenschaftlichen Kampf gegen das »Weltjudentum« auf, Partei und Parteiredner hetzten in großem Umfang gegen jüdische Bürger.

Die Ausschreitungen in der Reichspogromnacht vom 9. zum 10. November 1938 wurden von der Nazipropaganda als spontane Aufwallung des Volkszornes wegen der Ermordung des deutschen Legationssekretärs Ernst vom Rath in Berlin durch den jungen polnischen Juden Hershel Grynspan hingestellt. Sie waren in Wirklichkeit jedoch eine von der Partei geplante und organisierte Terroraktion gegen Juden, jüdische Geschäfte und Synagogen. Die ca. 30 000 in der »Reichskristallnacht« in Konzentrationslager eingewiesenen wohlhabenden jüdischen Bürger wurden gegen das Versprechen auszuwandern, wieder freigelassen.

Um die Auswanderung zu fördern und zu beschleunigen, wurde am 24. Januar 1939 die »Reichszentrale für jüdische Auswanderung« eingerichtet. Im selben Jahr verließen nahezu 80 000 Juden Deutschland. Nach Beginn des Krieges am 1. September 1939 fielen die Möglichkeiten für eine Auswanderung der deutschen Juden, die ohnehin schon wegen des im Ausland stärker gewordenen Widerstandes, Juden aufzunehmen, immer geringer geworden waren, nahezu ganz weg. Die Juden wurden nun vollkommen entrechtet. Sie durften keine öffentlichen Verkehrsmittel oder elektrischen Geräte mehr benutzen, keine Rechtsmittel einlegen, nach ihrem Tod verfiel das Vermögen dem Reich.

Zwar wurde nach der Okkupation Polens versucht, die »Judenfrage« durch Evakuierung nach Polen zu lösen. Aus außenpolitischen Gründen befahl Hermann Göring jedoch am 24. März 1940, zunächst die Deportationen einzustellen. Der nach dem Sieg über Frankreich diskutierte Plan, die Juden auf die Insel Madagaskar zu deportieren, wurde nunmehr durch das Judenreferat des Reichssicherheitshauptamtes (RSHA) neu belebt, scheiterte aber letztlich an der britischen Seeherrschaft und der fehlenden Zugriffsmöglichkeit der Vichy-Regierung auf die Insel. Anzeichen für die Suche nach einer radikaleren Lösung des Judenproblems zeigten sich Ende 1938/Anfang 1939 in Reden von NS-Prominenten. So sagte Göring während einer Konferenz am 12. November 1938: »Wenn das Deutsche Reich in irgendeiner absehbaren Zeit in außenpolitischen Konflikt kommt, so ist es selbstverständlich, daß auch wir in Deutschland in allererster Linie daran denken werden, eine große Abrechnung an den Juden zu vollziehen.«

Und Hitler selbst erklärte am 30. Januar 1939 zur Feier des Tages der »Machtübernahme« vor dem deutschen Reichstag:

»Ich bin in meinem Leben sehr oft Prophet gewesen und wurde meistens ausgelacht. In der Zeit meines Kampfes um die Macht war es in erster Linie das jüdische Volk, das nur mit Gelächter meine Prophezeiungen hinnahm, ich würde einmal in Deutschland die Führung des Staates und damit des ganzen Volkes übernehmen und dann unter vielen anderen auch das jüdische Problem zur Lösung bringen. Ich glaube, daß dieses damalige schallende Gelächter dem Judentum in Deutschland unterdes wohl schon in der Kehle erstickt ist. Ich will heute wieder ein Prophet sein: Wenn es dem internationalen Finanzjudentum innerhalb und außerhalb Europas gelingen sollte, die Völker noch einmal in einen Weltkrieg zu stürzen, dann wird das Ergebnis nicht die Bolschewisierung der Erde und damit der Sieg des Judentums sein, sondern die Vernichtung der jüdischen Rasse in Europa.«

Bereits bei der Besetzung Polens hatte sich die Judenverfolgung bis zu Judenmassakern gesteigert. Derartige Massaker wiederholten sich zwar bei den Feldzügen von 1940 in Nord- und Westeuropa nicht, wohl aber bei der Besetzung östlicher Länder. Es wurden blutige Tötungsaktionen veranstaltet, ortsansässige Judenhasser zu Pogromen angestachelt, Synagogen in Brand gesetzt, jüdisches Eigentum zerstört oder geraubt und daneben Konzentrationslager und Zwangsarbeitslager errichtet. Mitte 1941 waren die Juden in allen besetzten Teilen Europas in ihren Rechten bedroht oder galten als vogelfrei. Direkter Widerstand, wie etwa im Judenviertel von Amsterdam, wurde brutal unterdrückt, Hunderte von Juden in Konzentrationslager nach Deutschland verschleppt. Die Zahl der Opfer war groß, erreichte aber bei weitem nicht die Ausmaße der Vernichtung, wie sie nach dem Einfall der Wehrmacht in die Sowjetunion zu beklagen waren.

Für den Rußlandkrieg wurden vier mobile Einheiten des Chefs der Sicherheitspolizei und des Sicherheitsdienstes (SD) mit den Bezeichnungen A, B, C und D aufgestellt, die den Heeresgruppen Nord, Mitte, Süd und der 11. Armee zugeteilt wurden. Jeder Einsatzgruppe unterstanden jeweils vier bis fünf Sonder- bzw. Einsatzkommandos (SK bzw. EK), etwa in Kompaniestärke, die sich aus Angehörigen der Sicherheitspolizei und des Sicherheitsdienstes zusammensetzten. Später kamen noch Angehörige von Polizeireservebataillonen und Bataillonen der Waffen-SS hinzu. Verstärkt wurden diese Einheiten durch einheimische Hilfswillige und einheimische Miliz. In den ersten Tagen des Krieges lösten die Einheiten auf Befehl von Reinhard Heydrich Pogrome z. B. bei der Bevölkerung des Baltikums gegen Juden aus. Dann wurden planmäßig Tötungsaktionen gegen »Zigeuner«, Geisteskranke und politische Kommissare in die Wege geleitet. Wurden zunächst nur jüdische Männer an die vorbereiteten Gruben gebracht und dort erschossen, so traf dies ungefähr seit August 1941 auch Frauen und Kinder. Die Brutalität und Unmenschlichkeit war beispiellos. Neben Kleinkindern jeder Altersstufe bis zum Baby wurden auch Kranke und Gebrechliche entweder auf die Lkw geworfen, die zu dem Exekutionsgelände hinfuhren, oder an Ort und Stelle erschossen.

Vor ihren Einsätzen nahmen die Kommandos in der Regel mit den für ihre Gebiete zuständigen Wehrmachtseinheiten bzw. Dienststellen Verbindung auf und vereinbarten mit ihnen, soweit erforderlich, Hilfsmaßnahmen wie Absperrung des Exekutionsgeländes, Stellung von Lkw für den Transport der Opfer zu den Exekutionen, Plakataufrufe mit der Aufforderung für den jüdischen Bevölkerungsteil, sich zu einer bestimmten Sammelstelle zu begeben etc. In anderen Fällen waren Wehrmachtseinheiten auch an den Tötungen selbst beteiligt, so zum Beispiel bei den Erschießungen am 3. Juli 1941 in der ukrainischen Stadt Luzk.

Die Polizei- und SD-Einheiten waren schon vor ihrem Einsatz Anfang Mai 1941 in den Polizeischulen Pretzsch und Düben an der Elbe auf ihren Einsatz vorbereitet und ihre Führer kurz vor Beginn des Einsatzes über die bevorstehenden Tötungsaktionen unterrichtet worden.

Der Ablauf der einzelnen Aktionen war immer ziemlich gleich. Waren die Juden an die Sammelplätze gekommen oder verbracht worden, so trieb oder fuhr man sie von dort aus zu den Exekutionsorten, wo Kriegsgefangene bereits Leichengruben ausgehoben hatten. Alle mußten dann ihre Wertgegenstände abgeben und sich entkleiden. Während am Anfang die Erschießungen noch in der »militärisch üblichen Weise« erfolgten, wurden die Opfer später gezwungen, sich nebeneinander mit dem Gesicht nach unten in die Gruben zu legen und, wenn eine Reihe voll war, den Kopf zwischen die Füße der bereits Erschossenen zu legen. Manchmal waren nicht alle Opfer tot, wenn die Gruben zugeschüttet wurden, in einigen wenigen Fällen konnten Verwundete im Schutze der Nacht entkommen.

Verschiedentlich weigerten sich SS-Angehörige, an den Erschießungen unschuldiger Männer, Frauen und Kinder teilzunehmen. Die Zentrale Stelle der Landesjustizverwaltungen in Ludwigsburg hat alle diese Fälle in ihrer Sammlung »Befehlsnotstand« untersucht und festgestellt, daß keiner der Befehlsverweigerer verurteilt und hingerichtet oder gar an Ort und Stelle erschossen wurde. Außer Beschimpfungen und gelegentlicher Versetzung zu einer anderen Einheit geschah ihnen nichts. Ihr Verhalten wurde nach einer Rede Heinrich Himmlers vom 4. Oktober 1943 in Posen als »menschliche Ausnahmeschwäche« toleriert. Außerdem gab es genügend Freiwillige. Bezeichnend dafür ist – neben vielen anderen – die Aussage eines Angehörigen des Grenzpolizeikommissariats Neu-Sandez (Distrikt Krakau/Generalgouvernement), die wie folgt lautet:

»Die Mitglieder des Grenzpolizeikommissariats waren bis auf wenige Ausnahmen gerne bereit, bei Erschießungen von Juden mitzumachen. Das war für sie ein Fest! ... Da hat keiner gefehlt. Ich betone nochmals, daß man sich heute ein falsches Bild macht, wenn man glaubt, die Judenaktionen wurden widerwillig durchgeführt. Der Haß gegen die Juden war groß, es war Rache, und man wollte Geld und Gold. Wir wollen uns doch nichts vormachen, bei den Judenaktionen gab es etwas zu holen.«

Das Ausmaß der blutigen Tätigkeit der Einsatzkommandos ergibt sich aus den erhalten gebliebenen sogenannten Ereignismeldungen, später Meldungen aus den besetzten Ostgebieten, in denen die Berichte der Einsatzkommandos an das RSHA zusammengefaßt waren. Danach hat zum Beispiel das SK 4a der Einsatzgruppe C unter dem SS-Standartenführer Paul Blobel am 29. und 30. September 1941 in der Babij-Yar-Schlucht bei Kiew mehr als 33 000 jüdische Männer, Frauen und Kinder und Anfang 1942 wenigstens 10 000 Juden in Charkow erschossen. SS-Standartenführer Karl Jäger, Chef des Einsatzkommandos 3 der Einsatzgruppe A, berichtet aus Kowno detailliert über Erschießungen, vor allem von Juden, aber auch von Kommunisten, Zigeunern, Geisteskranken u. a., in den Monaten Juli bis November 1941, insbesondere in Litauen. Summe der Opfer: 138 272, davon Frauen 55 546 und Kinder 34 464. »Die Durchführung solcher Aktionen ist in erster Linie eine Organisationsfrage«, schreibt er in seinem Begleitbericht und fährt im Verlauf des Berichtes fort: »Die Aktionen in Kauen (Kowno) selbst, wo genügend einigermaßen ausgebildete Partisanen zur Verfügung stehen, kann als Paradeschießen betrachtet werden, gegenüber den oft ungeheuerlichen Schwierigkeiten, die außerhalb zu bewältigen waren.« Insgesamt dürfte sich die Anzahl der von Einsatzkommandos ermordeten Menschen auf mindestens 900 000 belaufen.

Rund fünf Wochen nach dem Beginn der Vernichtung wurde Heydrich am 31. Juli 1941 von Göring beauftragt, alle Vorbereitungen für eine »Gesamtlösung der Judenfrage« im deutschen Einflußbereich in Europa zu treffen. Mitte Oktober 1941 begannen dann die Deportationen aus dem Reichsgebiet in die besetzten Gebiete, wie auch aus dem Erlaß des Chefs der Ordnungspolizei, SS-Obergruppenführer Kurt Daluege, betreffend »Evakuierung von Juden aus dem Altreich und dem Protektorat« nach Riga und Minsk vom 24. Oktober 1941 hervorgeht. Deportationszüge aus Deutschland und aus Luxemburg gingen – wie aus einem Bericht der Schutzpolizei ersichtlich – im Oktober/November 1941 auch in das Ghetto Litzmannstadt (Lodz). Nach und nach fuhren Deportationszüge mit Juden aus allen besetzten Gebieten gen Osten, wobei viele der Opfer wegen der unmenschlichen Transportbedingungen in den Güterwaggons der Deutschen Reichsbahn bereits unterwegs starben. In der ersten Zeit wurden die meisten Deportierten in große Ghettos, wie sie z. B. in Polen in Warschau, Lodz, Kielce und Lublin sowie im Baltikum in Riga und Wilna, in Weißrußland in Minsk bestanden, verbracht. Im Ghetto Warschau sollte der offizielle Versorgungssatz, der praktisch nur noch aus Brot bestand, schließlich auf 200 Kalorien täglich absinken (bei einem damals errechneten durchschnittlichen Tagesbedarf von etwa 2500 Kalorien pro Kopf der Bevölkerung). Hunger und Seuchen wie Tuberkulose und Fleckfieber ließen die Todesraten sprunghaft ansteigen. Bei Ghettoauflösungen kamen die Opfer, wenn sie nicht schon vorher Hunger, schlechten hygienischen Bedingungen und Seuchen erlegen waren, in die Vernichtungslager. Später wurden sie mit Deportationstransporten auch ohne Zwischenaufenthalte in die Vernichtungslager gebracht und dort mit Giftgas ermordet.

Nicht nur in den besetzten Gebieten der Sowjetunion, sondern z. B. auch in Jugoslawien wurde die jüdische Bevölkerung zum großen Teil an Ort und Stelle »ausgemerzt«. In Jugoslawien geschah dies unter dem Vorwand von Geiselerschießungen, wobei man die Quote für einen erschossenen Soldaten zunächst auf 100 Geiseln festgesetzt hatte. Die »Exekutionen« in Jugoslawien wurden von der Deutschen Wehrmacht ausgeführt. Unter den Opfern befanden sich dabei gelegentlich auch Zigeuner.

In dem Lager Semlin bei Belgrad wurden für die Exekutionen Gaswagen eingesetzt, die mit Motorabgasen betrieben wurden. Diese erhielten im Bereich der Einsatzgruppen ab Spätherbst 1941 auch Einsatzkommandos, um die psychische Belastung der Mordschützen zu verringern. Für die Opfer dagegen war der Tod in einem solchen Gaswagen viel grausamer als eine Erschießung. Die Berichte von SS-Zeugen über menschliche Exkremente, Urin und ausgerissene Haare bei der Reinigung der Fahrzeuge sprechen hier eine deutliche Sprache. So berichtet ein ehemaliger Gaswagenfahrer beim Einsatzkommando 8 der Einsatzgruppe B in Rußland:

»Am Gefängnis mußte ich mit meinem G-Wagen rückwärts an den Eingang zum Gefängnis heranfahren. Ich habe dann gesehen, daß aus dem Gefängnis Häftlinge, Männer, Frauen und Kinder, in den Wagen getrieben wurden . . . Am Stadtrand von Mogilew mußte ich mit meinem G-Wagen rückwärts an eine bereits ausgehobene Grube (ehemaliger Panzergraben) heranfahren. Ich blieb im Führerhaus des Wagens sitzen, während vom SD-Begleitkommando mit Hilfe von russischen Zivilisten der Gasschlauch vom Auspufftopf an den Anschlußstutzen unter dem Gaswagen angeschraubt wurde. Nachdem der Schlauch angeschlossen war, habe ich den Motor laufen lassen. Jetzt konnten die Auspuffgase des Motors über Auspufftopf, Anschlußschlauch und Rohrsystem im Innern des Wagens in den Wagen hereindringen. Nach etwa 8-10 Minuten war die Vergasung abgeschlossen. Während der Motor lief, bin ich natürlich auch aus dem Wagen gestiegen. Ich habe gehört, daß im Innern des Wagens sich furchtbare Szenen abgespielt haben müssen. Die Häftlinge merkten natürlich, was mit ihnen geschehen sollte, und haben entsprechend laut oder weniger laut reagiert. Man kann sich vorstellen, daß die Opfer sich in ihrer Verzweiflung aneinanderklammerten und so in den Tod gingen . . . Von späteren G-Wagen-Einsätzen weiß ich, daß der G-Wagen ca. 60 bis 70 Opfer faßte.«

Insgesamt sind etwa 30 Gaswagen an die Einsatzgruppen und SD-Dienststellen ausgeliefert worden und zum Einsatz gekommen. Im Oktober/November 1941 wurde im Rahmen der sogenannten Endlösung ein Vernichtungslager insbesondere für die aus den Städten und Ortschaften des Warthegaus im Ghetto Lodz zusammengezogenen Juden in einem Schloß in Chelmno (Kulmhof) eingerichtet. Das Lager stand unter der Leitung des SS-Hauptsturmführers Lange, der bereits 1940 in Soldau in Ostpreußen die Ermordung von nach dem damaligen Jargon »lebensunwerten« Geisteskranken, die den »Volkskörper« auch rassisch »belasteten«, geleitet hatte. Die Morde begannen dort im Dezember 1941 mit zwei, zeitweise auch mit drei Gaswagen. An den Füßen mit Ketten gefesselte jüdische Arbeiter, die von der Vernichtung zeitweise zurückgestellt waren, luden die Leichen aus den Gaswagen aus und warfen sie in bereits ausgehobene Gruben, aus denen sie im Sommer 1943 im Rahmen der sogenannten Enterdungsaktion wieder entfernt und verbrannt wurden. Ende März wurde Chelmno aufgelöst, das Schloß gesprengt, die jüdischen Arbeiter wurden erschossen. Im April 1944 begannen dann erneut Vergasungen in Chelmno. In dem Lager sind in der ersten Periode mindestens 145 000, in der zweiten wenigstens 7176 Menschen ermordet worden. Für ihre Tätigkeit erhielten die in Chelmno beschäftigten SS-Angehörigen zusätzlich je nach Dienstgrad 12 bis 20 Reichsmark täglich, bessere Verpflegung, Tabakwaren und Alkohol. In einem Bericht über den Einsatz der Gaswagen, der sich mit den technischen Einzelheiten der Fahrzeuge befaßt, heißt es: »Ab Dezember 1941 wurden beispielsweise mit drei eingesetzten Wagen 97 000 verarbeitet, ohne daß Mängel an den Fahrzeugen auftraten.« Der Bericht befaßt sich weiter mit den technischen Vorrichtungen zur Entladung der Fahrzeuge und enthält den Vermerk, daß der Hinweis der Herstellerfirma, die Vorderachse sei zu sehr belastet, ungewollt einen Ausgleich dadurch finde, daß das »Ladegut« bei

Eintritt der Dunkelheit immer zur hinteren Tür dränge, wodurch eine Belastung der Vorderachse nicht eintrete.

Als am 20. Januar 1942 zwischen Heydrich und Vertretern von Ministerien, Parteidienststellen und SS-Ämtern über die »Endlösung der europäischen Judenfrage« auf der sogenannten Wannsee-Konferenz beraten wurde (siehe hierzu den Beitrag »Die Wannsee-Konferenz« von Wolf Kaiser), hatte die Vernichtung der europäischen Juden längst begonnen. Das eroberte »Ostland« war mit Erschießungsgruben, gefüllt mit Tausenden von Leichen von Opfern, und mit Ghettos übersät. Chelmno »arbeitete« bereits, und in Birkenau (Auschwitz II) waren von Oktober 1941 an kleine Gruppen von Juden in der Gaskammer sozusagen »probeweise« ermordet worden.

Birkenau (Auschwitz II) war die größte dieser industriemäßig konzipierten und betriebenen Mordmaschinen des NS-Staates. Die Menschen wurden dort unter unvorstellbaren Umständen mit Hilfe eines Ungeziefervertilgungs- und Entwesungsmittels, des Giftgases Zyklon B, grausam ums Leben gebracht. Das Wort Auschwitz ist als Begriff für den Holocaust in der Geschichte der Menschheit für immer festgeschrieben. Wurden in dem Lager zunächst Juden aus Oberschlesien getötet, die in sogenannten RSHA-Transporten im Lager ankamen, so folgten bald Transportzüge aus dem Generalgouvernement (GG), dem Reich, dem Protektorat Böhmen und Mähren und schließlich aus allen von Deutschen besetzten und von Deutschen beeinflußten europäischen Ländern. Die Angehörigen der ersten Transporte, Männer, Frauen und Kinder jeden Alters, Arbeitsfähige und Nichtarbeitsfähige, wurden auf Befehl Himmlers ausnahmslos in Auschwitz getötet. Danach erging ein weiterer Befehl, nachdem die Juden bei ihrer Ankunft selektiert, d. h. die arbeitsfähigen Menschen (bis zu ca. 25 Prozent eines Transportes, meist Männer) zur Zwangsarbeit ausgesondert wurden. Wegen der sich ständig vergrößernden Transporte bekam das Lager immer mehr Gaskammern mit dazugehörigen Krematorien.

Schließlich konnten in Birkenau an einem Tag etwa 10 000 Menschen ermordet werden. Die zur Arbeit selektierten Menschen kamen in das Stammlager Auschwitz I und in das Lager Auschwitz III (Monowitz), eine Produktionsstätte für die IG-Farben-Industrie. Zahlreiche Nebenlager bzw. Außenkommandos dienten ebenfalls zur Ausschöpfung der Arbeitskräfte. Von dort wurden von Zeit zu Zeit zahlreiche kranke und nicht mehr arbeitsfähige Häftlinge – im SS-Jargon »Muselmänner« – ausgesondert und in den Gaskammern von Birkenau oder im Krankenrevier durch Phenol-Injektionen getötet. Von Ende Oktober/Anfang November 1944 bis zum Januar 1945, also kurz vor dem Einmarsch sowjetischer Truppen, wurden die Vergasungsanlagen in Birkenau auf Befehl Himmlers zerstört. Die Gesamtzahl der in Auschwitz getöteten Juden ist nicht genau bekannt, zumal die zur Tötung bestimmten Häftlinge keine Registriernummer erhielten. Die Zahl liegt nach Schätzung von Sachverständigen zwischen 1 und 1,5 Millionen. Lagerkommandant Rudolf Höß hat die Zahl der vergasten Häftlinge zunächst mit 2,5 Millionen und der durch Krankheit verstorbenen mit 0,5 Millionen, später die Gesamtzahl der verstorbenen Häftlinge mit 1,3 Millionen angegeben.

Wie in anderen großen Lagern gab es auch in Auschwitz zahlreiche medizinische Versuche an Häftlingen. Am bekanntesten sind die von SS-Arzt Josef Mengele an

»Zigeunern« und Zwillingen und die von dem SS-Arzt Carl Clauberg an weiblichen Häftlingen vorgenommenen Sterilisationsversuche.

Ein weiteres Lager, das wie Auschwitz eine Doppelfunktion – Zwangsarbeitslager und Vernichtungslager – hatte, war das Konzentrationslager Lublin-Majdanek in Ostpolen. In Majdanek wurden Judentransporte aus Deutschland, den Niederlanden, Italien und anderen Ländern von Oktober 1942 an entweder durch das Gas Zyklon B oder auch durch Kohlenmonoxyd getötet. Das gleiche geschah mit kranken und arbeitsunfähig gewordenen Häftlingen. Im Mai 1943 kamen mehrere hundert jüdische Kinder in den Gaskammern ums Leben. Nach gerichtlicher Feststellung wurden in Majdanek etwa 200 000 Menschen (absolute Mindestzahl) bis zum Herbst 1943 im Gas erstickt. Im November 1943, als die Gaskammern nicht mehr in Betrieb waren, wurden im Lager lebende Juden während einer von der SS »Erntefest« genannten Aktion erschossen.

Weitere planmäßige Vernichtungsaktionen gab es in den Lagern der Aktion Reinhard (benannt nach dem Ende Mai 1942 einem Attentat zum Opfer gefallenen RSHA-Chef Reinhard Heydrich), also in Belzec, Sobibor und Treblinka. Mit der Durchführung der Aktion beauftragte Himmler den SS- und Polizeiführer (SSPF) im Distrikt Lublin, Odilo Globocnik. Seine Aufgabe umfaßte im wesentlichen die Gesamtplanung der Deportationen und der Vernichtungsaktionen, den Bau von Vernichtungslagern, Koordination der Judentransporte aus den verschiedenen Verwaltungsbezirken des Generalgouvernements in die Lager, die Tötung der Opfer und die Sicherstellung der anfallenden Güter und deren Übergabe an die zuständigen Reichsbehörden. Als Personal benutzte Globocnik u. a. »erfahrene« ehemalige Mitarbeiter der Euthanasieaktion »T4«, die er in Schlüsselpositionen einsetzte. Einer dieser T4-Angehörigen war der SS-Sturmbannführer Christian Wirth, der im August 1942 Inspekteur der Lager wurde.

Im März 1942 begann in Belzec mit der Vernichtung von etwa 35 000 Juden aus dem Ghetto der Stadt Lublin der Massenmord. Anfang Mai 1942 war Sobibor, im Juli 1942 Treblinka einsatzbereit. Die Deportationen erfolgten in Sonderzügen mit geschlossenen Güterwagen unter dem Decknamen »Aussiedlung«. Wegen kriegsbedingter Transportschwierigkeiten wurden später die Juden kleinerer Ghettos an Ort und Stelle erschossen. Tötungsmittel waren in Belzec wie in allen anderen Lagern der Aktion Reinhard Abgase aus Panzer- bzw. Lkw-Beutemotoren, die wegen der günstigen Kosten zur Ermordung der Menschen eingesetzt wurden. Bis Anfang Dezember 1942, der Einstellung der Vernichtungsmaßnahmen, sind in Belzec mindestens 400 000 Juden ermordet worden. Die tatsächliche Anzahl der Opfer liegt wahrscheinlich bei über 600 000, da bei den Prozessen gegen die SS-Angehörigen des Lagers lediglich absolute Mindestzahlen angenommen wurden.

In Sobibor, dem kleinsten Vernichtungslager der Aktion, an der östlichen Grenze des Distrikts Lublin, wurde im Mai 1942 mit der Massenvernichtung begonnen. In Sobibor wurden außer den Bewohnern der Ghettos des Generalgouvernements auch Juden aus dem Reich (Österreich), Böhmen und Mähren, der Slowakei, Holland und Frankreich getötet. Die genaue Anzahl der Opfer ist auch hier nicht mehr festzustellen. Aus Dokumentenmaterial ergibt sich, daß mindestens 150 000 jüdische Menschen ermordet wurden. Nach den Aussagen polnischer Eisenbahnarbeiter über die Anzahl der Transporte ins Lager sind etwa 250 000 Personen den Mordaktionen zum Opfer gefallen. Im Herbst 1942 begann die SS, die Spuren zu verwischen. Die Leichen wurden exhumiert und auf Rosten verbrannt. Im Juli 1943 befahlt Himmler, Sobibor in ein Konzentrationslager umzuwandeln, in dem Beutemunition gelagert und verarbeitet werden sollte. Während der Baumaßnahmen lief die Vernichtung in kleinerem Umfang weiter. Am 14. Oktober 1943 erhoben sich die jüdischen Häftlinge gegen die SS. Etwa 300 Häftlinge konnten in die umliegenden Wälder entkommen, nur wenige haben jedoch das Kriegsende erlebt.

Das größte der Vernichtungslager der Aktion Reinhard war das Lager Treblinka. Mit seinem Bau wurde Ende Mai/Anfang Juni 1942 unter der Leitung der SS-Zentralbauabteilung des SS- und Polizeiführers Warschau begonnen. Arbeitskräfte waren Polen und Juden. Das Lagerpersonal bestand aus etwa 40 Deutschen und um die 120 ukrainischen Hilfswilligen. Der erste Lagerkommandant war Dr. Irmfried Eberl, ein Tötungsarzt der Euthanasieaktion »T4«. Eberl wurde einige Wochen nach seinem Dienstantritt wegen »Unfähigkeit« durch den späteren SS-Hauptsturmführer Franz Stangl, einen Österreicher, ersetzt. Im August 1943 übernahm schließlich Kurt Franz, der bei der »T4« als Koch eingesetzt gewesen war, die Leitung von Treblinka. Der systematische Massenmord begann in Treblinka im Juli 1942. Wie auch in Belzec und Sobibor wurden die Juden im Auffanglager nach Männern, Frauen und Kindern getrennt. Sie mußten sich ausziehen und Gold, Geld, Devisen und Schmuck vor dem »Duschen« hinterlegen. Zunächst wurden die Frauen und die Kinder von dem Lagerpersonal mit Stöcken, Peitschen und Gewehrkolben durch den »Schlauch«, eine schmale Gasse vom Auffanglager zum »Todeslager«, in die Gaskammern getrieben. Nach der Vergasung der Frauen und Kinder und der Räumung der Kammern wurden die Männer, die sich inzwischen entkleidet hatten, in das »Todeslager« geprügelt, wo auch sie vergast oder in den dort befindlichen, für die Aufnahme der Leichen bestimmten Gruben erschossen wurden. Kranke und gebrechliche Personen wurden in dem mit einem roten Kreuz gekennzeichneten »Lazarett«, das von einem hohen Stacheldrahtzaun mit eingeflochtenem Reisig als Sichtschutz umgeben war, an einer großen Grube erschossen. Von Zeit zu Zeit sonderte die SS arbeitsfähige Männer und manchmal auch Frauen für lagerinterne Arbeitskommandos aus (als Handwerker für die Werkstätten der SS – »Hofjuden« – sowie Arbeiter für das Sammeln der Wertgegenstände und Devisen bzw. zum Ordnen der abgelegten Kleidungsstücke und zum Herausbrechen des goldenen oder silbernen Zahnersatzes aus den Gebissen der Leichen etc.). Bereits im Sommer 1942 begann die Exhumierung der Leichen, die auf zwei Anlagen aus Eisenbahnschienen verbrannt wurden. Am 2. August 1943 gab es einen Aufstand der Häftlinge, der die Lagerauflösung beschleunigte. Die Gebäude wurden abgerissen, die gesamte Lagerfläche eingeebnet und mit Lupinen besät. Die letzten 30 »Arbeitsjuden« wurden im November 1943 erschossen und verbrannt. In Treblinka sind mindestens 700 000 Juden den Mordaktionen zum Opfer gefallen. Nach der Auflösung der Lager wurde deren Personal zu der Operationszone Adriatisches Küstenland nach Triest abkommandiert und dort zur Aussonderung und Deportation von Juden eingesetzt.

Im Abschlußbericht Globocniks über die »verwaltungsmäßige Abwicklung der Aktion« wird der Gesamtwert der angefallenen Gegenstände der Aktion Reinhard mit rund

180 Millionen Reichsmark angegeben. Dabei wird darauf hingewiesen, daß es sich hier nur um Mindestwerte handle, die Verkehrswerte jedoch bedeutend höher lägen. Das eingezogene unbewegliche Vermögen der Ermordeten ist in der Summe nicht enthalten. Im Dezember 1942 ordnete Himmler an, das Geld insbesondere für Umsiedler und andere bevorzugte Personen zu verwenden.

Obwohl davon auszugehen ist, daß den Mordaktionen und den unmenschlichen Verhältnissen in den Ghettos und in den Transportzügen ungefähr 5 Millionen jüdische Männer, Frauen und Kinder zum Opfer gefallen sind, ist nicht genau festzustellen, wann Hitler sich entschloß, die Vernichtung der Juden, die er in der Reichstagsrede vom 30. Januar 1939 rhetorisch angedroht hatte, systematisch in die Tat umzusetzen und wann er die ersten Befehle dazu gab. Viele Anhaltspunkte sprechen jedoch dafür, daß dies bei den Vorbereitungen des Rußlandkrieges geschehen ist. Wie im Rahmen der Euthanasieaktion »T4« wurden auch bei der »Endlösung« Tarnausdrücke verwendet, um ihre Durchführung und ihr Ausmaß möglichst geheimzuhalten. So werden einzelne Exekutionen als »Sonderbehandlung«, die Transporte in Vernichtungslager oder die Erschießungen an vorbereiteten Gruben als »Aussiedlungen« oder »Umsiedlungen« bezeichnet. Bei den Gaswagen ist von »Spezialfahrzeugen« und bei den in ihnen eingepferchten Opfern von »Ladegut« die Rede. Bei den Verleihungen von Kriegsauszeichnungen an SS-Angehörige, die an den »Exekutionen« beteiligt waren, mußte statt des Wortes Exekutionen der Ausdruck »kriegswichtige Sonderaufgaben« in den Verleihungsvorschlägen verwendet werden.

Aber nicht nur in den Vernichtungslagern der Aktion Reinhard und in den großen Konzentrationslagern Auschwitz und Lublin-Majdanek, die neben ihrer Funktion als Arbeitskräftereservoir riesige industrielle Vernichtungsmaschinerien darstellten, sondern auch in den zahlreichen anderen Konzentrationslagern, die von Februar 1942 an dem Wirtschaftsverwaltungshauptamt (WVHA) unter der Leitung des späteren SS-Obergruppenführers Oswald Pohl unterstanden, mußten zahlreiche, auch jüdische Häftlinge ihr Leben lassen. In diesen Lagern waren die Häftlinge bedingungslos der Gewalt der SS und der Gestapo ausgeliefert. Eigenmächtige Tötungen und Mißhandlungen von Häftlingen waren zwar ausdrücklich verboten, jedoch an der Tagesordnung. Vielfach waren neben SS-Angehörigen auch Funktionshäftlinge, namentlich die sogenannten Kapos, beteiligt. Die Täter gingen regelmäßig straffrei aus. Im übrigen waren die Lebensverhältnisse, was Hygiene, Kleidung, Verpflegung und ärztliche Versorgung anging, in diesen Lagern durchweg völlig unzureichend und unmenschlich. Meist waren die Häftlinge in zugigen Holzbaracken, in denen sich dreistöckige, primitive Etagenbetten befanden, untergebracht. In jedem Bett schliefen bis zu drei Häftlinge, denen oft nur eine einzige Decke zur Verfügung stand, auf Strohsäcken, manchmal sogar auf dem blanken Holz der Bettstatt. Die Kleidung bestand im allgemeinen – auch im Winter – nur aus dem dünnen gestreiften Häftlingsanzug, der zudem sehr selten gewaschen wurde. Als Verpflegung gab es neben geringen Brotrationen vor allen Dingen Rüben- und Wassersuppen. Zusammen mit den schlechten sanitären Verhältnissen, die immer wieder Seuchen hervorriefen, und mit den unmenschlichen Arbeitsverhältnissen führte dies zu einer außerordentlich hohen Sterblichkeit. Darüber hinaus wurden Häftlinge zu zahlreichen medizinischen Menschenversuchen mißbraucht, die manchmal terminal angelegt waren, d. h. es stand von vornherein fest, daß die Versuchspersonen dabei zu Tode kommen würden. Im Rahmen der Endlösung wurden einzelne Lager zur »Sonderbehandlung«, d. h. zur Exekution »staatsfeindlicher Elemente« und russischer Kriegsgefangener benutzt. Kurz vor Kriegsende wurden die meisten Konzentrationslager ins Innere des Reiches evakuiert. Im Chaos des Zusammenbruchs kamen dabei zahllose entkräftete Häftlinge in zum Teil offenen Gütertransportzügen ums Leben oder wurden, wenn sie auf Fußmärschen das Tempo nicht durchhalten konnten, von ihren Bewachern am Straßenrand erschossen. Da sie nur unregelmäßig und oft tagelang überhaupt keine Verpflegung erhielten, waren die Häftlinge so ausgehungert, daß sie Gras und Baumrinde o. ä. aßen. Diebstahl von Feldfrüchten (Kartoffeln oder Rüben etc.) wurde mit dem Tode bestraft.

Viele starben auch in den total überfüllten Auffanglagern. Dort wurden von Frühjahr 1945 an die Neuankömmlinge oft nicht einmal mehr registriert. Die Verluste durch Hunger, Seuchen und Erschöpfung waren gewaltig. Allein von Anfang Januar 1945 bis Mitte April 1945 starben in Bergen-Belsen, einem der Auffanglager, rund 35 000 Menschen. Als die Engländer das Lager besetzten, befanden sich dort ca. 60 000 Überlebende, von denen nach der Befreiung noch 13 000 an Erschöpfung und Seuchen starben. Man schätzt, daß in den Auffanglagern etwa jeder Dritte der im Januar 1945 noch registrierten 600 000 Häftlinge starb.

Literatur

Aly, Götz, Endlösung, Völkerverschiebung und der Mord an den europäischen Juden, Frankfurt/Main 1995.

Browning, Christopher R., Ordinary Men, Reserve Police Bataillon 101 and the Final Solution in Poland, New York 1993.

Dreßen, Willi/Volker Rieß, Ausbeutung und Vernichtung. Gesundheitspolitik im Generalgouvernement. In: Norbert Frei (Hrsg.), Medizin und Gesundheitspolitik in der NS-Zeit, München 1991.

Hilberg, Raul, Die Vernichtung der europäischen Juden. Die Gesamtgeschichte des Holocaust, 3 Bände, Frankfurt/Main 1990.

Klee, Ernst/Willi Dreßen, Gott mit uns. Der deutsche Vernichtungskrieg im Osten 1939-1945, Frankfurt/Main 1989.

Klee, Ernst/Willi Dreßen/Volker Rieß, Schöne Zeiten. Judenmord aus der Sicht der Täter und Gaffer, Frankfurt/Main 1988.

Pätzold, Kurt/Erika Schwarz, Tagesordnung: Judenmord. Die Wannsee-Konferenz am 20. Januar 1942, Berlin 1992.

Rückerl, Adalbert (Hrsg.), NS-Prozesse. Nach 25 Jahren Strafverfolgung: Möglichkeiten – Grenzen – Ergebnisse, Karlsruhe 1971.

Rückerl, Adalbert, NS-Vernichtungslager im Spiegel deutscher Strafprozesse, München 1977.

Smith, Ved Peter, Endlösung. Eine Anthologie zur Judenverfolgung im Dritten Reich, Kopenhagen 1994 (teilweise in dänischer Sprache).
Streim, Alfred, Die Behandlung sowjetischer Kriegsgefangener im ›Fall Barbarossa‹. Eine Dokumentation, Heidelberg–Karlsruhe 1981.
Zentner, Christian/Friedemann Bedürftig, Das Große Lexikon des Dritten Reiches, München 1985.

Verfahrensakten der Zentralen Stelle der Landesjustizverwaltungen in Ludwigsburg:

VI	415 AR-Z	1420/61	(Wannseekonferenz)
II	204 AR-Z	269/60	(Sonderkommando 4a)
II	202 AR-Z	73/61	(Einsatzgruppe B – Einsatzgruppenstab)
V	503 AR-Z	372/59	(Serbien)
V	203 AR-Z	69/59	(Chelmno bzw. Kulmhof)
IV	402 AR-Z	37/58	(Auschwitz – Erster Prozeß)
II	208 AR-Z	297/60	(Lublin-Majdanek)
II	208 AR-Z	252/59	(Belzec)
II	208 AR-Z	251/59	(Sobibor)
II	208 AR-Z	230/64	(Treblinka)

Gerd R. Ueberschär

Der Mord an den Juden und der Ostkrieg

Zum Forschungsstand über den Holocaust

Für die NS-Führung besaß der Krieg gegen die Sowjetunion von Beginn an eine besondere Qualität als »Weltanschauungskrieg«. Mehrere Dokumentationen, Forschungsarbeiten und Untersuchungen belegen inzwischen eindeutig diesen Charakter des Krieges; Hitlers ideologisch begründete Absicht zur Eroberung von »Lebensraum im Osten« hat frühzeitig Planung, Vorbereitung und Dimension des Vernichtungskrieges im Osten beeinflußt und bestimmt.[1]) Dies gilt zugleich für die Verknüpfung des Ostkrieges mit der von den Nationalsozialisten beabsichtigten Vernichtung der Juden Europas. Radikale Vorstellungen von Vernichtung und Ausmerzung des Gegners und der Juden traten dabei deutlich zutage. So hat Hitler im Verlauf der frühen Aufmarschanweisungen und Befehle für den Angriff auf die UdSSR in entscheidendem Maße den Kriegsvorbereitungen und -maßnahmen auf politisch-völkerrechtlichem Gebiet den Stempel eines rassenideologischen Vernichtungskrieges aufgedrückt. Er ließ keinen Zweifel daran, daß er den kommenden Krieg, der für ihn »mehr als nur ein Kampf der Waffen« war[2]), von Anfang an als besonderen Vernichtungskampf zu führen beabsichtigte. Die UdSSR sollte dabei als das »Indien« der Nazis zum neuen Experimentierfeld der Rassenpolitiker und zum Lebensraum der von ihnen geförderten Germanen werden.[3])

Die völlige Andersartigkeit dieses Krieges im Vergleich zu den »Normalkriegen« in West- und Nordeuropa enthüllte sich sowohl bei Hitlers Erklärungen über die beabsichtigte Kampfführung als auch in den daraus resultierenden und detailliert entworfenen Instrumentarien für die Beherrschung des zu erobernden Lebensraumes im Osten.[4]) Zum Inhalt des rassistischen Vernichtungskrieges gegen Slawen und Juden hat Peter Longerich aussagekräftiges Dokumentationsmaterial zusammengetragen.[5]) Auch in den noch unter marxistischem Geschichtsverständnis zusammengestellten DDR-Editionen »Fall Barbarossa«, »Eine Schuld, die nicht erlischt« und den Dokumentenbänden von Norbert Müller wurden exemplarisch entsprechende Dokumente über die deutschen Verbrechen in der UdSSR publiziert.[6]) Daß der Angriff auf die Sowjetunion Hitlers speziellen, eigenen Krieg einleitete, bestätigte das Nachkriegs-Urteil im »Fall 12« gegen das Oberkommando der Wehrmacht vor dem Militärgerichtshof der USA in Nürnberg am 28. Oktober 1948.[7]) Weitere detaillierte Zeugnisse vom schmutzigen, unsauberen »Kampf gegen die Kommissare« brachten vielfältige Forschungen von Helmut Krausnick, Manfred Messerschmidt, Hans-Heinrich Wilhelm, Jürgen Förster und Omar Bartov.[8])

Die Hitlers Überlegungen bestimmenden ideologischen Momente traten am 30. März 1941 offen zutage, als er vor etwa 250 höheren Offizieren zur »Ausrottung« des Kommunismus »für alle Zeiten« und zur »Vernichtung der bolschewistischen Kommissare und kommunistischen Intelligenz« aufrief, ohne entschiedenen Widerspruch der Generale zu erfahren.[9]) Die ideologische Ausrichtung des Krieges zeigte sich dann deutlich bei den noch vor Kriegsbeginn herausgegebenen »verbrecherischen Befehlen«[10]) sowie bei Hitlers Sonderauftrag an den Reichsführer SS, Heinrich Himmler. Himmler hatte in eigener Verantwortlichkeit mit sogenannten SD-Einsatzgruppen hinter der Front in den rückwärtigen Heeresgebieten die physische Vernichtung der »jüdisch-bolschewistischen« Bevölkerung durchzuführen.

In den nicht-völkerrechtskonformen Weisungen und Maßnahmen, die unter Mithilfe von OKW und OKH zustande kamen, manifestierten sich sowohl der menschenverachtende und rücksichtlose Charakter des beabsichtigten Ostkrieges als auch das rassenideologische Lebensraumprogramm als eigentliche Wurzel für den Entschluß zum Angriff auf die UdSSR. Die Weisungen offenbaren zugleich ein hohes Maß an Mitverantwortlichkeit, Verstrickung und Teilhabe der Wehrmachts- und Heeresführung an diesem Vernichtungskrieg. Beide Kommandostäbe arbeiteten an der Formulierung der verbrecherischen Befehle mit oder gaben sie in eigener Zuständigkeit heraus.[11])

Die durch die einzelnen Befehle und Anweisungen zum Ausdruck gebrachten Absichtserklärungen in bezug auf Durchführung und Umsetzung des nationalsozialistischen Ostprogramms nach dem Überfall am 22. Juni 1941 rechtfertigen es insgesamt, den Krieg gegen die UdSSR als den »ungeheuerlichsten Eroberungs-, Versklavungs- und Vernichtungskrieg« zu bezeichnen, »den die moderne Geschichte kennt«, wie es Ernst Nolte in frühen Arbeiten formuliert hat.[12]) Von dieser Feststellung ausgehend, untersucht Jörg Friedrich in seiner nun auch als Taschenbuchausgabe vorliegenden umfangreichen Studie über das »Gesetz des Krieges« den Ostkrieg als Fallbeispiel der Menschheitsgeschichte im Krieg.[13]) In der Darstellung allerdings allzu weit bis ins Mittelalter zurückgreifend, stützt er sich vor allem auf das Aktenmaterial des Nürnberger OKW-Prozesses aus dem Jahre 1948. Ausführlich beschreibt Friedrich die unter ideologischer Prämisse stehende besondere Entwicklung zur Radikalisierung des Weltanschauungskrieges im Osten durch die NS-Führung seit Sommer 1941. Er bezeichnet jedoch nicht die rassenideologische Affinität der deutschen Generalität zur NS-Führung, sondern die Theorie vom totalen Krieg als entscheidendes Motiv für die Teilnahme der Wehrmacht an der verbrecherischen Kriegführung und am Genozid gegenüber den Juden. Aufgrund der zu weit gespannten Intention des Verfassers, eine generelle Geschichte des Krieges zu entwickeln, bleibt die Darstellung des Ostkrieges bei Friedrich angesichts des ausgebreiteten immensen Quellenmaterials allerdings unübersichtlich und insgesamt unbefriedigend.

Für den besonderen Charakter des Ostkrieges nach wie vor wegweisend sind die Forschungsergebnisse des früheren Kölner Historikers Andreas Hillgruber. Nach seinem Fazit lassen sich vier politisch-wirtschaftliche Zielkomplexe als Motive des NS-Regimes für den Krieg gegen die Sowjetunion benennen, die den Vernichtungswillen der NS-Führung dokumentieren[14]):

1. Ausrottung der »jüdisch-bolschewistischen« Führungsschicht sowie der Juden in Ostmitteleuropa,
2. Gewinnung von Kolonial- und Lebensraum für das »Dritte Reich«,
3. Dezimierung und Unterwerfung der slawischen Massen unter deutsche Herrschaft in neu zu errichtenden sogenannten »Reichskommissariaten« und
4. Errichtung eines autarken, blockadefesten »Großraumes« Kontinentaleuropa unter Hitlers Herrschaft, wobei die eroberten sowjetischen Gebiete die ökonomischen Ergänzungsräume bilden und die kontinentale Vorherrschaft gewährleisten sollten, um das Fernziel einer »Weltmachtstellung« erreichen zu können.

Angesichts dieser politischen Zielsetzung war das humanitäre und völkerrechtliche Empfinden von Wehrmachts- und Heeresdienststellen bereits erheblich geschwächt, als sie zur Zusammenarbeit mit den NS-Mordkommandos im Osten aufgefordert wurden. Mitte Mai und Anfang Juni 1941 wurden die Generalstabs- und Feindnachrichtenoffiziere der Verbände und Kommandobehörden in speziellen Einweisungsveranstaltungen über Fragen der Zusammenarbeit mit den Polizei- und SD-Sondereinheiten sowie über die Anwendung und Durchführung der »verbrecherischen Befehle« unterrichtet, da die Befehle zum Teil nur mündlich weitergegeben werden durften. Die Tagungen mit den SD- und Polizeikommandeuren standen unter der gemeinsamen Leitung von Generalquartiermeister Wagner, SD-Chef Heydrich und OKW-Abwehrchef Canaris. Aus dieser Verstrickung und Zusammenarbeit hat sich die Wehrmacht nicht mehr lösen können, so daß sie den Krieg gegen die Sowjetunion unter dem Vorzeichen der Unmenschlichkeit und der Verbrechen antrat und führte.[15])

Hitler wäre es kaum möglich gewesen, den besonderen Charakter dieses Vernichtungskrieges gegen die Sowjetunion und die jüdische Bevölkerung in solchem Umfang in die Tat umzusetzen, wenn ihm nicht viele Kräfte und Führungseliten im militärischen, wirtschaftlichen und diplomatischen Bereich durch ihre Zustimmung und Versäumnisse direkt oder indirekt Unterstützung gewährt hätten. Nur so wurde es dem Nationalsozialismus ermöglicht, antikommunistische und antisemitische Gefühle als Grundlage verbrecherischer Aktionen während des Ostkrieges zu mobilisieren. Lediglich wenige Offiziere lehnten diese Einstellung offen ab und suchten etwa wie Admiral Canaris, Oberst Oster, Major von Gersdorff, Oberstleutnant Stieff, Graf von Moltke oder andere Offiziere aus Widerstandskreisen nach Wegen, um die mörderische Praxis an der Ostfront einzudämmen.

Als die Wehrmacht am 22. Juni 1941 den Angriff auf die UdSSR begann, stieß sie in die westlichen Gebiete des europäischen Teils der Sowjetunion vor. Sie galten in der Zeit des Zarenreiches als »jüdische Ansiedlungsrayons«, weshalb sich dort die größte geschlossene Siedlungsgruppe von mehr als vier Millionen Juden Osteuropas befand.[16]) Nach der von Moskau nur unsystematisch betriebenen Evakuierung von ca. 800 000 bis einer Million sowjetischer Juden gerieten immerhin etwa 3 bis 3,2 Millionen Juden unter deutsche Besatzungsherrschaft.[17]) Ziel des deutschen Okkupationsregimes war es, diese Bevölkerung zu vernichten, um im Rahmen der von den NS-Machthabern als »Generalplan Ost« ausgearbeiteten Entwürfe »Platz zu machen« für eine deutsche Siedlungs- und Raumplanung im Osten. Sie sahen für Ostpolen, die baltischen Staaten, Weißrußland und die Ukraine gigantische Umsiedlungsaktionen von mehr als 30 Millionen jüdischer und slawischer Einwohner im Austausch gegen Deutsche und andere »germanische« Völker vor. Daß für Juden in diesen Gebieten kein Platz vorgesehen war, haben die Untersuchungen von Helmut Heiber, Christopher R. Browning, Rolf-Dieter Müller, Czeslaw Madajczyk und Wolfgang Benz umfassend belegt; zusätzlich liegt nun eine umfassende Quellenedition von fast 150 Dokumenten und Anlagen zur NS-Politik »Vom Generalplan Ost zum Generalsiedlungsplan« vor, die alle verfügbaren Dokumente zu diesem Themenkreis bereitstellt.[18]) Zum Thema »Juden und andere Opfer der NS-Rassenpolitik« bietet der Sammelband »Faschismus und Rassismus« einzelne Aspekte und Hinweise über den grundlegenden rassistischen Antisemitismus in der nationalsozialistischen Ideologie und Ostpolitik. Dabei beschreibt Dietrich Eichholtz am Beispiel des »Generalplans Ost« die Opfergeschichte der betroffenen Völker in Osteuropa.[19])

Vor dem Hintergrund dieser rassenpolitischen Ziele vollzog sich der Völkermord an den Juden. Die erste große Gesamtdarstellung zum »Holocaust« von Gerald Reitlinger liegt seit 1992 in siebter Auflage vor.[20]) Sie gilt nach wie vor als Standardwerk zur »Endlösung«. Ebenso umfangreich und kenntnisreich sind die Darstellungen von Leni Yahil, Gideon Hausner, Wolfgang Scheffler, Lucy S. Dawidowicz, Yehuda Bauer, Nora Levin und Martin Gilbert.[21]) Einen guten Text-Bildband, der zahlreiche Fotos zum Holocaust enthält, hat Gerhard Schoenberner veröffentlicht.[22]) Richtungsweisend für die weitere Erforschung der Gesamtgeschichte des Holocaust ist auch die mit umfangreichen Detail- und Ereigniskenntnissen verknüpfte monumentale Darstellung von Raul Hilberg. Der aus Wien stammende US-Historiker hat seine Studie über die »Vernichtung der europäischen Juden« zuerst 1961 in Chicago veröffentlicht. Sie liegt seit 1982 in deutscher Übersetzung und seit 1990 auch als ungekürzte dreibändige deutsche Taschenbuchausgabe in der von Walter H. Pehle betreuten Buchreihe »Die Zeit des Nationalsozialismus« vor.[23]) Hilberg, der seinen engagierten Forschungsweg zur Geschichte der Judenvernichtung in seiner neuen Autobiographie »Unerbetene Erinnerung« als »Revolte gegen das Schweigen« und gegen den Zeitgeist nach 1945 skizziert[24]), beschreibt umfassend den Vernichtungsapparat, dessen Strukturen und bürokratische Abläufe. Seine erste Darstellung ergänzend, hat Raul Hilberg 1972 einen separaten Dokumentenband vorgelegt.[25]). Weitere umfangreiche Dokumentationen zur Geschichte der Judenverfolgung und des Holocaust wurden von John Mendelsohn, Peter Longerich, Yitzhak Arad, Yisrael Gutman, Abraham Margaliot, Lucy S. Dawidowicz und Kurt Pätzold vorgelegt. Dokumentiertes Material enthalten auch der Bericht von Adalbert Rückerl und die Sammlung deutscher Strafurteile wegen nationalsozialistischer Tötungsverbrechen nach 1945 sowie der in erweiterter Neuauflage vorliegende Bericht »SS im Kreuzverhör« von Robert M. W. Kempner über seine Tätigkeit als US-Ankläger im »SS-Einsatzgruppen-Prozeß« in Nürnberg 1947/48.[26]) Anläßlich des Prozesses gegen Adolf Eichmann in Jerusalem erschienen ebenfalls mehrere Arbeiten und Dokumentationen über dessen Zeugenaussagen, die teilweise detailliertes Material über die Durchführung der »Endlösung« enthalten und wie beispielsweise Hannah Arendts Bericht nun als Taschenbuch neu aufgelegt wurden.[27])

Als profundes lexikographisches Nachschlagewerk mit mehr als 1000 Stichworten zum Judenmord ist die vierbändige »Enzyklopädie des Holocaust« angelegt. Sie erschien unter der Federführung von Yisrael Gutman, dem langjährigen Direktor des Jerusalemer Holocaust Research Center von Yad Vashem, als ein gemeinschaftliches Werk von Yad Vashem, The Holocaust Martyrs' und Heroes Remembrance Authority, zur selben Zeit parallel in den USA und in Israel.[28]) Mehr als 200 internationale Wissenschaftler geben in den Bänden über die Ursachen, Hintergründe und Folgen der Judenvernichtung einen umfassenden Überblick zum aktuellen Forschungsstand. Die englische Originalausgabe diente als Grundlage für die danach in drei Bänden publizierte deutsche Ausgabe; nun liegt auch eine vierbändige Taschenbuchausgabe vor.[29])

Als bibliographische Nachschlagwerke zum »Genocide« sind sowohl das von Israel W. Charny zusammengestellte Literaturverzeichnis als auch die Buchführer von Jacob Robinson und Philip Friedman, von Albert Friedlander, Abraham J. und Hershel Edelheit sowie von Michael R. Marrus zu nennen.[30]) Gute Überblicke liefern ebenfalls die von Michael Marrus, Martin Broszat und Konrad Kwiet publizierten Forschungsberichte.[31])

Eine detaillierte Zusammenstellung von Zahlen über das Ausmaß des sich an den deutschen Vormarsch unmittelbar anschließenden Völkermordes an den Juden in den westlichen Gebieten der UdSSR bietet die neuere Studie von Gerd Robel in dem von Wolfgang Benz herausgegebenen Handbuch »Dimension des Völkermordes«, das einen vorzüglichen Überblick über die Diskussion zur Zahl von fast sechs Millionen jüdischen NS-Opfern für ganz Europa präsentiert.[32]) Über das Ausmaß der Mordpolitik auf dem Boden der UdSSR informiert ferner die Studie von Yitzhak Arad.[33]) Speziell für die von der Sowjetunion während der Dauer des Hitler-Stalin-Paktes annektierten Gebiete beschreibt dies Dov Levin.[34])

Für die Nazis war der »jüdische Bolschewismus« der »Weltfeind Nr.1«. Er symbolisierte die subjektiv empfundene Bedrohung und führte zur Wahnvorstellung von der »jüdischen Gefahr«. Diesen bedrohlichen »jüdischen Bolschewismus« galt es in den Augen der Nazis zu vernichten. Wie diese Vernichtungspolitik in Verbindung mit dem »Unternehmen Barbarossa« in Plänen konzipiert und in die Praxis umgesetzt wurde, beschreibt Arno J. Mayer in seiner umfassenden Studie »Why did the heavens not darken« (Der Krieg als Kreuzzug).[35]) Nach Mayers Forschungen ist die Vernichtung der Juden auf dem Gebiet der eroberten UdSSR das Ergebnis zufälliger Entwicklungen nach militärischen Krisen und Engpässen im Krieg und nach der Erkenntnis der NS-Führung, daß der Krieg im Osten verloren war. Erst dann sei es darum gegangen, die NS-Vernichtungspolitik rücksichtslos umzusetzen. Diese Interpretation stieß allerdings besonders im anglo-amerikanischen Bereich auf Kritik.[36]) So wird generell konstatiert, daß der Antisemitismus von Hitler und seinen Gefolgsleuten die vorrangige ideologische Antriebskraft, die »Primärideologie« für die NS-Kriegs- und Vernichtungspolitik von 1939 an war.[37])

Die Singularität des Holocaust aufgrund der ideologischen Basis von Hitlers politischem Ostprogramm erlangte besondere Bedeutung im Zusammenhang mit dem deutschen Historikerstreit der 80er Jahre, dessen Diskussionsrahmen allerdings weit über die

Judenvernichtung in Osteuropa hinausreichte. Über die mit dem Historikerstreit und der Historisierung verbundenen Fragen sowie zur Entscheidungsfindung zum Holocaust informiert besonders der Band Nr. 19 der »Yad Vashem Studies« von 1988. Weitere Hinweise bieten die Arbeiten von Richard Evans, Lucy S. Dawidowicz, Yisrael Gutman, Otto D. Kulka, Charles Maier, Christian Meier, Saul Friedländer und Peter Baldwin.[38])

Um den ideologischen Vernichtungskrieg im Rahmen besonderer sicherheitspolizeilicher Aufgaben außerhalb der Truppe zu vollstrecken, stellte das Reichssicherheitshauptamt bereits vor Kriegsbeginn sogenannte »Einsatzgruppen der Sicherheitspolizei und des SD (Sicherheitsdienstes)« auf. Dabei kam es im April 1941 zur detaillierten Absprache mit dem Oberkommando des Heeres, das seine Zustimmung für diese Aufgabenteilung erteilte. Über den organisatorischen Aufbau der in einer Stärke jeweils von 600 bis 1000 Mann aufgestellten vier Einsatzgruppen (Einsatzgruppe A unter SS-Gruppenführer Walter Stahlecker, B unter SS-Brigadeführer und Chef des Reichskriminalamtes Arthur Nebe, C unter SS-Oberführer Otto Rasch und D unter SS-Standartenführer Otto Ohlendorf) mit jeweils vier bis fünf Sonder- bzw. Einsatzkommandos, die allein dem Reichsführer SS, Heinrich Himmler, unterstanden, und deren frühzeitigen brutalen Mordauftrag informieren die Studien von Helmut Krausnick, Martin Broszat, Hans-Heinrich Wilhelm, Alfred Streim, Robert W. Kempner, Jürgen Förster und Ronald Headland ebenso wie die frühen Prozeßbände zum Nürnberger Militärtribunal.[39]) Zur Durchführung der ihnen übertragenen Mordaktionen und über die Zahl der dabei getöteten Menschen wurden während des Krieges fortlaufend sogenannte »Ereignismeldungen UdSSR« (Juni 1941 bis April 1942) und »Meldungen aus den besetzten Ostgebieten« (Mai 1942 bis Mai 1943) sowie zusammengefaßte »Tätigkeits- und Lageberichte der Einsatzgruppen der Sicherheitspolizei und des SD in der UdSSR« (Juni 1941 bis März 1942) aufgestellt. Ihren Quellenwert als zeitgeschichtliche »Messages of Murder« hat Ronald Headland in einer neueren Publikation trefflich kommentiert und analysiert.[40]) Weiteres Material über die Aufgabe und Tätigkeit der Einsatzgruppen enthalten sowohl die Studie von Alfred Streim als auch das gedruckt vorliegende Urteil zum »Fall 9«, dem sogenannten »Einsatzgruppenprozeß«.[41])

In diesen Publikationen werden nicht nur die Mordtaten der Einsatzkommandos, sondern auch der Sonderkommandos und sonstigen Einsatzkräfte der Höheren SS- und Polizeiführer in den rückwärtigen Heeresgebieten festgehalten. Als weitere besondere Mordkommandos wirkten drei im »Kommandostab Reichsführer SS« zusammengefaßte SS-Brigaden, die unmittelbar unter Himmlers Verantwortung wüten konnten.[42]) Den Mordaktionen der Einsatzgruppen und -kommandos fielen vom Juni 1941 bis April 1942 etwa 550 000 Menschen zum Opfer.

Über die mögliche schriftliche oder mündliche »Führerweisung« für diese Massenmorde an den Juden hat sich eine lang andauernde Forschungskontroverse entwickelt, da dazu ein schriftlicher Befehl Hitlers bislang nicht bekannt oder nachweisbar ist.[43]) Der Stuttgarter Historiker Eberhard Jäckel hat wiederholt betont, daß nur Hitler selbst den Anstoß geben konnte, Deutschland und die von ihm beherrschten Länder in Europa »judenfrei zu machen«.[44]) Eine entsprechende »Führerweisung« könnte nach dem Treffen Hitlers mit Himmler und Heydrich am 24. September 1941 erfolgt sein.[45]) Nach Helmut

Krausnick und Richard Breitman dürfte Hitlers Befehl schon im März 1941 erfolgt sein. Ein erstes Zwischenergebnis zu dieser Debatte bot Andreas Hillgruber 1985 in seiner Studie über den »Ostkrieg und die Judenvernichtung«. Dabei wies er den deutlich erkennbaren Willen Hitlers nach, die physische Vernichtung der Juden sowohl öffentlich anzukündigen als auch konsequent bis zum Äußersten durchzuführen.[46]) Auch David Bankier betont die besondere Rolle Hitlers für den Entscheidungsprozeß der »Judenfrage«.[47]) Dagegen hat der Schweizer Historiker Philippe Burrin in seiner französischen, nun auch in deutscher und englischer Übersetzung publizierten Studie dargelegt, daß Hitler zwar zur Vernichtung der Juden grundsätzlich entschlossen war, daß er sich aber erst aus »mörderischer Wut« entschied, als sich im Herbst 1941 ein Scheitern des »Blitzkrieges« gegen die Sowjetunion abzeichnete. Deshalb sollten die Juden für die mögliche Niederlage bezahlen.[48]) Gegen diese Einschätzung spricht, daß die SS- und SD-Führer über ihre zu erledigende Mord-Tätigkeit vom Chef der Sicherheitspolizei und des SD, SS-Gruppenführer Reinhard Heydrich, schon am 17. Juni 1941 in Berlin eingehend instruiert wurden. Ferner gab Göring gegenüber Heydrich bereits am 31. Juli 1941 eine klare Anweisung. Danach sollte Heydrich »alle erforderlichen Vorbereitungen in organisatorischer, sachlicher und materieller Hinsicht . . . für eine Gesamtlösung der Judenfrage im deutschen Einflußgebiet in Europa« treffen.[49]) Einen neuen detaillierten Überblick zur Entscheidungsgeschichte bietet nun der Berliner Historiker Götz Aly; seine Darstellung beginnt mit dem 1. September 1939 und reicht bis zur Wannsee-Konferenz am 20. Januar 1942. Er stellt fest, daß die wichtigsten Bedingungen für die »Endlösung« erst während des Krieges geschaffen wurden. Nach seinem Fazit handelte es sich nicht um einen einzigen Entschluß, sondern um einen »für die Verhältnisse des Führerstaates ungewöhnlich langen und komplexen Entscheidungsprozeß«, der zum Holocaust führte.[50])

Aufgrund dieser »Bestellung«, wie es Heydrich nannte, bemühte sich dann der SD-Chef um eine weitgehende Absprache zwischen allen an der »Gesamtlösung der Judenfrage« zu beteiligenden Ressorts und Dienststellen. Die von Heydrich für den Dezember 1941 geplante Konferenz mußte allerdings wegen der militärischen Krise vor Moskau und des Kriegseintritts der USA verschoben werden; schließlich fand sie am 20. Januar 1942 in einer Villa am Wannsee statt. Auf der »Konferenz in der Wannseevilla« erlangte Heydrich die volle, »freudige« Zustimmung der Beteiligten für die geplante und zum Teil bereits angelaufene Vernichtung von über 11 Millionen Juden in Europa. Das von SS-Obersturmbannführer Eichmann verfaßte Protokoll der »Wannsee-Konferenz« ist als berüchtigtes »Schlüsseldokument« der von Heydrich mit Hitlers sowie Görings Zustimmung geplanten und begonnenen physischen Vernichtung der Juden Europas im Rahmen der sogenannten »Endlösung« aus den Akten des Nürnberger Prozesses bekannt. Es ist von mehreren Historikern und Historikerinnen wie zum Beispiel Wolfgang Scheffler, Norbert Frei, Götz Aly, Wolf Kaiser und Susanne Heim als zentrales Dokument für den Verlauf der Entstehungsgeschichte des Mordes an den europäischen Juden im historischen Kontext der NS-Rassenpolitik eingeordnet worden.[51]) Das Dokument bezeugt, daß der Völkermord an den Juden nicht auf den jüdischen Bevölkerungsteil der Sowjetunion beschränkt blieb. Vielmehr entwickelte sich daraus der geplante Holocaust an mehreren Millionen Juden Gesamteuropas, soweit dies bereits im Krieg unter NS-Herrschaft oder deutschen Einfluß geriet.

Neuerdings haben Kurt Pätzold und Erika Schwarz sowie Johannes Tuchel weitere sorgfältige Dokumentationen zum Konferenzort, der heute endlich eine Berliner Gedenk- und Bildungsstätte ist, und zum Ablauf dieser grauenerregenden Konferenz zusammengestellt[52]); dabei vermag Tuchel auch die unsinnigen Zweifel an der Echtheit dieser Quelle aus rechtsextremer Ecke überzeugend zurückzuweisen. Eberhard Jäckel hat vor kurzem neue Interpretationen zur Wannsee-Konferenz entwickelt, indem er unterschiedliche Vorstellungen über die Judenfrage zwischen Hitler und Heydrich konstatierte; zudem mißt er der Konferenz am Wannsee eine untergeordnete Bedeutung zu. Denn dort sei keinerlei Beschluß zur »Endlösung der Judenfrage« gefaßt worden; die Konferenz habe vielmehr vorrangig der Vergrößerung des persönlichen Prestiges von Heydrich gedient und der Unterrichtung der beteiligten zentralen Ressorts über den schon im Gang befindlichen Völkermord. Zur vielfältigen Verstrickung des Auswärtigen Amtes an der »Umsetzung des Mordbefehls« gegen die Juden haben Christopher Browning und Hans-Jürgen Döscher separate Studien veröffentlicht; sie zeigen detailliert die diplomatischen Bemühungen um eine außenpolitische Absicherung des Mordgeschehens.[53]) Für die Beteiligung des Ostministeriums unter Reichsminister Rosenberg an der Durchführung der »Endlösung« liegt von Yitzhak Arad ein erster Überblick vor.[54])

Auf der Wannsee-Konferenz machte Heydrich den teilnehmenden ranghohen Staatsbeamten und NS-Funktionsträgern zugleich klar, daß Hitlers Mordauftrag für die zentral gesteuerte »Endlösung« an den Reichsführer SS Heinrich Himmler erteilt worden war. Dessen Rolle haben Richard Breitman und Peter Padfield in ihren neuen Biographien über den SS-Führer detailliert beschrieben.[55]) Breitman skizziert Himmler als gefolgsamen Schreibtischmörder, der Hitlers Befehle mit seiner SS bereitwillig in die Tat umsetzte.

Für den räumlich über das Gebiet der UdSSR hinausgehenden Völkermord insgesamt – auch als »Shoah« und »Holocaust« bezeichnet – liegen zahlreiche Darstellungen und Dokumentenbände vor. Zu nennen sind hier sowohl die Neuauflagen älterer Werke als auch die neueren Studien von Gerald Reitlinger, Raul Hilberg, Lea Rosh und Eberhard Jäckel sowie der Sammelband »The Shoah and the War« und ebenso knappere Zusammenfassungen wie von Barbara Rogasky und Ronnie S. Landau.[56]) Insbesondere der von Lea Rosh und Eberhard Jäckel mittels Zeugenaussagen zusammengestellte Bericht »Der Tod ist ein Meister aus Deutschland« vermittelt einen weit gespannten Überblick über die Ausdehnung des Judengenozids auf zwölf vom Holocaust betroffene europäische Länder. Er liegt seit 1992 auch in mehreren Auflagen als Taschenbuch vor.[57]) Erschütternd sind auch die von Inge Deutschkron und Debórah Dwork zusammengetragenen Dokumente und Berichte über die Verbrechen und Greuel an Kindern in den europäischen Gettos und Lagern.[58])

Unter dem Kommando der alsbald als örtliche Verwaltungsdienststellen errichteten »Kommandeure der Sicherheitspolizei und des SD« bzw. »Befehlshaber der Sicherheitspolizei und des SD« in den neu geschaffenen deutschen Generalbezirken der sogenannten Reichskommissariate führten die Einsatz- und Sonderkommandos in den rückwärtigen Armee- und Heeresgebieten ebenso militärisch-taktische Operationen gegen sowjetische Partisanenverbände durch, bei denen sie allerdings auch weiterhin ihr Mordgeschäft gegen zivile jüdische Bevölkerungsgruppen betrieben. Nun waren sie keine mobilen Mordkommandos mehr, sondern regional und örtlich etablierte Dienststellen.

Für die »innere Befriedung« der eroberten Teile der UdSSR nahmen die SS- und SD-Stellen auch die Hilfe fremder Nationalitäten in Anspruch. Dabei handelte es sich um verschiedene nichtrussische nationalistische Gruppen, bei denen ebenfalls starke antisemitische Haltungen und Gefühle entwickelt waren. Nach einer ausdrücklichen Anweisung Himmlers war den »Selbstreinigungsbestrebungen« dieser antijüdischen und antikommunistischen Gruppen »kein Hindernis zu bereiten«. Vielmehr sollten mit ihrer Hilfe sogenannte spontane lokale Volkspogrome ausgelöst werden, in deren Rahmen die nationalen Selbstschutzgruppen den SS- und SD-Verbänden einen Teil der Mordarbeit abnehmen sollten. Dies gelang in der Tat in den baltischen und ukrainischen Gebieten, wo es zu zahlreichen grauenvollen Judenmorden durch die einheimische Bevölkerung kam, zumal dort schon vor dem Krieg ein zum Teil sehr gespanntes Verhältnis der Landesbewohner zum jüdischen Bevölkerungsteil bestand.[59]) Im Rahmen der antijüdischen Helfer und Hilfsmaßnahmen der Ukraine spielte auch die ukrainische Kirche eine zweifelhafte Rolle, wie Simon Redlich beschreibt.[60])

Über die Zahl dieser einheimischen Helfer läßt sich bislang keine genaue Angabe ermitteln. Allerdings dürfte der Anteil der estnischen, litauischen, lettischen und ukrainischen Hilfspolizeikräfte sowie Schutzmannschaften der Krimtataren nicht unerheblich gewesen sein. Ihre grundsätzliche politische Hoffnung, von den Deutschen als Gegenleistung und Dank später Gewährung von Autonomie und Selbstbestimmungsrecht zu erhalten, wurde nicht erfüllt. Sowohl das Baltikum als auch die Krim waren als neue »germanische« Siedlungsgebiete vorgesehen. Darüber informieren die Studien von Alexander Dallin und Sepp Myllyniemi detailliert.[61]) Trotz mancher lokaler einheimischer Beteiligungen an der Ermordung der Juden blieb die Verantwortung jedoch auf deutscher Seite. Die Hilfs- und Schutzmannschaften handelten in deutschem Auftrag oder entsprechend den Intentionen der NS-Rassenpolitik. Nur sehr zögernd beginnt in den neu entstandenen europäischen Staaten der ehemaligen UdSSR die wissenschaftliche Aufarbeitung dieser nationalen antijüdischen Geschichte.

Zu den Mordaktionen gegen die Juden in Lettland liegen mit den Untersuchungen von Max Kaufmann und Bernhard Press zwei detaillierte Darstellungen vor, die ebenso wie die Arbeit von M. Vestermanis oder die Berichte von Überlebenden des Holocaust auf die Beteiligung einheimischer lettischer Kräfte eingehen.[62]) Für Litauen beschreibt Grigorijus Smoliakovas sein eigenes Schicksal als einer der wenigen überlebenden Juden.[63]) Etwa 94 Prozent der Juden Litauens wurden bis Juli 1944 ermordet. Unmittelbar vor und kurz nach dem deutschen Einmarsch in Litauen kam es zu grausamen und bestialischen Verbrechen an Juden durch »litauische Freiwillige« des SD in Kovno. Sie sollen bis zum 1. Dezember 1941 bis zu 10 000 litauische Juden ermordet haben.[64])

Auch in dem zur Einverleibung durch Rumänien vorgesehenen und zurückeroberten Bessarabien und in der Nordbukowina sowie im besetzten Transnistrien mit dem Gebiet von Odessa konnte sich die dort eingesetzte Einsatzgruppe D auf die Mithilfe fremder Nationalitäten stützen. In diesem Falle wüteten rumänische Truppen gegenüber den Juden ebenso grausam wie die deutschen SD-Kommandos.[65]) Rücksichtslos ließ man die jüdische Bevölkerung bei willkürlichen Deportationen nach Transnistrien verhungern, so daß etwa 130 000 bis 150 000 Menschen umkamen.[66]) Beispielsweise wurde auch der große traditionsreiche Bevölkerungsteil der bukowinischen Hauptstadt Tschernowitz (Cernauti) deportiert oder ermordet. Ferner wurden 50 000 bis 80 000 Juden der Stadt Odessa von Rumänen getötet.[67])

Im Rahmen der Einsatzgruppen-Tätigkeit kam es auch zu enger Fühlungnahme mit Heeresverbänden und zur Beteiligung von Wehrmachtsdienststellen und -einheiten an den Exekutionen. Die Zusammenarbeit der Wehrmacht mit den SD- und SS-Mordkommandos als »tätige Komplizenschaft« dokumentieren Ernst Klee und Willi Dreßen.[68]) Schonungslos belegen die von ihnen zusammengestellten Zeugnisse die tiefe Verstrickung und Beteiligung vieler Wehrmachtsangehöriger an den Mordaktionen gegen die jüdische Zivilbevölkerung in den eroberten Teilen der UdSSR. Einen auf die Verknüpfung von »Rassenpolitik und Kriegführung« ausgerichteten Dokumentenband, der besonders auf die Komplizenschaft zwischen Sicherheitspolizei und Wehrmacht eingeht, hat Hans-Heinrich Wilhelm neuerdings vorgelegt. Detailliert dokumentiert er darin die in den nunmehr zugänglichen Goebbels-Tagebüchern enthaltenen relevanten Notizen zum geplanten Vernichtungskrieg im Osten.[69]) Die schon erwähnten »verbrecherischen Befehle« sind überwiegend von den Divisionen, Korps und Armeen an der Ostfront ausgeführt worden.[70]) Anderslautende Forschungsergebnisse liegen bislang nicht vor, obwohl sie mehrfach aus interessierter »rechter nationaler Ecke« angekündigt wurden.

Ferner ergab sich eine enge Zusammenarbeit der SS und des SD mit der Geheimen Feldpolizei und den in rückwärtigen Armee- und Heeresgebieten eingesetzten Sicherungsdivisionen. Dazu haben sowohl Helmut Krausnick, Hans-Heinrich Wilhelm und mehrere Historiker des früheren Freiburger Militärgeschichtlichen Forschungsamtes sowie Christian Streit als auch der englische Historiker Theo Schulte wichtige Erkenntnisse vorgelegt.[71]) Bekannt und berüchtigt ist die Beteiligung des Kiever Stadtkommandanten, General Kurt Eberhard, und seiner Einheiten bei Sammlung und Ermordung von 33 771 jüdischen Einwohnern der ukrainischen Hauptstadt am 29./30. September 1941. Über dieses Massaker in der Schlucht von Babij Jar liegt mit der Publikation von Erhard R. Wiehn[72]) eine ausführliche Dokumentation vor.

Die Historiker Manfred Messerschmidt und Omar Bartov haben in ihren Studien nachgewiesen, daß die Wehrmacht von der NS-Ideologie und NS-Propaganda über die totale Vernichtung des »jüdischen Bolschewismus« durch den sogenannten »arischen Herrenmenschen« und gegenüber dem »jüdischen und slawischen Untermenschen« tief durchdrungen war und daß hohe Wehrmachtsbefehlshaber zur Mitwirkung bei dem verbrecherischen Vernichtungswerk des NS-Regimes ohne Skrupel bereit waren.[73]). In dieser Haltung wurden die Soldaten durch NS-Propaganda, Partei-Indoktrination und politische Pressearbeit fortwährend bestärkt.

Wie weit die Unterstützung der Mordaktionen durch Wehrmachtseinheiten im einzelnen ging, läßt sich allerdings ebenso schwer nachweisen wie eine generelle Aussage über die Bereitschaft »der« Wehrmacht, bei der »Arbeit« der Einsatzgruppen mitzumachen. Bezeichnenderweise sind allerdings ideologisch geprägte und beeinflußte Befehle mehrerer Befehlshaber an unterstellte Verbände überliefert, in denen – wie im Falle des unrühmlichen Musterbefehls des Oberbefehlshabers der 6. Armee, Generalfeldmarschall Walter von Reichenau, vom 10. Oktober 1941 – von der Truppe »volles Verständnis« für die »Notwendigkeit der harten, aber gerechten Sühne am jüdischen Untermenschentum« verlangt wurde.[74]) Auch andere Truppenbefehle hatten den gleichen Tenor, wenn es um die Propagierung des rücksichtslosen Vernichtungskampfes gegen den »jüdischen« Gegner ging. Die ausdrückliche Weitergabe und zum Teil eigenständige Proklamation solcher, zur erbarmungslosen Ausrottung aufrufenden Musterbefehle durch deutsche Truppenbefehlshaber – wie z. B. durch Generaloberst Hoth, Generaloberst Busch und General von Manstein – offenbaren exemplarisch die Bereitschaft der militärischen Führung, sowohl Hitlers Vernichtungskrieg gegen die Sowjetunion mitzutragen als auch für die Terror- und Vernichtungsaktionen der SS und des SD gegen die zivile und jüdische Bevölkerung entsprechende Hilfestellung zu gewähren. Dies wurde in der neueren Literatur mehrfach beispielhaft dargestellt.[75]) Auf eine ähnliche Einschätzung hat der israelische Historiker Jehuda L. Wallach insbesondere bei Feldmarschall Erich von Manstein hingewiesen, der als Oberbefehlshaber der 11. Armee auf der Krim eingesetzt war und einen ähnlichen Befehl wie von Reichenau herausgab.[76])

Die besondere Bedeutung von Himmlerschen Anweisungen und sogenannten »Lehrgrundrissen« des Reichssicherheitshauptamtes der SS für die propagierte Gleichsetzung von »Judentum und Bolschewismus« sowie die Verteufelung der Slawen als »Untermenschen« hat Hans-Heinrich Wilhelm ergänzend skizziert.[77]) Daß diese Indoktrination, deren berüchtigtes Machwerk die vom SS-Hauptamt 1942 herausgegebene Broschüre »Der Untermensch« ist[78]), nicht ohne Auswirkung auf Generale, Soldaten und Zivilbevölkerung blieb, ist in der Forschung allgemein akzeptiert. Neuere Bewertungen aufgrund weiterer Untersuchungen im Hamburger Institut für Sozialforschung und im kritischen Umfeld des früheren Militärgeschichtlichen Forschungsamtes in Freiburg gehen darüber hinaus und sprechen der Wehrmacht eine noch größere aktive Beteiligung an den Verbrechen und am Holocaust im Osten zu.[79])

Ein signifikantes Beispiel ist das Verhalten von dreihundert Generalen, Admiralen und Generalstabsoffizieren, als ihnen vom Reichsführer SS, Heinrich Himmler, in einer Rede in Posen am 26. Januar 1944 dargelegt wurde, daß er von Hitler mit der »totalen Lösung der Judenfrage« betraut worden sei und daß er dies mit der SS »trotz aller seelischen Belastungen« vollständig ausgeführt habe. Nach dieser Feststellung »sprangen die Generale und Admirale auf und brachen in brausenden Beifall aus«.[80]) Damit konnte sich Himmler sehr wohl bestätigt fühlen, d. h. er konnte weitermorden.

Es gab aber auch vereinzelte Gegenstimmen. So bestätigt General a. D. Freiherr Rudolph Christoph von Gersdorff, der damals als Generalstabsoffizier im Stab der Heeresgruppe Mitte eingesetzt war, daß die »Erschießungen der Juden, der Gefangenen und auch der Kommissare fast allgemein im Offizierskorps« der Verbände und Stäbe der 4. Armee »abgelehnt« und »als eine Verletzung der Ehre der deutschen Armee, in Sonderheit des deutschen Offizierskorps betrachtet« wurden.[81]) Die »Frage der Verantwortung« für diese Greueltaten wurde dabei aber unbeantwortet gelassen, zumal man dafür keine Erklärungen in der öffentlichen Aufklärung und Berichterstattung fand. Jeder, der die Verbrechen beobachtete und ablehnte, war somit allein gelassen und mußte über sein Verhalten nach seinem Gewissen entscheiden.

Parallel zu den Erschießungen durch die Einsatzgruppen wurden im Baltikum und insbesondere im Bereich der Einsatzgruppe B unter SS-Gruppenführer Arthur Nebe in den größeren Städten Weißrußlands, Wolhyniens (westliche Ukraine) und der Ukraine mehrere Gettos eingerichtet, weil dort große jüdische Bevölkerungsgruppen lebten, wie z. B. in Riga, Wilna, Minsk, Bialystok, Grodno, Korec, Dubno, Kowel, Rowno, Olynka, Nowogrodek, Wileika, Baranowitschi, Slonim, Gancevici und Lida. Über Aufbau und Organisation sowie das alltägliche Leben in diesen Gettos, die für die deutsche Kriegswirtschaft und Rüstungsbetriebe produzieren mußten, liegen mehrere informative Untersuchungen vor.[82])

Die Ereignisse um das in Minsk errichtete Getto, in das auch deutsche Juden eingewiesen wurden[83]), und die Ermordung der Juden im »Generalbezirk Weißruthenien«, wie Belarus damals bezeichnet wurde, stehen im Mittelpunkt des von Hartmut Lenhard herausgegebenen Quellenbandes über »Lebensraum im Osten – Deutsche in Belorußland 1941–44«.[84]) Diese Edition enthält zugleich eine beachtliche Dokumenten- und Materialmappe für den Schulunterricht und die Bildungsarbeit. Sie dokumentiert sowohl die schweren Kriegsauswirkungen als auch die Brutalität von SS, SD, Wehrmacht und Polizei bei der Vernichtung der Juden im eroberten weißrussischen Gebiet. Shalom Cholavski versteht die Ermordung der Juden in Weißrußland durch die Dienststelle des »Kommandeurs bzw. Befehlshabers der Sicherheitspolizei und des SD« in Minsk sogar als zentrale Mordaktion wie im »Eye of the Hurricane«.[85]) Dazu ist von deutscher Seite eine weitere Forschungsstudie im Hamburger Institut für Sozialforschung in Vorbereitung.[86]) Auch die als Reisebericht konzipierte Publikation von Paul Kohl beschreibt die deutschen Massaker in Weißrußland. Der Autor folgt dabei den vor mehr als vier Jahrzehnten hinterlassenen Spuren der Heeresgruppe Mitte bei ihrem Vormarsch auf Moskau und läßt ausgiebig noch lebende sowjetische Augenzeugen zu Wort kommen. Kohls Buch, das nun auch als Taschenbuch neu herausgegeben wurde, ist insgesamt ein beklemmendes Zeugnis des deutschen Vernichtungsfeldzuges gegen die weißrussische Bevölkerung.[87]) In Erinnerung gerufen werden darin auch die vollständige Ermordung der Bevölkerung des weißrussischen Dorfes Chatyn und die Zerstörung des Ortes durch die SS-Brigade »Dirlewanger«. Dort befindet sich seit 1969 die zentrale Gedenkstätte für Weißrußland.[88])

Von Herbst 1941 an begannen auch in Weißrußland umfangreiche Massenerschießungen, da die Gettos wiederholt geräumt und schließlich ab Sommer 1942 im Rahmen der »Aktion Reinhard« geschlossen wurden.[89]) Am 21. Juni 1943 gab Himmler Anweisung, alle Gettos auch im Reichskommissariat Ostland aufzulösen, so daß nochmals bis Ende 1943 Zehntausende von Juden in den Städten umgebracht oder in die Vernichtungslager Treblinka und Auschwitz transportiert und dort ermordet wurden. Ähnlich ging es den Bewohnern der Gettos in den größeren Städten Litauens (Kaunas,

Wilna und Schaulen) und Lettlands (Riga und Libau). Auch sie fanden dort zuvor nur einen kurzen zeitlichen Aufschub vor ihrer Ermordung.[90])

Über die grausamen Judenerschießungen durch verrohte, zum Teil alkoholisierte SS- und SD-Männer sowie Polizeiangehörige bieten die Studien von Helmut Krausnick, Hans-Heinrich Wilhelm, Willi Dreßen und Ernst Klee detaillierte Hinweise.[91]) Ein unmittelbares Zeugnis gibt der überlieferte Bericht des Leiters des »Einsatzkommandos 3«, SS-Standartenführer Karl Jäger, über die Ermordung von mehr als 137 000 Juden (darunter 55 000 Frauen und 34 000 Kinder) vom 1. Dezember 1941, in dem er Litauen als »judenfrei« meldet und der auch gedruckt vorliegt.[92])

Um die persönliche Verrohung der SS-Leute zu mildern, wurden seit Ende 1941 Lkw eingesetzt, bei denen das Kohlenmonoxyd des Auspuffs in die Kastenwagen eingeleitet wurde.[93]) Etwa zur gleichen Zeit begann in Auschwitz I der Einsatz von Zyklon B. Zur Erprobung wurden sowjetische Kriegsgefangene im Gas erstickt, wie der von Eugen Kogon, Hermann Langbein und Adalbert Rückerl herausgegebene Sammelband dokumentiert.[94]) Seit Oktober 1941 rollten dann die Deportationszüge mit Juden in die Todes- und Vernichtungslager Auschwitz-Birkenau, Chelmno, Sobibor, Belzec, Treblinka und Lublin-Majdanek, die als besondere Vernichtungslager für die »Endlösung« im besetzten Polen geschaffen wurden.[95])

Über die dabei praktizierten Mordaktionen und deren technische Anwendung informiert die gründliche Untersuchung von Jean-Claude Pressac, der früher selbst zum Kreis der Holocaust-Zweifler zählte.[96]) Er widerlegt mit seiner akribisch erläuterten Studie, die nun auch in deutscher Übersetzung und als Taschenbuchausgabe vorliegt, zugleich in überzeugender Weise rechtsextreme Machwerke wie den »Leuchter-Report«, die nur zu gerne angebliche technische Umstände und Widersprüche anführen, um den Holocaust insgesamt abzustreiten. Geographisch wird das weite räumliche Ausmaß des Holocaust in Europa in der Karten- und Bildsammlung von Martin Gilbert präsentiert.[97])

Ganz offensichtlich führte die ideologische Indoktrination zur Akzeptanz der von der NS-Führung vertretenen Behauptung, daß die Juden von ihrer Rasse her zu den Partisanenhelfern zu zählen und deshalb zu erschießen seien, so daß die Judenexekutionen dann noch während des verstärkten Kampfes von Polizei- und Sicherungseinheiten gegen die im Hinterland tätigen sowjetischen Partisanenverbände durchgeführt wurden. Den Einsatz der deutschen Ordnungspolizei als »Himmlers grüne Helfer« bei diesen Mordaktionen und der Deutschen Reichsbahn insgesamt beschreibt Heiner Lichtenstein.[98]) Nur vereinzelt gelang es Juden, sich den Partisanen- und Resistance-Gruppen anzuschließen, um ihre Mörder direkt bekämpfen zu können. Über den verzweifelten Kampf jüdischer Sowjetbürger als Partisanen gegen die deutschen Eindringlinge informieren vor allem die zweibändige Dokumentation »Jewish Partisans« von Jack Porter und mehrere Monographien sowie Beiträge in der Zeitschrift »Yad Vashem Studies«.[99])

Lange Zeit gab es keine Zusammenstellung des von den Juden in Europa gegen den Nationalsozialismus geleisteten Widerstands. Anhand von zahlreichen Selbstzeugnissen, Erzählungen, Flugblättern und Gedichten, die erstmals in deutscher Sprache publiziert werden, vermag nun Arno Lustiger, der selbst ein Holocaust-Überlebender ist, eine eindrucksvolle Übersicht zum »Kampf auf Leben und Tod« beim Widerstand bedrohter europäischer Juden von 1933 bis 1945 zu präsentieren. Gleichsam als Vermächtnis bietet Lustigers reichbebildertes Handbuch einen länderweise und biographisch geordneten Überblick zu den vielfältigen Widerstands- und Kampfformen gegen das NS-System einschließlich des regulären Waffendienstes von Juden auf seiten der Alliierten.[100]) Die Erschießung von Juden während dieser »zweiten Tötungsphase« (so Hilberg) galt den Deutschen folglich als Präventivmaßnahme im Rahmen der Bandenbekämpfung durch Einheiten der Wehrmacht oder Polizei als gerechtfertigt; in den Berichten an vorgesetzte Stellen wurde sie allerdings als Erschießung von Plünderern und Partisanen kaschiert. Nur wenige Wehrmachtsoffiziere erkannten wie der spätere General Röttiger, daß diese Bandenbekämpfung »im Endziel den Zweck hatte, das Heer dazu zu benutzen, um die rücksichtslose Liquidierung des Judentums und anderer unerwünschter Elemente zu ermöglichen«.[101]) Diesen »Polizeiaktionen« fielen 1942/43 nochmals Zehntausende von Juden zum Opfer.

Noch rechtzeitig zum 50. Jahrestag der Befreiung des Vernichtungslagers Auschwitz durch die Rote Armee am 27. Januar 1945 liegt nunmehr das »Schwarzbuch« des ehemaligen Jüdischen Antifaschistischen Komitees der Sowjetunion vor.[102]) Es dokumentiert in erschütternder und zum Teil sehr persönlicher Weise den Genozid an den sowjetischen Juden im Kontext des deutsch-sowjetischen Krieges. Der von Wassili Grossmann (gestorben 1964) und Ilja Ehrenburg (gestorben 1967) zusammengestellte Dokumentarband ist ein außergewöhnliches Buch mit einer zugleich ungewöhnlichen Geschichte. Einerseits befaßt es sich anhand zahlreicher Berichte von Augenzeugen und Überlebenden mit dem Massenmord an den sowjetischen Juden in den von den deutschen Truppen besetzten sowjetischen Gebieten, andererseits hat das Buch seine eigene Geschichte als mehrmals zensierte und verhinderte Publikation unter sowjetischer Gewaltherrschaft. Die vom Jüdischen Antifaschistischen Komitee der Sowjetunion von 1942 bis 1948 zusammengetragenen Materialien legen Zeugnis ab von der Menschenverachtung und dem Rassenwahn der Nazis sowie von deren grausamen Verbrechen und denen ihrer Kollaborateure an Kindern, Frauen, Alten und Kranken. Zu zwei Aspekten vermag das »Schwarzbuch« neue Belege und Erkenntnisse zu vermitteln. Es bezeugt die vielfach aktive Rolle der Wehrmacht bei der Judenvernichtung und den teilweise heftigen Widerstand der Juden im Osten. Als das auf Wunsch der Sowjetregierung nach dem deutschen Angriff mit Blick auf die gewünschte Unterstützung der freien Welt gegründete Jüdische Antifaschistische Komitee 1948 von Moskau wieder aufgelöst wurde, wurden dessen Mitglieder verfolgt, einige umgebracht und die beabsichtigte – von Albert Einstein angeregte – Publikation seiner Archivmaterialien vereitelt. Das von Ilja Ehrenburg und Wassili Grossmann zur Publikation vorbereitete Manuskript wurde schließlich auf Befehl Stalins vernichtet. Ein Teil des mehrmals zensierten Manuskriptes gelangte aber ins Ausland und wurde 1980 im Auftrag von Yad Vashem in Israel zum ersten Mal in russischer Sprache publiziert; 1981 folgten eine englische und hebräische Ausgabe. Da außerdem ein Korrekturexemplar der Umbruchfahnen des vollständigen Schwarzbuches über die Stalinzeit hinweg von Ehrenburgs Tochter Irina bis 1992 versteckt und gerettet werden konnte, war es nun Arno Lustiger möglich, das ursprüngliche »Schwarzbuch« als einzigartige und umfassende Primärquelle zu den deutschen Greueltaten in der UdSSR als vollständige Ausgabe in der Sprache der Täter herauszugeben. Das Buch hilft zugleich, das grauenvolle Ausmaß der Verbrechen glaubhaft zu machen. Leider vermißt man bei manchen Einzelangaben eine detaillierte Kommentierung und gelegentlich korrigierende Überprüfung. Inzwischen sind weitere Materialien aus dem Archiv des Komitees, die im ersten Schwarzbuch nicht aufgenommen wurden, als zwei Folgebände in Jerusalem veröffentlicht worden (»Das unbekannte Schwarzbuch« und »Sowjetische Juden schreiben an Ilja Ehrenburg«). Über die Frage der »Rationalität« der »Endlösung«, wie sie auch von Susanne Heim und Götz Aly in ihrem Buch »Vordenker der Vernichtung« vertreten wird[103]), hat sich eine wissenschaftliche Kontroverse entwickelt. Götz Aly hat seine Position schon in Verbindung mit der Frage, ob es eine »Ökonomie der Endlösung« gab, in einer Studie von 1987 vorgestellt.[104]) Gegen ihre Aussagen, die weit umfassendere bevölkerungspolitische Vernichtungspläne für spätere Zeiten einschließen, haben sich Christopher Browning, Ulrich Herbert und Dan Diner in der über die »Vernichtungspolitik« detailliert geführten »Debatte über den Zusammenhang von Sozialpolitik und Genozid« – so der Titel des von Wolfgang Schneider herausgegebenen Sammelbandes[105]) – ausgesprochen. Sie betonen stärker den irrationalen oder rassistischen Aspekt der Vernichtungsmaßnahmen und -absichten, der zu unberechenbaren Mordaktionen führte.

Die Frage der »Rationalität« ist eng verknüpft mit dem Streit zwischen »Intentionalisten« und »Strukturalisten« unter den Historikern. Während die ersten die Entscheidung für den Genozid an den europäischen Juden Hitler, Himmler und der höheren NS-Führung zuschreiben, bewerten die »Funktionalisten« oder »Strukturalisten« unter den Wissenschaftlern die »Endlösung« als Endprodukt einer ungeplanten Radikalisierung im Rahmen des chaotischen NS-Staates. Gegen die Position von Uwe Adam, Martin Broszat, Arno Mayer und Hans Mommsen, die den Mord an den Juden als strukturalistisches Resultat des permanenten Ausnahmezustandes im NS-Staat und als Reaktion auf militärische Rückschläge in der UdSSR seit Herbst 1941 erklären, verbindet Christopher Browning die Entscheidung zum Genozid mit der Siegesphase im September/Oktober 1941.[106])

Die besondere Bedeutung Hitlers und seines rassenideologischen Programms für die Durchführung des Holocaust in den eroberten Gebieten der UdSSR hat insbesondere Andreas Hillgruber mehrfach hervorgehoben.[107]) Seiner Interpretation hat sich auch weitgehend Gerald Fleming angeschlossen.[108]) Omar Bartov betont im Gegensatz zu Andreas Hillgruber, der den Völkermord an den Juden als »separaten Kriegsschauplatz« interpretierte, die enge Verbindung zwischen der »Endlösung« und dem Krieg im Osten.[109]) Die stufenweise Entwicklung – zuerst waren die Juden in der besetzten UdSSR die Mordopfer und danach erst alle Juden in Europa, ohne daß es einen von langer Hand ausgearbeiteten Plan gab – beschreibt der US-Historiker Christopher R. Browning in seiner Aufsatzsammlung »The Path to Genocide«.[110])

Mit den Schwierigkeiten, den Holocaust als »crisis of human behavior« in psychologischer, moralischer und historisch-erklärender Dimension zu verstehen, setzen sich George M. Kren und Leon Rappoport auseinander. Ebenso unternehmen dies sowohl Saul Friedländer anhand der berüchtigten Rede Himmlers am 4. Oktober 1943 vor hohen SS-Offizieren in Posen als auch die Einzelbeiträge in dem von Hanno Loewy herausgegebenen Sammelband über die »Grenzen des Verstehens« sowie in dem Sammelband von Peter Hayes.[111])

Inzwischen sind zahlreiche Sammelbände, Essays und Studien zur Problematik des nüchternen Verstehens und historischen Beschreibens des Holocaust sowie zu den langzeitigen seelischen Auswirkungen der Shoah erschienen. Entsprechende Überlegungen – wie z. B. in den Publikationen von James E. Young, Gertrud Hardtmann, Christopher Browning und Michael R. Marrus – beschäftigen sich auch quellenkritisch mit den überlieferten Aufzeichnungen und Memoiren der Opfer oder der »oral history« des Massenmordes an den Juden.[112]) Um einen besseren Zugang zur Original-Sammlung von Zeugnissen der rund hundertfünfzigtausend Holocaust-Überlebenden aus aller Welt bemüht sich nun die von Steven Spielberg 1994 in Los Angeles neugegründete Stiftung »Survivors of the Shoah Visual History Foundation«.[113]) Der Beschäftigung, Darstellung und erklärenden Interpretation des Holocaust als traumatische Geschichtserfahrung in der Historiographie nach dem Zweiten Weltkrieg widmen sich insbesondere Einzelstudien von James E. Young, dessen Buch nun auch in deutscher Übersetzung zugänglich ist, und von R. J. B. Bosworth.[114]) Über die sich wandelnde Bedeutung und den »geschichtlichen Ort« des Holocaust in einer 50 Jahre nach Kriegsende geänderten Welt liegen erste Reflexionen vor, die angesichts des unvorstellbaren Holocaust eine Krisis des »human behavior« ansprechen, wie dies der von Asher Cohen, Joav Gelber und Charlotte Wardi 1986 herausgegebene Sammelband »Comprehending the Holocaust« eindrucksvoll darlegt.[115]) Zur Aktualität des Mordes an den europäischen Juden für die »Gegenwart der Schoah« und zu pädagogischen Aspekten des Erinnerns als spezifisches »Echo des Holocaust« in unserer Zeit haben Helmut Schreier und Matthias Heyl zwei bilanzierende Sammelbände vorgelegt.[116]) Interessante Aspekte zur unterschiedlichen Erinnerung an den Holocaust »in Deutschland-West und Deutschland-Ost« präsentiert der als »Arnoldshainer Texte« herausgegebene Sammelband einer Tagung der Evangelischen Akademie Arnoldshain im Januar 1992. Insbesondere die Beiträge von Ulrich Herbert und Olaf Groehler zur Geschichtsschreibung sowie von Gerhard Werle und Wolfgang Bock zum Holocaust als Gegenstand der jeweiligen Strafjustiz erlauben direkte Vergleiche; weitere Gegenüberstellungen erfolgen in dem Band zur Gedenkstättenarbeit, zur psychischen Verarbeitung sowie zur Literatur.[117]) Einen gelungenen Überblick zum »Umgang mit dem Holocaust nach 1945« bietet ferner der von Rolf Steininger herausgegebene Sammelband, der aus einer Vortragsreihe an der Universität Innsbruck hervorging und eine große Vielfalt einzelner Erinnerungsthemen und Reflexionen enthält.[118]) Vergleichbar erfolgt dies für das »Beschreiben« der Judenvernichtung in den Bänden »Writing and the Holocaust« von Berel Lang und »Writing and Rewriting the Holocaust« von James E. Young.[119]) Einem besonderen Aspekt widmet sich das nun in englischer und deutscher Sprache vorliegende Standardwerk von Martin S. Bergmann, Milton E. Jucovy und Judith S. Kestenberg. Sie präsentieren in ihrem Sammelband »Kinder der Opfer – Kinder der Täter« Untersuchungen zu den psychischen Folgen des Holocaust in der zweiten Generation nach dem Massenmord an den Juden.[120]) Die aktuelle Bedeutung und »politische Relevanz nichtverarbeiteter Schuld« beschreibt exemplarisch Gesine Schwan in dem von Peter Bettelheim und Robert Streibel edierten Sammelband »Tabu und Geschichte«. Dem besonderen Problem der verschiedenen »Vergangenheitsbewältigung in Deutschland und Japan« widmet sich die Untersuchung des Journalisten Ian Buruma. Er vergleicht die unterschiedlich vorgenommene Auseinandersetzung mit den in der Vergangenheit begangenen Verbrechen beider Länder.[121]) Einen knappen Überblick zur »Erinnerung an die Shoah in Israel« bietet der neuere Aufsatz von Yaacov Lozowick.[122])

Auch nach den neuesten Forschungen und Zusammenstellungen von Gerd Robel, Raul Hilberg, Martin Gilbert und Georges Wellers[123]) bleibt die Zahl der ermordeten Juden in den von den Deutschen besetzten Westgebieten der ehemaligen UdSSR umstritten. Während ältere Angaben zwischen 700 000 und zwei Millionen schwanken, gehen neuere Berechnungen – so von Gerd Robel – von rund 2,8 bis drei Millionen ermordeten Juden aus, so daß insgesamt der hohe Anteil jüdischer Verluste aus der UdSSR während des »Unternehmens Barbarossa« an der Gesamtzahl der von den Nazis in Europa umgebrachten fast 6 Millionen Juden deutlich hervortritt.[124])

Diese Feststellung wird übereinstimmend und sehr nachdrücklich in vielen Sammelbänden zu neueren Forschungen und internationalen Tagungen – wie zum Beispiel in dem von Yisrael Gutman und Gideon Greif herausgegebenen Sammelband zur fünften Yad-Vashem-Tagung in Jerusalem von 1983 – bestätigt.[125]) Ein gelungenes Zwischenergebnis zog der von Eberhard Jäckel und Jürgen Rohwer herausgegebene Band »Der Mord an den Juden im Zweiten Weltkrieg«. Er wandte sich insbesondere der Frage der Entschlußbildung Hitlers und der Verwirklichung des Genozids zu.[126]) Die enge Verzahnung der Verbrechen an den sowjetischen Gefangenen mit denen an Juden thematisiert der von Gerhard Hirschfeld 1986 in London herausgegebene Sammelband »The Policies of Genocide«.[127]) Er machte die englischen Leser auch mit der 1983 zuerst in deutscher Sprache erschienenen Interpretation von Hans Mommsen über »The Realization of the Unthinkable« bekannt.[128])

Der von David Cesarani, dem Direktor der Wiener Library in London, nach einer internationalen Konferenz von 1992 in London zusammengestellte Sammelband »The Final Solution – Origins and Implementation« zeugt vom mittlerweile erreichten hohen Erkenntnis- und Forschungsstand zur Geschichte des Holocaust.[129]) Gerade die darin aufgenommene abschließende Beschreibung der »Significance of the Final Solution« durch Yehuda Bauer dokumentiert die sicheren Erkenntnisse sehr eindrucksvoll. Es ist verdienstvoll, daß Cesarani neue Fragen und Antworten zu dem unerklärlichen Genozid präsentiert. Insbesondere die neueren Beiträge in dem Band weisen auf die über das nationalsozialistische Deutschland hinausgehende Mitverantwortung anderer Regierungen und Völker Europas und der Welt hin: die Völkermord-Politik der Nazis konnte fast ungestört in die Tat umgesetzt werden, ohne daß den Juden tatkräftige Hilfe zuteil wurde. Für weitergehende Studien und vertiefende Forschungsmöglichkeiten bietet der von Shmuel Krakowski zu dem Sammelband beigetragene Bericht über »Documents on the Holocaust in archives of the former Soviet Union« zahlreiche Hinweise. Daß insbesondere Ideologie und Politik des NS-Herrschaftssystems Ursache und Voraussetzung für die Gewaltverbrechen an den Juden und anderen rassisch Verfolgten waren, dokumentiert der von Helge Grabitz, Klaus Bästlein und Johannes Tuchel herausgegebene Sammelband über die »Normalität des Verbrechens«, der Wolfgang Scheffler als Festschrift zum 65. Geburtstag gewidmet ist. Er präsentiert mit 23 Beiträgen zahlreicher bekannter Sachkenner eine eindrucksvolle Zwischenbilanz über die Forschungen zu den nationalsozialistischen Gewaltverbrechen.[130])

Daß die deutsche Bevölkerung sehr wohl ahnte und teilweise auch wußte, was mit den abtransportierten Juden im Osten geschah, haben in letzter Zeit mehrere Untersuchungen – insbesondere von David Bankier, Rainer C. Baum und Otto D. Kulka – nachgewiesen, auch wenn man nach 1945 nur allzugerne sagte: »Niemand war dabei, und keiner hat's gewußt«, wie es Jörg Wollenberg als Titel seines Sammelbandes zutreffend formulierte.[131]). Dies bezeugt die neue Studie von David Bankier »The Germans and the Final Solution«. Er betont, daß die deutsche Bevölkerung sich der Ereignisse um den Holocaust voll bewußt war und daß Apathie und nicht antisemitische Indoktrination sie den Weg zum Holocaust gehen ließ.[132]) Beklemmend ist, daß viele an den Verbrechen im Osten beteiligte Deutsche die Monate der Mordaktionen sogar als »schöne Zeiten« verstanden, wie es Ernst Klee, Willi Dreßen und Volker Rieß dokumentieren.[133])

Inzwischen liegen auch erste Forschungsergebnisse zur Frage vor, inwieweit die Alliierten und andere Regierungen von den deutschen Vernichtungsmaßnahmen Kenntnis hatten. Das Schweigen konnte nämlich mehrfach durchbrochen und detaillierte Hinweise an die Regierungen der Alliierten, an den Vatikan und an neutrale Staaten gegeben werden, wie Walter Laqueur, Raul Hilberg, Richard Breitman, David S. Wyman, Deborah E. Lipstadt, John F. Morley, Bernard Wasserstein, Stanford J. Shaw, David Engel und Richard Bolchover in ihren Studien nachweisen.[134]) So ist nun nach Freigabe geheimer britischer Akten bekannt, daß Premierminister Winston Churchill spätestens 1942 über die massenhaften Todesfälle in Auschwitz und anderen deutschen Konzentrationslagern informiert worden ist. Allerdings fanden diese Mitteilungen bei den Westalliierten lange Zeit nicht die gebührende Aufmerksamkeit. Shlomo Aronson und Martin Gilbert haben das insgesamt ambivalente Verhältnis der Alliierten zur deutschen Judenverfolgung und zum Auschwitz-Komplex beschrieben.[135]) Ergänzend boten Heiner Lichtenstein und Richard Foregger eine Analyse der Möglichkeiten, die Gaskammern in Auschwitz durch die Westalliierten aus der Luft zu bombardieren, um dadurch das Morden zu verhindern oder zu verzögern.[136]) Darüber hinausgehend sind Asher Cohen, Yehoyakim Cochavi und Yoav Gelber bemüht, in ihrem Sammelband »The Shoah and the War« Zusammenhänge und Hintergründe des Holocaust nicht nur in Verbindung mit der deutschen Kriegspolitik, sondern auch mit der Politik der verbündeten und besetzten Staaten, der Alliierten und jüdischen Hilfsorganisationen darzulegen.[137])

Auf die Fragen, wie der millionenfache Mord an den Juden der Sowjetunion und Europas möglich war und welche Tätergruppen sich daran beteiligten, geben Untersuchungen von Christopher R. Browning, Hans Safrian, Ernst Klee und Willi Dreßen wichtige Antworten: Die »Eichmann-Männer«, so der Buchtitel von Hans Safrian, sowie Polizisten und Wehrmachtsangehörige waren keine Bestien – aber als »Soldaten des Bösen«, wie der israelische Historiker und Journalist Tom Segev sie nennt, waren sie meist beruflich nach oben strebende Neulinge, geprägt von militantem Antisemitismus, welche die Brutalität billigten.[138]) Safrian, dessen Studie auch als Taschenbuch vorliegt[139]), arbeitet kenntnisreich heraus, daß unter ihnen sehr viele strebsame Österreicher waren, die gar keinen »Führerbefehl« benötigten, um ihre brutale Praxis der Judenvernichtung zu exekutieren, da sie die staatlich sanktionierte Enthemmung der Gewalt bereitwillig akzeptierten. Als gelungene exemplarische Studie über diese österreichischen Nationalsozialisten, die wichtige NS-Führungspositionen erlangten, kann die auch in deutscher Übersetzung verfügbare Biographie von Peter R. Black über den Heydrich-Nachfolger als Chef des Reichssicherheitshauptamtes, Ernst Kaltenbrunner, angesehen werden.[140])

Wie Raul Hilberg nunmehr in seiner neuen Publikation über »Täter, Opfer und Zuschauer« konstatiert hat, stammten die Täter aus allen Schichten und Berufen der Bevölkerung.[141]) Auch viele Akademiker wie z.B. Verwaltungsjuristen gehörten dazu. Gerade deren hohen Anteil am Völkermord konnten Götz Aly und Susanne Heim in ihrer Studie »Vordenker der Vernichtung« belegen. Ihre wichtige Arbeit liegt nun auch als Taschenbuch vor.[142]) Sie stellt für die mörderische Praxis des Holocaust die Verbindung zwischen frühem Antisemitismus und späterer Judenvernichtung her, dessen historiographische Aufarbeitung Saul Friedländer schon 1985 in einem Überblick eindrucksvoll präsentiert hat.[143]) Die Entwicklungslinien »von der Judenfeindschaft zum Holocaust« werden auch in dem von Herbert A. Strauss und Norbert Kampe herausgegebenen Sammelband sowie in der von George L. Mosse veröffentlichten Studie zur »Geschichte des Rassismus in Europa« dargestellt.[144]) Mit der inneren Systematik judenfeindlicher Denkweisen und den vielfältigen Denkmustern in antisemitischen Vorstellungen beschäftigt sich der von Julius H. Schoeps und Joachim Schlör zusammengestellte Sammelband »Antisemitismus – Vorurteile und Mythen«.[145]) Das Problem der Verbindung zwischen Holocaust und deutscher Elite spricht insbesondere Rainer C. Baum an.[146])

Zu den »ganz normalen Männern« hat Christopher R. Browning eine treffliche exemplarische Beschreibung vorgelegt. Er schildert den Mordeinsatz eines Reserve-Polizei-Bataillons von etwa 500 Polizisten, die 1942/43 »auftragsgemäß« mehr als 38 000 jüdische Männer, Frauen, Kinder und Greise erschossen oder erschlugen. Nur wenige empfanden dabei den Mordbefehl als Schock.[147]) Inzwischen ist ferner bekannt, daß die beiden großen christlichen Kirchen in Deutschland nicht frei von Verstrickungen und Versäumnissen sind.[148]) Noch in den Anfängen steckt die Forschung über deutsche Soldaten, Polizei-, SS- und SD-Angehörige, die sich weigerten, an den Exekutionen teilzunehmen oder diese zu verhindern. Erste Studien, autobiographische Arbeiten und biographische Skizzen über Mitbürgerinnen und Mitbürger, die bereit waren, den bedrängten Juden zu helfen, bieten die Arbeiten von Mordecai Paldiel, David H. Kittermann, Carol Littner, Sandra Myers sowie Gay Block und Malka Drucker.[149]) Sowohl Steven Spielbergs Film »Schindlers Liste«, zu dem nun Thomas Keneallys gleichnamiges Buch neu vorliegt, als auch Eric Silvers »Book of the Just« und Mordecai Paldiels »The Path of the Righteous« erinnerten zuletzt gefühlvoll und einprägsam an das Wirken einzelner Helferinnen und Helfer; Silvers Buch liegt neuerdings auch mit dem Titel

»Sie waren stille Helden« in deutscher Übersetzung vor.[150]) Immerhin werden in Yad Vashem neben Tausenden von Polen, Holländern und Franzosen auch 276 Deutsche als »Gerechte« geehrt.

In mehreren Ländern – insbesondere in den USA – gibt es seit vielen Jahren Gedenk- und Forschungszentren für die Geschichte des Holocaust. Die bekannteste Gedenkstätte ist Yad Vashem in Israel. Neuerdings wurden das »Haus des Holocaust – Toleranzzentrum (Beit Hashoah)« in Los Angeles und im April 1993 das »United States Holocaust Memorial Museum« in Washington D.C. eröffnet, dem auch ein Research Institute angeschlossen ist.[151]) Über »Motive, Rituale und Stätten des Gedenkens« für die Shoah informiert der von James E. Young herausgegebene Sammelband »Mahnmale des Holocaust«, der als Begleitband zu einer 1993–95 in den USA und Deutschland gezeigten Ausstellung erschien. Die künstlerisch anspruchsvoll konzipierte Publikation dokumentiert in gelungener Weise mit vorzüglichen Beiträgen und vielen Illustrationen das weltweite Bemühen, das Unfaßbare des Judengenozids in faßbare künstlerische Formen umzusetzen und im Bewußtsein präsent zu halten. Zudem bietet Young einen ersten Überblick zur Geschichte der Holocaust-Denkmäler und -Gedenkstätten.[152])

In Verbindung mit der Gedenkstätte Yad Vashem und dem US-Holocaust-Memorial-Museum wird seit 1986 die international anerkannte Zeitschrift »Holocaust and Genocide Studies« herausgegeben. Sie bietet mit zwei Bänden pro Jahr eine beeindruckende Vielfalt an Studien und Forschungshinweisen zum Holocaust. Als Hauptherausgeber zeichnet Yehuda Bauer, Jerusalem, der auch die neue Folge der Zeitschrift seit 1993 betreut und selbst als herausragender Sachkenner zahlreiche Publikationen zur Erforschung und Darstellung des Holocaust veröffentlicht hat.[153]) Ebenso informativ ist die seit 1957 von der Yad-Vashem-Gedenkstätte in Jerusalem (The Holocaust Martyrs' and Heroes' Remembrance Authority) herausgegebene Zeitschrift »Yad Vashem Studies«, die sich ebenfalls einzelnen Themen zur Geschichte und Erforschung der »European Jewish Catastrophe and Resistance« während des Zweiten Weltkrieges widmet, sowie die vom »Braun Center for Holocaust Studies« in New York herausgegebene Zeitschrift »Dimensions – A Journal of Holocaust Studies« und die Jahrbücher des Leo-Baeck-Instituts.[154])

Eine vergleichbare Leistung bieten auf deutscher Seite die jeweils thematisch orientierten und zusammengestellten »Dachauer Hefte«, die seit 1985 von Barbara Distel und Wolfgang Benz herausgegeben werden und im Nachdruck auch einzeln als Taschenbücher vorliegen.[155]) Lange Jahre verhallte in Deutschland – trotz zahlreicher lokaler Gedenkstätten für die Opfer der nationalsozialistischen Verfolgung[156]) – der Ruf nach einer zentralen Gedenkstätte im Land der früheren Täter. Erst seit 1991 gibt es konkrete Bemühungen, in Frankfurt/Main ein deutsches »zentrales Dokumentations- und Forschungszentrum zum Holocaust« zu errichten. Das nun Mitte Januar 1995 im Rahmen einer Stiftung als »Studien- und Dokumentationszentrum zur Geschichte und Wirkung des Holocaust« gegründete Fritz-Bauer-Institut bemüht sich um Sammlung umfangreichen Materials über Holocaust, Nationalsozialismus und Antisemitismus sowie um die kontinuierliche Auseinandersetzung mit der Geschichte und Wirkungsgeschichte der NS-Vernichtungspolitik.[157]) Parallel dazu laufen Bemühungen, in Berlin ein zentrales Denkmal für die ermordeten Juden Europas zu schaffen.[158]) Dagegen ist auffallend, daß der Holocaust an den Juden als spezielles Phänomen von den sowjetischen Historikern bislang ignoriert wurde, wie Zvi Gitelman skizziert hat.[159]) Daß dies lange Zeit im Kontext mit der politischen Haltung der Moskauer Führung erfolgte, dokumentiert die neue Studie von Sonja Margolina »Das Ende der Lügen« über die russischen Juden.[160])

Zugleich ist es irritierend, daß es gerade in den USA eine starke Gruppe von NS-Apologeten gibt, die im Umkreis der Zeitschrift »The Journal of Historical Review« des kalifornischen »Institute for Historical Review« und des britischen Historikers David Irving Pamphlete gegen die Holocaust-Darstellung publizieren. In ihren Schriften, die hohe Auflagen erreichen, wird mit Hilfe von pseudowissenschaftlichen »Berichten« und Angaben, wie z. B. des »Leuchter-Berichts«, der Mord an den Juden willkürlich verharmlost und sogar generell geleugnet. Wie geschichtsverfälschend und unhaltbar z. B. die angeblichen Beweise für das Leugnen der Giftgasmorde im KZ Mauthausen anhand des vorgeblichen Lachout-»Dokuments« sind, dokumentiert detailliert und überzeugend die vom Wiener Dokumentationsarchiv des österreichischen Widerstandes vorgelegte Broschüre zur Anatomie dieser Fälschung ebenso wie dessen informative Dokumentation zum »Amoklauf gegen die Wirklichkeit«, die »Revisionismus« und revisionistische Geschichtsschreibung als »pseudowissenschaftliche Propaganda« zu demaskieren vermag.[161]) Über die apologetischen Aktivitäten informierten zudem schon 1986 und 1989 die Arbeiten von Gill Seidel und Rivkah Knoller.[162]) Erneut haben nun Till Bastian und die US-Historikerin Deborah E. Lipstadt auf verdienstvolle Weise auf den geschichtsfälschenden Inhalt der sogenannten »revisionistischen Bestrebungen«, insbesondere für die sogenannte »Auschwitz-Lüge«, hingewiesen. Beide widerlegen die plumpen Theorien der selbst ernannten »Experten«, die immer häufiger als angeblich »interessante Beiträge zum wissenschaftlichen Disput« verkauft werden, als unwahr und unhaltbar.[163]) Diese Thesen finden gleichwohl verstärkt Eingang in rechte Publikationen sowie in Schriften und Vorstellungen der neuen »konservativen Revolution« Deutschlands, wie Friedbert Pflüger unlängst beispielhaft in seinem beachtenswerten Buch »Deutschland driftet« nachweisen konnte.[164]) Auch Ernst Nolte bietet mit seinen geschichtsphilosophischen Interpretationen pseudowissenschaftlichen und radikalen Revisionisten Zugang zur seriösen Wissenschaft, indem er ihre Erklärungen der »ernsthaft betriebenen Forschung« und dem »Normalgang der Wissenschaft« zurechnen möchte, wie er es in Presse-Interviews und in seinem neuen Buch »Streitpunkte« deutlich macht.[165])

Es ist bezeichnend, daß das Leugnen des Holocaust in Deutschland schon so überhandnimmt, daß es unter Strafandrohung gestellt wurde. Ernüchternd ist zugleich die Feststellung einer neuesten Studie über die »Holocaustrezeption der Enkelgeneration«, wonach die Jugendlichen im Zusammenhang mit der Darstellung des Holocaust »emotional allein gelassen« werden und eine »Ineffizienz des Schulunterrichts über den Holocaust« zu konstatieren ist, so daß der »moralische Bankrott der Tätergeneration« nicht verarbeitet werden könne. Schule und Familie hätten demnach »bei der Verarbeitung des Holocaust versagt«.[166])

Umfang und Vielfalt der hier vorgestellten historischen Arbeiten zum Vernichtungskrieg und Holocaust im Osten dokumentieren allerdings den hohen Erkenntnisstand zu beiden Themen. Einen Überblick bietet die von Michael R. Marrus herausgegebene Edition publizierter Aufsätze und Einzelbeiträge von zahlreichen internationalen Holocaust-Forschern.[167]) Sie enthält immense Informationen zur Geschichte des Holocaust und bietet zugleich mit mehr als 7000 Seiten eindrucksvoll einen Nachweis des Fortschrittes der wissenschaftlichen Holocaust-Forschung der letzten Jahre. Die vielfältigen Einzelstudien und Darstellungen liefern für die Vermittlung des grausamen Geschehens gegenüber den interessierten Fragen der Jugend ein solides Fundament. Die historischen Erkenntnisse haben sich insgesamt außerordentlich vermehrt, ebenso wie es nach wie vor Verdrängungsmechanismen gibt, die weiterhin fortexistieren und die sich die sogenannten »Revisionisten aus der rechten Ecke« gerne zunutze machen, um Anklang für ihre falschen Behauptungen zu finden.

Anmerkungen

[1]) Vgl. Andreas Hillgruber, Hitlers Strategie. Politik und Kriegführung 1940–1941, Frankfurt/Main 1965, 2. Aufl. 1982; »Unternehmen Barbarossa«. Der deutsche Überfall auf die Sowjetunion 1941. Berichte, Analysen, Dokumente. Hrsg. v. Gerd R. Ueberschär und Wolfram Wette, Paderborn 1984 (Neuausgabe u. d. T.: Der deutsche Überfall auf die Sowjetunion. »Unternehmen Barbarossa« 1941, Frankfurt/Main 1991, 2. Aufl. 1991); Horst Boog/Jürgen Förster/Joachim Hoffmann/Ernst Klink/Rolf-Dieter Müller/Gerd R. Ueberschär, Der Angriff auf die Sowjetunion, Frankfurt/Main 1991 (1. Aufl. Stuttgart 1983); Zwei Wege nach Moskau. Vom Hitler-Stalin-Pakt zum »Unternehmen Barbarossa«. Hrsg. v. Bernd Wegner, München 1991.

[2]) Zit. nach Gerd. R. Ueberschär, Hitlers Entschluß zum »Lebensraum«-Krieg im Osten. In: Der deutsche Überfall auf die Sowjetunion (Anm. 1), S. 40.

[3]) Gerd R. Ueberschär: »Rußland ist unser Indien«. Das »Unternehmen Barbarossa« als Lebensraumkrieg. In: Der Mensch gegen den Menschen. Überlegungen und Forschungen zum deutschen Überfall auf die Sowjetunion 1941. Hrsg. v. Hans-Heinrich Nolte, Hannover 1992, S. 66–77.

[4]) Vgl. das frühe Standardwerk von Alexander Dallin, Deutsche Herrschaft in Rußland 1941–1945. Eine Studie über Besatzungspolitik. Düsseldorf 1958, 2. Aufl. Königstein 1981; ferner Gerald Reitlinger, Ein Haus auf Sand gebaut. Hitlers Gewaltpolitik in Rußland 1941–1944, Hamburg 1962 (London 1960).

[5]) Peter Longerich, Der Rußlandkrieg als rassistischer Vernichtungskrieg. In: Der Mensch gegen den Menschen (Anm. 3), S. 78–94; Die Ermordung der europäischen Juden. Eine umfassende Dokumentation des Holocaust 1941–1945. Hrsg. v. Peter Longerich unter Mitarbeit von Dieter Buhl, München 1988, 2. Aufl. 1990.

[6]) Fall Barbarossa. Dokumente zur Vorbereitung der faschistischen Wehrmacht auf die Aggression gegen die Sowjetunion (1940/41). Ausgewertet und eingeleitet von Erhard Moritz, Berlin (Ost) 1970; Eine Schuld, die nicht erlischt. Dokumente über deutsche Kriegsverbrechen in der Sowjetunion. Mit einem Geleitwort von Ales Adamowitsch, Köln 1987; ferner Norbert Müller, Wehrmacht und Okkupation 1941–1944. Die Wehrmacht und ihre Führungsorgane im Okkupationsregime des faschistischen deutschen Imperialismus auf sowjetischem Territorium, Berlin (Ost) 1971; Deutsche Besatzungspolitik in der UdSSR 1941–1944. Dokumente. Hrsg. v. Norbert Müller, Köln 1980 (zuerst in Berlin [Ost] 1980 erschienen u. d. T.: Okkupation – Raub – Vernichtung); vgl. ferner Ditte Gerns, Hitlers Wehrmacht in der Sowjetunion. Legenden – Wahrheit – Tradition, Frankfurt/Main 1985, und neuerdings den noch nach dem Ende der DDR publizierten letzten Band der achtbändigen Dokumentenedition »Europa unterm Hakenkreuz«. Die faschistische Okkupationspolitik in den zeitweilig besetzten Gebieten der Sowjetunion (1941–1945). Dokumentenauswahl und Einleitung von Norbert Müller unter Mitarbeit von Uwe Löbel und Ulrich Freye, Berlin 1991.

[7]) Fall 12: Das Urteil gegen das Oberkommando der Wehrmacht, gefällt am 28. Oktober 1948 vom Militärgerichtshof V der Vereinigten Staaten von Amerika, Berlin (Ost) 1961; Trials of War Criminals before the Nuernberg Military Tribunals under Control Council Law No. 10. Nuernberg, October 1946–April 1949. 14 vols. Ed. by the US. Government printing Office, Washington 1950–1953.

[8]) Helmut Krausnick/Hans-Heinrich Wilhelm, Die Truppe des Weltanschauungskrieges. Die Einsatzgruppen der Sicherheitspolizei und des SD 1938–1942, Stuttgart 1981; Manfred Messerschmidt, Die Wehrmacht im NS-Staat. Zeit der Indoktrination, Hamburg 1969; Jürgen Förster, Das Unternehmen »Barbarossa« als Eroberungs- und Vernichtungskrieg, und ders., Die Sicherung des Lebensraumes. Beide Beiträge in: Das Deutsche Reich und der Zweite Weltkrieg. Bd. 4: Der Angriff auf die Sowjetunion. Stuttgart 1983, S. 413–447 und S. 1030–1078; Omar Bartov, The Eastern Front 1941–1945. German troops and the barbarization of warfare, London 1985; ders., Hitlers Army. Soldiers, Nazis and War in the Third Reich, London 1992.

[9]) Generaloberst Franz Halder, Kriegstagebuch. Tägliche Aufzeichnungen des Chefs des Generalstabes des Heeres 1939–1942. Bearb. v. Hans-Adolf Jacobsen. 3 Bde., Stuttgart 1962–1964, hier Bd. II, S. 335 f.

[10]) Vgl. die »Richtlinien auf Sondergebieten zur Weisung Nr. 21 (Fall Barbarossa)« vom 13. März 1941, den »Erlaß über die »Ausübung der Kriegsgerichtsbarkeit im Gebiet ›Barbarossa‹ vom 13. Mai 1941, die »Richtlinien für das Verhalten der Truppe in Rußland« vom 19. Mai 1941 und die »Richtlinien für die Behandlung politischer Kommissare« vom 6. Juni 1941, alle abgedruckt in: Der deutsche Überfall auf die Sowjetunion (wie Anm. 1), S. 246 ff.

[11]) Siehe u. a. Halder (wie Anm. 9), Bd. II, S. 399.

[12]) Ernst Nolte, Der Faschismus in seiner Epoche, München 1963, S. 436.

[13]) Jörg Friedrich, Das Gesetz des Krieges. Das deutsche Heer in Rußland 1941 bis 1945. Der Prozeß gegen das Oberkommando der Wehrmacht, München 1993, Taschenbuchausgabe in der Serie Piper München 1995.

[14]) Hillgruber (wie Anm. 1), S. 519 f.

[15]) Vgl. Ueberschär (wie Anm. 2), S. 42.

[16]) Jews and Non-Jews in Eastern Europe, 1918–1948. Ed. by George L. Mosse and Bela Vago. New York 1974; Russian Jewry 1917–1967. Ed. by G. Aronson and J. Frumkin, New York–London 1969.

[17]) Dov Levin, The Fateful Decision, The Flight of the Jews into the Soviet Interior in the Summer of 1941. In: Yad Vashem Studies, 20 (1990), S. 115–142; Ben-Cion Pinchuk, Was there a Soviet Policy for Evacuating the Jews? The Case of the Annexed Territories. In: Slavic Review, 39 (1980), S. 44–55; Y. A. Gilboa: The black years of Soviet Jewry 1939–1953. Boston–Toronto 1971; Wila Orbach, The destruction of the Jews in the Nazi-occupied territories of the USSR. In: Soviet Jewish Affairs, 1976, No. 2, S. 14–51.

[18]) Helmut Heiber, Der Generalplan Ost. In: VfZG, 6 (1958), S. 281–325; Christopher R. Browning, Nazi Resettlement Policy and the Search for a Solution to the Jewish Question. In: German Studies Review, 9 (1986), S. 497–519; Czeslaw Madajczyk, Generalplan Ost. In: Polish Western Affairs, 3 (1963), S. 391–442; ders., Besteht ein Synchronismus zwischen dem »Generalplan Ost« und der Endlösung der Judenfrage? In: Der Zweite Weltkrieg. Analysen, Grundzüge, Forschungsbilanzen. Hrsg. v. Wolfgang Michalka, München–Zürich 1989, S. 844–857; Wolfgang Benz, Der Generalplan Ost. Zur Germanisierungspolitik des NS-Regimes in den besetzten Ostgebieten 1939–1945. In: Die Vertreibung der Deutschen aus dem Osten. Ursachen, Ereignisse, Folgen. Hrsg. v. Wolfgang Benz, Frankfurt/Main 1985 (Neuausgabe 1995), S. 39–48; Rolf-Dieter Müller, Hitlers Ostkrieg und die deutsche Siedlungspolitik. Die Zusammenarbeit von Wehrmacht, Wirtschaft und SS, Frankfurt/Main 1991; Vom Generalplan Ost zum Generalsiedlungsplan. Dokumente. Hrsg. v. Czeslaw Madajczyk. (= Einzelveröffentlichungen der Historischen Kommission zu Berlin, Bd. 80), München–London 1994.

[19]) Dieter Eichholtz, Der »Generalplan Ost« und seine Opfer. In: Faschismus und Rassismus. Kontroversen um Ideologie und Opfer. Hrsg. v. Werner Röhr, Dietrich Eichholtz, Gerhart Hass u. Wolfgang Wippermann, Berlin 1992, S. 291–299; ders., Der »Generalplan Ost«. Über eine Ausgeburt imperialistischer Denkart und Politik (mit Dokumenten). In: Jahrbuch für Geschichte, Bd. 26 (1982), S. 217–274.

[20]) Gerald Reitlinger, The Final Solution – The Attempt to Exterminate the Jews of Europe, 1939–1945. London 1953 (dt. Ausgabe u. d. T.: Die Endlösung. Hitlers Versuch der Ausrottung der Juden Europas 1939–1945, Berlin 1956, nun 7. Aufl. Berlin 1992).

[21]) Martin Gilbert, The Holocaust. The Jewish tragedy, London 1986; Gideon Hausner, Die Vernichtung der Juden. Das größte Verbrechen der Geschichte, 2. Aufl. München 1979 (US-Originalausgabe u. d. T.: Justice in Jerusalem, New York 1966); Wolfgang Scheffler, Judenverfolgung im Dritten Reich, Berlin 1964; Lucy S. Dawidowicz, The War against the Jews, London 1975 (Deutsche Ausgabe u. d. T.: Der Krieg gegen die Juden 1933–1945, München 1979); Yehuda Bauer, A History of the Holocaust, New York 1982; Leni Yahil, The Holocaust. The Fate of the European Jewry 1932–1945, New York 1990; Nora Levin, The Holocaust. The Destruction of European Jewry 1933–1945, New York 1973.

[22]) Gerhard Schoenberner, Der gelbe Stern. Die Judenverfolgung in Europa 1933–1945, Frankfurt/Main 1991.

[23]) Raul Hilberg, Die Vernichtung der europäischen Juden. 3 Bde. Überarbeitete Taschenbuchausgabe, Frankfurt/Main 1990.

[24]) Raul Hilberg, Unerbetene Erinnerung. Der Weg eines Holocaust-Forschers. Aus dem Amerikanischen von Hans G. Holl, Frankfurt/Main 1994.

[25]) Documents of Destruction. Germany and Jewry 1933–1945. Ed. by Raul Hilberg, Chicago 1971, London 1972.

[26]) Documents on the Holocaust. Selected Sources on the Destruction of the Jews of Germany and Austria, Poland and the Soviet Union. Ed. by Yitzhak Arad/Yisrael Gutman/Abraham Margaliot, Jerusalem 1981; The Holocaust: Selected Documents. 18 vols. Ed. by John Mendelsohn, New York–London 1982; A Holocaust Reader. Ed. by Lucy S. Dawidowicz, New York 1976; Die Ermordung der europäischen Juden (wie Anm. 5); Verfolgung, Vertreibung, Vernichtung. Dokumente des faschistischen Antisemitismus 1933 bis 1942. Hrsg. v. Kurt Pätzold, Frankfurt/Main 1984; Adalbert Rückerl, Die Strafverfolgung von NS-Verbrechen 1945–1978. Eine Dokumentation, Heidelberg–Karlsruhe 1979; Justiz und NS-Verbrechen. Sammlung deutscher Strafurteile wegen nationalsozialistischer Tötungsverbrechen 1945–1966. 22 Bde. Hrsg. v. Adelheid L. Rüter-Ehlermann und C. F. Rüter, Amsterdam 1968–1981; Robert M. W. Kempner, SS im Kreuzverhör. Die Elite, die Europa in Scherben brach, Nördlingen erweiterte Neuauflage 1987; vgl. ders., Das Dritte Reich im Kreuzverhör, München 1969.

[27]) Hannah Arendt, Eichmann in Jerusalem. A Report on the Banality of Evil, New York 1963; dt. Ausgabe u. d. T.: Eichmann in Jerusalem. Ein Bericht von der Banalität des Bösen, Reinbek 1978, Neuausgabe München 1995; Das Eichmann-Protokoll. Hrsg. v. Jochen v. Lang. Tonbandaufzeichnungen der israelischen Verhöre, Berlin 1982; The Eichmann Case. A source book. Ed. by Randolph L. Braham, New York 1969.

[28]) Encyclopedia of the Holocaust. Editor in Chief Israel Gutman. 4 vols., New York–London 1990.

[29]) Enzyklopädie des Holocaust. Die Verfolgung und Ermordung der europäischen Juden. Leitender Herausgeber Israel Gutman. Hrsg. der deutschen Ausgabe Eberhard Jäckel, Peter Longerich, Julius H. Schoeps, 3 Bde., Berlin 1993, Taschenbuchausgabe in 4 Bdn., München 1995.

[30]) Jacob Robinson/Philipp Friedman, Guide to Jewish History under Nazi Impact (= Yad Vashem Martyrs' and Heroes' Memorial Authority, Jerusalem and Yivo Institute for Jewish Research, New York, Joint Documentary Projects; Bibliographical Series No. 1), New York 1960; Michael R. Marrus, The Holocaust in History. Hannover (N. H.) 1987, London 1989; Israel W. Charny, Genocide: A Critical Bibliographic Review. 2 vols., New York 1988–1991; Out of the Whirlwind: A Reader of Holocaust Literature. Ed. by Albert H. Friedlander, Westminster (Md.) 1976; Bibliography of Holocaust Literature. Ed. by Abraham J. und Hershel Edelheit, Boulder (Col.) 1986.

[31]) Martin Broszat, »Holocaust« und die deutsche Geschichtswissenschaft. In: VfZG, 27 (1979), S. 285–298; Michael R. Marrus, The History of the Holocaust. A Survey of Recent Literature. In: Journal of Modern History, 59 (1987), S. 114–160; Konrad Kwiet, Judenverfolgung und Judenvernichtung im Dritten Reich. Ein historiographischer Überblick. In: Ist der Nationalsozialismus Geschichte? Zu Historisierung und Historikerstreit. Hrsg. von Dan Diner, Frankfurt/Main 1987, S. 237–264.

[32]) Gert Robel, Sowjetunion. In: Dimension des Völkermordes. Die Zahl der jüdischen Opfer des Nationalsozialismus. Hrsg. v. Wolfgang Benz (= Quellen und Darstellungen der Zeitgeschichte, Bd. 33), München 1991, S. 499–560.

[33]) Yitzhak Arad, The Holocaust of Soviet Jewry in the Occupied Territories of the Soviet Union. In: Yad Vashem Studies, 21 (1991), S. 1–47.

[34]) Dov Lewin, The Jews in the Soviet-Annexed Territories 1939–1941 (Hebrew), Jerusalem–Tel Aviv 1989.

[35]) Arno J. Mayer, Why did the heavens not darken? The »Final Solution« in History, New York 1988 (dt. Ausgabe u. d. T.: Der Krieg als Kreuzzug. Das Deutsche Reich, Hitlers Wehrmacht und die »Endlösung«, Reinbek 1989).

[36]) Vgl. u. a. John K. Roth, Review: Arno Mayer's Holocaust Revision. In: Holocaust and Genocide Studies, 5 (1990), S. 217–221; Dan Michman, Review: The High Price of Andacity. In: Holocaust and Genocide Studies, 6 (1991), No. 3, S. 293–305.

[37]) Wolfgang Scheffler, Zur Entstehungsgeschichte der Endlösung. In: Aus Politik und Zeitgeschichte, B 43/82, S. 3–10.

[38]) Richard J. Evans, In Hitler's Shadow, West German Historians and the Attempt to Escape from the Nazi Past, London 1989, dt. Ausg. u. d. T.: Im Schatten Hitlers? Historikerstreit und Vergangenheitsbewältigung in der Bundesrepublik, Frankfurt/Main 1991; Lucy S. Dawidowicz, The Holocaust and the Historians, Cambridge–London 1981; Yisrael Gutman, The Holocaust and its significance, Jerusalem 1984; Probing the limits of representation. Nazism and the »Final Solution«. Ed. by Saul Friedländer, Cambridge (Mass.)–London 1992; Otto D. Kulka, Die deutsche Geschichtsschreibung über den Nationalsozialismus und die »Endlösung«. Tendenzen und Entwicklungsphasen 1924–1984. In: Historische Zeitschrift, Bd. 240 (1985), S. 599–640; Charles Maier, The Unmasterable Past: History, Holocaust and German National Identity, Cambridge (Mass.) 1988; Christian Meier, Vierzig Jahre nach Auschwitz. Deutsche Geschichtserinnerung heute, München 1990; Reworking the Past. Hitler, the Holocaust and the Historian's Debate. Ed. by Peter Baldwin, Boston (Mass.) 1990.

[39]) Der Prozeß gegen die Hauptkriegsverbrecher vor dem Internationalen Militärgerichtshof. Nürnberg, 14. Oktober 1945 – 1. Oktober 1946. 42 Bde., Nürnberg 1947–49 (= IMT); Helmut Krausnick/Hans-Heinrich Wilhelm, Die Truppe des Weltanschauungskrieges. Die Einsatzgruppen der Sicherheitspolizei und des SD 1938–1942, Stuttgart 1981; Alfred Streim, Zum Beispiel: Die Verbrechen der Einsatzgruppen in der Sowjetunion. In: NS-Prozesse. Nach 25 Jahren Strafverfolgung: Möglichkeiten – Grenzen – Ergebnisse. Hrsg. v. Adalbert Rückerl. Karlsruhe 1971, S. 65–106; Alfred Streim, Zur Eröffnung des allgemeinen Judenvernichtungsbefehls gegenüber den Einsatzgruppen. In: Der Mord an den Juden im Zweiten Weltkrieg. Hrsg. v. Eberhard Jäckel und Jürgen Rohwer, Stuttgart 1985, S. 107–124; Ronald Headland, The Einsatzgruppen, The Question of their Operations. In: Holocaust and Genocide Studies, 4 (1989), S. 401–412; Yaacov Lozowick, Rollbahn Mord, The early activities of Einsatzgruppe C. In: Holocaust and Genocide Studies, 2 (1987), S. 221–241; Helmut Krausnick, Hitlers Einsatzgruppen. Die Truppen des Weltanschauungskrieges 1938–1942, Frankfurt/Main 1985; Förster, Die Sicherung des Lebensraumes (wie Anm. 8), 1030–1078; Robert M. W. Kempner, Das Dritte Reich im Kreuzverhör. Aus den unveröffentlichten Vernehmungsprotokollen des Anklägers, München 1969; ders., SS im Kreuzverhör. Die Elite, die Europa in Scherben brach, München 1964, Nördlingen 1987; Hans Buchheim/Martin Broszat/Hans-Adolf Jacobsen/Helmut Krausnick, Anatomie des SS-Staates. 2 Bde., Freiburg 1965, München 1967, 2. Aufl. 1979, darin besonders Helmut Krausnick, Judenverfolgung, Bd. 2, S. 233–366.

[40]) Ronald Headland, The Einsatzgruppen, The Question of their initial Operations. In: Holocaust and Genocide Studies, 4 (1989), S. 401–412; ders., Messages of Murder. A study of the Reports of the Einsatzgruppen of the Security Police and the Security Service, 1941–1943, London–Toronto 1992.

[41]) Alfred Streim, The Tasks of the SS Einsatzgruppen. In: Simon Wiesenthal Center Annual, 4 (1987), S. 309–328; Fall 9. Das Urteil im SS-Einsatzgruppenprozeß, gefällt am 10. April 1948 in Nürnberg vom Militärgerichtshof II der Vereinigten Staaten von Amerika. Hrsg. v. Kazimierz Leszozynski mit einer Einleitung von Dr. Siegmar Quilitzsch, Berlin (Ost) 1963; Trials of War Criminals before the Nuernberg Military Tribunals (wie Anm. 7).

[42]) Yehoshua Büchler, Kommandostab Reichsführer SS, Himmler's Personal Murder Brigades in 1941. In: Holocaust and Genocide Studies, 1 (1986), No. 1, S. 11–25; Unsere Ehre heißt Treue. Kriegstagebuch des Kommandostabes RFSS. Tätigkeitsberichte der 1. und 2. SS-Infanterie-Brigade, der 1. SS-Kavallerie-Brigade und von Sonderkommandos der SS. Hrsg. v. Fritz Baade u. a., Wien–Frankfurt/Main 1965.

[43]) Darüber informiert z. B. der Forschungsbericht von Michael R. Marrus, The History of the Holocaust (wie Anm. 31).

[44]) Eberhard Jäckel, Die Entschlußbildung als historisches Problem. In: Der Mord an den Juden im Zweiten Weltkrieg. Hrsg. v. Eberhard Jäckel und Jürgen Rohwer, Stuttgart 1985, S. 9–17.

[45]) Helmut Krausnick, Hitler und die Befehle an die Einsatzgruppen im Sommer 1941. In: Der Mord an den Juden im Zweiten Weltkrieg. Hrsg. v. Eberhard Jäckel und Jürgen Rohwer, Stuttgart 1985,

S. 88–106; Richard Breitman, The Architect of Genocide: Himmler and the Final Solution, New York 1991; Alfred Streim, Zur Eröffnung des allgemeinen Judenvernichtungsbefehls gegenüber den Einsatzgruppen. In: Der Mord an den Juden im Zweiten Weltkrieg. Hrsg. v. Eberhard Jäckel und Jürgen Rohwer, Stuttgart 1985, S. 96–103.

[46]) Andreas Hillgruber, War in the East and the Extermination of the Jews. In: Yad Vashem Studies, 18 (1987), S. 103–132; Andreas Hillgruber: Der Ostkrieg und die Judenvernichtung. In: Der deutsche Überfall auf die Sowjetunion (wie Anm. 1), S. 185–205.

[47]) David Bankier, Hitler and the Policy-Making Process on the Jewish Question. In: Holocaust und Genocide Studies, 3 (1988), S. 1–20.

[48]) Philippe Burrin, Hitler und die Juden. Die Entscheidung für den Völkermord, Frankfurt/Main 1993; engl. Ausgabe u. d. T.: Hitler and the Jews. The genesis of the Holocaust, London 1994.

[49]) Zit. nach Gerd R. Ueberschär, Das Scheitern des »Unternehmens Barbarossa«. In: Der deutsche Überfall auf die Sowjetunion (wie Anm. 1), S. 94.

[50]) Götz Aly, »Endlösung«. Die Entscheidung zum Mord an den europäischen Juden, Frankfurt/Main, 1995.

[51]) Wolfgang Scheffler, Die Bedeutung der Wannsee-Konferenz im Rahmen der nationalsozialistischen Ausrottungspolitik. In: Die Organisation des Judenmordes auf der Wannseekonferenz 1942. Hrsg. v. d. Evangelischen Akademie Mülheim/Ruhr 1987, S. 7–20 (= Begegnungen 2/87); ders., Zur Entstehungsgeschichte der »Endlösung«. In: Aus Politik und Zeitgeschichte, B 43/82, S. 3–10; siehe ders., Wege zur »Endlösung«. In: Antisemitismus. Von der Judenfeindschaft zum Holocaust. Hrsg. v. Herbert A. Strauss/Norbert Kampe, Bonn 1984 (= Schriftenreihe der Bundeszentrale für politische Bildung, Bd. 213), S. 186–214; Norbert Frei: ». . . unsere Arbeiten auf anständige Art und Weise bearbeitet . . .«. Adolf Eichmann und die Wannsee-Konferenz. In: Tribüne, 21 (1982) 81, S. 43–59; Götz Aly/Susanne Heim, Vordenker der Vernichtung. Auschwitz und die deutschen Pläne für eine neue europäische Ordnung, Hamburg 1991, Frankfurt/Main 1993; Wolf Kaiser, Die Wannsee-Konferenz. Zur Bedeutung eines Protokolls. In: Tribüne, 33 (1994) 132, S. 110–124.

[52]) Johannes Tuchel, Am Großen Wannsee 56–58. Von der Villa Minoux zum Haus der Wannsee-Konferenz. (= Publikationen der Gedenkstätte Haus der Wannsee-Konferenz, Bd. 1), Berlin 1992; Kurt Pätzold/Erika Schwarz, Tagesordnung: Judenmord. Die Wannsee-Konferenz am 20. Januar 1942. Eine Dokumentation zur Organisation der »Endlösung«, Berlin 1992 (= Reihe Dokumente, Texte, Materialien, Bd. 3); Kurt Pätzold, Die Wannsee-Konferenz – zu ihrem Platz in der Geschichte der Judenvernichtung. In: Faschismus und Rassismus. Kontroversen um Ideologie und Opfer. Hrsg. v. Werner Röhr, Dietrich Eichholtz, Gerhart Hass und Wolfgang Wippermann, Berlin 1992, S. 257–290.

[53]) Christopher Browning, The Final Solution and the German Foreign Office, A Study of Referat D III of Abteilung Deutschland, 1940–1943, New York–London 1978; Hans-Jürgen Döscher, SS und Auswärtiges Amt im Dritten Reich. Diplomatie im Schatten der »Endlösung«, Frankfurt/Main–Berlin 1991 (zuerst Berlin 1987 u. d. T.: Das Auswärtige Amt im Dritten Reich).

[54]) Yitzhak Arad, Alfred Rosenberg and the »Final Solution« in the occupied Soviet territories. In: Yad Vashem Studies, 13 (1979), S. 263–286.

[55]) Richard Breitman, The Architect of Genocide: Himmler and the Final Solution, New York 1991; Peter Padfield, Himmler: Reichsführer SS, New York 1991.

[56]) Barbara Rogasky, Smoke and Ashes: The Story of the Holocaust. Oxford–New York 1988, 1991; Ronnie S. Landau, The Nazi Holocaust, London–New York 1992; Reitlinger, Die Endlösung (wie Anm. 20, Neuauflage 1992); Hilberg, Die Vernichtung der europäischen Juden (wie Anm. 23); ders., Täter, Opfer, Zuschauer. Die Vernichtung der Juden 1933 bis 1945, Frankfurt/Main 1992, engl. Ausg. u. d. T.: Perpetrators, Victims, Bystanders. The Jewish Catastrophe 1933–1945, New York 1992; The Shoah and the War. Ed. by Asher Coshen, Yehoyakim Cochavi and Yoav Gelber 1992.

[57]) Lea Rosh/Eberhard Jäckel, »Der Tod ist ein Meister aus Deutschland«. Deportation und Ermordung der Juden. Kollaboration und Verweigerung in Europa, Hamburg 1990, Taschenbuchausgabe München 1992.

[58]) Inge Deutschkron, . . . denn ihrer war die Hölle. Kinder in Ghettos und Lagern, Köln 1979; Deborah Dwork, Kinder mit dem gelben Stern – Europa 1933–1945, München 1994.

[59]) Dov Levin, On the Relations between the Baltic peoples and their Jewish Neighbours before, during and after World War II. In: Holocaust and Genocide Studies, 5 (1990), S. 53–66.

[60]) Simon Redlich, Metropolitan Andrei Sheptyts'kyi, Ukrainians and Jews during and after the Holocaust. In: Holocaust and Genocide Studies, 5 (1990), S. 39–51.

[61]) Alexander Dallin, Deutsche Herrschaft in Rußland 1941–1944. Eine Studie in Besatzungspolitik, Düsseldorf 1958; Seppo Myllyniemi, Die Neuordnung der baltischen Länder 1941–1944. Zum nationalsozialistischen Inhalt der deutschen Besatzungspolitik, Helsinki 1973.

[62]) Max Kaufmann, Churbn Lettland. Die Vernichtung der Juden Lettlands, München 1947; Bernhard Press, Judenmord in Lettland, 1941–1945, Berlin 1992; Margers Vestermanis, Der lettische Anteil an der »Endlösung«. Versuch einer Antwort. In: Die Schatten der Vergangenheit. Hrsg. v. Uwe Backes/Eckhard Jesse/Rainer Zitelmann, Berlin 1990, S. 426–449; M. Bobe/S. Levenberg/I. Maor/Z. Michaeli, The Jews in Latvia, Tel Aviv 1971.

[63]) Grigorijus Smoliakovas, Die Nacht, die Jahre dauerte. Ein jüdisches Überlebensschicksal in Litauen 1941–1945, Konstanz 1992.

[64]) Smoliakovas (Anm 63); Dov Levin, July 1944 – The Crucial Month for the Remnants of Lithuanian Jewry. In: Yad Vashem Studies 16 (1984), S. 333–361; ders., On the relations between the baltic peoples and their Jewish neighbours (Anm. 59).

[65]) Julius F. Fisher, How many Jews died in Transnistria? In: Jewish Social Studies, 20 (1958), S. 95–101; Martin Broszat, Das Dritte Reich und die rumänische Judenpolitik. In: Gutachten des Instituts für Zeitgeschichte, Bd. 1, München 1958, S. 102–183; Dora Litani, The destruction of the Jews of Odessa in the light of Romanian documents. In: Yad Vashem Studies, 6 (1967), S. 135–154; zur rumänischen Judenpolitik siehe auch Jean Ancel, Antonescu and the Jews. In: Yad Vashem Studies, 23 (1993), S. 213–280.

[66]) Ephraim Ophir, Was the Transnistria Rescue Plan Achievable? In: Holocaust and Genocide Studies, 6 (1991), S. 1–16.

[67]) Dora Litani, The destruction of the Jews of Odessa (Anm. 65).

[68]) Gott mit uns. Der deutsche Vernichtungskrieg im Osten 1939–1945. Hrsg. v. Ernst Klee und Willi Dreßen unter Mitarbeit von Volker Rieß, Frankfurt/Main 1989; Willi Dreßen, The Role of the Wehrmacht and the Police in the Annihilation of the Jews; the Prosecution and Postwar Careers of Perpetrators in the Police Force of the Federal Republic of Germany. In: Yad Vashem Studies, 23 (1993), S. 295–319.

[69]) Hans-Heinrich Wilhelm, Rassenpolitik und Kriegführung. Sicherheitspolizei und Wehrmacht in Polen und in der Sowjetunion 1939–1942, Passau 1991.

[70]) Förster, Die Sicherung des Lebensraumes (wie Anm. 8), S. 1030–1078.

[71]) Siehe dazu die Beiträge in dem Sammelband »Unternehmen Barbarossa«. Hrsg. v. Gerd R. Ueberschär u. Wolfram Wette (wie Anm. 1); ferner Christian Streit, Ostkrieg, Antibolschewismus und »Endlösung«. In: Geschichte und Gesellschaft, 17 (1991), S. 242–255; Theo Schulte, The German Army and Nazi Policies in occupied Russia, Oxford–München 1989.

[72]) Die Schoah von Babij Jar. Das Massaker deutscher Sonderkommandos an der jüdischen Bevölkerung von Kiew 1941 fünfzig Jahre danach zum Gedenken. Hrsg. v. Erhard R. Wiehn, Konstanz 1991.

[73]) Messerschmidt, Die Wehrmacht im NS-Staat (wie Anm. 8); ders., Harte Sühne am Judentum. Befehlslage und Wissen in der deutschen Wehrmacht. In: »Niemand war dabei und keiner hat's gewußt«. Die deutsche Öffentlichkeit und die Judenverfolgung 1933–1945. Hrsg. v. Jörg Wollenberg, München 1989, S. 113–128; Omar Bartov, Brutalität und Mentalität: Zum Verhalten deutscher Soldaten an der »Ostfront«. In: Erobern und Vernichten. Der Krieg gegen die Sowjetunion 1941–1945. Essays. Hrsg. v. Peter Jahn und Reinhard Rürup, Berlin 1991, S. 183–199.

[74]) Vgl. Abdruck bei Ueberschär/Wette (Hrsg.), Der deutsche Überfall (wie Anm. 1).

[75]) Krausnick/Wilhelm, Die Truppe des Weltanschauungskrieges (wie Anm. 8).

[76]) Jehuda Wallach, Feldmarschall Erich von Manstein und die deutsche Judenausrottung in Rußland. In: Jahrbuch des Instituts für Deutsche Geschichte, Bd. 4, 1975, S. 457–472.

[77]) Wilhelm, Rassenpolitik und Kriegführung (wie Anm. 69).

[78]) Der Untermensch. Hrsg.: Der Reichsführer-SS. SS-Hauptamt-Schulungsamt, Berlin 1942.

[79]) Siehe dazu Hannes Heer, Killing Fields. Die Wehrmacht und der Holocaust. In: Mittelweg 36. Zeitschrift des Hamburger Instituts für Sozialforschung, 3 (1994), S. 7–31, und weitere Studien der »Freiburger Schule« von Manfred Messerschmidt, Wolfram Wette, Gerd R. Ueberschär und Rolf-D. Müller.

[80]) Bodo Scheurig, Die abgemilderte Posener Erinnerung. Himmler, das Offizierskorps und der 20. Juli 1944. In: Frankfurter Allgemeine Zeitung vom 21. Juli 1993, S. N 5.

[81]) Abdruck in: Der deutsche Überfall auf die Sowjetunion (wie Anm. 1), S. 343 f.

[82]) Shalom Cholavsky, The German Jews in the Minsk Ghetto. In: Yad Vashem Studies, 17 (1986). S. 219–245; Shmuel Spector, The Holocaust of Volhynian Jews, 1941–1944 (Hebrew), Jerusalem 1986 (Engl. 1990); ders., The Jews of Volhynia and their reaction to extermination. In: Yad Vashem studies, 15 (1983), S. 159–186; Karl Loewenstein, Minsk. Im Lager der deutschen Juden. In: Aus Politik und Zeitgeschichte, B 45/56, S. 705–718; Gertrude Schneider, Journey into terror. Story of the Riga Ghetto, New York 1979.

[83]) Siehe Cholavsky (Anm. 82).

[84]) Hartmut Lenhard, Lebensraum im Osten – Deutsche in Belorußland 1941–44. Quellen- und Materialmappe für Unterricht und Erwachsenenbildungsarbeit. Hrsg. v. Internationalen Bildungs- und Begegnungswerk Dortmund, Düsseldorf 1991.

[85]) Shalom Cholavsky, In the Eye of the Hurricane. The Jews in Eastern Belorussia during World War II (Hebrew), Tel Aviv 1988.

[86]) Im Herbst 1995 soll erscheinen: Hannes Heer, Dienststelle Minsk. Deutsche Vernichtungspolitik in Weißrußland 1941–1944; vgl. ders., Killing Fields (wie Anm. 79).

[87]) Paul Kohl, »Ich wundere mich, daß ich noch lebe«. Sowjetische Augenzeugen berichten, Gütersloh 1990; ders., Der Krieg der deutschen Wehrmacht und der Polizei 1941–1944. Sowjetische Überlebende berichten, Frankfurt/Main 1995.

[88]) Vgl. auch John Loftus, The Belarus Secret. Ed. by Nathan Miller, New York 1982.

[89]) Raul Hilberg, Die Aktion Reinhard. In: Der Mord an den Juden im Zweiten Weltkrieg. Hrsg. v. Eberhard Jäckel und Jürgen Rohwer, Stuttgart 1985, S. 125–136.

[90]) Schneider, Journey into terror (wie Anm. 82); Kaufmann, Churbn Lettland (wie Anm. 62); Press, Judenmord in Lettland (wie Anm. 62); Bobe/Levenberg/Maor/Michaeli, The Jews in Latvia (wie Anm. 62); Abraham Tory, Surviving the Holocaust: The Kovno Ghetto Diary. Ed. by Martin Gilbert. Cambridge (Mass.) 1990; Yitzhak Arad, Ghetto in flames. The struggle and destruction of the jews in Vilna in the Holocaust, Jerusalem, Yad Vashem 1980; Surviving the Holocaust. The Kovno Ghetto Diary. Ed. by Martin Gilbert, Cambridge (Mass.) 1989.

[91]) Krausnick/Wilhelm, Die Truppe des Weltanschauungskrieges (wie Anm. 8); Ernst Klee, Willi Dreßen, Volker Riess: »Schöne Zeiten«. Judenmord aus der Sicht der Täter und Gaffer, Frankfurt/Main 1988;

[92]) Abdruck bei Adalbert Rückerl, Die Strafverfolgung von NS-Verbrechen 1945–1978. Eine Dokumentation, Heidelberg–Karlsruhe 1979; Documents of Destruction (wie Anm. 25), S. 46 ff.

[93]) Matthias Beerm, Die Entwicklung der Gaswagen beim Mord an den Juden. In: VfZG, 35 (1987), S. 403–417.

[94]) Nationalsozialistische Massentötungen durch Giftgas. Eine Dokumentation. Hrsg. v. Eugen Kogon/Hermann Langbein/Adalbert Rückerl u. a., Frankfurt/Main 1983, 1986, 1989.

[95]) Yitzhak Arad, »Operation Reinhard«: Extermination Camps of Belzec, Sobibor and Treblinka. In: Yad Vashem Studies, 16 (1984), S. 205–240. Vgl. auch die Zusammenfassung von Ino Arndt/Wolfgang Scheffler, Organisierter Massenmord an Juden in nationalsozialistischen Vernichtungslagern. In: VfZG, 24 (1976), S. 105–135. Zur Auschwitz-Literatur siehe Werner Renz, Auschwitz. Annotierte Bibliographie der deutschsprachigen Auschwitzliteratur (= Verzeichnisse des Fritz-Bauer-Instituts, Nr. 1), Frankfurt/Main 1994; vgl. auch Dieter Pohl, Von der »Judenpolitik« zum Judenmord. Der Distrikt Lublin des Generalgouvernements 1939–1944, Frankfurt/Main 1993.

[96]) Jean-Claude Pressac, Les crématoires d'Auschwitz, Paris 1993; dt. Ausgabe u. d. T.: Die Krematorien von Auschwitz. Die Technik des Massenmordes, München 1994, Taschenbuchausgabe München 1995.

[97]) Martin Gilbert, The Holocaust: Maps and photographs. A record of the destruction of Jewish life in Europe during the dark years of Nazi rule. 2nd rev. edition, New York 1992; ders., Endlösung. Die Vertreibung und Vernichtung der Juden. Ein Atlas, Reinbek bei Hamburg 1982; vgl. auch Alfred Streim, Konzentrationslager auf dem Gebiet der Sowjetunion. In: Dachauer Hefte, 5 (1989), S. 174–187.

[98]) Heiner Lichtenstein, Himmlers grüne Helfer. Die Schutz- und Ordnungspolizei im »Dritten Reich«, Köln 1990; ders., Pünktlich an der Rampe. Der Horizont des deutschen Eisenbahners. In: »Niemand war dabei und keiner hat's gewußt«. Hrsg. v. Jörg Wollenberg, München 1989, S. 204–223; ders., Mit Sonderzügen in den Tod. Die Rolle der Reichsbahn beim Holocaust. In: Frankfurter Rundschau, Beilage »Zeit und Bild«, Nr. 46 von 13. November 1982.

[99]) Reuben Ainsztein, Jewish Resistance in nazi-occupied Eastern Europe with a historical survey of the Jew as fighter and soldier in the Diaspora, London 1974; Dov Levin, Fighting for their lives: The War of Lithuanian Jews against Nazis 1941–1945 (Hebrew), Jerusalem 1974; ders., Fighting Back: Lithuanian Jewry's Armed Resistance to the Nazis, 1941–1945, New York 1985; ders., With the Back to the Wall: The Fight of Latvian Jews against Nazism (Hebrew), Jerusalem 1978; Lester Eckman/Chaim Lazar, The Jewish Resistance. The history of the Jewish partisans in Lithuania and White Russia during the Nazi occupation 1940–1945, New York 1977; Surviving the Holocaust. The Kovno Ghetto Diary. Ed. by Martin Gilbert, Cambridge (Mass.) 1989; Shmuel Spector, Jews in the Resistance and Partisan Movement in the Soviet Ukraine. In: Yad Vashem Studies, 23 (1993), S. 127–143; Jewish Partisans. A documentary of Jewish Resistance in the Soviet Union during World War II. 2 vols. Ed. by Jack N. Porter. Washington 1982; A. Zwi Bar-On, The Jews in the Soviet Partisan Movement. In: Yad Vashem Studies, 4 (1960), S. 167–189; vgl. auch Yitzhak Arad, Soviet Jews in the War against Nazi Germany. In: Yad Vashem Studies, 23 (1993), S. 73–125.

[100]) Arno Lustiger, Zum Kampf auf Leben und Tod. Das Buch vom Widerstand der Juden 1933–1945, Köln 1994.

[101]) Stellungnahme von General Röttiger, im Krieg Chef des Generalstabes der 4. Armee an der Ostfront, von 1945, Bundesarchiv-Militärarchiv Freiburg, N 422/11, S. 4.

[102]) Das Schwarzbuch. Der Genozid an den sowjetischen Juden. Hrsg. v. Wassili Grossmann und Ilja Ehrenburg. Hrsg. der deutschen Ausgaben: Arno Lustiger, Reinbek 1994.

[103]) Götz Aly/Susanne Heim, Vordenker der Vernichtung. Auschwitz und die deutschen Pläne für eine neue europäische Ordnung, Hamburg 1991, Frankfurt 1993.

[104]) Götz, Aly u. a., Sozialpolitik und Judenvernichtung. Gibt es eine Ökonomie der Endlösung?, Berlin 1987.

[105]) Vernichtungspolitik. Eine Debatte über den Zusammenhang von Sozialpolitik und Genozid im nationalsozialistischen Deutschland. Hrsg. v. Wolfgang Schneider, Hamburg 1991 (= Schriftenreihe des Hamburger Instituts für Sozialforschung).

[106]) Uwe Adam, Judenpolitik im Dritten Reich, Tübingen 1972; Martin Broszat, Hitler und die Genesis der »Endlösung«: Aus Anlaß der Thesen von David Irving. In: VfZG, 25 (1977), S. 739–775; Christopher R. Browning, Zur Genesis der »Endlösung«. Eine Antwort an Martin Broszat. In: VfZG, 29 (1981), S. 97–109; ders., Nazi Resettlement Policy and the Search for a Solution to the Jewish Question, 1939–1941. In: German Studies Review, 9 (1986) No. 3, S. 497–519; ders., Fateful Months: Essays on the emergence of the final Solution, New York 1985, revised ed. 1991; Hans Mommsen, Die Realisierung des Utopischen: Die »Endlösung« der Judenfrage im »Dritten Reich«. In: Geschichte und Gesellschaft, 9 (1983), S. 381–420.

[107]) Vgl. u. a. Hillgruber, Der Ostkrieg und die Judenvernichtung (wie Anm. 46).

[108]) Gerald Fleming, Hitler und die Endlösung. »Es ist des Führers Wunsch . . .«, Wiesbaden 1982.

[109]) Omar Bartov, The Eastern Front, 1941–1945. German troops and the barbarization of warfare, Houndmills 1985; Andreas Hillgruber, Zweierlei Untergang, Die Zerschlagung des Deutschen Reiches und das Ende des europäischen Judentums, Berlin 1986.

[110]) Christopher R. Browning, The Path to Genocide: Essays of launching the Final Solution. Cambridge 1992.

[111]) George M. Kren/Leon Rappoport, The Holocaust and the crisis of human behavior, New York 1980; Saul Friedländer, Die »Endlösung«. Über das Unbehagen in der Geschichtsdeutung. In: Der historische Ort des Nationalsozialismus. Hrsg. v. Walter H. Pehle, Frankfurt/Main 1990, S. 81–93; Holocaust: Die Grenzen des Verstehens. Eine Debatte über die Besetzung der Geschichte. Hrsg. v. Hanno Loewy, Reinbek 1992; Lesson and Legacies: The Meaning of the Holocaust in a Changing World. Ed. by Peter Hayes, Evanston 1991.

[112]) James E. Young, Writing and Rewriting the Holocaust: Narrative and the Consequences of Interpretation, Bloomington–Indianapolis 1988; Spuren der Verfolgung. Seelische Auswirkungen des Holocaust auf die Opfer und ihre Kinder. Hrsg. v. Gertrud Hardtmann, Gerlingen 1992; Michael R. Marrus, The Nazi Holocaust: Historical Articles on the Destruction of European Jews. Westport (Ct.) 1989; Claude Lanzmann, Shoah: An Oral History of the Holocaust, London 1985; Philipp Friedman, Roads to Extinction: Essays on the Holocaust, New York 1980; Christopher R. Browning, Fateful Months: Essays on the Emergence of the Final Solution, New York 1985, revised ed. 1991; vgl. u. a. Cecilie Klein, Sentenced to live: A survivor's memoir, New York 1988.

[113]) Vgl. den Bericht »Zeugnis geben. Spielbergs Holocaust-Dokumentation« in: Frankfurter Allgemeine Zeitung vom 24. November 1994.

[114]) James E. Young, Beschreiben des Holocaust. Darstellung und Folgen der Interpretation. Frankfurt/Main 1992; Richard J. B. Bosworth, Explaining Auschwitz and Hiroshima. History Writing and the Second World War, 1945–1990, London 1994.

[115]) Lesson and Legacies. Ed. by Peter Hayes (wie Anm. 111); Yehuda Bauer, The Holocaust in Historical Perspective, London 1978; Remembering for the future. Working papers and addenda. Ed. by Yehuda Bauer et al. 3 vols., Oxford 1989; The Historiography of the Holocaust Period. Proceedings of the Fifth Yad Vashem International Historical Conference, Jerusalem March 1983. Ed. by Yisrael Gutman/Gideon Greif, Jerusalem 1983; The Catastrophe of EuropeanJewry. Antecedents – History – Reflections. Ed. by Yisrael Gutman/Livia Rothkirchen.Jerusalem 1976; Andreas Hillgruber, Der geschichtliche Ort der Judenvernichtung. Eine Zusammenfassung. In: Der Mord an den Juden im Zweiten Weltkrieg. Hrsg. v. EberhardJäckel und Jürgen Rohwer, Stuttgart 1985, S. 213–224; Comprehending the Holocaust. Historical and Literary Research. Ed. by Asher Cohen, Joav Gelber and Charlotte Wardi, Frankfurt/Main1988; Alfred Grosser, Ermordung der Menschheit. Der Genozid im Gedächtnis der Völker,München 1990; Vahakn N. Dadrian, Towards a theory of genocide incorporating the instance of Holocaust: comments, criticisms and suggestions. In: Holocaust and Genocide Studies, 5 (1990), S. 129–143.

[116]) Die Gegenwart der Schoah. Zur Aktualität des Mordes an den europäischen Juden. Hrsg. v. Helmut Schreier und Matthias Heyl, Hamburg 1994; Das Echo des Holocaust. Pädagogische Aspekte des Erinnerns. Hrsg. v. Helmut Schreier und Matthias Heyl, Hamburg 1992, 2. Aufl. 1994.

[117]) Erinnerung. Zur Gegenwart des Holocaust in Deutschland-West und Deutschland-Ost. Hrsg. v. Bernhard Moltmann, Doron Kiesel, Cilly Kugelmann, Hanno Loewy, Dietrich Neuhaus, Frankfurt/Main u. a. 1993 (= Arnoldshainer Texte, Bd. 79).

[118]) Der Umgang mit dem Holocaust. Europa – USA – Israel. Hrsg. v. Rolf Steininger unter Mitarbeit v. Ingrid Böhler. Wien–Köln 1994 (= Schriften des Instituts für Zeitgeschichte der Universität Innsbruck und des Jüdischen Museums Hohenems, Bd. 1).

[119]) Writing and the Holocaust. Ed. by Berel Lang, New York–London 1988; Young, Writing and Rewriting the Holocaust: Narrative and the Consequences of Interpretation (wie Anm. 112), dt. Ausg. u. d. T.: Beschreiben des Holocaust. Darstellung und Folgen der Interpretation, Frankfurt/Main 1992.

[120]) Kinder der Opfer – Kinder der Täter. Psychoanalyse und Holocaust. Hrsg. v. Martin S. Bergmann, Milton E. Jucovy und Judith S. Kestenberg. Frankfurt/Main 1995 (Amerikan. Ausgabe u. d. T.: Generations of the Holocaust, erstmals erschienen 1982, überarb. Ausgabe 1990).

[121]) Tabu und Geschichte. Zur Kultur des kollektiven Erinnerns. Hrsg. v. Peter Bettelheim und Robert Streibel, Wien 1994; Ian Buruma, Erbschaft der Schuld. Vergangenheitsbewältigung in Deutschland und Japan, München–Wien 1994 (engl. Ausgabe u. d. T.: The Wages of Guilt. Memories of War in Germany and Japan, New York 1994).

[122]) Yaacov Lozowick, Erinnerung an die Shoah in Israel. In: Geschichte in Wissenschaft und Unterricht, 45 (1994) 6, S. 380–390.

[123]) Gerd Robel, Sowjetunion. In: Dimension des Völkermordes. Die Zahl der jüdischen Opfer des Nationalsozialismus. Hrsg. v. Wolfgang Benz. (= Quellen und Darstellungen der Zeitgeschichte, 33), München 1991, S. 499–560; Hilberg, Die Vernichtung der europäischen Juden (wie Anm. 23); Gilbert, The Holocaust (wie Anm. 21 und 97); Georges Wellers, Die Zahl der Opfer der »Endlösung« und der Korherr-Bericht. In: Aus Politik und Zeitgeschichte, B 30/78, S. 22–39, frz. Ausg. u. d. T.: La »solution finale: de la question juive« et la mythomanie néo-nazi. In: Le Monde Juif, 33 (1977) 86, S. 41–84.

[124]) Nach Raul Hilberg waren es 5,1 Millionen Opfer; in der Zusammenstellung »Dimension des Völkermordes« reicht die Zahl von 5,29 Millionen bis 6 Millionen Opfer (davon ca. 535 000 durch die Einsatzgruppen und mehr als 3 Millionen durch Gas Getötete). Vgl. dazu Gert Robel, Sowjetunion. In: Dimension des Völkermordes. Die Zahl der jüdischen Opfer des Nationalsozialismus. Hrsg. v. Wolfgang Benz (= Quellen und Darstellungen der Zeitgeschichte, 33), München 1991, S. 499–560; Wellers, Die Zahl der Opfer der »Endlösung« und der Korherr-Bericht (wie Anm. 123); Wila Orbach, The destructions of the Jews (wie Anm. 17); Gilboa, The black years (wie Anm. 17); Russian Jewry 1917–1967. Ed. by G. Aronson/J. Frumkin, New York–London 1969; Arthur Suzman/Denis Diamond, Der Mord an sechs Millionen Juden. Die Wahrheit ist unteilbar. In: Aus Politik und Zeitgeschichte, B 30/78, S. 4–21.

[125]) The Historiography of the Holocaust Period. Proceedings of the Fifth Yad Vashem International Historical Conference Jerusalem March 1983. Ed. by Yisrael Gutman and Gideon Greif, Jerusalem 1988; siehe auch The Catastrophe of European Jewry. Antecedents – History – Reflections. Ed. by Yisrael Gutman and Livia Rothkirchen, Jerusalem 1976.

[126]) Der Mord an den Juden im Zweiten Weltkrieg. Hrsg. v. Eberhard Jäckel und Jürgen Rohwer, Stuttgart 1985.

[127]) The Policies of Genocide: Jews and Soviet Prisoners of War in Nazi Germany. Ed. by Gerhard Hirschfeld, London 1986.

[128]) Mommsen, Die Realisierung des Utopischen (wie Anm. 106).

[129]) The Final Solution. Origins and Implementation. Ed. by David Cesarani, London–New York 1994.

[130]) Die Normalität des Verbrechens. Bilanz und Perspektiven der Forschung zu den nationalsozialistischen Gewaltverbrechen. Festschrift für Wolfgang Scheffler zum 65. Geburtstag. Hrsg. v. Helge Grabitz, Klaus Bästlein, Johannes Tuchel unter Mitarbeit v. Peter Klein und Martina Vogt, Berlin Hentrich 1994.

[131]) David Bankier, The Germans and the Holocaust: What did they know? In: Yad Vashem Studies, 20 (1990), S. 69–98; Rainer C. Baum, The Holocaust and the German Elite. Genocide and National Suicide in Germany 1871–1945, Ottawa–London 1981; Otto Duv Kulka/Aron Rodrigue, The German population and the Jews in the Third Reich: recent publications and trends in research on German society and the »Jewish Question«. In: Yad Vashem Studies, 16 (1984), S. 421–435; Otto Duv Kulka, Public Opinion in Nazi Germany and the Jewish Question. In: Jerusalem Quaterly, 25 (1982), S. 121–144 und 26 (1983), S. 34–45; Lawrence D. Stokes, The German people and the destruction of the European Jews. In: Central European History, 6 (1973), S. 167–191; Sarah Gordon, Hitler, Germans and the Jewish Question, Princeton 1984; »Niemand war dabei und keiner hat's gewußt«. Die deutsche Öffentlichkeit und die Judenverfolgung 1933–1945. Hrsg. v. Jörg Wollenberg, München 1989; Hans Mommsen, Was haben die Deutschen vom Völkermord gewußt? In: Der Judenpogrom 1938. Von der »Reichskristallnacht« zum Völkermord. Hrsg. v. Walter H. Pehle, Frankfurt/Main 1988.

[132]) David Bankier, The Germans and the Final Solution: Public Opinion under Nazism, Oxford and Cambridge 1992.

[133]) »Schöne Zeiten«. Judenmord aus der Sicht der Täter und Gaffer. Hrsg. v. Ernst Klee, Willi Dreßen und Volker Rieß, Frankfurt/Main 1988.

[134]) Walter Laqueur, The Terrible Secret: An Investigation into the Suppression of Information about Hitler's »Final Solution«, London 1980; Hilberg, Täter, Opfer, Zuschauer (wie Anm. 56); Deborah E. Lipstadt, Beyond Belief: The American Press and the Coming of the Holocaust, 1933–1945, New York 1986; John F. Morley, Vatican Diplomacy and the Holocaust, 1939–1945, New York 1980; David S. Wyman, The Abandonment of the Jews. America and the Holocaust, 1941–1945, New York 1984 (dt. Ausgabe u. d. T.: Das unerwünschte Volk. Amerika und die Vernichtung der europäischen Juden, Ismaning 1986); Bernard Wasserstein, Britain and the Jews of Europe 1939–1945, Oxford 1979; Richard Breitman/Walter Laqueur, Breaking the Silence, New York 1986, dt. Ausgabe u. d. T.: Der Mann, der das Schweigen brach. Wie die Welt vom Holocaust erfuhr, Frankfurt–Berlin 1986; Stanford J. Shaw, Turkey and the Holocaust. Turkey's role in rescuing Turkish and European Jewry from Nazi Persecution, 1933–1945, London 1993; David Engel, In the Shadow of Auschwitz: The Polish Government-in-Exile and the Jews, 1939–1942 Chapel Hill, 1987; ders., Facing a Holocaust: The Polish Government-in-Exile and the Jews, 1943–1945, Chapel Hill 1993; Richard Bolchover, British Jewry and the Holocaust, Cambridge 1993; Tony Kushner, Rules of the game: Britain, America and the Holocaust in 1944. In: Holocaust and Genocide Studies, 5 (1990), S. 381–402.

[135]) Martin Gilbert, Auschwitz und die Alliierten, München 1982; Shlomo Aronson, Die dreifache Falle. Hitlers Judenpolitik, die Alliierten und die Juden. In: VfZG, 32 (1984), S. 29–65.

[136]) Richard Foregger, Technical analysis of methods to bomb the gas chambers at Auschwitz. In: Holocaust and Genocide Studies, 5 (1990), S. 403–421; Heiner Lichtenstein, Warum Auschwitz nicht bombardiert wurde, Köln 1980.

[137]) The Shoah and the War (wie Anm. 56).

[138]) Christopher R. Browning, Ganz normale Männer. Das Reserve-Polizeibataillon 101 und die »Endlösung« in Polen, Reinbek 1993 (engl. Ausgabe u. d. T.: Ordinary Men: Reserve-Police Battalion 101 and the Final Solution in Poland, New York 1992); Hans Safrian, Die Eichmann-Männer, Wien 1993; »Schöne Zeiten«. Hrsg. v. Ernst Klee, Willi Dreßen und Volker Rieß (wie Anm. 121); Tom

Segev, Die Soldaten des Bösen. Zur Geschichte der KZ-Kommandanten, Reinbek 1992 (US-Ausgabe u. d. T.: Soldiers of Evil. The Commandants of the Nazi Concentration Camps. New York 1988).

[139]) Hans Safrian, Eichmann und seine Gehilfen, Frankfurt/Main 1995.

[140]) Peter R. Black, Ernst Kaltenbrunner. Ideological Soldier of the Third Reich, Princeton (N. J.) 1984 (dt. Ausgabe u. d. T.: Ernst Kaltenbrunner. Vasall Himmlers. Eine SS-Karriere. Paderborn 1991).

[141]) Hilberg, Täter, Opfer, Zuschauer (wie Anm. 56).

[142]) Aly/Heim, Vordenker der Vernichtung (wie Anm. 103).

[143]) Saul Friedländer, Vom Antisemitismus zur Judenvernichtung: Eine historiographische Studie zur nationalsozialistischen Judenpolitik und Versuch einer Interpretation. In: Der Mord an den Juden im Zweiten Weltkrieg. Hrsg. v. Eberhard Jäckel und Jürgen Rohwer, Stuttgart 1985, S. 18–60.

[144]) Antisemitismus. Von der Judenfeindschaft zum Holocaust. Hrsg. v. Herbert A. Strauss und Norbert Kampe, Bonn 1985; George L. Mosse, Die Geschichte des Rassismus in Europa, Frankfurt/Main 1990, 1994 (US-Ausgabe u. d. T.: Towards the Final Solution. A History of European Racism, New York 1978).

[145]) Antisemitismus. Vorurteile und Mythen. Hrsg. v. Julius H. Schoeps und Joachim Schlör. München 1995.

[146]) Baum, The Holocaust and the German Elite (wie Anm. 131).

[147]) Browning, Ganz normale Männer (wie Anm. 138).

[148]) Eberhard Bethge, Schoah (Holocaust) und Protestanten: In: Der Holocaust und die Protestanten. Analysen einer Verstrickung. Hrsg. v. Jochen-Christoph Kaiser und Martin Greschat, Frankfurt/Main 1988, S. 1–37; John F. Morley, Vatican Diplomacy and the Holocaust 1939–1945, New York 1980.

[149]) Mordecai Paldiel, »To the Righteous among the Nations who risked their lives to rescue Jews«. In: Yad Vashem Studies, 19 (1988), S. 403–425; ders., The path of the righteous. Gentile rescuers of Jews during the Holocaust. Hoboken (N. J.) 1993; David H. Kittermann, Those Who Said »No«: Germans who Refused to Execute Civilians during World War II. In: German Studies Review, 11 (1988), No. 2, S. 241–254; Carol Littner/Sandra Myers, The courage to care. Rescuers of Jews during the Holocaust, New York 1986; Gay Block/Malka Drucker, Rescuers. Portraits of moral courage in the Holocaust, New York–London 1992.

[150]) Eric Silver, The Book of the Just. The silent heroes who saved Jews from Hitler, London 1992; ders., Sie waren stille Helden. Frauen und Männer, die Juden vor den Nazis retteten, München 1994; siehe dazu auch Helge Grabitz/Wolfgang Scheffler, Letzte Spuren. Ghetto Warschau, SS-Arbeitslager Trawniki, Aktion Erntefest, Berlin 2. Aufl. 1993; zu »Schindlers Liste« siehe nun: Thomas Keneally, Schindlers Liste, München 1994.

[151]) Eine aktuelle Liste der wichtigsten Gedenk- und Forschungsstätten zum Holocaust ist in jedem Heft der Zeitschrift »Holocaust and Genocide Studies«, 1986 ff. abgedruckt.

[152]) Mahnmale des Holocaust. Motive, Rituale und Stätten des Gedenkens. Hrsg. v. James E. Young, München 1994 (US-Ausgabe New York 1994); ders., The Texture of Memory: Holocaust Memorials and Meaning, New Haven–London 1993.

[153]) Vgl. u. a. Yehuda Bauer, A History of the Holocaust, New York 1982; Yehuda Bauer, Who was responsible and when? Some well-known documents revisited. In: The Holocaust and Genocide Studies, 6 (1991), S. 129–149.

[154]) Vgl. z. B. Konrad Kwiet, Problems of Jewish Resistance Historiography. In: Leo Baeck Institute Year Book, 24 (1979), S. 37–57.

[155]) Dachauer Hefte. Hrsg. v. Barbara Distel und Wolfgang Benz, 1985ff.; als Nachdruck der Zeitschrift erschienen: Dachauer Hefte (= Studien und Dokumente zur Geschichte der nationalsozialistischen Konzentrationslager). Im Auftrag des Comité International de Dachau, Brüssel, hrsg. v. Wolfgang Benz und Barbara Distel. Heft 1: Die Befreiung, Heft 2: Sklavenarbeit im KZ, Heft 3: Frauen, Verfolgung und Widerstand, Heft 4: Medizin im NS-Staat. Täter, Opfer, Handlanger, Heft 5: Die vergessenen Lager, Heft 6: Erinnern oder Verweigern, München 1993 ff.

[156]) Gedenkstätten für die Opfer des Nationalsozialismus. Eine Dokumentation. Text und Zusammenstellung: Ulrike Puvogel. Bonn 1987, 1988 (eine erw. Neuauflage erscheint Ende 1995).

[157]) Vgl. dazu die vom Fritz-Bauer-Institut und der Stadt Frankfurt/Main herausgegebene Reihe »Materialien«, hier insbesondere Heft Nr. 5 mit Konzeption und Abschlußbericht der Planungsgruppe zur Gründung des Instituts.

[158]) Jakob Schulze-Rohr, Für die ermordeten Juden Europas. Berlin bekommt das Holocaustdenkmal. In: Tribüne, 33 (1994) 130, S. 14–18.

[159]) Zvi Gitelman, History, Memory and Politics: The Holocaust in the Soviet Union. In: Holocaust and Genocide Studies, 5 (1990), S. 23–37; ders. in: Mahnmale des Holocaust (wie Anm. 152).

[160]) Sonja Margolina, Das Ende der Lügen. Die russischen Juden – Täter und Opfer zugleich, Berlin 1994.

[161]) So z. B. mit Hilfe des »Leuchter-Reports« und des »Lachout-Dokuments«; zum letzteren vgl. das Lachout-»Dokument«. Anatomie einer Fälschung. Hrsg. v. Dokumentationsarchiv des österreichischen Widerstandes unter Mitarbeit v. Brigitte Bailer-Galanda u. a., Wien 1989 (engl. Ausg. u. d. T.: The Lachout »Document«. Anatomy of a forgery, Vienna 1990); ferner auch zum »Leuchter-Report«: Amoklauf gegen die Wirklichkeit. NS-Verbrechen und »revisionistische« Geschichtsschreibung. Hrsg. v. Dokumentationsarchiv des österreichischen Widerstandes und Bundesministerium für Unterricht und Kunst. Redaktionelle Bearbeitung: Elisabeth Morawek und Sigrid Steininger, Wien 1991, 2. Aufl. 1992.

[162]) Gill Seidel, The Holocaust denial: Antisemitism, racism and the new right, Manchester 1986; Rivkah Knoller, Denial of Holocaust. A bibliography of literature denying or distorting the Holocaust, and of literature about this phenomenon. Bar Ilan University, Ramat Gan 1989.

[163]) Till Bastian, Auschwitz und die »Auschwitz-Lüge«. Massenmord und Geschichtsfälschung. München 1994; Deborah E. Lipstadt, Betrifft: Leugnen des Holocaust, Zürich 1994 (US-Ausgabe 1993 u. d. T.: Denying the Holocaust: The Growing Assault on Truth and Memory).

[164]) Friedbert Pflüger, Deutschland driftet. Die konservative Revolution entdeckt ihre Kinder, Düsseldorf 1994.

[165]) Ernst Nolte, Streitpunkte. Heutige und künftige Kontroversen um den Nationalsozialismus, Berlin–Frankfurt/Main: 1993, bes. S. 279 ff., 304 ff; vgl. dazu auch: Die Schatten der Vergangenheit. Hrsg. v. Uwe Backes, Eckhard Jesse und Rainer Zitelmann, Frankfurt/Main 1990.

[166]) Burkhard Saul, Aufklärung ohne Einfühlung. In: Deutsches Allgemeines Sonntagsblatt vom 13. Mai. 1994, S. 17. Die dem Bericht zugrundeliegende Studie von Konrad Brendler soll demnächst im »Jahrbuch der Antisemitismusforschung« der TU Berlin veröffentlicht werden. Nach einer Studie der Universität Wuppertal, die demnächst von der Universität Tel Aviv veröffentlicht wird, wissen deutsche Studenten über den Holocaust »recht wenig«, siehe: Die Gemeinde. Wien Nr. 436 vom 6. Juni 1994, S. 12; Frankfurter Rundschau vom 6. Mai 1994, S. 5.

[167]) The Nazi-Holocaust. Historical Articles on the Destruction of European Jews. Ed. by Michael R. Marrus. 9 Bde. in 16 Teilbänden, Westport–London 1989.

Katina Lair

Berichte vom Überleben

Frauen in Auschwitz-Birkenau

Niemand kann Auschwitz verstehen,
der es nicht erlebt hat.
Auschwitz war eine Hölle.[1])

Verstehen werden wir, die wir »es nicht erlebt« haben, Auschwitz wohl nie. Aber wir können es versuchen. Ein Versuch, Auschwitz zu »verstehen«, ist die Beschäftigung mit den Berichten Überlebender. Vorgestellt werden die Berichte von sechs Frauen. Jede beschreibt »ihr Auschwitz«. Jede geht mit diesem Alptraum anders um. In ihren Berichten ist, im Gegensatz zu wissenschaftlichen Dokumentationen, Platz für Emotionen, Irrtümer und Verallgemeinerungen. Das macht ihren Wert aus.

Ausschlaggebend für die Wahl der Bücher war weniger die unterschiedliche nationale oder soziale Herkunft der Frauen, sondern vielmehr, in welchen Teilen des Lagers sie inhaftiert waren und zu welcher Arbeit sie gezwungen wurden, um so die verschiedenen – aber immer lebensbedrohenden – Gesichter von Auschwitz erstehen zu lassen.

Lucie Adelsberger, eine deutsche Jüdin, mußte als Ärztin in dem von der SS als »Zigeunerlager« bezeichneten Lagerabschnitt von Auschwitz-Birkenau arbeiten. Die Lebensbedingungen in diesem Teil des Konzentrationslagers waren in jeder Hinsicht katastrophal. Nach der Liquidierung des »Zigeunerlagers« wurde sie in das Frauenlager Birkenau überstellt. Als Jüdin stand sie auf der untersten Stufe der Lagerhierarchie.

Lucie Begov, eine österreichische Jüdin, war als »gewöhnlicher« Häftling im Lager Birkenau. Ihre Lebenschancen als »gewöhnlicher« Häftling und Jüdin waren gleich Null. Sie überlebte, weil sie, am 4. April 1944 ins Lager deportiert, »nur« neun Monate dort bleiben mußte.

Die dritte Frau, *Fania Fénelon,* war eine französische Jüdin. Auch sie kam nach Birkenau. Im Gegensatz zu Lucie Begov hatte sie das »Glück«, zu den privilegierteren Häftlingen zu gehören. Sie mußte im Frauenorchester als Sängerin arbeiten.

Auch *Jenny Spritzer,* eine holländische Jüdin, gehörte zu den etwas besser gestellten Häftlingen. Sie mußte in der Politischen Abteilung Todesmeldungen schreiben.

Ceija Stojka, eine Angehörige der österreichischen Roma-Volksgruppe, wurde mit ihrer Mutter und ihren Geschwistern deportiert. Sie »lebte« bis zu ihrer weiteren Deportation in das KZ Ravensbrück im »Zigeunerlager«.

Krystyna Zywulska, eine polnische Jüdin, wurde wegen ihrer Widerstandstätigkeit verhaftet. Die SS wußte nicht, daß sie Jüdin war. Sie mußte im Effektenlager, dem sogenannten »Canada«, arbeiten und gehörte damit zu den Häftlingen, die bessere Überlebenschancen hatten.

Jedes einzelne dieser Bücher ist ein Versuch, die vergangenen traumatischen Erlebnisse zu bewältigen. Jeder, der über seine Zeit in Auschwitz (oder anderen Konzentrationslagern) schreibt, nimmt es auf sich, diese Hölle noch einmal zu durchleben. Das darf man bei der Lektüre solcher Bücher nie vergessen.

Jenny Spritzer nennt ihren Text: »Ich war Nr. 10291. Tatsachenbericht einer Schreiberin der Politischen Abteilung aus dem Konzentrationslager Auschwitz.«[2]) Sie verweist damit einerseits auf die objektive Komponente ihres Textes, macht andererseits aber deutlich, daß sich die von ihr berichteten Tatsachen in erster Linie auf die Politische Abteilung beziehen. Jenny Spritzer setzt sich selbst in die Position der neutralen Berichterstatterin. Das hat vor allem Konsequenzen für die Sprache. Ihre Sätze sind einfach und kurz. Sie hält sich nicht bei weitschweifigen Erklärungen auf. Bemerkenswert ist vor allem, daß sie, anders als z. B. Fania Fénelon, Pauschalurteile und Wertungen vermeidet. In ihrem Bemühen um Objektivität geht Jenny Spritzer so weit, Gerüchte, die sie im Lager gehört hat, als solche zu kennzeichnen.

Eine weitere Folge dieses Ringens um Objektivität und damit um Glaubwürdigkeit ist, daß Jenny Spritzer ihre eigene Person in den Hintergrund rückt. Nicht ihr Leiden an der Lagerwirklichkeit von Auschwitz steht im Mittelpunkt, sondern die allgemeine Atmosphäre der Gewalt und Hoffnungslosigkeit, in der alle Häftlinge gefangen waren. Die dürre Sprache, die Jenny Spritzer gewählt hat, ist nicht sehr geeignet, Gefühle auszudrücken. Wenn sie beschreibt, wie sie Bernhard Kristan, einen SS-Mann aus der Politischen Abteilung, gehaßt hat, so muß man ihr das glauben, am Text »nachzufühlen« ist es nicht.

Lucie Begov schreibt ein ganzes Buch, um die Veränderung der Menschen durch das Lager zu zeigen. Jenny Spritzer benötigt dafür einen einzigen Satz:

»Das Lager machte schlecht und egoistisch und wer sich nicht mit den Ellbogen half, ging unweigerlich zugrunde, es sei denn, daß man großes Glück hatte und einem durch Protektion geholfen wurde.«

Das Buch Ceija Stojkas »Wir leben im Verborgenen. Erinnerungen einer Rom-Zigeunerin«[3]), zerfällt in zwei Teile. Im ersten Teil erzählt sie von ihrer Kindheit, von ihrer Familie und von der Zeit in den Konzentrationslagern Auschwitz, Ravensbrück und Bergen-Belsen. Der zweite Teil ist ein Gespräch, das Karin Berger, die Herausgeberin des Buches, mit Ceija Stojka geführt hat. Der Teil der Erinnerungen, der von Auschwitz handelt, umfaßt nur rund dreißig Seiten. Im Mittelpunkt des Berichtes steht die Familie, nur durch sie wird Überleben möglich.

»Das ist unsere neue Heimat.« So beginnt der Text über Auschwitz. Heimat ist da, wo Familie und Mutter sind. Die Mutter nimmt eine zentrale Stelle ein, sie ist die einzige, auf die sich Ceija und ihre Geschwister in dieser Hölle verlassen können. Ihre Liebe ist das einzige, dessen sich die Kinder hier, am Ende der Welt, sicher sind. Kraft schöpfen Ceija und ihre Familie aus dem Glauben, und so wird die Genesung des Bruders Hansi, er hatte Blutvergiftung, einem göttlichen Gnadenakt zugeschrieben. Schilderungen von Demütigungen und Qualen brechen meist abrupt ab. Ähnlich wie Jenny

Spritzer verzichtet Ceija Stojka auf ausführliches Beschreiben. Für alle Überlebenden ist die Erinnerung an Auschwitz ein schmerzhafter, gewalttätiger Prozeß. Ceija Stojka läßt ihre Leser/innen an diesem Prozeß teilhaben. Man begleitet sie nach Auschwitz und sitzt gleichzeitig neben ihr am Schreibtisch. Droht Ceija in der Welle der (vergangenen) Gewalt unterzugehen, bricht sie ihre Erzählung ab. Erst 40 Jahre nach ihrer Befreiung schrieb Ceija Stojka ihren Bericht. Warum? »Damit mir Auschwitz nichts machen kann.«

Lucie Adelsberger will ihr Buch »Auschwitz. Ein Tatsachenbericht«[4]) als Vermächtnis der Opfer für alle Menschen verstanden wissen. Motivation für ihren Bericht war, gegen das Vergessen anzuschreiben und gleichzeitig den vielen namenlosen Toten von Auschwitz ein Denkmal zu setzen. Wie Jenny Spritzer hält auch sie schon im Titel fest, daß es sich um einen »Tatsachenbericht« handelt. Im Text selbst wird die Angst der Autorin, nicht glaubwürdig zu sein, an manchen Stellen spürbar. So etwa, wenn sie die Geschichte von zwei ungarischen Mithäftlingen erzählt und mit den Worten beginnt: »Sie sind nicht erdacht, sondern haben leibhaftig . . . gelebt.«

Zum teuflischen System der nationalsozialistischen Konzentrationslager gehörte, daß die SS aus Menschen nicht nur Opfer, sondern auch »Mittäter« machte. Wer überleben wollte, konnte das in den meisten Fällen nur auf Kosten von anderen. Und getreu ihrem Vorsatz, einen »Tatsachenbericht« zu schreiben, verschweigt Lucie Adelsberger nicht, daß auch sie, ein Opfer, zur »Täterin« wurde. Es tut weh, sich an Ereignisse zu erinnern, die die Seele zerbrochen haben. Linderung bringt vielleicht die Art der Erinnerung. Lucie Adelsberger geht stellenweise mit Zynismus an ihre traumatischen Erlebnisse heran, Zynismus, der Distanz schafft.

Lucie Adelsberger hat Auschwitz überlebt. Für sie bedeutet dieses Überleben Verpflichtung, Verpflichtung den Toten gegenüber, aber auch den Menschen nachkommender Generationen. »Alle diese Toten schreien nach Vergeltung, aber nicht mit dem brennenden Holzscheit und nicht mit dem Marterpfahl in der Hand. . . . Diese Toten fordern eine andere Rache: Die Wahrheit über Auschwitz.«

Sofort nach Kriegsende verfaßt Krystyna Zywulska einen Bericht über ihre Zeit in Auschwitz. Getrieben von der Angst, daß niemand je die Wahrheit über Auschwitz erfahren würde – sie war davon überzeugt, die einzige Überlebende zu sein – schreibt sie ihre Erinnerungen nieder. Als sich ihre Hoffnung, »daß irgendein ›echter‹ Schriftsteller die unwiederholbare Variante des Sterbens im Warschauer Ghetto schildern würde«, nicht erfüllt, greift sie erneut zur Feder. In »Tanz, Mädchen . . . Vom Warschauer Ghetto nach Auschwitz. Ein Überlebensbericht«[5]) sind beide Berichte zu einem Buch zusammengefaßt.

Hauptinhalte des Textes über Auschwitz sind die Empfindungen und Ängste der Häftlinge, ihr Schwanken zwischen Verzweiflung und Hoffnung, ihre Gratwanderung zwischen Abstumpfung und Mitleid. Auch Krystyna Zywulska erlebte im Lager Momente, in denen sie nahe daran war aufzugeben. Der tägliche sinnlose Kampf ums Überleben, ein Kampf, dessen Ausgang von vorneherein feststand, zermürbte. Wie die anderen Autorinnen, betont auch Krystyna Zywulska die »Wahrhaftigkeit« der von ihr geschilderten Erlebnisse. Die Angst, nicht ernst genommen zu werden und »umsonst gelitten« zu haben, ist groß. Sie scheut sich deshalb auch nicht, Szenen zu beschreiben, die deutlich machen, wie sehr Egoismus zum bestimmenden Moment im Leben eines Häftlings wurde. Im Lager schrieb Krystyna Zywulska Gedichte. Ein lebensgefährliches Unterfangen. Ein Häftlinge durfte nichts besitzen. Für den Besitz eines Bleistifts konnte man erschossen werden.

Maria Zarembinska, ehemalige Auschwitz-Frau, schreibt in der »Nachbemerkung einer Mitgefangenen« über die Wirkung dieser Gedichte:

»Je höher die Flammenzungen aus den Kaminen der Krematorien emporstiegen, je mehr der dichte Rauch den Himmel bedeckte, desto öfter kamen die Gedichte. Und wir warteten auf diese Gedichte und betrachteten sie als unseren Besitz. Wer nicht geschlagen worden ist, nicht ›eine Nummer‹ war, wer nicht zwölf Stunden am Tag gehört hat, daß er eine ›Polensau‹ und ein ›Haufen Scheiße‹ ist, wird es vielleicht nicht ganz verstehen, was für uns damals die Gedichte bedeuteten und warum wir sie so liebten.«

»Das Mädchenorchester in Auschwitz«[6]) schrieb Fania Fénelon aufgrund ihrer Notizen aus dem Lager. Als Mitglied des Frauenorchesters gehörte sie zu den »privilegierten« Häftlingen und konnte sich Papier wie Bleistift beschaffen. Die Frauen des Orchesters waren in einem eigenen Block untergebracht, dem sogenannten »Musikblock«, bestehend aus einem Schlafraum, einem »Musiksaal« und zwei Zimmern. Wie diese 47 Frauen unterschiedlichster nationaler und sozialer Herkunft versuchten, miteinander – oft genug auch gegeneinander – zu überleben, wie sie bemüht waren, in Auschwitz Auschwitz zu vergessen, das ist Thema des Buches von Fania Fénelon. Alle diese Frauen waren voneinander abhängig. Wenn eine von ihnen sich etwas zuschulden kommen ließ, bestand bei der Unberechenbarkeit der SS die Gefahr, daß alle darunter zu leiden hatten. Auch diese Frauen, die für »Auschwitzer Verhältnisse« geradezu luxuriös lebten, schwebten in ständiger Angst, eines Tages vernichtet, ausgelöscht zu werden.

Viel Raum in Fania Fénelons Buch nimmt die Dirigentin des Orchesters, Alma Rosé, ein. Alma Rosé war die Nichte von Gustav Mahler. Sie starb in Auschwitz. Daß die SS-Leute uneingeschränkt Herren über Leben und Tod waren, beweist folgende Szene: Das »treueste Publikum« des Frauenorchesters waren Josef Kramer, der Kommandant von Auschwitz II-Birkenau, und Maria Mandel, die Aufseherin des Frauenlagers in Birkenau. Eines Tages kommt die Nachricht, daß beide Birkenau verlassen hätten. Die Aufregung unter den Frauen ist groß, die Angst wächst. Die Konzerte werden gestrichen. Die Musikerinnen beschäftigen sich mit – Stricken. Nur nicht unnütz sein, denn unnütz sein bedeutet Gaskammer! Und dann kommt die erlösende Nachricht:

»›Kinder, sie sind wieder da!‹ Wir sind wie im Delirium, vollführen einen Freudentanz, umarmen und küssen uns, klatschen in die Hände, wir sind glücklich. Glücklich! Unsere vielgeliebte SS ist wieder da!«

»Mit meinen Augen. Botschaft einer Auschwitz-Überlebenden«[7]) entstand auf der Grundlage eines Rohmanuskripts, das Lucie Begov 1945/46 niedergeschrieben hatte. Lange Zeit konnte sie sich nicht entschließen, aus ihren Notizen ein Buch zu machen. Die Wunden waren zu frisch. Erst vor dem Hintergrund des neu erwachenden Antisemitismus fand sie die Kraft, ihre Botschaft zu veröffentlichen. Ihr Anliegen ist es, ähnlich wie Lucie Adelsberger, zu zeigen, zu welcher Grausamkeit fanatischer Haß führen kann, welche Gefahren, nicht nur für Juden, sondern auch für Nichtjuden, der Antisemitismus birgt. Im Mittelpunkt ihres Berichts steht die psychische Entwicklung eines Menschen, der in die Hölle von Auschwitz hineingeworfen wird. Sie zeigt uns den leidvollen Weg des »Neulings«, der selbst im Lager noch die Tatsache, daß hier Menschen vergast und verbrannt werden, für Auswüchse der überreizten Phantasie alter Häftlinge hält, bis zu dem Augenblick, wo er die Gaskammern als Teil seines neuen Lebens »akzeptieren« muß, um überleben zu können.

Immer wieder betont Lucie Begov den tödlichen Unterschied, der zwischen jüdischen und nichtjüdischen Häftlingen bestand. Im Lager wirkte sich dieser Unterschied so aus, daß Juden grundsätzlich auf der untersten Stufe der Lagerhierarchie standen. Ein Vernichtungslager war eine Welt für sich, mit eigenen Regeln. Erst wenn man imstande war, die Welt, aus der man kam, zu vergessen, konnte man sich hier zurechtfinden. Der »fremde Blick« der alten Häftlinge wird für Lucie Begov zum Symbol für die »neue Welt«, die Welt der menschenverachtenden Grausamkeit und Vernichtung. Zuerst vermag sie diesen Blick nicht zu deuten:

»Und ich begriff die merkwürdige Art nicht, in der sie von unserer Ankunft Kenntnis nahmen. Aus ihren weit, wie verwundert geöffneten Augen traf uns ein seltsam fremder Blick.«

Doch dann stirbt ihre Schwester Stella in der Gaskammer. Von diesem Tag an ist Lucie Begov selbst Teil dieser »neuen Welt«. »Nun aber mit einem Mal war mir dieser Blick seltsam vertraut. Er schien all das auszudrücken, was in mir selbst vorging.« Der Lageralltag war geprägt von Hunger, schwerer Arbeit, Schlägen und der Nähe der Gaskammern. Unabhängig davon, wie die einzelnen Frauen diese Bedrohungen beschreiben, entsteht immer ein Bild der Verzweiflung, der Angst, der Ausweglosigkeit. In Auschwitz führte die SS Selektionen durch. Selektion bedeutete: »arbeitsunfähige« Menschen wurden ausgesucht und in den Gaskammern getötet. Nicht nur die Menschen ankommender Transporte wurden Selektionen unterworfen, sondern auch diejenigen, die schon im Lager waren.

Erzählen Jenny Spritzer und Ceija Stojka von Selektionen – bei Jenny heißen sie »Sortierungen«, bei Ceija »Aussortierungen« –, bleiben Gefühle ausgespart. Ein Umstand, der bei Ceija Stojka deshalb besonders auffällt, weil sie selbst von einer Selektion betroffen war. Sie gehörte zu denen, die von der SS mit einem Fingerzeig schon zum Tode verurteilt waren. Sie beginnt, Schutt zu schaufeln, um dem SS-Mann zu beweisen, daß sie arbeiten kann. Ihre Gefühle dabei drückt sie in einem einzigen Satz aus: »Die Angst machte mich zum Meister.«

Jenny Spritzer war – außer bei ihrer Ankunft – nie einer Selektion unterworfen. Ihre Schilderung der Selektionen ist kurz und allgemein gehalten. Aus einem Satz läßt sich, trotz aller Objektivität, herauslesen, wie die SS die Selektionen beurteilte: »An allererster Stelle wurde stets der Krankenbau ausgeräumt . . .«.

Auch Lucie Adelsberger bleibt distanziert, wenn sie Selektionen schildert. Krystyna Zywulska ist weniger distanziert, beschreibt ihr Gefühl – Haß – als Teil eines Kollektivs. »Aber wir konnten nichts anderes empfinden als grenzenlosen Haß.«

Fania Fénelon berichtet aus einer ganz anderen Perspektive. Das Frauenorchester mußte nach den Selektionen für die SS spielen. Die Musik und die Tatsache, mit dieser Musik den Mördern Freude und Entspannung zu schenken, wird zur Qual.

Das Konzentrationslager Auschwitz-Birkenau wurde von Mitgliedern der Waffen-SS bewacht. Im März 1942, als in Birkenau das Frauenlager errichtet wurde, kamen weibliche Aufsichtskräfte hinzu. Je größer das Lager wurde, desto mehr SS-Männer wurden nach Auschwitz versetzt. Rudolf Höß, erster Kommandant von Auschwitz-Birkenau, gab an, im Laufe der Zeit hätten ungefähr 7000 SS-Männer im Lager Dienst getan.

Die einzige, die die SS in ihrem Bericht praktisch ausklammert, ist Lucie Adelsberger. Weder nennt sie die SS-Leute beim Namen, noch versucht sie, durch »Charakterstudien« einzelner SS-Leute die allgemein herrschende Brutalität und Grausamkeit begreifbar zu machen.

Bei Lucie Begov wird nur Josef Mengele mit Namen erwähnt. Die anderen SS-Leute teilt sie sehr vereinfachend in primitiv-rabiate Nazitypen und perfekte Nazis ein. Interessant ist auch, daß Lucie Begov seltener von der »SS« schreibt. Viel öfter bezeichnet sie diese als nazideutsche Aufseher oder Nazi-Obrigkeit.

Jenny Spritzer berichtet von den SS-Männern, die in der Politischen Abteilung (Lagergestapo) gearbeitet haben. Sie tut dies ohne Emotionen, stets bedacht auf größtmögliche Objektivität. Doch immer ist es ihr nicht möglich, neutral zu bleiben. Als sie beschreibt, wie die Schreiberinnen der Politischen Abteilung Habtacht stehen mußten, wenn ein SS-Mann hereinkam, kann sie sich eines zynischen Kommentars nicht erwehren. »Ungeheuer wichtig kamen sich diese dabei vor.«

Für manche Häftlinge waren nicht automatisch alle SS-Angehörigen böse und schlecht. Krystyna Zywulska erzählt von Gesprächen über die SS, in denen versucht wurde, Verallgemeinerungen und Pauschalurteile zu vermeiden. Jeder Häftling trachtete auf seine Weise, mit der Bedrohung »SS« fertig zu werden. Zosia, eine Freundin Krystynas, hatte ihre Antwort gefunden:

»Und die SS-Männer, die das Krematorium, die das Lager bedienen? Die, die sind anormal. Das sind Verbrecher. Degenerierte Sadisten. Die, die sehen nur so aus wie Menschen.«

Ceija Stojka verwendet nur drei Attribute, um die SS zu beschreiben. Die SS-Männer sind »groß«, bzw. »sehr groß«, sie sind »schlank« und sie tragen »hochpolierte Stiefel« bzw. Stiefel, die in der heißen Sonne glänzen«. Gleichzeitig symbolisieren diese Attribute einen Höhepunkt an Grausamkeit und Menschenverachtung. Dieser Höhepunkt liegt für Ceija Stojka in Auschwitz. Die SS-Männer, die Ceija und ihre Verwandten in das KZ Ravensbrück begleiten, erscheinen ihr nicht mehr so groß und schlank, ihre Stiefel nicht so blank geputzt.

Das Trauma der Stiefel wirkt bis heute. Ceija Stojka im Gespräch mit Karin Berger, der Herausgeberin des Buches: »Aber Auschwitz habe ich ein zweites Mal erlebt. Manchesmal hab ich sogar aufgeschaut und mir gedacht, Hilfe, der kommt jetzt auf mich zu mit seinen Stiefeln. Hoffentlich sieht er mich nicht.«

Auch Fania Fénelon sind die Stiefel der SS-Leute in Erinnerung geblieben. Allerdings haben die Stiefel bei ihr nicht den Stellenwert wie bei Ceija Stojka. Ihr Trauma sind die

Hunde der SS. Fania Fénelon geht sogar soweit, den Hunden selbständiges Denken zu unterstellen.

»Für sie gehören die Juden nicht zur menschlichen Rasse, zur beherrschenden Rasse, sondern zur Spezies Bastard, einer Gattung zwischen Mensch und Tier, die sie in Stücke reißen können.«

Zusammenfassend läßt sich sagen, daß in allen Berichten die (vergangene) Angst der Frauen vor der SS spürbar ist, ebenso spürbar aber ist ein Gefühl der moralischen Überlegenheit.

Im ganzen Lager war die Politische Abteilung (Lagergestapo) gefürchtet. Die Häftlinge wußten von den Folterungen, von den Spitzeln, die ihre Mithäftlinge aushorchten, von den Morden. Jenny Spritzer arbeitete bis zu ihrer Evakuierung aus Auschwitz als Schreiberin in der Politischen Abteilung. In dem Kapitel »Die Politische Abteilung« schildert sie sehr ausführlich die Aufgaben der einzelnen Referate. Allerdings ist dies das Kapitel in ihrem Buch, in dem Jenny Spritzer ihrem Anspruch, einen »Tatsachenbericht« zu schreiben, am wenigsten gerecht wird. Sie schildert nicht nur ihre Arbeit und die allgemeinen Vorgänge in der Politischen Abteilung, sondern läßt auch persönliche Bemerkungen einfließen.

Die Maßnahmen der SS, den Massenmord zu vertuschen, waren grotesk. Die Frauen, die nichts anderes taten, als Todesmeldungen zu schreiben, durften offiziell nichts von den Vergasungen wissen. Wurden Häftlinge in der Politischen Abteilung »vernommen«, hörte man ihre Schreie durch die dünnen Wände. Aber Jenny Spritzer und ihre Kameradinnen mußten nicht nur die Schreie der Gefolterten mit anhören, sie wurden auch noch von den SS-Leuten »argwöhnisch« beobachtet, ob sie irgendeine Reaktion zeigten.

Krystyna Zywulska schrieb, wie erwähnt, im Lager Gedichte. Eines Tages wurde eines dieser Gedichte bei einer Inspektion entdeckt. Die Frau, bei der man das Gedicht gefunden hatte, wurde in die Politische Abteilung gebracht und verhört. Welchen Ruf die Politische Abteilung hatte, ist schon allein an der Tatsache zu erkennen, daß Krystyna Zywulska für ihre Kameradinnen bereits eine »Todgeweihte« war. Dann wird eine zweite Frau verhaftet. Einige Tage vergehen. Krystyna Zywulska hat mit ihrem Leben abgeschlossen, da bekommt sie einen Kassiber (verschlüsselte Botschaft):

»Auf die Frage, wer das Gedicht geschrieben hätte, antwortete Alinka . . . beharrlich, daß es die 1943 verstorbene Lucja . . . gewesen sei. Sie wird ihre Aussage bestimmt nicht widerrufen«.

Nur Jenny Spritzer und Krystyna Zywulska schreiben über die Gefährlichkeit der Politischen Abteilung. Daß sie in den anderen Berichten nicht erwähnt wird, bedeutet jedoch nicht, daß die anderen Frauen von ihrer Existenz nichts gewußt haben.

Im Frauenlager in Birkenau gab es eine Musikkapelle. Sie mußte bei den Ein- und Ausmärschen der Arbeitskommandos spielen – damit der SS das Zählen der Häftlinge leichter fiel –, und sie mußte für die SS Konzerte geben. Als Fania Fénelon in Auschwitz ankommt, wird in der Kapelle gerade eine Sängerin gesucht. Sie muß vorsingen und wird in die Kapelle aufgenommen. Die Lebensbedingungen im Musikblock sind wesentlich besser als in anderen Kommandos. Überleben scheint möglich. Aber dieses Überleben hat seinen Preis: Fania Fénelon fühlt sich durch ihre Arbeit im Orchester in die Rolle einer Mittäterin gedrängt. Besonders deutlich empfindet sie das, wenn das Orchester für die SS Konzerte gibt.

Für Jenny Spritzer symbolisieren Gaskammer und Musikkapelle die beiden Extreme, die das Gesicht von Birkenau ausmachen. Lucie Begov erzählt, die Existenz einer Musikkapelle sei für die meisten Neulinge der Beweis dafür gewesen, an einem menschenwürdigen Ort zu sein. Ein verhängnisvoller Irrtum! Krystyna Zywulska weist darauf hin, wie absurd die Musik der Kapelle beim Einmarsch ins Lager auf die Häftlinge wirkte. »Oft kehrte man vom Feld zurück mit der Leiche einer Kameradin auf den Armen – und mit dem linken Fuß mußten wir den Musiktakt angeben.«

Lucie Adelsberger bezeichnet die Musikkapelle als »ausgezeichnetes Kommando«. Und sie schreibt, sie habe diese Kommando »nur der Kuriosität halber genannt«, denn die Lagerwirklichkeit sah ganz anders aus. Sie ist die einzige, die, nachzufühlen versucht, was in den Mitgliedern der Musikkapelle vorgegangen ist: » . . . ich weiß nicht, was schwerer war im Lager, Musik zu hören oder zu geben.«

Zwischen den Krematorien 3 und 4 in Birkenau befand sich das Effektenlager. Dort wurde das Eigentum der ermordeten Juden und der Häftlinge gelagert. Es gab dort buchstäblich alles: Kleidung, Gold, Lebensmittel, Bücher, Alkohol, Zigaretten . . . Der Name »Canada« wurde von polnischen Häftlingen geprägt. In Polen hatte Kanada den Ruf, ein unvorstellbar reiches Land zu sein.

Krystyna Zywulska arbeitete im »Canada«. Sie mußte die Personalien der neuankommenden Menschen aufnehmen. Und hier wird deutlich, daß im Lager alle Werte, die »draußen« im Leben eine Rolle gespielt haben, relativiert wurden. »Mein Leben begann, einen Sinn zu haben. Seitdem ich meine neue Funktion erhalten hatte, konnte ich viel Gutes tun.« Das Gute bestand darin, die neuankommenden Menschen, die verwirrt und voll Angst waren, zu beruhigen und geduldig alle ihre Fragen zu beantworten. Auch Krystyna Zywulska hat – ähnlich wie Fania Fénelon – manchmal das Gefühl, zur »Mittäterin« zu werden. Häftlinge, die im »Canada« arbeiteten, konnten sich leichter Dinge »organisieren« als andere. Krystyna Zywulska bekommt von ihrer Freundin Zosia ein Nachthemd geschenkt. Sie weiß zuerst nicht, ob sie sich freuen soll. »Ich finde, man sollte keine Hemden von Vergasten tragen.« Es wird einige Zeit dauern, bis sie davon überzeugt ist, daß es besser ist, sie trägt diese Kleider, als sie in die Hände der Nazis fallen zu lassen. Anschaulich beschreibt sie ihre Zerrissenheit zwischen der Verzweiflung angesichts des Todes unzähliger Menschen und der Erleichterung, daß gerade sie – eine unter so vielen Tausenden – »das Los des Lebens« gezogen hat.

Für Lucie Begov sind die Häftlinge des Effektenkommandos »Paradehäftlinge«, die im Luxus lebten. Um nicht falsch verstanden zu werden, erklärt sie, was »Luxus« in Auschwitz bedeutet hat. »Der Luxus dieser Paradehäftlinge bestand aus der Befriedigung lebensnotwendiger Bedürfnisse. Sie waren menschenwürdig untergebracht, nett angezogen und beschuht und sahen gepflegt und gut genährt aus.«

Auch Lucie Adelsberger betont die Ausnahmestellung des »Canada«-Kommandos. Sie beschreibt, wie der Überfluß im »Canada« den Häftlingen im Lager zugute kam. »Was die Canadaleute davon erwischten, kam nicht nur ihnen selbst zugute, sondern auf Umwegen, durch Tausch oder Geschenk, dem Lager. Der Erwerb des Canadakommandos war, wenn auch für den einzelnen nicht direkt spürbar, ein wertvoller Zuschuß. Alle unsere wenigen Habseligkeiten, jeder Kamm und jede Zahnbürste, stammten aus dieser Quelle. Wirksame Medikamente waren nur von dort zu erhalten.«

Daß die Arbeit im »Canada«-Kommando wirklich »das große Los«, war, beweist folgende Äußerung Fania Fénelons: »Wenn wir ›die Damen vom Orchester‹ sind und zu den Aristokraten im Lager gehören, dann sind die Mädchen vom ›Canada‹ die Milliardäre mit allen äußeren Zeichen des Wohlstands, gut gekleidet, gut genährt.«

Fast jede Frau schreibt irgendwann in ihrem Bericht, daß es für sie unwichtig war, ob sie das Lager überleben wird. Wichtiger war die Hoffnung, daß die SS für ihre Greueltaten zur Rechenschaft gezogen wird. Als die Alliierten näherrücken, ändert sich bei vielen diese Einstellung. Die Hoffnung, gerächt zu werden, macht der verzweifelten Angst Platz, die Befreiung nicht mehr zu erleben. »Frei« zu sein, war für die meisten eine Erfahrung, mit der sie am Anfang nicht umgehen konnten. Es dauerte einige Zeit, bis die Frauen verstanden, daß die schwerste Zeit ihres Lebens endgültig hinter ihnen lag.

Sechs Frauen beschreiben in ganz unterschiedlicher Weise ihr Überleben in Auschwitz. Und trotz dieser Unterschiede schreiben sie alle über das gleiche: über Angst und Verzweiflung, über die Atmosphäre der Gewalt, über den Hunger und die Folterungen, über das tägliche Morden, aber sie schreiben auch von Hoffnung, vom Willen zu überleben, von gegenseitiger Hilfe und davon, wie Menschen Menschen geblieben sind.

Anmerkungen

[1]) Lotte S., in: Karin Berger/Elisabeth Holzinger u. a. (Hrsg.), Ich geb Dir einen Mantel, daß Du ihn noch in Freiheit tragen kannst. Widerstehen im KZ. Österreichische Frauen erzählen, Wien 1987.

[2]) Jenny Spritzer, Ich war Nr. 10291. Tatsachenbericht einer Schreiberin der Politischen Abteilung aus dem Konzentrationslager Auschwitz, 2. Aufl. Darmstadt 1980.

[3]) Ceija Stojka, Wir leben im Verborgenen. Erinnerungen einer Rom-Zigeunerin. Hrsg. v. Karin Berger, Wien 1988.

[4]) Lucie Adelsberger, Auschwitz. Ein Tatsachenbericht. Berlin, 1956.

[5]) Krystyna Zywulska, Tanz, Mädchen. Vom Warschauer Ghetto nach Auschwitz. Ein Überlebensbericht. München 1988.

[6]) Fania Fénelon, Das Mädchenorchester in Auschwitz, 9. Aufl. München 1991.

[7]) Lucie Begov, Mit meinen Augen. Botschaft einer Auschwitz-Überlebenden, Gerlingen 1983.

Hermann Graml

Auschwitzlüge und Leuchter-Bericht

Es ist eine seltsame und bemerkenswerte Erscheinung, daß Rechtsextremisten aller Couleur und aller Nationalitäten, wenn sie sich – als geistige Verwandte oder sogar direkte ideologische Nachfahren – darum bemühen, Adolf Hitler, den Nationalsozialismus und das Dritte Reich zu entkriminalisieren, seit Jahr und Tag in Wort und Schrift behaupten, der während des Zweiten Weltkriegs unternommene Versuch des NS-Regimes, die in seinem Macht- und Einflußbereich lebenden Juden auszurotten, habe nie stattgefunden. Die sogenannte »Endlösung der Judenfrage«, wie das im nationalsozialistischen Sprachgebrauch hieß, sei nichts anderes als eine Erfindung der alliierten und natürlich jüdisch gesteuerten Propaganda, in die Welt gesetzt, um die im Weltkrieg von einer Übermacht besiegten Deutschen weiterhin in sozusagen moralischer Knechtschaft zu halten und damit für alle Zeit politisch und nicht zuletzt finanziell erpreßbar zu machen. Diese apologetische Anstrengung ist seltsam und bemerkenswert aus zwei Gründen.

Erstens verraten die rechtsextremistischen Redner und Autoren mit jedem Satz, daß sie gläubige Anhänger eines rassistisch begründeten Antisemitismus sind, und als Gesinnungsgenossen der damaligen Planer und Täter des Holocaust müßten sie der nationalsozialistischen »Endlösung der Judenfrage« eigentlich zustimmen und mithin zumindest ein gewisses Verständnis spüren lassen. Tatsächlich aber werden ausgerechnet im Falle einer so zentralen ideologischen Frage die sonst nicht ungern aufgedeckten Traditionslinien zur NS-Bewegung sorgfältig verhüllt. Gerhard Frey von der Deutschen Volksunion bringt in seiner »National-Zeitung« ab und zu gerne Interviews mit naiven Rabbinern und ähnliche geradezu philosemitisch wirkende Beiträge, und auch Franz Schönhuber, langjähriger Chef der Republikaner, hält es für angezeigt, von Zeit zu Zeit auf jüdische Freunde hinzuweisen und damit – in einem Tonfall freilich, den seine Anhänger schon verstehen – darzutun, frei von jeglichem Antisemitismus zu sein.

Zweitens kommt die Leugnung des Holocaust und des für den Massenmord zum Symbol gewordenen Vernichtungslagers Auschwitz – die rechtsextremistischen Apologeten sind ja Auschwitz-Leugner, während der Begriff »Auschwitz-Lüge« von ihnen selbst stammt und den Holocaust als bewußtes Propagandaprodukt charakterisieren soll – dem Versuch gleich, etwa die Faktizität der Schlacht von Stalingrad zu bestreiten. Der Genozid der europäischen Judenheit hat so viele Spuren, Zeugen und Überlebende hinterlassen, wie es bei einem historischen Vorgang – einem historischen Verbrechen – von solch ungeheurer und ungeheuerlicher Dimension zu erwarten ist. Die seriöse Zeitgeschichtsforschung hatte denn auch lediglich Probleme mit Details des Geschehens, mit der Ermittlung einer genaueren Opferzahl und mit einer befriedigenden Erklärung eines so furchtbaren politischen Verbrechens, jedoch nicht mit der Feststellung und Nachzeichnung der Grundzüge des Ablaufs; zu einem ähnlichen Ergebnis kam die Justiz vieler Staaten, nicht zuletzt die Justiz der Bundesrepublik Deutschland, die in zahlreichen Strafverfahren gegen das Personal der »Endlösung« einen gewaltigen, von der Wissenschaft noch längst nicht ausgeschöpften Quellenbestand gesammelt hat. Die Wortführer der Leugnung wissen freilich sehr wohl, daß sie lügen. Die unvermeidliche intellektuelle Dürftigkeit, ja die Absurdität und oft mit Händen zu greifende Unredlichkeit ihrer Argumente lassen das ebenso deutlich erkennen wie der abstoßende Zynismus, der bei ihrer »Beweisführung« ebenso unvermeidlich wieder und wieder durchbricht. In einer der Reden, in denen der Reichsführer SS Heinrich Himmler vor Untergebenen über den Massenmord sprach, sagte er: »Von euch werden die meisten wissen, was es heißt, wenn 100 Leichen beisammenliegen, wenn 500 daliegen oder wenn 1000 daliegen. Dies durchgehalten zu haben und dabei anständig geblieben zu sein, das hat uns hart gemacht.« Einer der Auschwitz-Leugner, Wilhelm Stäglich, bemerkt dazu wegwerfend, vom »behaupteten planmäßigen Judenmord« könne Himmler da aber nicht gesprochen haben; die Zahlen seien doch »verhältnismäßig geringfügig«. Ernst Jünger hat in den »Strahlungen«, dem Tagebuch, das er während des Zweiten Weltkrieges geführt hat, die Schamlosigkeit der NS-Propagandisten einmal mit dem Satz kommentiert, sie kennten »nur das Erröten, das Backpfeifen folgt«.

Wenn rechtsextremistische Autoren den Holocaust wider besseres Wissen und wider ihr das Wissen begleitende Verständnis leugnen, so hat das gleichwohl einsehbare Gründe. Da das deutsche Recht – und nicht allein das deutsche – Aufhetzen zum Völker- und Rassenhaß seit vielen Jahren unter Strafe stellt, ist den Apologeten des Nationalsozialismus, notwendigerweise zu antisemitischer Propaganda getrieben, die simple Leugnung des Genozids nicht nur als die einzig verbliebene Möglichkeit, sondern offensichtlich als ein geradezu eleganter Trick erschienen, der Rechtslage zum Trotz Antisemitismus zu wecken und zu schüren. Wie anders sollte es wirken, wenn man einer globalen jüdischen Verschwörung die Erfindung des Holocaust zuschrieb, eine gigantische Propagandalüge, die der Verewigung der politischen Unterwerfung und der finanziellen Ausbeutung des deutschen Volkes diente? Doch gibt es noch einen anderen und mindestens ebenso wichtigen Grund. Die kollektive Erinnerung größerer Gruppen einer Gesellschaft oder einer ganzen Nation sind für das politische Denken und Handeln in der jeweiligen Gegenwart von erheblicher Bedeutung. Sie können den Leitprinzipien einer politischen Ordnung Glanz, Kraft und damit unter Umständen Unwiderstehlichkeit und Stabilität geben, sie können aber auch gegen bestimmte Kräfte und Tendenzen in einer Gesellschaft als Sperren wirken. In Deutschland gilt letzteres für alle Gruppierungen des deutschen Rechtsextremismus. Seit dem Ende des Zweiten Weltkrieges geraten die Führer und Propagandisten deutscher rechtsextremistischer Organisationen in einen bis zum heutigen Tag aussichtslosen Konflikt mit dem Gedächtnis der Nation, wenn sie Mitglieder und Wähler gewinnen wollen. Eine klare Mehrheit der Deutschen weiß, daß die Nationalsozialisten, vor allem natürlich Hitler und seine engsten Gefolgsleute, sowohl gegenüber dem eigenen Volk wie gegenüber anderen Völkern ein ungewöhnlich großes

Schuldkonto angesammelt haben und daß dieses Schuldkonto namentlich mit zwei außerordentlichen Verbrechen belastet ist: mit der weder durch fremde Herausforderung provozierten noch von vitalen deutschen Interessen diktierten Anzettelung des Zweiten Weltkriegs und mit dem weitgehend erfolgreichen Versuch zur Austilgung der während des Krieges im deutschen Macht- und Einflußbereich lebenden Juden.

Das Wissen ist nicht erst eine Leistung der Zeitgeschichtsforschung nach dem Krieg und der Verbreitung ihrer Ergebnisse durch die Medien, durch die Einrichtungen zur politischen Bildung und durch die Schulen, schon gar nicht eine Folge alliierter »Umerziehung« in den Jahren der Okkupation. Vielmehr hat die Behauptung der nationalsozialistischen Propaganda, das Deutsche Reich führe einen Krieg, der ihm irgendwie aufgezwungen worden sei, bereits während des Zweiten Weltkriegs, im Gegensatz zur Wahrnehmung einer Majorität der Nation zwischen 1914 und 1918, nur wenige Deutsche zu überzeugen vermocht. Auch vom Schicksal der Juden hatten vor dem 8. Mai 1945 viel mehr Deutsche Kenntnis, als die verstörten und beschwerten Gewissen nach Kriegsende einzugestehen bereit waren.

Wenn in zeitgenössischen Tagebüchern, so in Ernst Jüngers »Strahlungen«, nicht nur ein- oder zweimal, sondern in mehr als einem Dutzend Eintragungen der Massenmord an den Juden genannt wird, und zwar die Mordaktionen der Einsatzgruppen wie die fließbandartige Tötungsmaschinerie in den Vernichtungslagern, wenn dieser Tagebuchautor einen Bericht über die »ungeheuerlichen Schandtaten des Sicherheitsdienstes nach der Eroberung von Kiew« d. h. einen Bericht über die Erschießung von mehr als 33 000 ukrainischen Juden in Babij Jar im Laufe dreier Septembertage des Jahres 1941 festhält,

wenn er diesen Bericht – den er Silvester 1942 an der Kaukasusfront hörte – sogar als Teil eines der »üblichen« Gespräche in den Stäben des deutschen Ostheeres bezeichnet und dabei in bewegenden Worten den Ekel schildert, der ihn, der sich im Ersten Weltkrieg als Infanterieleutnant den Pour le mérite verdient hatte, jetzt vor Uniformen, Orden und Waffen ergreife,

wenn deutsche Feldmarschälle sich genötigt sehen, in naturgemäß nicht geheimen Befehlen ihre offensichtlich beunruhigten Soldaten zum Verständnis für die »harte Sühne« am »jüdischen Untermenschentum« aufzufordern,

wenn ein Bischof – Theophil Wurm, der Landesbischof von Württemberg –, der gegen die drohende Einbeziehung der sogenannten »privilegierten Nichtarier« in die Deportationen nach Osten protestiert, in einem Brief an Hitler Mitte 1943 ohne Tarnbegriffe davon schreibt, »die dem deutschen Zugriff unterliegenden Nichtarier« seien »in größtem Umfange beseitigt worden« und diese in Deutschland »viel besprochenen« Geschehnisse belasteten »das Gewissen und die Kraft unzähliger Männer und Frauen im deutschen Volk auf das schwerste«,

wenn der SD 1943 in seinen Stimmungsberichten konstatiert, mit der Propaganda über die Entdeckung der Leichen tausender polnischer Offiziere, die von Stalins NKWD im Wald von Katyn ermordet worden waren, sei nicht genügend moralische Empörung über die »bolschewistischen Untermenschen« zu wecken, weil überraschend viele Deutsche die Ansicht äußerten, Katyn sei eine Lappalie gegen das, was die Organe des eigenen Regimes mit den Juden anstellten, wenn die Kanzlei der NSDAP im Oktober 1942 klagt, in der Bevölkerung komme es immer wieder zu »Erörterungen« über »sehr scharfe Maßnahmen« gegen die Juden, zu Erörterungen, die durch Erzählungen von Urlaubern der deutschen Armee ausgelöst würden, »die selbst Gelegenheit hatten«, solche Maßnahmen zu beobachten, und wenn die Kanzlei daran die Weisung an die Parteifunktionäre bis hinunter zum Ortsgruppenleiter knüpft, die Maßnahmen einerseits zu bestreiten, andererseits für sie um Verständnis zu werben,

so zeigt dies, daß ein Vorgang wie der Versuch zur Ausrottung der europäischen Judenheit selbstverständlich nicht geheimgehalten werden konnte. Das Regime war anfänglich darum bemüht, hat aber bald praktisch darauf verzichten müssen, die »Endlösung der Judenfrage« vor den Deutschen hermetisch abzuschirmen. 1943/44 gaben die Verantwortlichen sogar dem Drang nach, sich ihres historischen Verbrechens zu rühmen: in relativer Öffentlichkeit Hitler und Himmler in einer ganzen Serie von Ansprachen vor SS-Führern, Parteifunktionären, Offizieren und Fahnenjunkern, in aller Öffentlichkeit Goebbels und Ley, der Reichspropagandaminister in seiner Wochenzeitung »Das Reich« (9. Mai 1943) und der Leiter der Deutschen Arbeitsfront in seiner 1944 erschienenen Broschüre »Pesthauch der Welt«.

Zuerst hat also historische Erfahrung die Kenntnis von den nationalsozialistischen Verbrechen in das Bewußtsein und in das Gedächtnis der Nation eingegraben. Die Resultate der Forschung und ihre publizistische wie pädagogische Umsetzung haben die historische Erfahrung bestätigt, präzisiert und ergänzt, außerdem für die Weitergabe an später geborene Generationen gesorgt. Gewiß lagert die Kenntnis normalerweise in den hintersten Winkeln oder in den untersten Fächern des Bewußtseins, und wenn – wie 1979 der Fernsehfilm »Holocaust« oder 1994 der Spielfilm »Schindlers Liste« – irgendein Ereignis eine unmittelbare Konfrontation mit den wieder anschaulich gemachten Schreckensbildern der Vergangenheit erzwingt, dann ist ein beträchtlicher Teil der Nation sehr wohl imstande, nicht allein mit Entsetzen, sondern mit dem verblüfften Entsetzen der Ahnungslosigkeit zu reagieren. In Wahrheit ist die Kenntnis aber immer da und bislang stark genug gewesen, einen wichtigen Beitrag zur Immunisierung gegen rechtsextremistische Propaganda zu leisten. Da aggressiver Nationalismus und ein bösartiger Rassismus nach wie vor zu den Kernelementen der rechtsextremistischen »Weltanschauung« gehören, ist es den Propagandisten dieser »Weltanschauung« schlechterdings unmöglich, die Identität oder doch Verwandtschaft ihres Credos mit der im Dritten Reich herrschenden Lehre zu verbergen. Bei jeder Begegnung mit rechtsextremistischer Agitation signalisiert daher das kollektive Gedächtnis – jedenfalls gilt das noch für eine große Mehrheit der Nation – sogleich die Warnung, daß da die Epigonen und Geistesverwandten jener Leute erneut Gefolgschaft fordern, die den Zweiten Weltkrieg vom Zaun gebrochen und sechs Millionen Juden umgebracht haben. Eine solche Warnung schreckt selbst die meisten der Deutschen ab, die noch immer – oder wieder – mit schwächeren oder auch stärkeren antisemitischen Vorurteilen behaftet sind, jedoch die Neigung verloren bzw. nie erworben haben, ihr Vorurteil zum Herzstück einer politischen Heilslehre mit womöglich mörderischen Konsequenzen zu machen.

Die Rechtsextremisten sind sich dieser Schwierigkeit bewußt, und so fühlen sie sich, aus rein taktischen Gründen, dazu gezwungen, den Durchbruch zu erfolgreicheren Werbekampagnen auch dadurch zu ermöglichen, daß sie Hitler und die NS-Herrschaft vom Makel dieser beiden größten Verbrechen befreien. So produzieren sie unermüdlich Artikel um Artikel, Broschüre um Broschüre, Buch um Buch, in denen sie die Schuld der Nationalsozialisten verniedlichen oder auch gänzlich leugnen, mit denen sie in die Köpfe der Deutschen ein den eigenen politischen Absichten günstiges Geschichtsbild einzupflanzen suchen. Die Hartnäckigkeit, mit der sie dabei zu Werke gehen, hat ihre Wurzel offenbar in der Hoffnung, es könne doch gelingen, den Stolz der Nation als Bundesgenossen gegen das Gedächtnis und das Gewissen der Nation zu rekrutieren.

In den ersten Nachkriegsjahrzehnten konzentrierte sich die apologetische Anstrengung allerdings auf Feldzüge gegen die sogenannte »Kriegsschuldlüge«. Zwar sind in der Monatszeitschrift »Der Weg«, die in Buenos Aires erschien, bereits im November 1954 Krematorium und Gaskammer – allerdings auf das Konzentrationslager Dachau bezogen – als »Greuel-Erfindung« der Amerikaner bezeichnet worden. Zwar stellte der französische rechtsextremistische Autor Paul Rassinier den Holocaust schon in einer 1948 veröffentlichten Broschüre in Frage, die 1959 unter dem Titel »Die Lüge des Odysseus« auch in deutscher Sprache herauskam. Doch ist das von deutschen Apologeten und von Autoren anderer Nationalität, die für den deutschen Markt schrieben, zunächst kaum aufgegriffen worden. Publizisten wie Peter Kleist (Auch Du warst dabei, 1952), Fritz Hesse (Das Spiel um Deutschland, 1953), Udo Walendy (Wahrheit für Deutschland, 1964), und der Amerikaner David L. Hoggan (Der erzwungene Krieg, 1961) beschränkten sich darauf, den biologistisch-rassistischen Expansionismus, den Hitler und seine Gefolgsleute predigten und praktizierten, zu bestreiten oder einfach zu ignorieren und den »Führer« des Dritten Reiches als einen grundsätzlich friedfertigen Staatsmann zu porträtieren, der nichts anderes im Sinn gehabt habe als die Revision des ungerechten Friedensvertrags von Versailles. Die Zerstörung der Tschechoslowakei, der Angriff auf Polen und der Überfall auf die Sowjetunion wurden – und werden – nicht als Akte zur Errichtung eines zunächst kontinentaleuropäischen Imperiums behandelt, sondern umgedeutet in Akte einer der Absicht nach frieden- oder ordnungstiftenden Politik und in präventive Aktionen zur Abwehr unmittelbar bevorstehender Attacken böser Feinde.

Daß deutsche rechtsextremistische Autoren mit dem Holocaust zunächst nicht in gleich dreister Manier umgingen, vielmehr um die tödliche Endphase der nationalsozialistischen Judenverfolgung einen weiten Bogen machten, ist wohl damit zu erklären, daß die Bevölkerung des eigenen Landes den Ereignissen der »Endlösung« noch zu nahe war, sie in noch allzu frischer Erinnerung hatte – vom »Tagebuch der Anne Frank« sind in der Bundesrepublik von 1950 bis 1958 nicht weniger als 700 000 Exemplare verkauft worden –, und daß die Bagatellisierung oder Leugnung des Massenmords im Hinblick auf die Reaktionen erst der westlichen Besatzungsmächte und dann der auch nach 1955 noch geraume Zeit als Besatzungsmächte empfundenen westlichen Bundesgenossen als zu riskant erschien. Wie tief damals die Kenntnisse vom Holocaust saßen, geht u. a. aus einem meist wenig beachteten Sachverhalt hervor. Als Bundeskanzler Konrad Adenauer 1952 das »Luxemburger Abkommen« am 10. September abschloß, in dem sich die

Bundesrepublik verpflichtete, an Israel und die »Conference on Jewish Material Claims Against Germany« rund 3,5 Milliarden Dollar zu zahlen, da hatte er zuvor harte Opposition im Kabinett überwinden müssen, und diese Opposition war nicht ohne breiteren Rückhalt in den Regierungsparteien wie auch in der Bevölkerung. Aber die Gegner der Zahlung – bzw. von Zahlungen in solcher Höhe – bedienten sich überwiegend finanzieller Argumente; niemand wagte die Behauptung, die jüdischen Ansprüche seien unbegründet, weil es die nationalsozialistische Judenverfolgung und den Holocaust gar nicht gegeben habe.

Mit zunehmender zeitlicher Distanz zum »Dritten Reich« und mit der inneren wie internationalen Stabilisierung der Bundesrepublik wuchs den rechtsextremistischen Propagandisten jedoch der Mut. Auch war einer näheren Behandlung der antisemitischen Politik des NS-Regimes auf die Dauer einfach nicht auszuweichen, zumal ohne sie die Kampagne gegen die deutsche Kriegsschuld nur bei kleinen Gruppen unbedarfter Zeitgenossen Chancen haben konnte. Wie sollte die Stilisierung Hitlers zum friedfertigen Außenpolitiker und zum Vorkämpfer von Humanität auch nur einen matten Schein von Glaubwürdigkeit erhalten, wenn schon der bloße Hinweis auf die Judenverfolgung, vor allem auf den Massenmord während der »Endlösung«, genügte, um jedermann die Lächerlichkeit eines solchen Unterfangens klarzumachen. Außerdem drängte die Einsicht, daß in Deutschland Antisemitismus kaum als Element einer politischen Grundüberzeugung an den Mann zu bringen ist, solange allein das Wort Auschwitz ausreicht, jeden Deutschen, der nicht zum Kern der Rechtsextremisten gehört, vor Rassentheorien jeglicher Art, erst recht vor rassistisch begründetem Antisemitismus und mithin selbst vor subtileren Formen antisemitischer Propaganda zurückschrecken zu lassen.

Als die sechziger Jahre zu Ende gingen, legten die rechtsextremistischen Agitatoren die bislang wirksame Scheu ab. 1970 erschien das Buch »Hexen-Einmal-Eins der Lüge«, verfaßt von einem Emil Aretz. 1973 folgte die Broschüre »Die Auschwitz-Lüge. Ein Erlebnisbericht«, geschrieben von Thies Christophersen, der eine Zeitlang als Sonderführer im Landwirtschaftsbetrieb des Konzentrationslagers Auschwitz gearbeitet hatte und damit Autorität auch in allen Fragen beanspruchte, die Auschwitz betreffen. »Did Six Million Really Die?« fragte 1975 Richard Harwood, und 1976 veröffentlichte Arthur Butz, den seine Tätigkeit als Professor für Elektronik und Computerwissenschaft an der Nordwest-Universität in Evanstown/Illinois nicht davor geschützt hatte, in rechtsextremistische Vorstellungen abzurutschen, »The Hoax of the Twentieth Century«, eine Schrift, die ein Jahr später vom »Verlag für Volkstum und Zeitgeschichtsforschung« zu Vlotho an der Weser unter dem Titel »Der Jahrhundert-Betrug« herausgebracht wurde. Das Jahr 1979 bescherte schließlich das »Standardwerk« dieser Literaturgattung, als der Tübinger Grabert-Verlag das Buch »Der Auschwitz-Mythos – Legende oder Wirklichkeit« vorlegte, dessen Autor, Wilhelm Stäglich, ein ebenfalls mit dem Doktorhut geschmückter Hamburger Finanzrichter war.

Allen diesen Leugnern des Holocaust und so auch des Massenmords in Auschwitz kann subjektive Aufrichtigkeit nicht zugebilligt werden. Ihr Vorgehen zeigt das deutlich. Als Dilettanten der Zeitgeschichtsforschung ohne gründliche, ja in vielen Fällen überhaupt ohne jegliche Kenntnis wichtiger Quellen, ist ihre Methode von entlarvender

Simplizität. So etwa bei Stäglich. Alle Quellen aus der NS-Zeit, in denen das Mordprogramm vorkommt oder in denen die Anfänge und der Verlauf des Massenmords ihren Niederschlag gefunden haben, ob es sich nun um Reden Hitlers oder Himmlers handelt, um die Tagebücher von Goebbels, um Aufzeichnungen Alfred Rosenbergs, um das Diensttagebuch Hans Franks, der das »Generalgouvernement« im eroberten Polen leitete, um Korrespondenzen zwischen NS-Dienststellen, um die Berichte der Einsatzgruppen, um militärische Akten usw. – alle diese Quellen erklärt Stäglich einfach für ganz oder teilweise gefälscht; in einigen Fällen, so bei den Berichten der Einsatzgruppen, verzichtet er auf Erwähnung. Alle Nachkriegsaussagen, in denen Teilnehmer an den Mordaktionen und Mitwisser ihre Beteiligung und ihre Kenntnis vor Gericht zugegeben haben, erklärt er für erpreßt; dabei macht er nicht den geringsten Unterschied zwischen den Nürnberger Prozessen, dem Eichmann-Prozeß in Jerusalem oder dem Frankfurter Auschwitz-Prozeß von 1965, den er als Schauprozeß nach stalinistischem Vorbild bezeichnet. Erst recht verwirft er den Bericht über Auschwitz, den Rudolf Höß, von 1940 bis 1943 dort Kommandant, in seiner Autobiographie gegeben hat, als zeitgeschichtlich wertlos. Aussagen von Zeugen, die aus den Reihen der Opfer stammen, erklärt er für gekauft, jedenfalls für erlogen. Stäglich veranstaltet diesen »quellenkritischen« Kahlschlag, ohne auch nur in einem einzigen Falle wenigstens den Schatten eines Beweises für Fälschung, Erpressung und bewußte Falschaussage anbieten zu können. Nun mag man dem Besitzer einer hochentwickelten politischen Wahnvorstellung – und überzeugter rassistischer Antisemit ist Stäglich – so manche Torheit zutrauen, die in evidentem Widerspruch zur Realität steht. Daß aber das »internationale Judentum« eine gigantische Fälscherwerkstatt eingerichtet hat, in der zahllose Dokumente der unterschiedlichsten Herkunft exakt im unverwechselbaren Stil des jeweils angegebenen Verfassers oder der jeweils genannten Dienststelle fabriziert wurden, daß das »Weltjudentum« zugleich eine Vertriebsorganisation schuf, die es fertigbrachte, alle diese Fälschungen ins Bundesarchiv, ins Freiburger Militärarchiv, in die National Archives der USA und in viele sonstige Archive des In- und Auslands zu schleusen, daß es dem Judentum ferner gelungen ist, alle die nach dem Krieg in Endlösungs-Prozessen Angeklagten um ihr Leben zittern und zumindest den Massenmord bestätigen, oft sogar die eigene Beteiligung eingestehen zu lassen, daß die »internationale jüdische Verschwörung« schließlich mächtig genug ist, den Justizapparat der Bundesrepublik zu einer ganzen Serie von Prozessen über imaginäre Verbrechen und dabei auch noch zur Ermordung eines angeblich nicht aussagewilligen SS-Sturmbannführers zu zwingen (der in Untersuchungshaft Selbstmord beging) – an all diese Leistungen zu glauben, kann Wilhelm Stäglich nicht abgenommen werden.

Es liegt auf der Hand, daß die Leugnung des Holocaust unter den Versuchen zur historischen Legendenbildung in die Gruppe der besonders infamen Versuche gehört, weil sie Millionen von Juden in aller Welt, die durch den Holocaust Millionen von Angehörigen verloren haben, nicht nur in einer kollektiven und politischen Emotion treffen muß, sondern überdies in ihrem ganz persönlichen Schmerz, in ihrer ganz persönlichen Trauer verhöhnt. Die achtziger Jahre brachten einige spezielle Produkte dieser Infamie. Am 18. Januar 1988 wurde vor dem Bezirksgericht im kanadischen Toronto das Wiederaufnahmeverfahren eines bereits 1985 geführten Prozesses der Britischen Krone gegen den in Toronto lebenden deutschstämmigen Kanadier Ernst Zündel eröffnet. Die Anklage hatte gelautet, Zündel habe mit dem Nachdruck der 1975 erschienenen Schrift des britischen Publizisten Richard Harwood »Did Six Million Really Die?« eine historische Legende verbreitet, die geeignet sei, den sozialen Frieden unter den verschiedenen ethnischen Gruppen Kanadas zu stören. Zündel war 1985 zu 15 Monaten Haft verurteilt worden, doch hatte der Appellationsgerichtshof von Ontario das Urteil wegen Verfahrensfehlern aufgehoben. Im Zusammenhang mit dem neuen Verfahren bestellte nun der auch in Deutschland wohlbekannte französische Rechtsextremist Robert Faurisson im Februar 1988 bei einem amerikanischen Gesinnungsgenossen in Boston, der als Experte präsentiert werden konnte, weil er in amerikanischen Gefängnissen mit Hinrichtungsanlagen zu tun hatte, bei denen Gas verwendet wird, ein Gutachten zu der Frage, ob es in Auschwitz Gaskammern gegeben habe. Am 25. Februar 1988 flog Fred A. Leuchter nach Polen, wo er in den ehemaligen Lagern Auschwitz, Auschwitz-Birkenau und Majdanek, begleitet von einem Zeichner, einem Kameramann und einem Dolmetscher, fünf Tage lang ohne Genehmigung die Ruinen von Gaskammern untersuchte.

Am 3. März 1988 in die USA zurückgekehrt, schloß er am 5. April einen 132 Seiten starken Bericht ab, der im Juni 1989 unter dem Titel »The Leuchter Report. The First Forensic Examination of Auschwitz« in London veröffentlicht wurde. Das Vorwort stammte von David Irving, einem bekannten britischen Publizisten, der im Zuge seiner Wanderung in rechtsextremistische Gefilde von der noch 1977 – in seinem Buch »Hitler's War« – vertretenen Behauptung, Hitler habe vom Holocaust, den Himmler und andere Kreaturen des »Führers« ohne sein Wissen ins Werk gesetzt hätten, erst 1943 erfahren, nun bis zur Leugnung des Holocaust gelangt war. Die deutsche Übersetzung brachte einer der dreistesten und Quellen mit souveräner Hand entstellenden Hitler-Apologeten, Udo Walendy, noch 1988 heraus. In der zweiten Hälfte des Jahres 1988 begann in der Bundesrepublik auch eine Schrift »Leuchter Dokument. Das wichtigste Dokument der Nachkriegsgeschichte« zu kursieren. Hinter dem pompösen Titel verbarg sich nichts anderes als eine Kurzfassung des »Leuchter-Berichts«. Die deutschen NS-Apologeten begrüßten die »Expertise« ihres amerikanischen Freundes mit Jubel, war doch Fred A. Leuchter, weil er bei seinen Untersuchungen in den drei genannten Lagern vierzig Jahre nach dem Ende der Vergasungen nur noch geringe Spuren von Blausäure entdeckt hatte, zu dem Ergebnis gekommen: »Nach Durchsicht des gesamten Materials und Inspektion aller Standorte . . . findet der Autor die Beweise überwältigend: Es gab keine Exekutions-Gaskammern an irgendeinem dieser Orte.«

In Wahrheit ist der »Leuchter-Bericht« längst in detaillierten kritischen Entgegnungen Punkt für Punkt widerlegt, ja darüber hinaus als ein pseudowissenschaftliches und sogar mit recht plumpen Methoden und Argumenten arbeitendes Machwerk entlarvt worden, so von Jean-Claude Pressac in seiner 1989 in New York erschienenen Studie »Auschwitz. Technique and operation of the gas chambers«, in Deutschland von Werner Wegner, einem der besten Kenner der Geschichte des Holocaust im allgemeinen und der Geschichte von Auschwitz im besonderen, dessen Aufsatz »Keine Massenvergasungen in Auschwitz? Zur Kritik des Leuchter-Gutachtens« 1991 in dem von Uwe

Backes, Eckhard Jesse und Rainer Zitelmann herausgegebenen Sammelband »Die Schatten der Vergangenheit. Impulse zur Historisierung des Nationalsozialismus« veröffentlicht wurde; zuletzt hat sich Georges Wellers mit dem Leuchter-Bericht auseinandergesetzt. Der Schwindel beginnt schon im Titel »First Forensic Examination of Auschwitz«. Leuchter müßte wissen, daß das Gerichtsmedizinische Institut der Universität Krakau 1945 eine Untersuchung an Gebäudeteilen und an den Opfern abgenommenen Haaren, Haarspangen, Kämmen, Brillengestellen usw. durchgeführt und dabei reiche Mengen Blausäure nachgewiesen hat.

Alles in allem ist das Produkt des amerikanischen Ingenieurs von ähnlicher Seriosität – notwendigerweise, weil von gleicher Zweckbestimmung – wie das ein Jahr zuvor aufgetauchte »Lachout-Dokument«. Im November 1987 publizierte die in Österreich erscheinende neonazistische Zeitung »Halt« ein Dokument, das als Rundschreiben eines in Wien amtierenden »Militärpolizeilichen Dienstes« vom 1. Oktober 1948 vorgestellt wurde. Der »Dienst« berichtete in dem Rundschreiben, Alliierte Untersuchungskomissionen hätten festgestellt, daß in sämtlichen Konzentrationslagern auf dem Gebiet des Großdeutschen Reiches niemals Menschen durch Giftgas getötet worden seien; wer anderes bezeugt habe, sei zu seinem Geständnis durch Folter gezwungen worden. Beglaubigt wurde die vorgelegte Ausfertigung des Rundschreibens von einem Leutnant Lachout und dem Wachbataillon Wien der Republik Österreich. Monatelang schlachtete die rechtsextremistische Presse das Lachout-Dokument als Beweis für die »Auschwitz-Lüge« aus. Die Sache hatte allerdings einige Schönheitsfehler. Weder einen »Militärpolizeilichen Dienst« in Wien noch die erwähnten Alliierten Untersuchungskommissionen hat es je gegeben, und 1948, als das besetzte Österreich keine Armee besaß, existierte auch kein Wachbataillon Wien – kein österreichisches und auch kein alliiertes. Lediglich Emil Lachout war eine Realität. Als er weitere Dokumente vorlegte, wurden diese durch amtliche Prüfung österreichischer Behörden ebenfalls samt und sonders als Fälschungen entlarvt. Lachout konnte im übrigen nicht einen Tag Dienstzeit bei einer militärischen oder polizeilichen Einrichtung der Alliierten oder der Republik Österreich nachweisen.

Der damalige amerikanische Hochkommissar in der US-Zone, John McCloy, hat im Geburtsjahr der Bundesrepublik Deutschland einmal gesagt, die Überwindung des nationalsozialistischen Antisemitismus sei der Prüfstein für den Erfolg der Demokratisierung der Deutschen. Das ist schon deshalb richtig, weil eine biologistisch-rassistische »Weltanschauung« – mit Antisemitismus als Herzstück – ihrem Wesen nach undemokratisch, ja antidemokratisch ist. Kann man der optimistischen Diagnose zustimmen, die Bundeskanzler Helmut Kohl am 27. Februar 1986 im Bundestag gewagt hat, als er sagte, »die riesige Mehrheit unserer Mitbürger in der Bundesrepublik Deutschland und insbesondere in der jungen Generation (ist) immun gegen Antisemitismus«? Tatsächlich ist mit dem Siegeszug des liberaldemokratischen Parlamentarismus der biologistische Rassenwahn der Nationalsozialisten bei einer eindeutigen Mehrheit der Deutschen erloschen. Freilich gibt es in der Bevölkerung selbst nach den Erfahrungen mit dem NS-Regime noch immer zehn bis fünfzehn Prozent alte und junge Rassisten. Im Blick auf die nationalsozialistische Vergangenheit tun wir ohnehin gut daran, vor einer Renaissance des Rassenwahns und rassistischer Feindbilder auf der Hut zu sein. So ist es zu begrüßen, daß Legislative, Exekutive und Justiz Wachsamkeit an den Tag legen, jedenfalls seit der rechtsextremistischen Publikationswelle der siebziger Jahre. Am 18. September 1979 entschied der Bundesgerichtshof, das Leugnen des Massenmords an den Juden stelle eine Fortsetzung der Diskriminierung der im Dritten Reich Verfolgten dar und sei mithin strafbar. Am 25. April 1985 ist die Leugnung von Auschwitz darüber hinaus zu einem Delikt erklärt worden, das auch ohne Anzeige durch einen Betroffenen von Amts wegen geahndet werden muß. Wie etliche andere europäische Staaten, so hat auch die Bundesrepublik gegen David Irving ein Einreiseverbot verhängt. Fred Leuchter ist wegen seiner Falschmünzerei als Gutachter, deren er sich im Dienste der Auschwitz-Leugner schuldig gemacht hat, von einem deutschen Gericht – in Abwesenheit – verurteilt worden. Ein Mannheimer Richter, der einerseits an der Verurteilung eines Auschwitz-Leugners nolens volens mitgewirkt, in der Urteilsbegründung jedoch einen Lobgesang auf den Charakter und die Motive des Verurteilten angestimmt hatte, und zwar in Sätzen, mit denen er das eigene Urteil verhöhnte und Gesinnungsverwandtschaft mit dem Angeklagten bekundete, hat seinen Stuhl endlich räumen müssen. Solche Gefechte werden noch oft geschlagen werden müssen. Die Auschwitz-Leugner werden ihre Feldzüge zweifelsohne fortsetzen.

Literatur

Bergmann, Werner/Rainer Erb (Hrsg.), Antisemitismus in der politischen Kultur nach 1945, Opladen 1990.

Dokumentationszentrum des österreichischen Widerstands (Hrsg.), Das Lachout-Dokument. Anatomie einer Fälschung, Wien 1989.

Donat, Helmut/Lothar Wieland (Hrsg.), »Auschwitz erst möglich gemacht«. Überlegungen zur jüngsten konservativen Geschichtsbewältigung, Bremen 1991.

Graml, Hermann, Alte und neue Apologeten Hitlers. In: Wolfgang Benz (Hrsg.), Rechtsextremismus in der Bundesrepublik. Voraussetzungen, Zusammenhänge, Wirkungen, Frankfurt/M. 1994.

Pressac, Jean-Claude, Auschwitz. Technique and operation of the Gas chambers, New York 1989.

Stern, Frank, Im Anfang war Auschwitz. Antisemitismus und Philosemitismus im deutschen Nachkrieg, Gerlingen 1991.

Stöss, Richard, Die extreme Rechte in der Bundesrepublik. Entwicklung, Ursachen, Gegenmaßnahmen, Opladen 1989.

Wegner, Werner, Keine Massenvergasungen in Auschwitz? Zur Kritik des Leuchter-Gutachtens. In: Uwe Backes/Eckhard Jesse/Rainer Zitelmann (Hrsg.), Die Schatten der Vergangenheit. Impulse zur Historisierung des Nationalsozialismus, Frankfurt/M. 1990.

Wellers, Georges, Der »Leuchter-Bericht« über die Gaskammern von Auschwitz. In: Dachauer Hefte, 7 (1991), S. 230 – 242.

Peter Steinbach

Der Historikerstreit

Der »Historikerstreit« der achtziger Jahre wirft bis heute seine »tiefen Schatten«. Sie zeigen, daß es trotz einer bis dahin wohl einmaligen und sehr heftigen Kontroverse zwischen bekannten Wissenschaftlern und Publizisten über die deutsche Geschichte im 20. Jahrhundert dem Berliner Zeithistoriker Ernst Nolte letztlich gelungen ist, aus einer angeblich wissenschaftlichen Auseinandersetzung, wie von ihm seinen Gegnern unterstellt, eine »moralische Kampagne«[1]) werden zu lassen, in deren Verlauf neue Wertvorstellungen durchgesetzt werden konnten. Dieser Streit schien allerdings längere Zeit auch nur bei oberflächlicher Betrachtung darauf angelegt gewesen zu sein, zu einer Art von »politischem Feldzug« zu werden, wie Nolte in einer Darstellung der Auseinandersetzungen vorausgesagt hatte. Denn dieser Streit konnte die Vorstellungen der deutschen Öffentlichkeit über die nationalsozialistischen Gewaltverbrechen und den Ort der NS-Zeit in der deutschen Geschichte nicht so entscheidend, wie zunächst gehofft, neu prägen[2]), so verhängnisvoll auch heute manche seiner politischen Nachwirkungen erscheinen.

In diesem Beitrag kann die heftige Auseinandersetzung, die eine Vielzahl von Aufsätzen, Zeitungsartikeln, Akademieveranstaltungen und Büchern hervorgebracht hat, nicht noch einmal in ihrem Verlauf nachgezeichnet werden. Vielmehr sollen prinzipielle Gesichtspunkte in den Vordergrund gerückt werden. Zentrum des damaligen Streits war m. E. der Versuch, die Entrechtung, Verfolgung und Ermordung der europäischen Juden neu zu bestimmen. Diese Absicht nahm gewiß populistische Vorstellungen auf, die sich an den Stammtischen artikulierten; sie sollte aber mit wissenschaftlich anmutenden Methoden durchgesetzt werden. Deshalb haben Kritiker des angeblich wissenschaftlichen Streits bewußt Verbindungen zu den Bemühungen Rechtsextremer und Rechtsradikaler hergestellt, das Bild der deutschen Geschichte einer Revision zu unterziehen. Revisionismus sei, so mag man einwenden, immer eine Aufgabe zeitgemäßer Wissenschaft. Im Zusammenhang mit dem Historikerstreit ging es aber nicht um eine Revision historischer Erkenntnisse, sondern allein um den Versuch einer neuen Deutung einer der wohl am besten erforschten Tatsachen der deutschen Geschichte: des Völkermords an den Juden zwischen 1933 und 1945.

In diesem Streit wurde keine einzige neue Quelle erschlossen, wurde keine Tatsache der Vergangenheit neu erforscht, sondern es wurde lediglich versucht, das gesicherte Bild der Geschichte durch Deutungen, Annotationen und in den Raum gestellte Vermutungen zu verändern, nicht selten sogar, indem man die vor allem die Wirklichkeit der »Endlösung« bezweifelnden zeitgeschichtlichen Deutungen der Rechtsextremisten an den Ausgang neuer Zweifel setzte – Zweifel überdies, die nicht selten sogar ihren Ausgangspunkt, man kann sogar von Ursprung sprechen, in der nationalsozialistischen Propaganda hatten, wie etwa die These von der angeblichen »Kriegserklärung des europäischen Judentums« an Deutschland zeigt. Dabei handelte es sich um die Bekräftigung von Chaim Weizman, bei dem bevorstehenden Konflikt zwischen Großbritannien und dem Deutschland Hitlers stünden die Juden auf der britischen Seite.[3])

Der Streit brach Mitte der achtziger Jahre und damit zu einem Zeitpunkt aus, in dem in der Bundesrepublik die Auseinandersetzungen um die Geschichte vielfältiger und zunehmend zu einem Politikum geworden waren: Der Regierungswechsel des Jahres 1982 wurde von der neuen Regierung unter Helmut Kohl nicht nur als politischer Wandel, sondern auch als der Beginn einer »geistig-moralischen Wende« gedeutet. Der Versuch, eine Bundesrepublikanisierung des Geschichtsbewußtseins zu forcieren, ging u. a. mit dem in der wissenschaftlichen Diskussion früher festzustellenden[4]), nun aber auch öffentlich immer deutlicher und wirksamer werdenden Versuch einher, die Bedeutung der NS-Zeit zu relativieren. Dieser Anspruch schien seinen ganz sinnfälligen Ausdruck in den weitgreifenden Museums- und Denkmalsplänen der Bundesregierung zu finden: In Bonn sollte ein Haus der Geschichte der Bundesrepublik, in Berlin ein neues historisches Museum zur deutschen Geschichte entstehen, in denen sich die Frage nach dem Sinn der deutschen Geschichte, nach der Identität der Deutschen und schließlich der Nachkriegsentwicklung spiegeln sollten. Die ebenfalls intensiv diskutierten Denkmalspläne sollten einerseits den Repräsentationserfordernissen der damaligen Bundeshauptstadt entgegenkommen, andererseits aber einen unübersehbaren Trend der Erinnerung aufnehmen, der sich durch die Verwischung der Scheidelinien zwischen Tätern und Opfern der NS-Zeit auszeichnete und eine »Versöhnung« über die Gräber hinweg erreichen wollte.

Aufmerksam registrierte man die wachsende Bedeutung historischer Argumentationen im Zusammenhang der politischen Auseinandersetzungen. Gedenktage wurden augenscheinlich nicht nur immer ernster genommen, sondern sie wurden auch unübersehbar politisch gestaltet und sollten eine politisierende Wirkung entfalten. Die Rückwendung der Deutschen zu ihrer Geschichte ist bekannt. Sie nahm ihren Ausgang wohl von überraschend positiv aufgenommenen historischen Ausstellungen, etwa 1977 über die Staufer, und führte zu anderen großen Ausstellungen, etwa über Preußen, Friedrich II., die Stadt in der Geschichte, die Lutherzeit. Kritiker erklären diesen Boom durch Veränderungen des Freizeitverhaltens, Zeitkritiker sehen in der Hinwendung zur Geschichte den Versuch, den Sinnverlust zu kompensieren. Ebenso charakteristisch wie die allgemeine Wendung zur weit zurückliegenden Geschichte war das neue zeitgeschichtliche Interesse, das sich deutlich artikulierte und zu einem Ausbau von Gedenkstätten der NS-Zeit und der Einrichtung zeithistorischer Dokumentationsausstellungen – etwa der Topographie des Terrors – oder zu den bekannteren Konzentrationslagern wie Bögermoor-Esterwegen, Neuengamme und Bergen-Belsen führte.

Erstmals war die politische Form des gleichsam nationalen Erinnerns allerdings im Zusammenhang mit dem Jahrestag der Reichsgründung von 1871 beobachtet worden. Damals waren zugleich aber auch die Grenzen nationalen Gedenkens in einer pluralistischen Gesellschaft erkannt worden, denn hier wohl muß jeder Bezugspunkt der historisch-politischen Erinnerung in gleicher Weise umstritten bleiben. Aus diesem Gefühl hatte Gustav Heinemann als Bundespräsident den Bau des Freiheitsmuseums Rastatt angeregt und die Schirmherrschaft über den Schülerwettbewerb zur deutschen Geschichte akzeptiert.

Erst seit dem Regierungswechsel des Jahres 1982 wurde Gedenken durchgängig zum langfristig vorbereiteten und deshalb auch politisierenden Ereignis auf politischer Bühne – mit Ambivalenzen und Begleiterscheinungen. Immer wieder wurde beklagt, die Folge der Geschichtslosigkeit sei die Machtvergessenheit, und folgerichtig wurde versucht, im Zuge des Gedenkens Deutschlands Geschichte in politische Kontexte zu rücken, die aus der vergangenen Wirklichkeit die Gegenwart zu legitimieren vermochte – sei es in Gestalt des »Nie-wieder!«-Versprechens, sei es in Gestalt des »Wir-haben-es-weit-gebracht«-Ausrufs.

Vor diesem Hintergrund einer gouvernementalen Bemühung um die Deutung der Vergangenheit wurde der Hinweis von Michael Stürmer, »in geschichtslosem Land« gewönne die Zukunft, »wer die Erinnerung füllt, die Begriffe prägt und die Vergangenheit deutet«[5]), als Handlungsaufforderung und zugleich als Drohung verstanden, um so mehr, als Stürmer sich gern als Kanzlerberater hatte ansprechen lassen. Dabei war sein Ansatzpunkt im Kern falsch, hatte Stürmer doch behauptet, in einem Land ohne Erinnerung sei »alles möglich«. Dies hätte leicht die wichtige Gegenthese provozieren können, in einem Land wie Deutschland unter der Herrschaft von Nationalsozialisten, die die Geschichte geradezu historizistisch gedeutet und Erinnerung erstmals richtiggehend ritualisiert hatten, sei nun wirklich alles und vor allem das möglich gewesen, was während des Historikerstreits in den Dunst des Redens und Meinens gezogen worden sei: der industriemäßig betriebene Völkermord an den Juden.

Bereits im Vorfeld des 40. Jahrestags der Befreiung Deutschlands vom Nationalsozialismus war es in Deutschland zu Konflikten gekommen, die sich an historischen Deutungen der Zeitgeschichte entzündet hatten. Diese Auseinandersetzungen erscheinen heute geradezu als Vorgeplänkel neuer Sinnstiftungsversuche mit Hilfe der Geschichte, die allerdings eindrucksvoll und, wie es schien, auch gültig durch Richard von Weizsäckers große Rede zum 8. Mai 1985 beendet worden waren. Der Bundespräsdent hatte es augenscheinlich verstanden, durch eine deutliche Aufnahme ambivalenter Argumentationsmuster eine breitere Öffentlichkeit anzusprechen und so deutlich zu machen, daß auch in einer pluralistischen Gesellschaft ein gemeinsames Gedenken über politische Scheidelinien möglich war. Dennoch blieb das geschichtspolitische Klima auch nach dieser Rede gespannt: Die stark von Kohl beeinflußte Zeremonie von Bitburg gilt bis heute als das höchst problematische Symbol einer Debatte über das nicht aufzulösende Spannungsverhältnis zwischen Gegenwart und Vergangenheit, das seitdem wohl jede Annäherung an die NS-Zeit geprägt hat.

In Bitburg brach die heftige Auseinandersetzung über Täter und Opfer auf, in der sich zeigte, daß die gesamte NS-Zeit nicht lebensgeschichtlich in viele Einzelschicksale aufgelöst, sondern nur eindeutig im Bezug auf das schlechthin alles überwölbende Ereignis dieser Ära gedeutet werden kann: den langfristig geplanten, stufenweise vorbereiteten und zielstrebig verwirklichten industriemäßig betriebenen Mord an den Juden Europas. Diese Einsicht ist derart fundamental, daß sich letztlich jeder Relativierungsversuch der selbsternannten Revisionisten auf »Auschwitz« konzentrieren muß. So ist es nicht verwunderlich, daß auch der Historikerstreit um dieses Thema kreiste. Von hier aus erschließt sich auch das Interesse Noltes an der Diskussion über die Strafwürdigkeit einer Leugnung des Völkermords von Auschwitz.

Nach der Bitburg-Zeremonie wurde von deutscher Seite versucht, in Bergen-Belsen anläßlich des Besuchs des israelischen Staatspräsidenten Chaim Herzog einen korrigierenden Akzent zu setzen. Ebenso verstärkte die Reaktion auf die mißverständliche Rede von Bundestagspräsident Philipp Jenninger die immer deutlicher werdende deutsche Tendenz, die zeitgeschichtliche Erinnerung zu spalten, und damit das Dilemma der Erinnerungsarbeit zu verstärken, bei der es ohne Zweifel auch weiterhin notwendig war, Ambivalenzen zu integrieren.

Auch die heftigen Auseinandersetzungen um die Bonner Denkmalspläne und um die Traditionspflege der Bundeswehr sind in diese Bemühungen um Ambivalenz einzuordnen, denn sie kreisten einerseits um die Tatsache, daß Deutschland und seine Bürger die Verbrechen der nationalsozialistischen Zeit – zwar erst nach vielen Jahren, aber doch unbestreitbar – überwiegend ohne jeden Vorbehalt anerkannt hatten und zugleich selbstbewußt hervorheben wollten, daß ein anderes, ein besseres, ein westlich orientiertes und sich in der internationalen Völkerfamilie willig einordnendes Deutschland entstanden ist, das auch die in deutschem Namen und von Deutschen begangenen Verbrechen des Völkermords in das eigene Selbstverständnis zu integrieren in der Lage war. »Trauerarbeit« wurde so für manche, vor allem jüngere Deutsche in dieser Phase ambivalenter Annäherung an die Vergangenheit zur »Stolzarbeit«: Wer sich der Vergangenheit, wie sie war, stellte, konnte besser mit ihr umgehen als jene, die über sie redeten, sie innerlich aber nicht zu verarbeiten fähig schienen. Dies hatte auch der »Fall Jenninger« deutlich gemacht. Daß die NS-Vergangenheit als Teil der deutschen Geschichte zu akzeptieren war, dies alles schien bis weit in die achtziger Jahre hinein unstrittig zu sein und wurde erst durch den »Historikerstreit« des Jahres 1986/1987 fraglich.

Der Streit um die Vergangenheit ist somit nicht nur Ausdruck einer Suche nach »Richtung« oder Sinn, er ist – in den Worten von Michael Stürmer – niemals allein ein Teil des Strebens nach »Vergewisserung, wohin die Reise geht«, gewesen. Dieser Streit war auch ein Symptom für den Wandel des Geschichtsbewußtseins, das zunehmend in das Zentrum neuer deutscher, aber auch europäischer Identitätsdebatten rückte. Nach dem Regierungswechsel des Jahres 1982 ließen manche innenpolitischen Konflikte, Affären und Entwicklungen das Fundament der im Zuge der »Wende« von 1982 hochgestimmt deklarierten Prinzipien politischer Moral mehr als brüchig erscheinen: Beschwörungen der »Grundwerte« und des »Grundkonsenses« verhallten angesichts der Manipulationen um Parteifinanzierung, angesichts der »Flick-« und der Kießling-Affäre, des Streits um die Stellung von Barzel, um Beraterverträge und andere Skandale, die schließlich in der Barschel- und Engholm-Affäre einen Endpunkt fanden. Diese Entwicklungen machten überdeutlich, daß die politisch-moralische Wende nicht gelungen war: In den achtziger Jahren zeigte sich so auch in den Augen von Anhängern der neuen Regierung der den politischen »Anstand« immer wieder bemühende und fast beschwörende deutsche Konservatismus wohl von einer seiner schlechtesten Seiten. Aus dieser Lage konnte allerdings eine Diskussion über die Vergangenheit herausführen, deren politisierende Wirkung zuvor in den Debatten über den deutschen Kollektivismus, den Pazifismus und immer wieder über die Verantwortung für das Scheitern der Weimarer Republik bestens erprobt war. Geschichte war so mehr als nur ein politisches Schlagwort – Geschichte schien geradezu zum »politischen Argument« geworden zu sein.

Der Streit um die Geschichte in allen seinen Spielarten erschien seit 1985 im Zusammenhang der politisch-moralischen Debatten als ein gern und dankbar benutzter Versuch, in kritischer innenpolitischer Situation die konservative Meinungsführerschaft zu erringen, die in den strategischen Überlegungen über das »Besetzen von Begriffen« durch den »Streit um Worte« immer als eine ganz grundlegende Voraussetzung für die Stabilisierung von politischer Macht gedeutet worden war. Die Forderung Stürmers, »Begriffe zu prägen«, zielte deshalb wohl immer auch zugleich auf die bewußte Beeinflussung von gesellschaftlichen Vorstellungen, von Weltbildern und Werten. Begriffe mußten inhaltlich gefüllt, im Rückgriff auf die Geschichte historisch präzisiert werden. Auch dieser Versuch war nicht neu. Denn immer wieder hatten Politiker in den vorangegangenen Jahrzehnten versucht, wie bereits Bundeskanzler Ludwig Erhard, das »Ende der Nachkriegszeit« zu beschwören, auch den »Patriotismus« neu zum Leben zu erwecken und, wie Bundestagspräsident Eugen Gerstenmaier, sogar das »Nationalgefühl« und das Nationalbewußtsein, von dem es nur ein kleiner Schritt zum Nationalstolz war, neu zu beleben. Begriffe konnten aber nur konkret geprägt und so zugespitzt werden, daß die durchaus spürbaren zeitgeschichtlichen Verwerfungen zwischen Generationen und Mentalitäten eine politisierende und polarisierende Wirkung entfalten konnten. Auch dazu diente der Streit der Historiker, der sich so als eine Art Stellvertreterkonflikt begreifen läßt.

Im Zuge der mit Hilfe von Geschichtsdebatten angestrebten Umbewertungen deutscher »Befindlichkeiten« fielen bald Formulierungen auf, die auf eine Revision der angeblich so unterwürfig von den Deutschen betriebenen Deutungen ihrer eigenen Vergangenheit zielten. Zu einem sehr beliebten Argument populistischer Politiker wurde dabei der, etwa von Franz Josef Strauß mehrfach geäußerte Appell, die deutsche Geschichte nicht auf zwölf Jahre zu begrenzen oder gar alle Geschichte auf Auschwitz zulaufen zu lassen – als wenn dies jemals irgendjemand ernsthaft versucht hätte. Dieses Argument bezog seine große öffentliche Kraft vielmehr aus der im Zusammenhang mit den Umerziehungsdebatten verbreiteten Unterstellung, diese angebliche Reduktion der deutschen Geschichte auf die NS-Zeit sei tatsächlich erfolgt oder von Historikern intendiert gewesen, die dann nicht selten als »Erfüllungsgehilfen« einer angeblichen »Umerziehung« durch Geschichte im Interesse der Alliierten bezeichnet wurden. Besonders gern berief man sich dabei auf Kritiker des angeschlagenen deutschen Selbstwertgefühls, die als Vertreter des Judentums galten: etwa Franz Oppenheimer[6]) oder Michael Wolffsohn.[7])

Die Kritik an der Form des Erinnerns und an der wissenschaftlichen Zeitgeschichte wurde überdies nicht selten in die Gestalt einer politischen Diagnose gekleidet. Besonders Arnulf Baring und Hans-Peter Schwarz nutzten diese Art der historisch gefärbten politischen Argumentation und suchten sogar den Eindruck zu wecken, gerade die Berufung auf die so überzeitliche und unmodische Geschichte diente der Kritik des angeblichen Zeitgeistes. Auch diese Argumentation hatte ihre eigene Tradition und muß im Zusammenhang mit der immer wieder versuchten Relativierung der »Umerziehung« gesehen werden, die den Hintergrund für die Debatte über die angeblich dringend notwendige »Historisierung der Zeitgeschichte« abgab, die Rainer Zitelmann[8]) zum Programm seines historischen Revisionismus machte. »Historisierung« meinte zunächst ja nichts anderes, als historische Ereignisse in geschichtliche Zusammenhänge einzufügen, sie aus den historischen Zusammenhängen, nicht aber aus dem Blickwinkel der Nachgeborenen zu deuten. Wer dies im Hinblick auf die NS-Zeit als Möglichkeit verneinte, machte Geschichte nicht zur Dienstmagd der Gegenwart, sondern quälte sich mit der Frage ab, welchen Platz Auschwitz als historischer Ort überhaupt einnehmen könne. Auch auf diese Frage wollten die Anhänger Noltes im Zusammenhang mit dem Historikerstreit eine Antwort geben, indem sie es schlechthin ablehnten, die überzeitliche Bedeutung des sich in diesem Namen niederschlagenden Ereignisses zu reflektieren. Auschwitz – dies konnte nicht zum Fakt gemacht werden, denn im Völkermord schnitten sich langfristige Entwicklungslinien mit den Grundfragen politischer Existenz.

Mitgedacht wurde allerdings von den Kritikern, die sich augenscheinlich sehr bald und sehr gültig in Noltes Bemühungen wiederfanden, stets die Bemühung um eine Relativierung der nationalsozialistischen Vergangenheit. Die Forderung einer Historisierung der NS-Zeit wurde so geradezu als Synonym einer Relativierung verwendet und war wiederum geeignet, langgehegten Vorbehalten der deutschen Öffentlichkeit gegenüber der wissenschaftlichen Erforschung der NS-Zeit entgegenzukommen. Immer wieder hatten Kritiker der wissenschaftlichen Zeitgeschichte, die nach 1945 als Teildisziplin der Geschichtswissenschaft eine beachtliche Blüte erlebt hatte, auf die angebliche Anpassung der Historiker an die Erwartungen der »Sieger« verwiesen und den Eindruck hervorgerufen, zeitgeschichtliche Forschung sei primär positionsabhängig.

Im Zusammenhang mit der Debatte über das Ende des Zweiten Weltkrieges hatte sich seit Ende 1984 diese Auseinandersetzung zugespitzt. Vorboten eines neuen Zugangs zur NS-Zeit waren unübersehbar: Kritik an der Wiedergutmachungspolitik gegenüber Israel, »den Juden« und »den Polen«, wie man zunehmend ungeschminkt sagte, war von einzelnen immer offensiver vorgetragen worden, nicht nur von Kommunalpolitikern in kleinen Städten am Rhein, sondern unüberhörbar auch von nach ihrer eigenen Profilierung strebenden Bundestagsabgeordneten. Ihre Terminologie erinnerte an die gängigen Behauptungen der rechtsextremistischen Zeitungen und an die Propagandareden der »Republikaner«. Die Grenzen zwischen der Rechten und der Mitte verschwammen zusehends. In Deutschland machten sich Neigungen zu populistischen Gefälligkeiten bemerkbar. Das Meinungsklima wandelte sich augenscheinlich, wie sensiblere Zeitgenossen verspürten, die deshalb noch zusätzlich angegriffen wurden. Besonders spürte dies der Publizist Ralph Giordano, der einen Rechtsstreit mit Strauß gewann und dessen Buch über die »zweite Schuld«[9]) bewußt als Dokument einer angeblich fortwährenden Kollektivschuldthese verzeichnet wurde, obwohl jedem klar sein mußte, daß Giordano lediglich den falschen und verlogenen Umgang der ersten gegenüber der zweiten Generation mit der nationalsozialistischen Vergangenheit angegriffen hatte. In der Kritik an Giordano wurde deutlich, daß auf der Rechten zunehmend die Gegner der eigenen Position präpariert wurden und man Eindrücke hervorrief, um sie desto leichter attackieren zu können.

Zugleich wurde in der Öffentlichkeit immer wieder die Frage nach dem Selbstverständnis der Deutschen gestellt, die die Kriegsjahre überlebt hatten – etwa nach dem Selbstverständnis von Soldaten und Offizieren, die einer Wehrmacht angehört hatten, in der Hitler vor allem das Instrument gesehen hatte, dessen er bedurfte, um seinen Rassen- und Weltanschauungskrieg zu führen. So spitzte sich die Frage zu auf die Rolle der deutschen Armee, die keineswegs einen Verteidigungskrieg geführt hatte, wie man immer wieder hörte, sondern einen Angriffskrieg, der in engstem Zusammenhang mit der Entschlußbildung zum Völkermord an den Juden gesehen werden muß – mochten auch einige Mitarbeiter des Militärgeschichtlichen Forschungsamtes in Verbindung mit einem wichtigen Leitartikelschreiber aus Mainz und unter Berufung auf angebliche sowjetische Quellen nicht müde werden zu betonen, daß Hitler im Juni 1941 nur dem Angriff Stalins auf Deutschland zuvorgekommen sei.[10]) Man fragte zunehmend weniger nach den Tatsachen der deutschen Zeitgeschichte als nach individuellen Befindlichkeiten, Wahrnehmungen, Gefühlen und immer wieder nach Stimmungen der Zeitgenossen. »Betroffenheit« wurde zu einer immer wichtigeren politischen Kategorie deutscher Geschichtsdiskussionen, deren Ambivalenz trotz dieses Zugriffs nur langsam anerkannt wurde. Denn »betroffen« konnte jeder Täter und jedes Opfer sein, auf seine ganz spezifische Art.

Derartigen Gleichsetzungen von Befindlichkeiten kam der Historikerstreit ebenso entgegen wie der Selbstrechtfertigung ehemaliger deutscher Soldaten, die immer wieder betonten, weniger für Hitler als vor allem gegen die Herrschaft Stalins gekämpft zu haben. Diese Selbstrechtfertigung entsprach den Klischees vieler Deutscher in den fünfziger Jahren. Sie fanden sich in den Erklärungen und Andeutungen Noltes wahrscheinlich ebenso wieder wie in den Deutungen des Nationalsozialismus als Ausdruck deutschen Modernisierungswillens durch Rainer Zitelmann, der wiederholt erklärt hatte, die deutsche Gesellschaft habe sich auch in gesellschaftlicher Hinsicht gerade durch den nationalsozialistischen Einfluß entscheidend den deutschen Nachkriegsverhältnissen angenähert – und das heißt: modernisiert.[11]) Nun fanden die älteren Generationen auch in dieser Hinsicht durch vielfache Deutungs- und auch Rechtfertigungsmuster die Möglichkeit, den Eindruck zu wecken, selbst in der NS-Zeit für die Gegenwart gestritten zu haben: neuer Stoff für die Politik des Gedenkens.

Nolte ging in seinen Versuchen zur sogenannten phänomenologischen Darstellung des nationalsozialistischen Selbstverständnisses allerdings nicht so weit. Er sah im Nationalsozialismus vor allem eine als »kausaler Nexus« gedeutete Reaktion auf die bolschewistischen Vernichtungsdrohungen und deutete so den Völkermord an den Juden als einen in der nationalsozialistischen Empfindung nachweisbaren Versuch, der eigenen Vernichtung zuvorzukommen. Als Beschreibung der abstrusen Selbstbilder der Nationalsozialisten könnte man diese Interpretation vielleicht noch akzeptieren. Aber als

Kausalzusammenhang würde dies bedeuten, vereinzelt nachweisbare Projektionen der Nationalsozialisten nicht nur zu verallgemeinern, sondern sogar als angemessenen Ausdruck einer vergangenen Wirklichkeit zu begreifen.

Hier trifft sich Nolte auch mit Hillgruber, der immer wieder nach dem Selbstverständnis von deutschen Wehrmachtsangehörigen gefragt und so den Durchhaltewillen vieler Soldaten erklärt hatte. Er knüpfte dabei an die kunstvoll von den Nationalsozialisten geschürten Gefühle eines gewaltsamen Antibolschewismus an, der den Weltkrieg vor allem als Rassen- und Weltanschauungskrieg zu rechtfertigen suchte. Zweifellos gehört die Erforschung des Selbstverständnisses und der Motive historisch Handelnder zu den zentralen Aufgaben einer Geschichtswissenschaft, die nicht nur die Strukturen und die Ereignisse, sondern auch den einzelnen Menschen in das Zentrum ihres Interesses rückt.

Ein Problem ergibt sich dabei aus der Tatsache, daß Gesellschaften in der Regel von Menschen gebildet werden, die ganz unterschiedliche Traditionen verkörpern und nicht zuletzt auch ganz unterschiedliche Erfahrungen als einzelne, als Angehörige von Gruppen, Generationen, Konfessionen und Regionen, auch als Funktionsträger haben. Diese Vielfalt läßt sich in der Regel nicht auf einen gemeinsamen oder verbindlichen Nenner bringen. Gerade in einer pluralistischen Gesellschaft werden deshalb immer unterschiedliche Erfahrungen vielfältige Deutungen der Geschichte hervorbringen – für die historische Sinnbildung sind deshalb wohl ganz unvermeidliche Grenzen markiert. Hinzu kommt, daß Bilder von der Geschichte, die sich einzelne und Gruppen machen, immer ihre zumindest teilweise Entsprechung in der Wirklichkeit finden müssen. Dabei konkurrieren Erfahrungsbereiche, wie etwa in der Diskussion über Täter und Opfer spürbar wird. Auch in dieser Entsprechung liegt eine Grenze historischer Deutung als Sinnstiftung. Nolte hat diese übersehen, als er die Ebenen der empfundenen Wirklichkeiten verließ und das KZ-Ghetto Theresienstadt undifferenziert positiv im Vergleich zu Auschwitz hervorhob, nicht um Lebenslagen und Überlebenschancen zu differenzieren, sondern um das Todeslager durch den Vergleich zu verharmlosen.

Unausweichlich wird der Historiker immer unterscheiden müssen zwischen dem komplexen und überdies im Zeitverlauf wandelbaren Selbstverständnis der empfindenden Menschen und den historischen Fakten, zwischen der vergangenen Wirklichkeit und dem Bild, das sich der einzelne, häufig erst nach Jahren, von dieser Wirklichkeit gemacht hat. Diese Unterscheidung ist auch im Zusammenhang mit dem Historikerstreit wichtig, denn seine öffentliche Resonanz erhielt dieser Streit nicht zuletzt deshalb, weil sich die auf vielfältige Erfahrungen bezogene Deutung der Vergangenheit der einen Seite nicht mit der wissenschaftlich ermittelten vergangenen Wirklichkeit in Einklang bringen ließ.

Die Erfahrungen eines Wehrmachtssoldaten lassen sich nicht, um ein Beispiel zu nennen, mit den Erfahrungen eines Widerstandskämpfers, eines Deserteurs oder eines Häftlings in einem Konzentrationslager oder gar mit den Erlebnissen eines Überlebenden aus einem Vernichtungslager in Einklang bringen – man muß sie nebeneinander stehen lassen. Und deshalb kommt es im Zusammenhang mit der Erinnerung gerade darauf an, Vielfältigkeiten der Empfindungen zu erschließen, hingegen Eindeutigkeiten als schlichtes Resultat exklusiver Deutungen durch Historiker zu vermeiden.

Gedenken ist nicht selten öffentlich inszenierte Erinnerung und damit Gegenstand der »politics of memory«. Mit der öffentlichen Deutung der Geschichte sollen der Bevölkerung oftmals ganz bewußt Identifikationsmöglichkeiten mit einer Vergangenheit angeboten werden, die nicht vergehen wird, solange sie in der Erinnerung lebendig ist. Diese Lebendigkeit ist nicht, wie Nolte andeutete, das Ergebnis politischer Auseinandersetzungen um Geschichtsdeutungen, sondern Resultat der Tatsache, daß Menschen mit ihrer Erinnerung leben und sie nicht ohne Schaden verdrängen können. Im Zuge der Verschiebung von Generationen verlagern sich dabei allerdings offenkundig oftmals die Gewichte der Erinnerung, die sprichwörtliche »Last der Vergangenheit«.

Und gerade dies zeigt sich im Zusammenhang mit öffentlich inszenierter Erinnerung, mit dem »Gedenken«. Auch in diesem Kontext ist der »Historikerstreit« zu deuten, denn er stellte einen wichtigen Bezugspunkt des öffentlichen Gedenkens, die Erinnerung an den Völkermord an den Juden und die Behandlung sogenannter »Fremdvölkischer«, in Frage und wurde so zur Herausforderung für alle, die ihre politischen und ethischen Koordinaten aus der Auseinandersetzung mit der Geschichte als »gewonnener Erfahrung« zu entwickeln suchten.

Diese Prozedur konnte nur gelingen, wenn das Selbstverständnis der Nationalsozialisten zum Ausgangspunkt der geschichtlichen Deutung gemacht wurde. Dabei verschoben sich auch deshalb Gewichte, weil in späteren Phasen der Auseinandersetzung insbesondere von Nolte der Eindruck erweckt wurde, Kritiker seiner Positionen strebten danach, generell Deutungs- und »Frageverbote« zu verhängen. Damit suggerierte er, die Auseinandersetzungen mit seinen Argumenten und Assoziationen belegten die Unterstellung, zeithistorische Forschung sei zum Instrument des deutschen Selbstzweifels, der Siegerabsichten und letztlich, wie Zitelmann dann hervorhob, des deutschen »Selbsthasses« geworden.

Bei aller Aufgeschlossenheit für die Vielfalt lebensgeschichtlicher Perspektiven darf aber nicht übersehen werden, daß der Kern des Historikerstreits auf die Deutung des Völkermords an den europäischen Juden verwies – daran können auch die sonstigen vielfältigen Aspekte, die in diesem Streit deutlich werden, nichts ändern. Angesichts des Völkermords an den Juden, der sehr früh geplant und während des Zweiten Weltkriegs verwirklicht wurde, ist es mehr als problematisch, zwischen Tätern und Opfern der deutschen Zeitgeschichte zu unterscheiden und auf diese Weise einen Ausweg aus dem von führenden Politikern der Bundesrepublik immer wieder empfundenen Deutungsdilemma und historischen Sinnstiftungsbegehren zu suchen. Nur eine präzise, zeitlich genau differenzierende Beschreibung von Situationen und Lebensschicksalen der NS-Zeit ist geeignet, hier jene Mißverständnisse zu vermeiden, die die gesamte Zeitgeschichtsschreibung durchziehen.

Allerdings vermengte der »Historikerstreit« wohl bewußt das nicht Vergleichbare. Denn er bezog die Verbrechen des Völkermords an den Juden auf die Selbstrechtfertigungen, die Weltbilder und auch das Selbstverständnis der für diese Verbrechen verantwortlichen Nationalsozialisten. In seiner Argumentation wechselten immer wieder die Bezugsebenen der begrifflich gefaßten Wirklichkeit: Ging es vorwiegend um das Selbstverständnis der Nationalsozialisten, um ihr Bild von der Vergangenheit, um ihre Konstruktion von Erklärungen und Rechtfertigungen ihres Handelns, oder ging es zuweilen nicht auch darum, ihr Selbstverständnis zum Ausgangspunkt von Entwicklungen und Verhaltensweisen der Nachkriegszeit zu machen und auf diese Weise zu unterstellen, das Bild der Nationalsozialisten von ihrer Geschichte bestimme auch unser Geschichtsbild, unser Zukunftsgefühl und unser Gegenwartsbewußtsein?

Bereits die genannten Begriffe belegen, wie schwer es ist, den Kern der Kontroverse zu benennen. Für Nolte und die ihn unterstützende Teilöffentlichkeit schien es vor allem um die Möglichkeit zu gehen, den Nationalsozialismus als Spielart europäischer Totalitarismen oder als Einzelbeispiel moderner Diktaturen zu bestimmen – es ging offenbar um den Vergleich von Herrschaftsordnungen, die aufeinander bezogen waren. Deshalb stand auch die Frage der Kausalität und der angeblichen »Ursprünglichkeit« der beiden großen diktatorischen Regime des 20. Jahrhunderts im Vordergrund, mithin die Frage, ob der NS-Staat primär eine Reaktion auf die russische Revolution oder ein spezifischer Ausdruck deutscher Entwicklungen seit dem späten 19. Jahrhundert war.

Die Frage nach der Gleichheit der beiden wichtigsten diktatorischen Regime und die Heftigkeit des Streits spiegelten die zeitspezifischen Randbedingungen: Dem wissenschaftlich Interessierten waren die dem Historikerstreit vorangegangenen Versuche zur Umdeutung und Relativierung der Geschichte, mithin zur Beschleunigung des »Vergehens der Vergangenheit«, nicht verborgen geblieben.

Richtig still ist es seitdem um die vielschichtigen Auseinandersetzungen niemals geworden, sei es, weil weitere Kontroversen folgten, wie jene über die angeblich modernisierende Wirkung des NS-Staates, sei es, weil der Umbruch in Osteuropa manche Perspektiven verschob und die Interpretation der deutschen Zeitgeschichte beeinflußte. Manche Beteiligte, die unter dem Eindruck der offen diskutierten stalinistischen Verbrechen standen, erklärten den Historiker Nolte sogar nach dem Zusammenbruch der kommunistischen Systeme zum Sieger; und erst die neueren Auseinandersetzungen um seine Position im Streit um die Strafbarkeit der Leugnung des Völkermords ließ diejenigen verstummen, die Noltes Position im Historikerstreit geteilt oder partiell unterstützt hatten. Damit sind zugleich die Nachwirkungen des inzwischen zehn Jahre währenden Historikerstreits benannt: Das Bild der NS-Zeit im Bewußtsein hat sich allmählich gewandelt – damit relativiert sich allerdings nicht die Vergangenheit, sondern es verändern sich die Voraussetzungen für eine Begründung zivilisierter politischer Umgangsformen aus der geschichtlichen Erfahrung.

Wie die jüngsten Auseinandersetzungen um die Strafbarkeit der Leugnung des Völkermords zeigen, ist der Kern des Historikerstreits nach wie vor umstritten und die Auseinandersetzung aktuell. Denn es geht nicht allein um die Bestimmung des Verhältnisses zwischen Bolschewismus und Faschismus, um die »Vergleichbarkeit« der stalinistischen und der nationalsozialistischen Diktaturen oder um die kausale Deutung der NS-Verbrechen als Reaktion auf die stalinistischen Herrschaftsexzesse, sondern es geht im Kern um eine neue Bewertung des »Völkermords an den Juden« im Zusammenhang zeithistorischer Forschung.

Neubewertung der NS-Zeit – diese Forderung zielt auch auf die Relativierung des Völkermords, auf die Revision der zeitgeschichtlichen Forschung, auf die Abgrenzung von einer angeblichen »Selbstbezichtigung«, die in der Zeit nach 1945 sowohl als Ausdruck einer Siegerwillkür als auch einer »Selbstzerstörung« des deutschen »Selbstbewußtseins« gedeutet wurde. Es geht also nicht um die Sache der Vergangenheit allein, sondern es geht um die Beeinflussung des Gefühls für den historischen Ort der Deutschen, um die Überwindung einer angeblichen »Selbstzerknirschung«.

So gesehen, war der Historikerstreit kein zufälliges Ereignis, sondern der Endpunkt einer längeren Bestrebung, die deutsche Vergangenheit zu revidieren. Begonnen hatte er lediglich als Reaktion des Frankfurter Sozialphilosophen und Zeitkritikers Jürgen Habermas auf einen Beitrag, den der damals hochangesehene Berliner Zeithistoriker und Faschismusforscher Ernst Nolte unter dem Thema »Vergangenheit, die nicht vergehen will« für die Frankfurter Römerberggespräche über das Thema »Politische Kultur – heute?« zwar vorbereitet hatte, aber wegen einer nachträglichen Ausladung nicht halten konnte. Der Kern lag tiefer. Und dies erklärt die Vehemenz der Debatte. Bei der bald so heftig losbrechenden Kontroverse ging es auch nicht um eine kleine Essaysammlung, die der Kölner Weltkriegshistoriker Andreas Hillgruber unter dem Titel »Zweierlei Untergang« veröffentlicht hatte. Und schon gar nicht ging es vorrangig um die Begleichung alter Rechnungen zwischen den führenden Repräsentanten sich befehdender historischer Schulen, sondern es ging um die Deutung der Zeitgeschichte aus politischer Absicht. Schaden nahm das Geschichtsbewußtsein, das doch gerade gefördert werden sollte, denn nun wurde die Verbindung zwischen den Deutern der Geschichte und der Politik, der gedeuteten Vergangenheit und angeblich historisch geprägten politischen Optionen deutlich.

Jürgen Habermas sah in den Umdeutungen der Zeitgeschichte einen risikobehafteten Versuch, Unvergleichbares in eine unstatthafte Beziehung zueinander zu rücken; er ließ aber auch keinen Zweifel an der politischen Stoßrichtung seiner Argumentation, denn er verknüpfte den Hinweis des Erlanger Historikers und regelmäßigen Verfassers von historisch rückblickenden Leitartikeln der Frankfurter Allgemeinen Zeitung (FAZ), Michael Stürmer, auf die Notwendigkeit der politischen Deutung der Vergangenheit bewußt mit den in der Mitte der sechziger Jahre heftig diskutierten Plänen zur Gründung eines Museums für die deutsche Geschichte in Berlin und einer ständigen Ausstellung zur Geschichte der Bundesrepublik Deutschland. Er stellte einen Zusammenhang her, der sich im Rückblick um so klarer zeigt.

Damit wurde deutlich, daß es stets um vieles zugleich ging: War der Streit für die einen eine Auseinandersetzung um das Geschichts- und Gegenwartsbewußtsein in den achtziger Jahren[12]), so stand für die anderen die Möglichkeit »historischer Aufklärung« schlechthin zur Diskussion.[13]) Das Feld der Deutung dieses Konflikts war breit: Ging es dem einen um die Behinderung der angeblichen »Entsorgung der Vergangenheit«[14]), dem anderen um die Verhinderung des »Versuchs, die Vergangenheit zu verbiegen«[15]), dem dritten um die Verhinderung der »Geschichtswende«[16]), so war deutlich, daß der Vorstoß eines einzelnen Historikers Ausdruck eines Symptoms war: es schien zugleich um das Spannungsverhältnis von »Normalität und Normalisierung«[17]) und um die Bedingungen der Faschismusanalyse[18]) zu gehen. Die knapp skizzierten Schlagworte zur Bewertung dieses grundlegenden Streits um die Rechtfertigung einer Beschäftigung mit der nationalsozialistischen Zeit zeigte, daß diese Auseinandersetzung der deutschen Historiker einerseits unter dem Eindruck einer sich politisierenden Geschichtswissenschaft stand, daß es andererseits um die Bestimmung der deutschen Gesellschaft und ihrer Identität im »Schatten Hitlers«[19]) ging. Immer stand aber mehr auf dem Spiel als die Auseinandersetzung um das historisch begründete Selbstverständnis der Deutschen, das im Stil einer Debatte, nicht selten einer »Talkshow«, fixiert werden sollte.

Es ging aber immer auch um methodische Fragen, etwa um das Problem der Vergleichbarkeit von nationalsozialistischer und bolschewistischer bzw. stalinistischer Diktatur und ihrer Verbrechen, um die Frage eines Zusammenhangs zwischen diesen Verbrechen, schließlich um die Realität dieses Völkermordes selbst und die Bewertung der Zeugnisse, die den Mord an den europäischen Juden belegen. Und es ging um die angemessenen Begriffe, um Sprache und Stil, um unterstellte zeithistorische Tabus und um die angeblich bedrohte Wissenschaftsfreiheit. Wäre aber nur dies der Anlaß und das Ziel der Auseinandersetzung gewesen, die viele Zeitungsseiten der ausklingenden Achtziger gefüllt hatte und vergleichsweise gut bibliographiert und dokumentiert[20]) ist, so hätte es sich um eine Episode der Geschichtspolitik, der Inszenierung von Erinnerung gehandelt.

Inszenierung der Vergangenheit aus politischer Absicht ist angesichts der Verbrechen, um die es geht, nicht nur stil-, sondern auch verantwortungslos. Deshalb markiert der deutsche »Historikerstreit« der Jahre 1986/1987 keineswegs allein eine Kontroverse um Zeitgeschichte – er zeigt auch, daß Geschichtsbesessene geschichtsvergessen werden. Unhistorische Menschen neigen nach einem Wort des bedeutenden Propstes Heinrich Grüber dazu, hysterisch zu reagieren. So gesehen, handelte es sich beim Historikerstreit aber keineswegs, wie der Historiker Imanuel Geiss in seiner Parteinahme für Grust Nolte suggerieren wollte, um einen »Hysterikerstreit«[21]) – es handelte sich um einen Anschlag auf die wissenschaftliche Zeitgeschichtsforschung.

Anmerkungen

[1]) Ernst Nolte, Das Vergehen der Vergangenheit. Antwort an meine Kritiker im sogenannten Historikerstreit, Frankfurt/Main 1987, S. 13.

[2]) Vgl. die jüngste Deutung von einem der beteiligten Mitdiskutanten, Rainer Zitelmann, Wohin treibt unsere Republik?, Frankfurt/Main–Berlin 1994, S. 118ff.

[3]) Vgl. zu dieser »Kriegserklärung« ebenso wie zu anderen inhaltlichen Fragen dieser Auseinandersetzung Peter Steinbach, Der »Historikerstreit« – ein verräterisches Ereignis. In: Politische Vierteljahresschrift, 28 (1987) 2, S. 159ff. (PVS-Literatur H.2).

[4]) Vgl. Ernst Nolte, Die negative Lebendigkeit des Dritten Reiches: Eine Frage aus dem Blickwinkel des Jahres 1980. In: Frankfurter Allgemeine Zeitung vom 24. 7. 1980. Dabei handelt es sich um einen Vortrag, der durch die von A. Mohler wesentlich beeinflußte Münchener Carl-Friedrich v. Siemens-Stiftung angeregt worden war. Eine ausführliche Fassung erschien unter dem Titel Between Myth and Revisionism? The 3rd Reich in the Perspective of the 1980s. In: H. W. Koch (Hrsg.), Aspects of the Third Reich, London 1985, S. 17ff.

[5]) Frankfurter Allgemeine Zeitung vom 25. 4. 1986.

[6]) Vorsicht vor falschen Schlüssen aus der deutschen Vergangenheit: Die Verführungen einer kollektiven Schuldbesessenheit. In: Frankfurter Allgemeine Zeitung vom 14. 5. 1986.

[7]) Dabei wurde Wolffsohns Kritik an der Form des Erinnerns an den Holocaust in Israel nicht selten umgedeutet in die These, daß von Juden die Erinnerung der Deutschen an den Holocaust als Politikum verstanden werde.

[8]) Uwe Backes u. a. (Hrsg.), Die Schatten der Vergangenheit. Impulse zur Historisierung des Nationalsozialismus, Frankfurt/Main 1990.

[9]) Ralph Giordano, Die zweite Schuld. Oder Von der Last, Deutscher zu sein, Hamburg 1987.

[10]) Dies betont Reinhard Kühnl (Hrsg.), Vergangenheit, die nicht vergeht, Köln 1987.

[11]) Michael Prinz u. a. (Hrsg.), Nationalsozialismus und Modernisierung, Darmstadt 1991.

[12]) So der Untertitel des Buches der Landeszentrale für politische Bildung Nordrhein-Westfalen (Hrsg.), Streitfall Deutsche Geschichte, Essen 1988.

[13]) Jörn Rüsen u. a., Die Zukunft der Aufklärung, Frankfurt/Main 1988.

[14]) Hans-Ulrich Wehler, Entsorgung der deutschen Vergangenheit?, München 1988.

[15]) Hilmar Hoffmann (Hrsg.), Gegen den Versuch, Vergangenheit zu verbiegen, Frankfurt/Main 1987.

[16]) Gernot Erler u. a. (Hrsg.), Geschichtswende? Entsorgungsversuche zur Deutschen Geschichte, Freiburg/Br. 1987.

[17]) Heide Gerstenberger u. a. (Hrsg.), Normalität oder Normalisierung? Geschichtswerkstätten und Faschismusanalyse, Münster 1987.

[18]) Eike Hennig, Zum Historikerstreit: Was heißt und zu welchem Ende studiert man Faschismus, Frankfurt/Main 1988.

[19]) Richard J. Evans, Im Schatten Hitlers? Historikerstreit und Vergangenheitsbewältigung in der Bundesrepublik Deutschland, Frankfurt/Main 1991.

[20]) »Historikerstreit«. Die Dokumentation der Kontroverse um die Einzigartigkeit der nationalsozialistischen Judenvernichtung, München 1987.

[21]) Imanuel Geiss, Die Habermas-Kontroverse. Ein deutscher Streit, Berlin 1988.

HEINER LICHTENSTEIN

NS-Prozesse

Zum Ende eines Kapitels deutscher Justizgeschichte

Der Anfang war so wenig spektakulär wie das Ende. Am 23. Januar 1946, also nur neun Monate nach Kriegsende, verurteilte eine Große Strafkammer des Landgerichts Köln zwei Männer wegen gemeinschaftlich begangenen Mordes zum Tode. Sie hatten im März 1945 kurz vor der Befreiung Kölns einen 16 Jahre alten Hitlerjungen erschossen, der bei der NSDAP-Kreisleitung Bonn als Kurier eingesetzt war. Der Junge hatte nach Angaben der Beschuldigten mehrfach Lebensmittel gestohlen und sich abfällig über hohe Nazifunktionäre geäußert. In der Kölner Presse war ausführlich über dieses erste NS-Verfahren vor einem deutschen Gericht berichtet worden. In den überregionalen Medien hatte der Prozeß kaum Beachtung gefunden.

46 Jahre später, am 25. März 1993, verurteilte eine Große Strafkammer des Landgerichts Duisburg einen SS-Rottenführer – dies entsprach einem Unteroffizier in der Wehrmacht – zu zwei Jahren Freiheitsstrafe. Der Beschuldigte hatte gegen Kriegsende in der Nähe von Wien Häftlinge erschossen, die während des Evakuierungsmarsches erschöpft zusammengebrochen waren. Das Gericht wertete diese Verbrechen nur als Beihilfe zum Mord. Bei der Verkündung der Urteile waren ganze drei Zuhörer im Sitzungssaal sowie drei Journalisten.

Zwischen diesen beiden Strafverfahren wegen nationalsozialistischer Tötungsverbrechen hat die deutsche Justiz versucht, die NS-Verbrechen juristisch aufzuarbeiten. Dabei nahm die Öffentlichkeit, von wenigen Ausnahmen abgesehen, von diesen Prozessen kaum Notiz. Die Prominenz aus Politik, Kultur, Wirtschaft, Wissenschaft und Kirche überging diese Strafverfahren völlig. Die Gerichte fühlten sich weitgehend alleingelassen.

Ganz anders war das in der frühen Nachkriegszeit bei Strafverfahren gegen mutmaßliche NS-Verbrechen vor Militärgerichten der drei westlichen Besatzungsmächte. Dort wurden oft Einlaßkarten verteilt, so groß war der Publikumsandrang.

In der amerikanischen Zone mußten sich Angehörige der Wachmannschaften der Konzentrationslager Dachau, Buchenwald, Mauthausen, Dora-Mittelbau und Flossenbürg verantworten. Es waren insgesamt nach den mir vorliegenden Zahlen 1941 Frauen und Männer, von denen 1517 verurteilt wurden – 324 zum Tode.

In der britischen Zone standen Angehörige der Wachmannschaften von Auschwitz, Bergen-Belsen und Natzweiler vor Gericht, insgesamt 1085 Personen, von denen 240 zum Tode verurteilt wurden. Für die französische Zone gibt es keine offizielle Gesamtzahl der Angeklagten. Fest steht, daß es mehr als 2000 waren, von denen 104 zum Tode verurteilt wurden.

Weitere Prozesse wurden geführt in
- Belgien gegen 75 Personen mit 10 Todesurteilen,
- Dänemark gegen 80 Personen mit 4 Todesurteilen,
- Luxemburg gegen 68 Personen mit 15 Todesurteilen,
- den Niederlanden gegen 204 Personen mit 19 Todesurteilen,
- Norwegen gegen 80 Personen mit 16 Todesurteilen und
- Israel gegen 1 Person mit 1 Todesurteil (Adolf Eichmann – 31. 5. 1962 gehenkt).

In der DDR war die Justiz bereits Ende der fünfziger Jahre mit dem Kapitel NS-Prozesse fast fertig. Häufig handelte es sich um Sammelverfahren, wobei die Grundsätze der Nürnberger Richter übernommen wurden. Vereinfacht kann das so dargestellt werden: Die Richter brauchten nicht im Detail nachzuweisen, daß ein Angeklagter am Tage X am Ort Y einen Menschen gequält oder ermordet hatte. Es genügte zumindest anfangs die Zugehörigkeit zur Wachmannschaft eines Lagers. Insgesamt sind in der DDR mehr als 12 900 Angeklagte verurteilt worden, von ihnen um die 150 zum Tode.

Was nun die Justiz der Bundesrepublik betrifft, so waren den Richtern und Staatsanwälten hier anfangs die Hände gebunden. Angeklagt werden durfte nämlich nur, wer im Verdacht stand, an Deutschen oder Staatenlosen Verbrechen begangen zu haben. Dazu gehörte freilich eine große Zahl von Frauen und Männern, denn Verbrechen sind schließlich im Zusammenhang mit folgenden Ereignissen verübt worden:
- nach dem Reichstagsbrand vom 27. Februar 1933,
- mit der »Notverordnung zum Schutze von Volk und Staat« vom 28. Februar 1933, als Menschen verfolgt, wilde KZs errichtet wurden und immerhin im September 1933 26 789 Menschen in »Schutzhaft« waren,
- mit dem »Röhm-Putsch« vom 30. Juni 1934,
- mit der Errichtung der frühen Konzentrationslager wie Dachau, Sachsenhausen, Buchenwald, Flossenbürg, Ravensbrück,
- mit der Reichspogromnacht vom 9./10. November 1938,
- mit der »Aktion Gnadentod«, der Euthanasie.

Was aber beschäftigte in den späten vierziger und frühen fünfziger Jahren deutsche Gerichte? Vor allem »Verbrechen der Endphase des Krieges«, wie die Anklage meistens lautete. Es ging um Denunziationen oder die Ermordung von Menschen, die ihre Heimat widerstandslos den Alliierten übergeben wollten, um noch mehr Unheil zu verhüten.

Bis zum Ende des Jahres 1950 sind in der Bundesrepublik wegen solcher Verbrechen 5228 Personen bestraft worden, wobei die meisten »Endphase«-Prozesse in den Jahren 1948 und 1949 geführt worden sind. Daß es danach nicht recht weiterging, ist freilich nicht in erster Linie Schuld der Staatsanwälte und der Richter. Die Verantwortung dafür tragen der Deutsche Bundestag und die Bundesregierung mit Konrad Adenauer als Kanzler. Sie erzwangen nämlich die Begnadigung von Massenmördern, und zwar wie folgt: Nach dem Überfall auf Polen im Morgengrauen des 1. September 1939 waren der kämpfenden Truppe Spezialeinheiten gefolgt, die nur die Aufgabe hatten, »reichs- und deutschfeindliche Elemente« zu ermorden. Zu diesen »Elementen« gehörten die polnische Intelligenz, Juden, Zigeuner und jene Polen, die für den Verbleib ehedem deutscher Gebiete bei Polen gestimmt hatten. Die Menschen wurden in Dörfern zusammengetrieben und dann am Dorfrand ermordet oder in Transporten aus den Städten hinaus ins Freie gebracht und dort erschossen. Nach dem Überfall auf die Sowjetunion im Juni 1941 wurden dieselben Einsatzgruppen eingesetzt. Es gab vier solcher Einheiten, die A, B, C und D hießen und untergliedert waren in Einsatzkommandos. Die Angehörigen stammten von der Sicherheitspolizei (SP), der gewöhnlichen Polizei, der Gestapo und der Waffen-SS. Unmittelbar nach dem Überfall erhielten sie den Befehl, das »Judenproblem« zu lösen und gleichzeitig Zigeuner, kommunistische Kommissare und Geisteskranke zu »liquidieren«. Die Einsatzgruppen mußten regelmäßig »Erfolgsmeldungen« ans Reichssicherheitshauptamt der SS (RSHA) in Berlin schicken. Diese »Erfolgsmeldungen« sind zum großen Teil erhalten. Deshalb weiß man, wie viele Menschen diesen Einheiten zum Opfer gefallen sind – und zwar untergliedert nach Männern, Frauen und Kindern und speziell Juden. Vom Juni 1941 bis zum April 1942 ermordete die Einsatzgruppe A 250 000 Menschen, Einsatzgruppe B 70 000 Menschen, Einsatzgruppe C 150 000 Menschen, Einsatzgruppe D 90 000 Menschen.

Mithin fanden insgesamt 560 000 Menschen durch die Einsatzgruppen einen gewaltsamen Tod.

Einige Kommandeure dieser Mordeinheiten wurden vor amerikanische Gerichte gestellt. Insgesamt handelte es sich um 24 Angeklagte. Etliche sind zum Tode verurteilt worden. In Landsberg am Lech wurden sie inhaftiert und sollten dort nach Ausschöpfung aller Rechtsmittel hingerichtet werden. Es waren schauerliche Massenmörder, viele der Kommandeure promovierte Juristen, die aus der Polizeilaufbahn kamen. Im Sommer 1950 setzte sich der Deutsche Bundestag einstimmig in einer Petition an den amerikanischen Hohen Kommissar John McCloy, der die US-Regierung in Frankfurt repräsentierte, dafür ein, die Todesurteile nach und nach in Freiheitsstrafen umzuwandeln und die Verurteilten danach Schritt für Schritt zu entlassen. McCloy, der als höchster Zivilbeamter im US-Kriegsministerium die Bombardierung von Auschwitz verhindert und dafür gesorgt hatte, daß Rothenburg ob der Tauber aus der Liste der zu bombardierenden deutschen Städte gestrichen wurde – seine Frau stammte aus Rothenburg –, verhielt sich zunächst zurückhaltend. Robert M. W. Kempner, im ersten Nürnberger Prozeß stellvertretender US-Ankläger, hat dazu in seinen 1983 bei Ullstein erschienenen Erinnerungen »Ankläger einer Epoche« (S. 394) unter dem Titel »Das Gnadenfieber« geschrieben: »Am 9. Januar 1951 kam eine Delegation von Parlamentariern aus Bonn nach Frankfurt zum Hochkommissar John McCloy und bat um die Begnadigung der zum Tode oder zu Gefängnisstrafen Verurteilten. Es waren der Bundestagsvizepräsident Hermann Ehlers (CDU), Heinrich Hoeffler (CDU), Carlo Schmid (SPD), Jakob Altmeier (SPD) – der einzige jüdische Parlamentarier –, Hans Joachim von Merkatz (von den Rechten) und Walter Strauß vom Bundesjustizministerium . . . Zunächst verlangten sie, die noch nicht vollzogenen Todesstrafen in Gefängnisstrafen umzuwandeln, da das Grundgesetz die Todesstrafe abgeschafft habe. McCloy prüfte sehr ernsthaft die gesetzliche Grundlage, focht nicht die Urteile an, aber stellte immer wieder die Frage: Wie ist der Vergleich der einen mit der anderen Strafe? Natürlich ist er vielen Gnadenwünschen am Ende nachgekommen. Man kann sagen, daß McCloy in seinen Berichten der Begnadigung vielleicht geneigter gewesen ist als es irgendein anderer, Strengerer, gewesen wäre.«

So weit Robert Kempner. Hinzugefügt werden müssen andere Argumente, die von den Bundestagsabgeordneten vorgebracht worden sind. Im Mittelpunkt stand: Solange deutsche Soldaten hingerichtet, gar gehenkt werden, gibt es keinen deutschen Wehrbeitrag. Die Bewaffnung der Bundesrepublik wurde also unter anderem von der Begnadigung gnadenloser Massenmörder abhängig gemacht. Von wenigen Ausnahmen abgesehen wurden alle begnadigt. 1956 befand sich keiner der Mörder mehr in Haft. Sie traten später in NS-Prozessen als Zeugen auf, kassierten nach der Vernehmung ihr Zeugengeld und fuhren unbehelligt nach Hause.

Diese Gnadenaktion hatte für die NS-Prozesse in doppelter Hinsicht verheerende Folgen. Zum einen verfestigte sich in der deutschen Öffentlichkeit die Überzeugung, es könne alles gar nicht so schlimm gewesen sein. Zum anderen wurden die Staatsanwaltschaften demotiviert, Ermittlungen gegen Verdächtige aufzunehmen. Bei Vorladungen genügte nach der Frage des Staatsanwalts, ob der Vorgeladene sich des Mordes an zehn, hundert oder tausend Menschen schuldig bekenne, die Gegenfrage, ob der Staatsanwalt das überhaupt für möglich halte. Eigentlich nicht, lautete die kleinlaute Antwort. Der Verdächtige konnte gehen und lachte sich ins Fäustchen.

Auch eine andere innenpolitische Entwicklung muß in diesem Zusammenhang erwähnt werden. Am 11. Mai 1951 trat der neugefaßte Artikel 131 GG in Kraft, der es entlassenen Nazis ermöglichte, in den öffentlichen Dienst zurückzukehren. Der Artikel wurde im Volksmund »Huckepack-Gesetz« genannt, weil jeder Unbelastete sozusagen huckepack einen Nazi in den öffentlichen Dienst mitnehmen sollte. Und damit kamen auch Nazijuristen wieder zurück auf ihre alten Stühle. Daß diese ihrerseits kein Interesse an der Verfolgung von NS-Verbrechern haben konnten, bedarf keiner Erwähnung. Hinzu kam, daß am 8. Mai 1955 – zehn Jahre nach der Befreiung – alle Kriegs- und anderen Verbrechen verjährten. Justitiabel blieben nur Mord und Beihilfe zum Mord. Und noch ein Vorgang sei erwähnt. Im Jahre 1955 schlossen die Bundesrepublik und die drei Westmächte den »Überleitungsvertrag«, der von der Besatzungszeit zur weitgehenden Souveränität der Republik überleitete. In dem Vertrag verpflichtete sich Bonn, keinen NS-Verbrecher anzuklagen, der schon vor einem alliierten Gericht gestanden hatte. Die drei Westmächte wollten damit einer möglichen Begnadigungswelle vorbeugen – vermutlich aus gutem Grund. Der Kalte und der Koreakrieg hatten das Klima verändert, über Naziverbrechen schien Gras zu wachsen.

Just zu dieser Zeit erreichte Konrad Adenauer in Moskau die Entlassung vieler deutscher Kriegsgefangener. Er kehrte als gefeierter Mann an den Rhein zurück, obwohl ihm die Zusage zu deren Freilassung fast in den Schoß gefallen war, wie neueste Forschungen ergeben haben. Mit den Kriegsgefangenen kamen aber nicht nur einfache Soldaten und Offiziere nach Hause, sondern auch Mörder. Einer von ihnen hatte 1941 Mordaktionen eines Einsatzkommandos in Litauen geleitet. Zu Hause nahm er einen falschen Namen an, wurde Leiter eines großen Flüchtlingslagers bei Ulm, fiel allerdings auf, wurde wegen des falschen Namens entlassen und klagte gegen die Entlassung. Die Presse berichtete, es meldete sich ein Zeuge, der den Mann bei den Morden in Litauen gesehen hatte. Er wurde enttarnt, angeklagt, es begann der »Ulmer Einsatzgruppen-Prozeß«. Erst in seinem Verlauf erfuhren Justiz und Öffentlichkeit, was hinter der Front verbrochen worden war. Das führte zu neuen Überlegungen in Bonn und in den Bundesländern, was zu tun sei, um doch noch mutmaßliche Mörder vor Gericht zu bringen. Die Justizministerkonferenz der Länder beschloß deshalb 1958, endlich eine zentrale Ermittlungsbehörde einzurichten. Sie bekam ihren Sitz in Ludwigsburg bei Stuttgart. Bereits ein Jahr nach der Gründung dieser sogenannten Zentralen Stelle wurden 400 Vorermittlungsverfahren geführt, und zwar nicht nur gegen Angehörige der Einsatzgruppen. Neue Aktivitäten entwickelte die Justiz auch im Hinblick auf Verbrechen in den Vernichtungslagern Auschwitz-Birkenau, Belzec, Sobibor, Treblinka und Chelmno. Die Justiz stand unter erheblichem Zeitdruck. Die Verjährung im Jahre 1965 – zwanzig Jahre nach der Befreiung – rückte in bedrohliche Nähe.

Dabei hatten Richter und Staatsanwälte 19 Jahre lang auf die Auswertung der wichtigsten Archive verzichten müssen – derjenigen in Osteuropa, vor allem in Polen und der UdSSR. Anregungen der Ludwigsburger Zentrale, nach dem Vorbild der Nutzung amerikanischer Archive auch mit Warschau und Moskau ähnliche Vereinbarungen zu treffen, wurden von Bundeskanzler Konrad Adenauer und dessen Justizminister Fritz Schäfer schroff abgelehnt. Man hielt jene Archive wohl für Fälscherwerkstätten. Im Herbst 1964 fragte die Bundesregierung bei der Ludwigsburger Zentralen Stelle an, ob damit gerechnet werden könne, die NS-Prozesse und deren Vorbereitung bis zum 8. Mai 1965 – zwanzig Jahre nach der Befreiung – abzuschließen. Die Antwort: Völlig ausgeschlossen. Im Ausland wurde Unruhe spürbar, die Frage laut, ob nach dem 8. Mai 1965 NS-Verbrecher ohne Angst würden auftauchen können. Und so kam es, daß die Bundesregierung im November 1964 nun auch Osteuropa darum bat, dessen Archive benutzen zu dürfen. Entsprechende Angebote lagen längst auf den Tischen in Bonn, sie waren allerdings stets überheblich und anmaßend zurückgewiesen worden. Adenauer zum Beispiel soll gegenüber McCloy, als der 1951 in die USA zurückkehrte, gesagt haben, er danke den USA dafür, daß diese den Deutschen »die Drecksarbeit« abgenommen hätten. Der Kanzler sah in NS-Prozessen offenbar eine üble Art von Nestbeschmutzung und nicht einen Prozeß der Reinigung.

Vor allem die »Hauptkommission zur Verfolgung von Hitler-Verbrechen in Polen« sagte sofort jede nur erdenkliche Hilfe zu, nachdem schon zuvor über die polnische Militärmission in Berlin Akten angeboten worden waren. Eine große Gruppe von Mitarbeitern der Ludwigsburger Zentrale reiste nach Warschau und unterbrach in vielen Fällen die drohende Verjährung durch Einleitung eines Ermittlungsverfahrens. Dennoch konnte der Deutsche Bundestag dem Thema Verjährung nicht ausweichen. In einer großen Debatte im Dezember 1964 drückten die Abgeordneten sich freilich vor einer klaren Entscheidung, die darin hätte bestehen können, die Verjährung für Tötungsverbrechen aufzuheben. Man wählte einen Trick, verständigte sich auf die Formel, 1945 habe es noch gar keine wirklich freie deutsche Justiz gegeben. Das sei erst nach der Gründung der Bundesrepublik und dem Ende der Besatzungszeit im Jahre 1950 der Fall gewesen. Folglich könne man die zwanzigjährige Frist nicht von 1945 an rechnen, sondern erst von 1950 an und deshalb trete die Verjährung ohnehin erst 1970 in Kraft. Es war ein klägliches Bild, das der Bundestag abgab.

Um das Kapitel der Verjährung hier abzuschließen, sei erwähnt, daß die Frist 1969 auf dreißig Jahre verlängert und 1979 schließlich aufgehoben wurde. Deshalb könnten heute noch NS-Prozesse geführt werden. Sie sind aber wegen der »biologischen Verjährung« beendet. Beschuldigte wie Zeugen sind nicht mehr verhandlungs- und vernehmungsfähig. Die Jahre zwischen 1945 und 1965 sind nicht mehr aufzuholen. Verantwortlich dafür sind Politiker und nicht die Justiz.

Nach den Nürnberger Prozessen und dem Ulmer Einsatzgruppen-Prozeß des Jahres 1958 war es der erste Frankfurter Auschwitz-Prozeß, der wieder weltweit für Aufsehen sorgte. Er begann 1963 und endete 1964. Während der Vorbereitung war es den Richtern und Staatsanwälten noch verboten, offiziell nach Polen zu reisen. Sie mußten deshalb auf eigene Kosten nach Auschwitz fahren, um den Ort kennenzulernen. Angeklagt waren in jenem Verfahren ursprünglich 24 Männer. Später schrumpfte die Zahl auf 20 zusammen. 17 Angeklagte wurden schließlich verurteilt, sechs von ihnen zu lebenslangem Freiheitsentzug. In drei Fällen erkannte das Gericht auf Freispruch. Es folgten weitere Auschwitz-Prozesse:

14. Dezember 1964 bis 16. September 1966 mit drei Angeklagten,
30. August 1967 bis 14. Juni 1968 mit nur zwei von ursprünglich 32 Verdächtigen,
18. Dezember 1973 bis 3. Februar 1976 mit zwei Angeklagten.

Daneben kam es zu weiteren Verfahren, die sich bis in die achtziger Jahre hinzogen. Vergleicht man ihre Dauer, wird deutlich, daß sie immer längere Zeiten in Anspruch nahmen. Der immer größere Abstand zwischen Verbrechen und Prozeß blieb eben nicht ohne Folgen. Umgekehrt muß man fragen, wieviel schneller alles gegangen wäre, hätte man sofort nach der Befreiung oder wenigstens Anfang der fünfziger Jahre angefangen. Die Zeit hat für die Täter gearbeitet. Es kann nun nicht Aufgabe dieses kurzen Überblicks sein, ein umfassendes Bild der NS-Prozesse in der Bundesrepublik Deutschland zu geben. Festgehalten werden sollen wichtige Verfahren mit typischen Merkmalen – positiven wie negativen.

Zu Beginn ein Kapitel, das sich dadurch auszeichnet, ausschließlich negativ beurteilt werden zu können. Es geht um die Verfolgung der NS-Justiz und der NS-Richter. Nicht ein einziges Mitglied des Volksgerichtshofes ist nach der Befreiung rechtskräftig verurteilt worden. Dies ist eine deprimierende Bilanz, die durch nichts beschönigt werden kann. Eine schlimme Rolle hat hier der Bundesgerichtshof (BGH) gespielt.

Oberreichsanwalt Ernst Lautz vom Volksgerichtshof (VGH) ist 1947 von einem amerikanischen Militärgericht angeklagt und zu zehn Jahren Freiheitsstrafe verurteilt worden, da der Volksgerichtshof ein Instrument gewesen sei, das die »Nazis zur Beseitigung ihrer Gegner eingesetzt haben«. Das läßt sich an den Urteilen ablesen. Von 1944 an war fast jedes zweite Urteil ein Todesurteil. Der VGH war unbestreitbar ein Terrorinstrument. Der BGH vertrat freilich leider eine andere Auffassung. Die VGH-Richter, so der BGH, seien unabhängig gewesen, deshalb hätten sie Anspruch auf den Genuß des Richterprivilegs. Eine Verurteilung sei nur möglich, wenn ihnen Rechtsbeugung mit Vorsatz nachgewiesen werden könne. Das heißt, sie mußten wissen und wollen, daß ihr Urteil zuungunsten des Angeklagten wirken werde. Der BGH erwies sich als rechtsbindend und wußte, daß eine Verurteilung wegen vorsätzlicher Rechtsbeugung so gut wie unmöglich war. Später hat der BGH die vorsätzliche Rechtsbeugung selbst in Frage gestellt und den Gerichten nahegelegt, anders zu urteilen. Kurzum: Kein Nazirichter ist zur Verantwortung gezogen und rechtskräftig verurteilt worden.

Nicht viel besser sah es bei Prozessen gegen KZ-Kommandanten aus. Vor einem deutschen Gericht ist nur ein einziger Kommandant eines Vernichtungslagers verurteilt worden. Es war Franz Paul Stangl, Chef von Treblinka, nach dem Kriege vermutlich mit Hilfe von Stellen im Vatikan nach Brasilien geflohen, von Simon Wiesenthal entdeckt, 1967 an die Bundesrepublik ausgeliefert, in Düsseldorf vor Gericht gestellt, am 22. Dezember 1970 zu lebenslanger Freiheitsstrafe verurteilt, aber noch vor Rechtskraft gestorben.

Im Stangl-Prozeß haben Richter und Staatsanwälte gezeigt, daß auch 25 Jahre nach der Befreiung NS-Prozesse noch zügig geführt werden konnten. Deutsche Gerichte haben aber auch KZ-Kommandanten freigesprochen, so den Chef des KZ Groß-Rosen südwestlich von Breslau, Johannes Hassebroek. Ende September 1967 begann vor dem Schwurgericht Braunschweig die Hauptverhandlung. Sie wurde bald wegen angeblich fehlender Zeugen und Dokumente abgebrochen. Tatsächlich jedoch gab es viele Zeugen und zahlreiche Dokumente. Am 8. Juni 1970 begann der zweite Versuch. Er endete vier Tage später, am 12. Juni 1970, mit Freispruch. Die Morde von Groß-Rosen seien nicht unbedingt als Morde zu bewerten, und Totschlag unterliege der Verjährung. Ein skandalöses Fehlurteil – zum Glück ohne Beispiel in der deutschen Rechtsprechung. Es ergingen jedoch weitere, ebenso gravierende Fehlurteile, wenngleich nicht in Verfahren gegen KZ-Kommandanten. Im Vernichtungslager Belzec sind mindestens 600 000 Juden im Gas erstickt worden. 1964 sprach ein Münchner Schwurgericht sieben Belzec-Schergen vom Vorwurf des Mordes frei. Begründung: Befehlsnotstand. Tatsächlich hat es keinen wirklichen, allenfalls einen putativen Befehlsnotstand gegeben. Wäre es anders, hätten nie NS-Prozesse geführt werden können, weil jeder Angeklagte sich damit hätte herausreden können, wenn ich nicht mitgemacht hätte, wäre ich selbst umgebracht worden. Davon konnte aber nicht die Rede sein. Es ist kein Fall von Befehlsnotstand nachweisbar. Die Zentrale Stelle in Ludwigsburg ist jeder Spur nachgegangen. In einem Fall – es handelte sich um einen Wehrmachtsgefreiten namens Schulz aus Dortmund – schien Befehlsnotstand vorgelegen zu haben. Schulz sollte sich geweigert haben, jugoslawische Partisanen zu erschießen und sei deshalb selbst erschossen worden. Genaue Recherchen der Ludwigsburger Experten ergaben freilich, daß Schulz einen Tag vor der Hinrichtung der Partisanen im Kampf verwundet worden war. Es wurde der Arzt ausfindig gemacht, der Schulz gepflegt hat und in dessen Praxis er gestorben ist.

Um noch einmal kurz auf Groß-Rosen zurückzukommen: Außer dem Freispruch für den Kommandanten Johannes Hassebroek verbindet sich mit dem Lager ein zweiter Skandal. Er betrifft die Zentrale Staatsanwaltschaft in Köln zur Verfolgung von NS-Verbrechen in Konzentrationslagern. Im Jahre 1963 wurden ihr die ersten Dokumente über die Verbrechen in Groß-Rosen zugeleitet. Dasselbe galt für das KZ Stutthof beim früheren Danzig. 1967 waren immerhin 328 Angehörige der Wachmannschaft von Stutthof namentlich ermittelt. In Polen waren Namen und Anschriften von fast 4000 Überlebenden von Groß-Rosen bekannt. Aber bei der Kölner Staatsanwaltschaft tat sich so gut wie nichts. Die Akten wurden hin und her geschoben, die Sachbearbeiter wechselten ständig, jeder mußte von vorn beginnen. 1980 befaßte sich der Landtag von Nordrhein-Westfalen mit der Affäre. Justizministerin Inge Donnep wiegelte jeden Versuch ab, Licht in das Dunkel zu bringen. Alles sei normal gelaufen, hieß es sinngemäß, aber es sei eben außerordentlich schwierig, nach so langer Zeit noch NS-Prozesse zu führen. Richtig, nur hätte man 1963 intensiv mit der Arbeit begonnen, wäre es eben nicht so schwierig gewesen. Kurzum: Wegen der Verbrechen in Groß-Rosen, wo Tausende von sowjetischen Kriegsgefangenen ermordet worden sind, ist ebensowenig ein großes Strafverfahren geführt worden wie wegen der Verbrechen in Stutthof, wo Häftlinge in Waggons der Deutschen Reichsbahn vergast und Tausende von Frauen und Kindern kurz vor der Befreiung im Januar 1945 in die eisige Ostsee gejagt worden sind. An diesen Beispielen wird deutlich, daß zum Thema NS-Prozesse nicht nur die Hauptverfahren gehören, sondern auch deren Vorgeschichte. Die Auswertung der Akten der einzelnen Behörden ist überfällig. Datenschutz hin, Datenschutz her – die Öffentlichkeit hat Anspruch darauf zu erfahren, was da im einzelnen geschehen und vor allem nicht geschehen ist.

Die »Endlöser« in Frankreich waren vor allem Kurt Lischka, Herbert Martin Hagen und Ernst Heinrichsohn. Lischka war 1950 in Frankreich in Abwesenheit zu lebenslangem Freiheitsentzug verurteilt worden, hat aber nicht einen einzigen Tag eingesessen. Ähnliches galt für Hagen und Heinrichsohn, der es sogar zum Bürgermeister einer Stadt in Hessen gebracht hatte. Alle drei wurden durch den erwähnten Überleitungsvertrag geschützt. Um das zu ändern, unterzeichneten Paris und Bonn am 2. Februar 1971 ein »Zusatzabkommen«, das der deutschen Justiz die Möglichkeit eröffnete, gegen Leute wie Lischka zu ermitteln, denn selbst das war bis dahin untersagt. Das Zusatzabkommen mußte im Auswärtigen Ausschuß des Deutschen Bundestages beraten werden. Berichterstatter dieses wichtigen Ausschusses war ein Mann mit einer braunen Weste: der Essener FDP-Abgeordnete und Rechtsanwalt Ernst Achenbach, in der Nazizeit im besetzten Paris ein wichtiger Mann in der deutschen Botschaft. Achenbach, der Lischka aus Paris gut kannte, suchte diesen vor einem Strafverfahren zu schützen. Das war für Achenbach deshalb leicht, weil er als Berichterstatter des Ausschusses die Tagesordnungen festlegte. Und so sorgte er dafür, daß das Zusatzabkommen eben nicht auf eine Tagesordnung kam – fast vier Jahre lang. Als sich abzeichnete, daß Bonn nichts zu unternehmen schien, mußte Druck von außen kommen. Am 22. März 1971 versuchten einige junge Franzosen, Lischka in Köln zu entführen, um ihn nach Frankreich zu bringen. Es war eine Finte. Der fast zwei Meter lange Lischka sollte im Kofferraum eines Ford Escort versteckt werden – ein Ding der Unmöglichkeit. An der Spitze der »Entführer« stand Beate Klarsfeld. Sie wurde am 9. Juli 1974 in Köln zu zwei Monaten Haft ohne Bewährung verurteilt. Bundeskanzler Helmut Schmidt und der französische Staatspräsident Valerie Giscard d'Estaing wurden eingeschaltet, die Affäre machte Schlagzeilen, Ernst Achenbach wurde endlich abgelöst. Am 30. Januar 1975 – fast auf den Tag genau vier Jahre nach der Unterzeichnung – ratifizierte der Deutsche Bundestag endlich das Abkommen.

Nun konnte gegen Lischka, Hagen und Heinrichsohn mit den Ermittlungen begonnen werden. Es ging um die Deportation und Ermordung von 40 000 französischen Juden. Am 23. Oktober 1979 wurde die Hauptverhandlung eröffnet, Heinz Faßbender führte den Vorsitz. In den Fällen Groß-Rosen und Stutthof hatten die Kölner Staatsanwälte in 17 Jahren keine Anklageschrift zustande gebracht, im Fall Lischka & Co. dauerte das nur gut dreieinhalb Jahre. Nach gut drei Monaten, am 11. Februar 1980, verurteilte ein Kölner Gericht Hagen zu zwölf, Lischka zu zehn, Heinrichsohn zu sechs Jahren Freiheitsstrafe. Der »Lischka-Prozeß«, wie er seitdem genannt wird, ist ein Vorbild in der Geschichte der NS-Prozesse.

Daß man es auch anders machen kann, zeigte das Schwurgericht Kiel, als es nach dem Zusatzabkommen darum ging, die »Endlöser« von Belgien vor Gericht zu bringen: Ernst Boje Ehlers, Konstantin Canaris und Kurt Asche. Hier spielten persönliche Beziehungen eine Rolle, die allerdings nicht wie zwischen Achenbach und Lischka nur in die Nazizeit zurückreichten. Sie gingen in die Studentenjahre zurück. Der Präsident des Landessozialgerichts von Schleswig-Holstein, Walter Tietgen, hatte derselben Studentenverbindung angehört wie der Brüsseler »Judenreferent« Ehlers. Als Ehlers' blutige Vergangenheit ruchbar wurde, schützte Tietgen den Verbindungsbruder, und es bedurfte erst des Drucks von Naziverfolgten, um die Sache in Bewegung zu bringen. Als der Prozeß endlich am 29. November 1980 begann, saß nur Asche auf der Anklagebank. Ehlers hatte sich das Leben genommen, Canaris seine Verhandlungsunfähigkeit durchgepaukt. Asche wurde am 8. Juli 1981 wegen der Beihilfe zur Ermordung von 23 000 belgischen Juden zu sieben Jahren Freiheitsstrafe verurteilt.

Ebenso wie kein NS-Richter rechtskräftig verurteilt worden ist, wurde kein Angehöriger der Deutschen Reichsbahn bestraft, obwohl die Deutsche Reichsbahn mindestens drei Millionen Menschen nach Auschwitz und in andere Vernichtungslager in den Tod gefahren hat. Es hat nur einen Versuch gegeben, der Bahn den Prozeß zu machen, doch er scheiterte. Es ging um den Staatssekretär im Reichsverkehrsministerium, Albert Ganzenmüller. Bei ihm liefen die Fäden zusammen. Er hatte dafür gesorgt, daß SS-Chef Heinrich Himmler immer Deportationszüge zur Verfügung standen, selbst in so kritischen Kriegstagen wie dem Winter 1942/43, als die Schlacht um Stalingrad tobte und jeder Waggon gebraucht wurde. Nach jahrelangen Bemühungen, die von der Staatsanwaltschaft Dortmund systematisch torpediert wurden, konnte die Hauptverhandlung gegen Ganzenmüller am 10. April 1973 eröffnet werden, freilich nicht in Dortmund, sondern in Düsseldorf. Dort lief alles besser. Mit einem rechtlich einwandfreien Trick war die Zuständigkeit von Dortmund nach Düsseldorf verlegt worden. Die Anklage lautete auf hunderttausendfache Beihilfe zum Mord. Anfang Mai 1973 war die Hauptverhandlung bereits zu Ende. Der kerngesunde Angeklagte war plötzlich herzkrank geworden, die Hauptverhandlung mußte unterbrochen, das Verfahren schließlich eingestellt werden. Ganzenmüller bekam die Kaution in Höhe von 30 0000 Mark zurück, die er als Sicherheitsleistung hatte hinterlegen müssen.

Das Kapitel »NS-Prozesse« ist de facto zu Ende, obwohl in der Zentrale in Ludwigsburg bei Stuttgart noch immer ermittelt wird. Aber es steht wohl fest, daß Hauptverfahren wegen der erwähnten »biologischen Verjährung« nicht mehr eröffnet werden dürften.

Das heißt freilich nicht, nun sollte die Zentrale Stelle geschlossen werden. Im Gegenteil: Die dort geleistete Arbeit ist historisch einmalig und unersetzlich. Nirgendwo in der Welt gibt es ein vergleichbares Archiv über Massenmorde und Mörder. Die in Ludwigsburg gesammelte Erfahrung kann zum Beispiel genutzt werden, wenn in Zukunft Strafverfahren wegen Verbrechen gegen die Menschlichkeit vorbereitet und geführt werden sollen. Die Verbrechen im ehemaligen Jugoslawien sind ein solcher Fall. Das Archiv der Zentralen Stelle muß als selbständige Einrichtung erhalten bleiben und darf nicht Teil des Bundesarchivs werden.

Ohne Ludwigsburg wüßten wir heute nicht, in welchem Umfang NS-Verbrecher zur Verantwortung gezogen worden sind. Der Chef von Ludwigsburg, Leitender Oberstaatsanwalt Alfred Streim, hat errechnet, daß eben nicht nur 6482 Männer und Frauen nach etwa 70 000 Ermittlungsverfahren in der Bundesrepublik rechtskräftig verurteilt worden sind. Diese Zahl weist zwar die Ludwigsburger Statistik aus. Streim stellt aber fest: »Zählt man zu den von den Alliierten Abgeurteilten die Urteile der westdeutschen Gerichte hinzu und berücksichtigt man weiter die Verurteilten in der sowjetischen Besatzungszone bzw. der seinerzeitigen DDR und in Österreich, so kommt man auf etwa 80 000, wobei zu betonen ist, daß die Anzahl der Personen, die vor sowjetischen und jugoslawischen Gerichten standen, nur annähernd bekannt ist, insoweit als nur Mindestzahlen vorliegen. Zu berücksichtigen ist auch, daß in den 80 000 nicht die von der Entnazifizierung Betroffenen enthalten sind, die zum Teil ja auch zu Gefängnis oder zu Arbeitslager verurteilt wurden. Allein in den westlichen Besatzungszonen fallen hierunter etwa 1,3 Millionen ehemalige Angehörige der NSDAP, Stapo, SD usw.« Streim schloß einen Vortrag über dieses Kapitel deutscher Justizgeschichte mit einer Feststellung, der ich mich anschließe. »Trotz dieser Zahlen muß ich aber einräumen, daß die juristische Aufarbeitung der NS-Vergangenheit als unbefriedigend anzusehen ist, daß aber dieser Vorwurf nicht allein der Justiz zuzurechnen ist.«

Dem sei hinzugefügt: Die Hauptverantwortung tragen Bundestag und Bundesregierung. Sie haben, wie erwähnt, die deutsche Justiz bis 1964 daran gehindert, osteuropäische Archive zu benutzen, weil sie wohl zu Recht befürchteten, dort könnten Namen von Leuten stehen, die es in der Bundesrepublik wieder zu Macht und Ansehen gebracht hatten.

Literatur

Artzt, Heinz, Mörder in Uniform. Organisationen, die zu Vollstreckern nationalsozialistischer Verbrechen wurden, München 1979.

Dam, Hendrik van, KZ-Verbrechen vor deutschen Gerichten, Frankfurt/Main 1962.

Gorzkowska, J., Nazi Criminals before West German Courts, Warschau 1965.
Henkys, Reinhard, Die nationalsozialistischen Gewaltverbrechen. Geschichte und Gericht, Stuttgart–Berlin 1964.
Jäger, Herbert, Verbrechen unter totalitärer Herrschaft, Studien zur nationalsozialistischen Gewaltkriminalität, Freiburg 1967.
Kempner, Robert M. W., Ankläger einer Epoche. Lebenserinnerungen, Berlin 1983.
Krausnick, Helmut/Hans-Heinrich Wilhelm, Die Truppe des Weltanschauungskrieges. Die Einsatzgruppen der Sicherheitspolizei und des SD 1938–1942, Stuttgart 1981.
Langbein, Hermann, Der Auschwitz-Prozeß. Eine Dokumentation, Frankfurt/Main 1965.
Lichtenstein, Heiner, Majdanek. Reportages eines Prozesses, Frankfurt/Main 1979; ders., Im Namen des Volkes? Eine persönliche Bilanz der NS-Prozesse, Köln 1986; ders.; Mit der Reichsbahn in den Tod. Massentransporte in den Holocaust, Köln 1985; ders., Himmlers grüne Helfer. Die Schutz- und Ordnungspolizei im »Dritten Reich«, Köln 1990.
Müller-Münch, Ingrid, Die Frauen von Majdanek. Von zerstörten Leben der Opfer und der Mörderinnen, Reinbek 1982.
Oppitz, Ulrich Dieter, Strafverfahren und Strafvollstreckung bei NS-Gewaltverbrechern, Ulm 1979.
Pilichowski, Celau, Es gibt keine Verjährung, Warschau1980.
Rückerl, Adalbert, NS-Vernichtungslager im Spiegel deutscher Strafprozesse, München 1977; ders., Die Strafverfolgung von NS-Verbrechen 1945–1978, Eine Dokumentation, Heidelberg 1979; ders., NS-Verbrechen vor Gericht. Versuch einer Vergangenheitsbewältigung, Heidelberg 1982.
Rüter, C. F., Justiz und NS-Verbrechen. Sammlung deutscher Strafurteile wegen nationalsozialistischer Tötungsverbrechen, Bde. I–XXII, Amsterdam 1968 ff.
Steinbach, Peter, Nationalsozialistische Gewaltverbrechen. Die Diskussion in der deutschen Öffentlichkeit nach 1945, Berlin 1981.
Wiesenthal, Simon, Verjährung? 200 Persönlichkeiten des öffentlichen Lebens sagen NEIN, Frankfurt/Main 1965.

Ulrich Renz

Zum Schutz der Mörder

NS-Verbrechen waren keine Kriegsverbrechen

In seinem Schlußwort im ersten Frankfurter Auschwitz-Prozeß sagte der Angeklagte Bruno Schlage: »Der Eid, den ich damals auf den höchsten Kriegsherrn leisten mußte, war für mich bindend.« Wie zahllose andere Beschuldigte, die sich nach dem Zusammenbruch der braunen Gewaltherrschaft verantworten mußten, leistete er damit einen Beitrag zu einer verheerenden Begriffsverwirrung, die in der Öffentlichkeit ein großes Echo fand: Krieg und nationalsozialistische Verbrechen wurden in einen Topf geworfen. Diese Mischung lieferte dann das entschuldigende Argument, in kriegerischen Zeiten gehe nun mal der Tod um und die Kriegsgegner hätten doch auch . . .

So reagierte ein angeklagter Arzt im sogenannten Frankfurter Euthanasie-Prozeß, in dem es um die Ermordung von Behinderten ging, auf die Frage, ob es ihn denn nicht stutzig gemacht habe, daß die vom Regime als rechtens eingestuften Tötungen unter strenger Geheimhaltung stattfanden, mit den Worten: »Zu dieser Zeit des Krieges mußte verhindert werden, daß die gegnerische Propaganda daraus Kapital schlug.« Im Auschwitz-Prozeß äußerte sich einer der Angeklagten so über die Massenmorde in dem Vernichtungslager: »Herr Staatsanwalt, ich sagte es schon in der Voruntersuchung, daß ich das als grausam empfunden habe. Aber ich hatte keine Vorstellung, wie weit ein Kriegsrecht geht. Ich wußte, daß dieser Krieg von allen Seiten grausam geführt wurde. Da war es schwer zu ermessen, wo Recht aufhört und Unrecht beginnt.«

So wurde der Krieg zu einem maßgeblichen Faktor im Grundmuster der Verteidigung, das nach und nach in den NS-Prozessen der Bundesrepublik Deutschland sichtbar wurde: Der Begriff vom kleinen Rädchen in einem großen Getriebe wurde bemüht. Daß das Regime seine schwersten Verbrechen im großen Schatten des Krieges verübte, sollte zur Entlastung dienen. Daher war auch dauernd von Befehl und Kriegsrecht die Rede, obwohl es fast nie um Kriegsverbrechen ging.

Aber auch die Sprachregelung vor allem in der angelsächsischen Welt trägt wesentlich zur Einebnung wichtiger Unterschiede bei: Dort ist grundsätzlich von »War Crimes« die Rede, auch wenn eindeutig NS-Verbrechen gemeint sind. In den USA, in Großbritannien, Kanada, Neuseeland oder Australien wurde nach »War Criminals« gefahndet, die sich nach dem Krieg in diese Länder abgesetzt hatten. Selbst besonders berüchtigte Massenmörder, wie der KZ-Arzt Josef Mengele, der sich in Südamerika versteckt hielt und dort schließlich starb, wurden so zu »Kriegsverbrechern«, wenn Berichte internationaler Nachrichtenagenturen allzu wörtlich ins Deutsche übersetzt wurden.

Ihre Namen standen auch auf der langen Liste der bis 1949 existierenden War Crimes Commission der Vereinten Nationen.

Dabei wurde beim Nürnberger Tribunal sehr wohl zwischen Kriegsverbrechen und Verbrechen gegen die Menschheit sowie Verbrechen gegen den Frieden unterschieden. Gewalttaten gegen die »Humanity« wurden so definiert: »Ermordung, Ausrottung, Versklavung, Verschleppung oder andere an der Zivilbevölkerung vor Beginn oder während des Krieges begangene unmenschliche Handlungen oder Verfolgung aus politischen, rassischen oder religiösen Gründen in Ausführung eines Verbrechens oder in Verbindung mit einem Verbrechen, für das der Gerichtshof zuständig ist, unabhängig davon, ob die Handlung gegen das Recht des Landes, in dem sie begangen wurde, verstieß oder nicht.«

Hannah Arendt merkt dazu in ihrem Buch »Eichmann in Jerusalem« sarkastisch an: »Das den Nürnberger Prozessen zugrunde liegende Londoner Statut hat die Verbrechen gegen die Menschheit als ›unmenschliche Handlungen‹ definiert, woraus dann in der deutschen Übersetzung die bekannten ›Verbrechen gegen die Menschlichkeit‹ geworden sind – als hätten es die Nazis lediglich an ›Menschlichkeit‹ fehlen lassen, als sie Millionen in die Gaskammern schickten, wahrhaftig das Understatement des Jahrhunderts.«

Doch in Nürnberg gelang es nicht, gerade der deutschen Öffentlichkeit den wesentlichen Unterschied zwischen den großangelegten staatlichen Verbrechen des »Dritten Reiches« und einem völkerrechtlich nicht zu rechtfertigenden Exzeß unmittelbarer kriegerischer Maßnahmen deutlich zu machen. Adalbert Rückerl, ehemaliger Leiter der Ludwigsburger Zentralstelle zur Verfolgung nationalsozialistischer Gewalttaten, resümierte in seinem Buch »NS-Verbrechen vor Gericht«: »Die seit dem Prozeß gegen die sogenannten Hauptkriegsverbrecher vor dem Internationalen Militärgerichtshof in Nürnberg mit dem Wort ›Kriegsverbrechen‹ verbundene Begriffsverwirrung wurde von Anfang an und wird bis heute von bestimmten Kreisen mit Eifer gepflegt, die sich ständig darum bemühen, ihre immer wieder mit Nachdruck erhobene Forderung nach einer Beendigung der NS-Prozesse mit dem Argument einer Aufrechnung der von Deutschen begangenen ›Kriegsverbrechen‹ gegen die nicht verfolgten ›Verbrechen der anderen‹ populär zu machen und eine Generalamnestie für alle ›deutschen Kriegsverbrecher‹ oder – wie sie es meist nennen – ›Kriegsverurteilten‹ zu verlangen.«

Unterstützt werde diese Argumentation durch den Umstand, daß in Nürnberg schon allein der von Verteidigern unternommene Versuch sofort abgeblockt worden sei, auch die Ermordung von Tausenden polnischer Offiziere durch die Sowjets im Jahre 1940 in Katyn zur Sprache zu bringen. Und als weiteren Faktor nennt Rückerl, »daß die von Angehörigen der Siegermächte in der letzten Kriegsphase und auch noch kurze Zeit nach Beendigung der Kampfhandlungen spontan, teils als Reaktion auf vorher erlittene Unterdrückung begangenen, mit den generalstabsmäßig geplanten und entsprechend ausgeführten nationalsozialistischen Massenverbrechen jedoch weder in quantitativer noch in qualitativer Hinsicht vergleichbaren Gewalttaten in der Folgezeit als tabu galten«.

Alle vor den Militärgerichten der Alliierten gegen Deutsche geführte Strafverfahren liefen, ungeachtet der Art der Taten, unter der Bezeichnung »Kriegsverbrecher-Prozesse«. Die Folgen schildert Rückerl so: »Die in der Umgangssprache erfolgte Ausdehnung dieses Begriffes auf die Verfolgung jeder Art nationalsozialistischer Verbrechen führte zu einer Abwertung dieser Prozesse. Im Bewußtsein breiter Schichten der deutschen Bevölkerung prägten sich nicht allein die während des Krieges an Millionen von Juden und Zigeunern und an Zehntausenden von Geisteskranken begangenen Morde, sondern schließlich auch die lange vor dem Kriege anläßlich des sogenannten ›Röhm-Putsches‹ im Jahre 1934 und des Pogroms im November 1938 begangenen Gewalttaten an echten und vermeintlichen politischen Gegnern und Juden als ›Kriegsverbrechen‹, das heißt als Handlungen von geringerem kriminellen Gehalt ein.« Denn Kriegsverbrechen im eigentlichen Sinne hätten im Urteil vieler Menschen den Charakter einer echten kriminellen Handlung weitgehend verloren.

Selten genug erhob auf hoher politischer Ebene jemand die Stimme, um die Dinge beim richtigen Namen zu nennen. Zu den Ausnahmen zählte der Abgeordnete Adolf Arndt, führender Jurist der Sozialdemokraten, der während der ersten Verjährungsdebatte im Deutschen Bundestag deutliche Worte fand. Im Streit darüber, ob die Verjährungsfrist für die mit lebenslanger Strafe bedrohten Taten und damit auch für die Morde der Nationalsozialisten verlängert – oder aufgehoben – werden solle, sagte er im März 1965: »Kriegsverbrechen sind Exzesse aus der Erregung der Kampfhandlung oder auch aus einem Übertreiben der Generalität oder Admiralität, die etwas plant. Die Zerstörung Dresdens zum Beispiel war ein großes, sehr schweres Kriegsverbrechen, doch immerhin im Zuge eines Eifers für den Sieg. Das hat hiermit doch gar nichts zu tun. Wir haben ja keinen Krieg gegen die Katholische Aktion, wir haben keinen Krieg gegen die Bekennende Kirche geführt, wir haben keinen Krieg gegen die Schwachsinnigen, die Bettnässer, die Geisteskranken in den Heilanstalten geführt, und wir haben auch keinen Krieg gegen jüdische Frauen, Schwangere, Kinder, Säuglinge, Greise und Männer geführt. Das hat mit Krieg gar nichts zu tun, das war eine eiskalt unter Einsatz der ganzen Staatsmaschinerie geplante, überlegte Mordaktion.«

Doch in weiten Bevölkerungskreisen kamen derartige Unterscheidungen nicht an. Mühsam schwammen und schwimmen daher Staatsanwälte und Richter gegen den Strom. Der Leitende Oberstaatsanwalt Alfred Streim, als Nachfolger Rückerls Chef der Zentralen Stelle in Ludwigsburg, bietet einleuchtende Formulierungen an: Kriegsverbrechen sind »Verbrechen durch Verletzung der Kriegsgesetze und Kriegsbräuche«. Dazu zählen beispielsweise die Tötung von Kriegsgefangenen – soweit sie ihr Motiv nicht in der nationalsozialistischen Ideologie hatten – oder die Erschießung von Geiseln. Als NS-Verbrechen, so definiert Streim weiter, gelten »Verbrechen aufgrund nationalsozialistischer Ideologie, die nichts mit dem Krieg zu tun hatten«. Allerdings wurden solche Gewalttaten häufig ganz bewußt unter Ausnutzung des Kriegs, in seinem riesigen Schatten, verübt.

Bezeichnend ist, daß Streims Behörde für Kriegsverbrechen gar nicht zuständig ist. Nach einer Verwaltungsvereinbarung der Bundesländer vom 6. November 1958 hatte die Zentrale Stelle zunächst nur solche NS-Gewaltverbrechen zu bearbeiten, deren Tatort außerhalb des Bundesgebietes lag. Die Zuständigkeit war außerdem auf Taten beschränkt, »die im Zusammenhang mit den Kriegsereignissen, jedoch außerhalb der eigentlichen Kriegshandlungen gegenüber der Zivilbevölkerung begangen« worden sind. 1964 und 1965 wurde diese Kompetenz erweitert: nun waren auch NS-Verbrechen aufzuklären, die sich im Bundesgebiet selbst ereignet haben. Das schloß Vorermittlungen gegen Mitglieder der obersten Reichsbehörden und obersten Parteidienststellen ein.

In einer Verlautbarung der Behörde über ihre Aufgaben folgt allerdings der Satz: »Der Grundsatz, daß nur NS-Gewaltverbrechen gegenüber der Zivilbevölkerung zu verfolgen sind, ist insoweit durchbrochen worden, als jetzt auch Verbrechen gegenüber Kriegsgefangenen aufzuklären sind.« Denn es konnte nicht ausbleiben, daß die Beamten in Ludwigsburg auf Handlungen stießen, die Streim »Mischtatbestände« nennt und die von Ludwigsburg aus aufgeklärt werden. Derartige Verbrechen kamen beispielsweise bei der Partisanenbekämpfung in der UdSSR vor, bei der deutsche Einheiten auch völlig unbeteiligte Juden gleich »mitergriffen« und umbrachten. Der Oberstaatsanwalt nennt ferner die »Aussonderung« und Ermordung sowjetischer Kriegsgefangener, die aus politischen, religiösen oder rassischen Gründen »für untragbar« erklärt wurden. Besonders berüchtigt war der sogenannte Kommissarbefehl, der die »Erledigung« der politischen Kommissare in den sowjetischen Streitkräften anordnete.

Doch sonst blieben Kriegsverbrechen in Ludwigsburg ausgespart. Ohnehin gab es in der Bundesrepublik nur wenige reine Kriegsverbrecherprozesse, auch wenn festzustellen ist, daß derartige Taten in der zweiten deutschen Republik konsequenter als in anderen Ländern verfolgt wurden. Heinz Artzt, ehemals Oberstaatsanwalt in der Zentralen Stelle, zählte im Buch »NS-Prozesse« drei derartige Hauptverhandlungen auf, von denen zwei mit Freispruch endeten. Zu den Beschuldigten gehörte der international renommierte Städteplaner und Verkehrsexperte Kurt Leibbrand, der sich vor dem Schwurgericht in Stuttgart unter dem Vorwurf verantworten mußte, er habe im August 1944 als Chef einer Eisenbahnpionierkompanie im Wald von Orange in Frankreich mindestens 22 sogenannte Hilfswillige aus Italien erschießen lassen. Leibbrand, der sich auf einen Befehl berief, konnte das Gericht im Februar 1966 als freier Mann verlassen: Nach Ansicht der Richter war die Tat kein Mord, sondern ein inzwischen verjährter Totschlag. Zuletzt wurde im Januar 1994 ein Kriegsverbrecherprozeß gegen einen ehemaligen Wehrmachtsoffizier in Koblenz, in dem es um den gewaltsamen Tod von 15 italienischen Zivilisten im Oktober 1943 ging, eingestellt.

Der Fall Leibbrand machte deutlich: Mit Sicherheit hätte es mehr Hauptverhandlungen wegen Kriegsverbrechen gegeben, wenn die entsprechenden Taten nicht zumeist als Totschlag eingestuft worden wären. Der aber verjährte im Jahre 1960. »Eine ganze Anzahl von Fällen« sei unter die Verjährungsfrist gefallen, sagt ein Kenner der Materie. »Relativ selten« wiederum waren Fälle wie der des 1994 im Süden Argentiniens aufgespürten einstigen SS-Hauptsturmführers Erich Priebke, der im Krieg zum Stab des Befehlshabers der Sicherheitspolizei in Rom gehörte und zeitweise das Außenkommando in Brescia leitete. Er wurde in einem in Dortmund anhängigen Verfahren der Mitwirkung an der Deportation und der Tötung italienischer Juden beschuldigt, womit eindeutig ein NS-Verbrechen gemeint ist. Später wurde das Verfahren gegen ihn um den Vorwurf erweitert, er sei 1944 an der Erschießung von Geiseln in den Adreatinischen

Höhlen bei Rom beteiligt gewesen. Diese Tat gilt als Kriegsverbrechen. Ihretwegen war der ehemalige Generalfeldmarschall Albert Kesselring schon 1947 von einem britischen Militärgericht abgeurteilt worden.

In den NS-Prozessen aber gaben die Richter immer wieder und ausführlich zu Protokoll, was es mit derartigen Verfahren auf sich hatte. In den Urteilsbegründungen erläuterten sie unmißverständlich, daß über Taten verhandelt wurde, die eben nicht Folgen des Krieges waren, auch wenn die Führung die Kriegszeit mit Bedacht dafür ausgesucht hatte. So hieß es im Urteil gegen vier Angeklagte, die 1964 in Braunschweig wegen Massenmorden durch Einsatzgruppen in der Sowjetunion verurteilt wurden: »Der von Hitler befohlene Angriff auf die Sowjetunion bot den nationalsozialistischen Machthabern die Gelegenheit, gleichzeitig mit der militärischen Planung dieses Feldzuges unter dem Vorwand eines ›endgültig auszutragenden Kampfes zweier entgegengesetzter politischer Systeme‹ die Ausrottung der jüdischen Bevölkerung Osteuropas als angeblichen Träger des ›jüdischen Bolschewismus‹ und damit des Sowjetregimes zu planen und einzuleiten. Sie machten sich hierbei zunutze, daß die zu erwartenden Kriegshandlungen die Tötung der jüdischen Bevölkerung erheblich begünstigten und als Vorwand dienen konnten.« In einem ähnlichen Fall befand das Schwurgericht Köln: »In Wirklichkeit hat der Angeklagte das Unrechtmäßige seines Tuns erkannt. Er wußte genau, daß es sich um politische und nicht um militärische Maßnahmen handelte, die im Kriegsgeschehen untergehen sollten und auch von der Führung zur scheinbaren Rechtfertigung militärisch verbrämt wurden.« Bereits 1953 urteilte der Bundesgerichtshof: »Die Judenverschleppungen, die den Gegenstand dieses Verfahrens bilden, sind zwar während des Krieges vorgenommen worden, haben jedoch mit dem Kriegsgeschehen als solchem nicht im Zusammenhang gestanden. Sie sind vielmehr Maßnahmen des nationalsozialistischen Systems gewesen, die längst vor dem Kriege vorgesehen waren und deren Durchführung lediglich unter Ausnutzung der nach Meinung ihrer Urheber für die Ausrottung der Juden günstigen Kriegsverhältnisse erfolgt ist.«

Diese Urheber hatten zunächst im eigenen Lande erprobt, wie sich der Massenmord hinter den Kulissen des Krieges vollstrecken ließ. In einem auf den 1. September 1939 rückdatierten Erlaß ordnete Adolf Hitler an, »daß nach menschlichem Ermessen unheilbar Kranken bei kritischster Beurteilung ihres Krankheitszustandes der Gnadentod gewährt werden kann«. Im Frankfurter Prozeß gegen zwei Ärzte, denen die Beteiligung an diesem auch »Euthanasie« genannten Verbrechen vorgeworfen wurde, sorgte die Vorsitzende Richterin gleich zu Beginn für Klarheit: »Es wird ja kein Zweifel darüber aufkommen, daß diese ganze Aktion rechtswidrig war.« Und doch argumentierte einer der Beschuldigten dann mit der Formulierung »zu dieser Zeit des Krieges . . .« Er hatte erklärt, angesichts des Führererlasses, den er allerdings nur vom Hörensagen kannte, habe er »keine rechtlichen Bedenken« gehabt.

1940 wurden sechs Heil- und Pflegeanstalten im Deutschen Reich zu Stätten für den staatlich organisierten Mord an »lebensunwertem Leben«. Etwa 100 000 Männer, Frauen und Kinder wurden dort bis 1941 im Gas erstickt. Dann wurde diese offiziell »Aktion T4« genannte Verbrechensserie beendet. Denn trotz aller Vorsichtsmaßnahmen – zu denen die amtliche Angabe falscher Todesursachen gehörte – waren Gerüchte, die sich nach und nach zur Gewißheit verdichteten, an die Öffentlichkeit gedrungen und Geistliche der Kirchen erhoben Protest. Im Dorf Buttenhausen auf der Schwäbischen Alb war es beispielsweise ein offenes Geheimnis, was es mit den düsteren Omnibussen auf sich hatte, die auf dem Weg von der Heilanstalt Zwiefalten zur Mordstätte Grafeneck den Ort passierten. Der Landwirt Walter Ott, der nach dem Krieg die Erinnerung an die Buttenhausener Juden wachhielt, berichtet, alle Einwohner hätten gewußt, daß die Insassen der Busse in den Tod gefahren seien. Und die noch im Dorf lebenden Juden hätten ahnungsvoll gesagt: »Wir werden auch vergast.«

Zwar weniger straff und zentral organisiert, ging die Ermordung von Behinderten dennoch weiter. In der Untersuchung »Die nationalsozialistischen Lager« berichtet Gudrun Schwarz, in Nürnberg hätten die Anklagevertreter Dokumente vorgelegt, mit denen habe bewiesen werden können, daß der Mord an 270 000 Personen im Rahmen der Aktion T4 von den NS-Machthabern als »unvermeidliche Kriegsmaßnahme« bezeichnet worden sei. Der britische Anklagevertreter Sir Maxwell-Fyff sagte, daß »270 000 Leichen . . . vielleicht zur Bedeutungslosigkeit verblassen gegenüber dem Gemetzel in den besetzten Gebieten und den Konzentrationslagern«, daß es aber dennoch »ein Verbrechen von fast unvorstellbarem Ausmaß« war.

Eine »unvermeidliche Kriegsmaßnahme« – so wollten die Mörder den gewaltsamen Tod hilfloser Menschen gewertet wissen und rechtfertigen. Tatsächlich aber stellte dieses Verbrechen für die Machthaber mit der ausgeprägten kriminellen Energie nur eine Art Vorspiel dar: Sie erprobten die Ermordung einer großen Anzahl Männer, Frauen und Kinder durch Gas, und sie wagten dies im übermächtigen Schatten des Krieges. In der »Enzyklopädie des Holocaust« wird auf einen zeitlichen Faktor verwiesen: »In der ersten Hälfte des Jahres 1940 wurden in diesen Anstalten insgesamt 8765 Menschen vergast, drei Viertel von ihnen im Mai und Juni, zu einer Zeit, wo die Aufmerksamkeit der Weltöffentlichkeit durch den Frankreich-Feldzug abgelenkt war.«

Die ersten großen Erfolge im Osten boten den Machthabern die Möglichkeit, die Tatorte in Regionen östlich der Reichsgrenze zu verlegen. Denn, so Oberstaatsanwalt Alfred Streim, Vergasungen in so gewaltigem Umfang »hätten nie im Reichsgebiet stattfinden können«. Und wieder wurde so ein Beitrag zur langlebigen Legende geleistet, die Taten seien im Kriegsgebiet verübt worden und gingen einen deutschen Zivilisten nichts an. In Polen entstanden die Todeslager Auschwitz-Birkenau, Belzec, Chelmno, Majdanek, Sobibor und Treblinka. Dort wurden die Verfahren des Massenmordes angewendet und perfektioniert, die in den sechs Heilanstalten entwickelt worden waren. Aus den getarnten Todesfabriken im Reich kam auch ein großer Teil des Personals. Im Urteil des Münchner Schwurgerichts gegen den wegen Beihilfe zum Massenmord verurteilten Josef Kaspar Oberhauser wurde so eine Laufbahn kurz beschrieben: »Oberhauser wurde zur ›Leibstandarte Adolf Hitler‹ versetzt, in deren Reihen er den Polenfeldzug mitmachte . . . Im November 1939 wurde er zu der im Bereich der Kanzlei des Führers neu errichteten ›Reichsarbeitsgemeinschaft für Heil- und Pflegeanstalten‹ in Berlin versetzt und wirkte anschließend bei der Tötung von Geisteskranken in den sog. Euthanasieanstalten Grafeneck, Brandenburg und Bernburg mit. Nach Einstellung der Euthanasieaktion erfolgte im November 1941 seine Kommandierung zum Stab des SS- und

Polizeiführers im Distrikt Lublin (Polen) . . ., wo er in der Folgezeit im Rahmen der ›Aktion Reinhard‹ (Tarnbezeichnung für die Judenvernichtung) Verwendung fand.« Die gleichen Richter notierten auch: »Kommandant des Lagers Belzec war bis zum 1. August 1942 der SS-Hauptsturmführer und Polizeihauptmann Christian Wirth, ein bedingungsloser Nationalsozialist, der bereits maßgeblich bei der Vernichtung von Geisteskranken mitgewirkt hatte.«

Schon vor der Errichtung der Todeslager setzte, unmittelbar nach Kriegsbeginn, das ganz große Morden in Polen und später vor allem in der Sowjetunion ein. Unmittelbar hinter der vorrückenden deutschen Front wüteten sogenannte Einsatzgruppen, die in Einsatzkommandos unterteilt waren. Adalbert Rückerl berichtete, die Zahl der Opfer der vier Einsatzgruppen in der UdSSR allein von Juni 1941 bis April 1942 betrage rund 560 000. 1941 begann der ganz große Massenmord, der bis Kriegsende andauerte.

1941 und 1942 entstanden die Vernichtungslager in Polen. Europa wurde »durchgekämmt«, die Juden in die Todes- und die Konzentrationslager deportiert, wo Hunderttausende gleich nach der Ankunft vergast und ihre Leichen verbrannt wurden, während die übrigen unter mörderischen Bedingungen und unter der Willkür der Aufseher leben und schuften mußten, bis auch sie ermordet wurden. Für all diese Arten des organisierten Verbrechens waren zehntausende Helfer erforderlich, doch ihre Zahl war nicht so groß, wie mancher Außenstehende nach dem Ende des Schreckens annehmen mochte. Adalbert Rückerl beantwortete einst die Frage nach der ungefähren Anzahl der Beteiligten: Er selbst habe passen müssen, als ein Historiker bei einem Besuch in der Zentralstelle habe wissen wollen, wie groß der Kreis der Täter denn gewesen sei. Daher habe er dem Besucher geraten, die erfahrenen Mitarbeiter der Zentralstelle einzeln zu diesem Punkt zu befragen. Beide Seiten seien nachher verblüfft gewesen, daß die Angaben weitgehend übereinstimmten: 70 000 bis 100 000 Menschen, so schätzten die Fachleute, bildeten den Kreis derer, die Lager bewachten und verwalteten, die die Mordmaschinerie unmittelbar bedienten, die zu den beteiligten Polizeibataillonen gehörten. Eine Einsatzgruppe umfaßte beispielsweise nur rund 500 Männer, hinzu kamen noch Hilfskräfte.

Diese Schätzung schloß all diejenigen ein, von denen die Ermittler in der Bundesrepublik inzwischen wußten, »daß sie dabei waren« – als Angehörige der Totenkopfverbände und mobilen Polizeieinheiten, als Mitglieder des Sicherheitsdienstes. Nicht alle galten als Straftäter. Ein großer Teil hat den Krieg ohnehin nicht überlebt. Aber auffällig war für die Beamten in Ludwigsburg, daß sie immer wieder auf die gleichen Namen stießen: Männer, die bei der »Euthanasie« beteiligt waren, tauchten später bei der »Aktion Reinhard« und schließlich noch bei den Judendeportationen aus Italien auf.

Eine besondere Täterklasse waren die KZ-Kommandanten, die teilweise von Lager zu Lager versetzt wurden. Der israelische Historiker und Journalist Tom Segev hat den Versuch gemacht, das Leben dieser Männer anhand von Akten und Prozeßunterlagen zu untersuchen. Mit wenigen Überlebenden hat er auch gesprochen. In seinem Buch »Die Soldaten des Bösen« schreibt er: »Sie waren mittelmäßige Menschen ohne Phantasie, ohne Courage und ohne Initiative. Ihren SS-Personalakten nach zu urteilen, scheinen die meisten von ihnen recht seichte Persönlichkeiten gewesen zu sein. Ihre Unscheinbarkeit scheint ihnen in dem System, in dem sie arbeiteten, als Tarnung gedient und ihnen ihr Funktionieren irgendwo auf der mittleren Verwaltungsebene ermöglicht zu haben; sie machten weder Weltanschauung noch Politik. Der Löwenanteil der Befehle, die sie ihren Untergebenen gaben, kam von ihren Vorgesetzten. Offensichtlich hatte das System keinen Bedarf an Verwaltungsbeamten höherer Qualität. Sie waren mitnichten Deutsche wie alle anderen Deutschen und noch nicht einmal Nazis wie alle anderen Nazis. Nicht die Banalität des Bösen ist es, was sie kennzeichnet, sondern vielmehr ihre innere Identifikation mit diesem Bösen. Die meisten Lagerkommandanten gehörten der Nazibewegung schon sehr früh an, zählten zum Teil sogar zu ihren Gründern; von Anfang an haben sie die braune Politik vehement unterstützt . . . Die Lagerkommandanten fielen sogar unter den SS-Leuten auf. Der Umstand, daß man bei den Totenkopfverbänden Dienst tat, ließ wiederum auf eine besondere Begeisterung für die SS schließen.«

»Politische Soldaten im Dienst des Bösen« nennt Segev die Kommandanten: »Für sie war das Militär mehr als nur eine Anstellung, mehr als ein Beruf. Für sie war es eine Lebensweise.« Als Militärs wollten sie sich verstanden wissen, an der Fiktion klammerten sie sich fest, daß sie auf ihre Art Kriegsdienst geleistet hätten. Doch verräterisch klingt, was Rudolf Höß, der Kommandant von Auschwitz, in den Aufzeichnungen vor seiner Hinrichtung in Polen im Jahre 1947 schrieb: »Überall hat mich das Schicksal vor dem Tod bewahrt, um mich jetzt so schändlich umzubringen. Wie beneide ich meine Kameraden, die einen ehrlichen Soldatentod sterben durften. Ich war unbewußt ein Rad in der großen Vernichtungsmaschinerie des Dritten Reiches geworden. Die Maschine ist zerschlagen, der Motor untergegangen, und ich muß mit.«

Höß wurde nach seiner Verurteilung durch ein polnisches Gericht auf dem Gelände des Stammlagers Auschwitz gehenkt. Auch weitere einstige Kommandanten wurden, vor allem von den westlichen Alliierten und den Polen, hingerichtet. In Krakau starb auf diese Weise auch Amon Göth, der als Leiter des Lagers Krakau-Plaszow Jahrzehnte später durch den Film »Schindlers Liste« noch zu schrecklicher Berühmtheit kam. Die meisten der rund 40 ehemaligen Kommandanten, deren Schicksal Rückerl im Jahre 1979 stichwortartig erwähnte, starben, soweit sie das Kriegsende überhaupt erlebten, am Galgen, durch eigene Hand oder in der Haft, einer wurde von amerikanischen Soldaten auf der Flucht erschossen. Doch ein Teil derer, die zu Freiheitsstrafen verurteilt wurden, profitierte in den fünfziger Jahren von der dann einsetzenden politischen Entwicklung. Wer von den Gerichten der Amerikaner, Briten und Franzosen nicht zum Tode, sondern zum Leben hinter Gittern verurteilt worden war, hatte damals beste Aussichten, nach Hause geschickt zu werden. Mehr noch als für einstige Lagerkommandanten galt dies für ehemalige führende Mitglieder von Einsatzgruppen. Denn es vollzog sich in Westdeutschland und im Verhältnis zu den Westmächten eine bedeutsame politische Wende: Die Bemühungen um die Schaffung der Bundeswehr nahmen konkrete Formen an, Wehrwille war wieder gefragt. Und wieder wurden so Kriegsdienst und NS-Verbrechen miteinander verwoben, nachdem sich zuvor schon die Fürsprecher der Verurteilten, gerade auch aus den Reihen der beiden großen Kirchen, alle Mühe gegeben hatten, die Grenze bis zur Unkenntlichkeit zu verwischen.

Der Krieg mußte auch bei den immer wiederkehrenden Erörterungen über den sogenannten Befehlsnotstand herhalten. In kaum einem Prozeß um NS-Verbrechen blieb es aus, daß die Angeklagten geltend machten, sie hätten um ihr eigenes Leben fürchten müssen, wenn sie die Ausführung mörderischer Befehle verweigert hätten – zumal sie doch im Krieg gewesen seien. Doch bereits im großen Frankfurter Auschwitz-Prozeß sagte Staatsanwalt Kurt Hinrichsen von der Ludwigsburger Zentralen Stelle, er habe keinen Fall finden können, »in dem die Nichtbefolgung eines rechtwidrigen Befehls eine Schädigung an Leib und Leben nach sich zog«.

Das hatte zuvor schon der hessische Generalstaatsanwalt Fritz Bauer, selbst ein Verfolgter des NS-Regimes und Motor der Bemühungen um die große rechtsstaatliche Abrechnung mit den Henkern von Auschwitz, betont. 1963 berichtete er, vor rund zehn Jahren sei damit begonnen worden, Zehntausende von Akten – hauptsächlich von SS- und Polizeigerichten – durchzusehen, ohne daß dabei Hinweise entdeckt worden seien, nach denen einschlägige Befehlsverweigerungen etwa schlimmere Folgen gehabt hätten als die Beurteilung »zu weich« oder die Abkommandierung an die Front.

Im Bonner »Sachsenhausen-Prozeß« gegen zwei zu lebenslangem Zuchthaus verurteilte KZ-Wächter stellte das Gericht fest, nach glaubwürdigen Bekundungen sei es im Konzentrationslager Sachsenhausen möglich gewesen, sich der Teilnahme an Tötungen zu entziehen. So habe sich ein SS-Oberscharführer einmal »zu verdrücken« versucht. Wenn er sich nach Aussagen eines Zeugen schließlich »doch den anderen nach ihm rufenden SS-Männern anschloß, so geschah es offensichtlich nicht deshalb, weil er um die Folgen der Befehlsverweigerung fürchtete, sondern um vor den Kameraden nicht als Feigling zu gelten«.

Besonders intensiv hat sich die Zentrale Stelle selbst mit der Problematik der Befehlsverweigerung befaßt. Sie kennt zahlreiche Fälle, in denen Befehle nicht ausgeführt wurden, ohne daß dies lebensgefährliche Konsequenzen für die Betroffenen gehabt hätte. Alfred Streim erwähnt Vorfälle, in denen ganze Einheiten nicht mitmachten. So habe sich eine Polizeieinheit geweigert, an Massenerschießungen teilzunehmen. Sie wurde aufgelöst, ihre Angehörigen wurden einfach auf andere Einheiten verteilt. Selbst in Einsatz- und Sonderkommandos hätten derartige Befehlsverweigerungen keine schwerwiegenden Folgen gehabt. Der Leitende Oberstaatsanwalt schildert ein Beispiel: Der Fahrer von Paul Blobel, dem – in einem der Nürnberger Folgeprozesse zum Tode verurteilten und danach hingerichteten – Chef eines Einsatzkommandos, habe sich geweigert, sich an einer Exekution zu beteiligen. Blobel habe den Mann einfach stehenlassen, es sei nichts weiter geschehen.

»Jeder Fall von behauptetem Befehlsnotstand« sei in seiner Behörde nachgeprüft worden, sagt der Leitende Oberstaatsanwalt in Ludwigsburg. Dabei habe sich auch herausgestellt, daß Angehörige von SS und Wehrmacht erschossen worden seien. Doch in praktisch keinem Fall sei dies geschehen, weil sie sich geweigert hätten, an Vernichtungsaktionen gegen Zivilisten teilzunehmen. Vielmehr habe es, und zwar bei anderen Gelegenheiten, andere Gründe für die Exekutionen gegeben, etwa Feigheit vor dem Feind oder Desertion.

Direkte Befehlsverweigerungen waren allerdings relativ selten. In der Mehrzahl der Fälle entzogen sich von Skrupeln geplagte Männer den Verbrechen etwa mit der Erklärung, sie fühlten sich der Tat nicht gewachsen. Andere hatten Erfolg bei ihren Bemühungen, Aufgaben fern von den Schauplätzen der Massenmorde zu erhalten. Im Auschwitz-Prozeß wurde von einem SS-Mann berichtet, der sich an die Front meldete und den ehemaligen Kameraden im Lager von dort noch eine Feldpostkarte schickte.

Angeklagte argumentierten freilich auch, ihnen sei diese Lage gar nicht bekannt gewesen. Sie seien bewußt unter dem Eindruck gehalten worden, daß sie keine andere Wahl hätten, als alle Befehle zu befolgen. Juristen sprechen in diesem Zusammenhang vom Putativ-Notstand. Rückerl erklärte dazu in seiner Dokumentation: »Es ist aufgrund der Ergebnisse der Ermittlungen nicht zu bestreiten, daß viele untergeordnete Tatbeteiligte der Meinung waren oder von ihrem damaligen Vorgesetzten absichtlich in den Glauben versetzt wurden, ihnen drohe im Falle der Verweigerung auch eines erkennbar verbrecherischen Befehls eine Gefahr für Leib und Leben. Eine solche aufgrund unverschuldet falscher Vorstellungen ernsthaft angenommene Notstandslage gilt nach der Rechtsprechung als Schuldausschließungsgrund und befreit den Betroffenen von Strafe. Das Vorliegen eines strafbefreienden Putativ-Notstandes darf das Gericht aber nur dann feststellen, wenn einerseits der Tatbeteiligte gewichtige Gründe nachweisen kann, die eine irrtümliche Annahme einer Notstandslage glaubhaft erscheinen lassen, und wenn andererseits wiederum aufgrund der Gesamtumstände davon ausgegangen werden darf, daß der Täter nur durch diese irrtümlich angenommene Notstandslage und nicht etwa durch andere Beweggründe veranlaßt wurde, den verbrecherischen Befehl auszuführen.«

Aber da waren eben auch »andere Beweggründe«. Einer der Angeklagten im Auschwitz-Prozeß sagte: »Während der nationalsozialistischen Herrschaft gab es für mich nur den Gesichtspunkt, die gegebenen Befehle des Vorgesetzten ohne Einschränkung auszuführen.« Viele Angeklagte räumten ein, daß sie damals gar nicht auf den Gedanken gekommen seien, Befehle zu prüfen und womöglich abzulehnen. Sie beriefen sich auf Eid und Erziehung zum »gläubigen Nationalsozialisten« und eben auch auf die Tatsache, daß sie »Soldat im Krieg« gewesen seien. Heinz Artzt hält dem entgegen: »Die falsche oder auch bewußt mißbräuchliche Verwendung des Begriffs Kriegsverbrechen für die Verfolgung der NS-Verbrechen trägt dazu bei, die Ermordung von Millionen Menschen als ›militärische Notwendigkeit‹ und somit als gerechtfertigt erscheinen zu lassen . . . Das Wort NS-Verbrechen stellt klar, daß auch der von einer kriminellen Staatsführung befohlene Mord ein Mord bleibt, für den der einzelne nach den zur Zeit seiner Tat geltenden Gesetzen einzustehen hat.«

Literatur

Ahrendt, Hannah, Eichmann in Jerusalem, München 1986.

Höß, Rudolf, Kommandant in Auschwitz, München 1963.

Renz, Ulrich, Lauter pflichtbewußte Leute, Köln 1989.

Rückerl, Adalbert (Hrsg.), NS-Prozesse, Heidelberg 1971.

Rückerl, Adalbert, NS-Verbrecher vor Gericht, Heidelberg 1982.

Rückerl, Adalbert, Die Strafverfolgung von NS-Verbrechen 1945 – 1978, Heidelberg–Karlsruhe 1979.

Schwarz, Gudrun, Die nationalsozialistischen Lager, Frankfurt/Main–New York 1990.

Segev, Tom, Die Soldaten des Bösen, Reinbek 1992.

Streim, Alfred, Sowjetische Kriegsgefangene in Hitlers Vernichtungskrieg, Heidelberg 1982.

Das Urteil von Nürnberg, München 1964.

Justiz und NS-Verbrechen, Sammlung Deutscher Strafurteile, Amsterdam 1979.

PETER STEINBACH

NS-Prozesse und historische Forschung

Seit dem Umbruch in Europa und insbesondere seit dem Zusammenbruch des SED-Staates wird in Deutschland wieder leidenschaftlich über Fragen der Vergangenheitsbewältigung gestritten.[1]) Dabei geht es nicht allein um das Problem, unter welchen Voraussetzungen Menschen, die in einem diktatorisch verfaßten Gemeinwesen lebten und es anscheinend allein durch ihre Präsenz – oftmals allerdings mehr unbeabsichtigt als beabsichtigt – stabilisiert hatten und dabei schuldig wurden, in einen liberaldemokratischen Verfassungsstaat integriert werden können.

In Deutschland wird derzeit die zweite Diskussion über den Umgang mit den Nachwirkungen einer modernen Diktatur geführt. Dies lenkt den Blick erneut auf die frühen Diskussionen, die die Auseinandersetzung der Deutschen mit dem NS-Staat begleiteten und sie nicht selten überhaupt ermöglichten. Denn es geht bei jeder Diskussion auch um die Anerkennung des Unrechts, das durch politische Verfolgung, als Folge einer menschenverachtenden Ideologie oder im Zusammenhang mit staatlich legitimierten Verbrechen an Leib und Leben verübt worden ist. Diese Einsicht in den Unrechtscharakter eines Staates ist die Voraussetzung jeder Auseinandersetzung mit seiner Geschichte, seiner Funktionsweise und seinen Folgen. Vergangenheitsbewältigung hat deshalb die Einsicht in die Realität staatlich legitimierter Verbrechen zur Voraussetzung. Ist das ganze Ausmaß der durch eine Diktatur initiierten Verbrechen bekannt, wird auch die Diskussion über die Ahndung dieser Vergehen auf eine breitere Grundlage gestellt.

Die Bestrafung der NS-Straftäter nach 1945 läßt sich in ihrer Bedeutung gewiß nicht an den Zahlen der Verurteilten messen[2]): Nimmt man diese Zahlen zum Maßstab, muß die Bewertung der NS-Strafverfahren sogar sehr zurückhaltend und kritisch ausfallen. Deshalb wurde immer wieder die These vertreten, eine wichtige Bedeutung dieser Prozesse liege in der intensiven Konfrontation der Deutschen mit den nationalsozialistischen Verbrechen. Deren Wirklichkeit trat gerade in den Prozessen unausweichlich vor das Auge der Nachlebenden. So ging es bei diesen Strafverfahren niemals allein um die Durchsetzung des Strafrechts[3]), sondern immer auch um die Auseinandersetzung mit der deutschen Zeitgeschichte, als deren endgültiger Tiefpunkt Auschwitz galt.

Diktaturen haben wohl immer danach gestrebt, ihnen ausgelieferte Menschen in Unrecht zu verstricken und schuldig werden zu lassen. So gehört zu jeder nachdiktatorischen Ordnung die Auseinandersetzung um die Vergangenheitsbewältigung als Schulddiskussion.[4]) Die Einsicht in Schuld erscheint als Voraussetzung für die Anerkennung von Verantwortung und für die Festigung einer demokratischen Identität.[5]) Schuldanerkenntnis ist eine Voraussetzung der individuellen Integration politisch Belasteter. Insbesondere der liberale Verfassungsstaat orientiert sich dabei ohne Zweifel an dem Gebot der Integration von Belasteten, setzt allerdings deren Einsicht in Verstrickung und Schuld, nicht aber die individuelle oder gar kollektive Verdrängung historisch gewachsener Verantwortung aus dem politischen und auch individuellen Bewußtsein voraus. Diese Erwartung ist nicht zu verwechseln mit der Konstatierung einer Kollektivschuld, sondern geht von der Annahme aus, daß die Erkenntnis vergangener Wirklichkeit eine Voraussetzung für die Auseinandersetzung mit den Folgen dieser Vergangenheit in der Gegenwart und in der Zukunft ist.

Deshalb stellt sich nach jedem Zusammenbruch politischer Systeme, die eine diktatorische Ordnung begründeten und die ihnen ausgelieferten Gesellschaften revolutionär umgestalten wollten, das Problem der Vergangenheitsbewältigung, der Auseinandersetzung mit der diktatorischen Geschichte, der Verstrickung des einzelnen in das Unrecht, aber auch die Notwendigkeit von Integration, Versöhnung und Wiedergutmachung.[6]) Versöhnung in diesem Sinne setzt allerdings Einsicht in die Strukturen der Diktaturen, in die Rahmenbedingungen menschlicher Existenz in einer diktatorischen Ordnung, in die Realität der Verbrechen und die Spielräume des individuellen Handelns voraus. Einsicht in die geschichtliche Verantwortung ist die Folge von historischen Kenntnissen, und diese Kenntnisse sind in der Regel das Ergebnis geschichtswissenschaftlicher Forschung.

Die Deutschen stehen nach dem Zusammenbruch der DDR zum zweiten Male vor der Aufgabe, die Folgen der Diktatur auch individuell bewältigen zu müssen. Der Vergleich der beiden deutschen Diktaturen ist allerdings problematisch, weil es wesentliche Unterschiede zwischen ihnen gibt, trotz mancher augenfälliger Ähnlichkeiten vor allem in der Propaganda, in der öffentlichen Zelebrierung politischer Herrschaft. Der wesentlichste Unterschied ist die Tatsache, daß der NS-Staat die Ermordung der europäischen Juden zu seinem zentralen, historisch begründeten und bis in die letzten Wochen der NS-Zeit konsequent verfolgten Ziel erklärt hat.

Unbeschadet von dieser Besonderheit kann es aber sinnvoll sein, die Formen und Inhalte einer Auseinandersetzung mit der Diktaturgeschichte nach Befreiung und Zusammenbruch zu thematisieren. Vergangenheitsbewältigungen rücken dann in eine vergleichende Perspektive, was insofern statthafter ist als die Gleichsetzung der beiden diktatorischen Ordnungen aus propagandistischer Absicht, weil die jeweiligen Auseinandersetzungen mit der Vergangenheit und den Nachwirkungen der Diktaturen innerhalb Deutschlands und damit in einer vergleichbaren gesellschaftlichen Konstellation stattfinden, die komparatistische Fragestellungen geradezu herausfordert. Eine besondere Rolle kommt bei jeder Auseinandersetzung mit der Vergangenheit dem Strafrecht zu, auf das sich auch heute die Amnestiedebatte konzentriert.

Die Möglichkeit einer strafrechtlichen Ahndung von Verbrechen in einer Diktatur kann aber nicht alle Fragen klären und ist schon gar nicht ausreichend, um Sinn und Nutzen derartiger Prozesse anzugeben. Deshalb soll in diesem Beitrag der Ertrag der NS-Prozesse für die Erforschung der Zeitgeschichte und inbesondere des Nationalsozialismus herausgearbeitet werden. Obwohl die NS-Strafverfahren nur auf der Grundlage des bestehenden Rechts geführt werden konnten und sich deshalb an den allgemeinen Strafrechtsnormen orientieren mußten, erbrachten diese Prozesse wichtige Ergebnisse für die wissenschaftliche Forschung, denn sie erleichterten die Forschung, veränderten die Perspektiven der Gesellschaft und veränderten so die Grundlagen für die politisch-moralische Bewertung der NS-Zeit. Dies hatte wichtige Auswirkungen auf das Selbstverständnis der bundesrepublikanischen Gesellschaft als einer nachnationalsozialistischen Demokratie.

Hier liegen die Möglichkeiten, aber auch die Grenzen einer Bewältigung der Vergangenheit durch Strafverfahren. Strafe bedeutet in diesem Zusammenhang nicht Bestrafung aus Vergeltung oder Rache, sondern hat eine prinzipiellere Dimension, die Adalbert Rückerl einmal als Willen zur Rechtshygiene bezeichnet hat: Straftäter, die in einer diktatorischen Ordnung Verbrechen an Mitmenschen begangen haben, sind zur Verantwortung zu ziehen wegen dieser Tat, obwohl sie unter einer demokratischen Ordnung kaum rückfällig werden können oder sogar durch ihren Lebenswandel seit dem Zusammenbruch von Diktaturen ihre Besserungsfähigkeit unter Beweis gestellt haben. »Rechtshygiene« meint, daß durch die Diktatur zwar legitimierte, aber doch um die Geheimhaltung ihrer Untaten bemühte und deshalb durch ein Unrechtsbewußtsein geprägte Mitmenschen als »Rechtsschänder« für Menschenrechtsvergehen zur Verantwortung zu ziehen sind.

Gerade durch diese Form der Auseinandersetzung mit einer zeitgeschichtlich zu greifenden Verantwortung kann es gelingen, die Kenntnis über die ganz spezifische verbrecherische Qualität einer diktatorischen Ordnung zu verbreiten und so eine nachdiktatorische Gesellschaft mit der Verantwortung für die Folgen der Diktatur zu konfrontieren. Erst aus dieser Konfrontation mit einer rekonstruierten vergangenen Wirklichkeit lassen sich zentrale Bezugspunkte einer politischen Verantwortungsethik gewinnen. Keinem darf es jemals folgenlos gestattet sein, Mitmenschen zu entrechten, zu verfolgen, sich an ihnen zu bereichern; und keinem einzelnen steht es frei, sich etwa unter Berufung auf den »Befehlsnotstand« der Verantwortung für individuell verübtes Unrecht durch den Hinweis auf die Verantwortung von Vorgesetzten oder die Anweisung »des Staates«, wie verkürzt behauptet wird, zu entziehen und sich einzureden, nicht verantwortlich für das mit eigener Hand verübte oder gedankenlos gebilligte Unrecht zu sein.

So gesehen, kommt der vielschichtigen Auseinandersetzung mit staatlich angeordneten Gewaltverbrechen eine besondere Bedeutung für die Entwicklung einer demokratischen politischen Kultur zu, die ihres diktatorischen Ausgangspunkts eingedenk bleibt. Denn durch das rechtmäßige Verfahren wird eine vergangene Wirklichkeit vor einer Verzeichnung durch Verharmlosung, durch Verdrängung, durch bewußte Leugnung und durch Selbstbetrug bewahrt.

Dies hatte Adalbert Rückerl im Auge, als er die NS-Prozesse »wichtige Elemente der deutschen Rechts- und Bewußtseinskultur« nannte und sie rechtfertigte.[7]) Diese Prozesse rückten eine Vergangenheit vor das Auge der Menschen im Land der Täter und begründeten die Verantwortung für ein Bild der Vergangenheit, das man nicht allein den Opfern übertrug. Rückblickend ergab sich daraus eine große Chance für die deutsche Nachkriegsdemokratie[8]), denn die Auseinandersetzung wurde zu einem Bestandteil ihrer Sache und Verpflichtung – dies legitimierte dann jene, die sich besonders engagiert und unbeirrbar dafür einsetzten, die Vergangenheit nicht durch Verdrängung vergehen zu lassen[9]) und im politischen Bewußtsein zu halten.

Immer kommt mit der Forderung, die Vergangenheit zu bewältigen, auch dem Wunsch eine wichtige Rolle zu, Menschen, die unter den diktatorischen Lebensverhältnissen ihren Mitmenschen geschadet oder auf deren Kosten ihren persönlichen Vorteil gesucht haben, zur Verantwortung für ihr Fehlverhalten – Bereicherung, Denunziationen oder auch Beteiligung an Gewaltverbrechen – zu ziehen.[10]) Insofern ähneln viele der gegenwärtigen Diskussionen über die Bewältigung der DDR-Geschichte jenen, die in Deutschland in den fünfziger und sechziger Jahren geführt worden sind.[11])

Nicht nur die Probleme der Vergangenheitsbewältigung nach 1945 und nach 1989 sind jedoch vergleichbar – wobei, es sei noch einmal nachdrücklich betont, selbstverständlich ist, daß das NS-Regime in seiner kriminellen Energie und Dimension nicht mit dem SED-Staat gleichgesetzt werden kann –, sondern vor allem der Prozeß der Auseinandersetzung mit den Folgen dieser Diktatur und damit die Argumente einer möglichen Rechtfertigung eines vergangenen Unrechts sind vergleichbar. Dies gilt auch für die Auswirkungen der Konfrontation mit der Vergangenheit in den fünfziger und sechziger Jahren.

Eines der wichtigsten Argumente, das für die sich über einen langen Zeitraum erstreckende Aufarbeitung der NS-Vergangenheit angeführt wurde, zielte darauf ab, durch die Vorbereitung und Durchführung von Strafverfahren nicht nur sehr wichtige Voraussetzungen für die Bestrafung der NS-Täter zu schaffen, sondern im Zuge der NS-Strafverfahren auf der Grundlage von polizeilichen Ermittlungsverfahren, durch Sachverständigengutachten und nicht zuletzt durch die Prozesse selbst die großen Tatbestandskomplexe zu erforschen und so einen Prozeß gesellschaftlicher Aufklärung in der Konfrontation der nachnationalsozialistischen Gesellschaft mit Verbrechen zu befördern, die seither geradezu eine Metapher oder zumindest ein Sinnbild der nationalsozialistischen Gewaltverbrechen geworden sind.

Die historische Wirklichkeit anzuerkennen war offensichtlich nicht leicht. Immer wieder wurden bis weit in die fünfziger Jahre hinein die NS-Verbrechen als »Kriegsverbrechen« bezeichnet. Dies kam der Neigung zur Aufrechnung durch einen Vergleich mit anderen Kriegsverbrechen, etwa der Alliierten, entgegen und erlaubte auch eine Anknüpfung an die nationalsozialistische Terminologie, die ja, wie die Verteidigung Eichmanns in dem großen Jerusalemer Prozeß zeigte, darauf abgezielt hatte, die Mordaktionen der Einsatzgruppen als eine Art »Bandenkampf« im Zusammenhang mit der Partisanenbekämpfung zu bezeichnen. Dieser Prozeß war erstmals darauf angelegt, die Dimensionen der NS-Gewaltverbrechen in ihrer Gesamtheit sichtbar zu machen[12]) und so das Gefühl zu verstärken, daß NS-Prozesse einen entscheidenden Beitrag zur Wahrnehmung des Gesamtkomplexes der regimebedingten Untaten in der NS-Zeit zu leisten hätten. Diese Tendenz setzte sich mit dem ersten groß angelegten Frankfurter Auschwitz-Prozeß[13]) in den frühen sechziger Jahren fort und veränderte endgültig das deutsche Bild von den »Kriegsverbrechen«, die deutsche Soldaten im Zusammenhang mit Kriegshandlungen begangen hatten.

Der Auschwitz-Prozeß schuf so die entscheidenden Voraussetzungen für die präzise Benennung der rassistisch und weltanschaulich motivierten »NS-Verbrechen«, die nur im Zusammenhang mit der nationalsozialistischen Ideologie gesehen werden können. Damit war durch den Eichmann- und den Auschwitz-Prozeß auch die Zeit einer Begriffsverwirrung beendet, denn die ursprüngliche Verwendung des Begriffs »Kriegsverbrechen« hatte insbesondere auf der Rechten und auch bei Konservativen die bis heute gern betriebene Relativierung der NS-Verbrechen durch den Hinweis auf die alliierten Kriegs- und Vetreibungsverbrechen erleichtert. Nun wurde durch die Verwendung des Begriffs »NS-Gewaltverbrechen« die Spezifik dieser rassenideologisch motivierten Untaten der Deutschen betont.[14])

Im Anschluß an den Auschwitz-Prozeß wurden weitere große Gerichtsverfahren geführt, die neben der Aufgabe, die verantwortlichen Straftäter zu verfolgen, immer auch das Ziel hatten, das historische Bewußtsein und die Kenntnis von diesen Verbrechen in der deutschen Öffentlichkeit zu stärken, zugleich aber auch zu bekunden, daß sich eine Minderheit in Deutschland der Aufgabe stellte, die Auseinandersetzung mit der Vergangenheit voranzutreiben und die Mehrheit der indifferenten Deutschen zu beeinflussen. Diese Auseinandersetzung bediente sich vieler Möglichkeiten und Medien. Regelmäßige Prozeßberichte in der Presse und im Rundfunk schufen die Voraussetzungen für Dokumentarfilme wie Erwin Leisers »Mein Kampf«, für Schauspiele wie »Die Ermittlung« von Peter Weiss und für Spielfilme wie »Mord in Frankfurt«, die Konfrontation der Öffentlichkeit mit der Ermordung eines Taxifahrers und dem Prozeß gegen Kulka u. a., später dann für biographisch gefärbte Romane wie »Die Bertinis« von Ralph Giordano und die eindringliche Dokumentation von Peter Fechner über den Majdanek-Prozeß. In allen genannten Beispielen spiegelten sich die Wirklichkeiten der Verbrechen des NS-Staates.

Es mag heute schwer verständlich sein, aber in den fünfziger und sechziger Jahren wurde gerade durch die öffentliche Auseinandersetzung der Deutschen mit der NS-Zeit im Zusammenhang mit den großen NS-Strafverfahren die innere Konfrontation der Deutschen mit ihrer Zeitgeschichte auf eine feste Grundlage gestellt. Diese Konfrontation hatte Auswirkungen auf die Reflexion über die Zeitgeschichte und erklärt, weshalb es seit der Mitte der sechziger Jahre immer wieder zu Ausweitungen der Verjährungsfristen für Mord – bis hin schließlich zur Abschaffung jeder Verjährungsfrist für Mord im Jahre 1979, und zu immer schärfer geführten Diskussionen über die Verstrickungen einzelner in das NS-System und schließlich über die Prägung der deutschen Gesellschaft und ihrer Nachkriegskultur durch den Nationalsozialismus kam.

Die sich an den großen Auschwitz-Prozeß anschließenden weiteren Verfahren über die anderen großen Vernichtungslager und Vernichtungsaktionen festigten letztlich ein Bild von der NS-Wirklichkeit, das die siebziger und die achtziger Jahre prägte.[15]) Vor diesem Hintergrund wurden dann auch durch die Geschichtswissenschaft große Verbrechenskomplexe erschlossen, die bis dahin, wie die Einsatzgruppenmorde[16]) und der industriemäßig betriebene Völkermord, niemals im Mittelpunkt einer strafrechtlichen Aufarbeitung gestanden hatten, ebenso wie die Ermordung sowjetischer Kriegsgefangener[17]), die systematische Vorbereitung der Morde an Geisteskranken, die Vernichtung der Roma und Sinti oder die Ermordung der KZ-Häftlinge in den letzten Monaten des Krieges.[18])

Der Schwerpunkt der NS-Prozesse konzentrierte sich auf die Verbrechen des Völkermords an den Juden. Besonders bemerkenswert ist in diesem Zusammenhang das Zusammenwirken von jüngeren Staatsanwälten, von entschlossenen Richtern, von Künstlern und von Publizisten sowie von Pädagogen und Wissenschaftlern, die in den fünfziger und sechziger Jahren das deutsche Klima der zeithistorischen Kontroversen prägten. Wichtig war ohne Zweifel auch der Systemkonflikt in Deutschland, der sich immer auf den Umgang mit der jüngsten Vergangenheit erstreckte. So unbestritten in diesem Zusammenhang heute ist, daß die DDR keinesfalls als der reine, einen neuen Anfang verkörpernde bessere nachnationalsozialistische Staat gelten kann, so unbestreitbar ist, daß die propagandistische Auseinandersetzung der DDR mit dem westdeutschen Kontinuitätsproblem das Ziehen jenes Schlußstrichs verhinderte, der immer wieder und von durchaus einflußreichen Gruppen und Persönlichkeiten gefordert worden war. Daß die für Deutschland typische doppelte Vergangenheitsbewältigung unter den Einfluß des Kalten Krieges geriet, ist sogar besonders charakteristisch für die Auseinandersetzung der Deutschen mit der NS-Zeit und möglicherweise noch bedeutender als der von Kritikern dieses Prozesses immer wieder betonte Versuch der westdeutschen Regierung, internationale Erwartungen zu erfüllen.[19])

Diese gegenseitige Abhängigkeit sollte aber auch den pauschal über lange Zeit hinweg von den Kritikern der Bundesrepublik erhobenen Vorwurf mindern, die deutsche Justiz habe generell bei der Aufarbeitung der NS-Gewaltverbrechen versagt. Dieser Vorwurf kann sich allerdings auf drei Bereiche stützen:

- Auf die quälend langsame Ahndung medizinischer Verbrechen[20]) im weitesten Sinne,
- auf die fast völlige Entlastung der sogenannten Justiztäter[21]), die ohne Not aus dem Strafrecht ein Herrschaftsmittel machten und aus der Rassenideologie der Nationalsozialisten die Konsequenz abgeleitet hatten, das Recht beugen zu können, weil es die NS-Führung befahl,
- und schließlich auf die nur geringe Bestrafung der Angehörigen der Führungsschichten in Wirtschaft und Staat, die sich immer wieder auf ihre begrenzte Verantwortung für die NS-Zeit beriefen und auf diese Weise ihre Beteiligung an nationalsozialistischen Gewaltverbrechen leugnen wollten.

Unmittelbar nach Kriegsende, das die NS-Gegner als Befreiung von der NS-Herrschaft und viele Deutsche als Voraussetzung ihrer Befreiung von einer ohne jeden Zweifel schrecklichen Zukunft empfanden, war unübersehbar, daß die Deutschen in ihrer Mehrheit eine Bestrafung der »Rechtsschänder« akzeptierten, ja diese wollten. Dies ist nach dem Zusammenbruch von Diktaturen allerdings eine vertraute Erscheinung, denn viele derjenigen, die sich der Diktatur willig angepaßt hatten, fühlten sich nach dem Sturz der Diktatoren betrogen und begannen, sich weniger als Täter oder Menschen zu sehen, die durch ihre Passivität die Diktaturen ermöglicht hatten, sondern sie begreifen sich vor allem als Opfer.

Bereits im Widerstand und im Exil hatten deutsche Regimegegner Überlegungen angestellt, die sich mit den Plänen der Alliierten in Einklang bringen ließen, NS-Gewalttäter zur Verantwortung zu ziehen. Sie hatten sich im Ausland an der Vorbereitung dieser Verfahren beteiligt, Dokumente gesammelt, Verantwortlichkeiten rekonstruiert und schließlich durch die Mitwirkung an der Formulierung von Anklageschriften die Eröffnung von Strafverfahren gegen die bekannten »Hauptkriegsverbrecher« in Nürnberg ermöglicht. Die im Zusammenhang mit diesem Prozeß zusammengestellten Dokumentenbände sind für viele Jahre eine sehr wichtige Grundlage für die wissenschaftliche Zeitgeschichtsforschung geworden, ebenso wie jene »Nachfolgeprozesse«, die in der zweiten Hälfte der vierziger Jahre gegen einzelne Mitglieder wichtiger Funktionsgruppen in Staat, Wehrmacht, SS und Wirtschaft geführt worden sind.

Ende der vierziger Jahre wurden auch Prozesse gegen NS-Täter in alleiniger deutscher Verantwortung vorbereitet. Einer der ersten Prozesse richtete sich gegen Wachmannschaften des Wuppertaler KZ Kemna.[22]) Die ersten Prozesse zielten auf die Bestrafung einzelner Schuldiger, verzichteten also auf die Erhellung ganzer Tatbestandskomplexe. Dies war ein legitimes Verfahren, wenn es um die Ahndung persönlicher Schuld ging. Allerdings wurde diese Art des Vorgehens Anfang der fünfziger Jahre ganz entscheidend durch die heute als Unrecht bezeichnete Pauschalität der Strafverfahren diskreditiert, die in der DDR in »Waldheim« geführt wurden. Selbst im Ausland schien sich unter dem Eindruck des vielfach nur »kurzen Prozesses«, den man in Waldheim ebenso wie Anfang der fünfziger Jahre gegen deutsche Kriegsgefangene in der Sowjetunion einzelnen Angeklagten machte, die Ansicht zu verbreiten, bei der Ahndung von NS-Verbrechen handelte es sich um eine besondere Form politischer Verfolgung. Vor allem aus diesem Grund gelang es immer wieder NS-Verbrechern, aus Deutschland zu entkommen. Dadurch verstärkte sich sogar vereinzelt die Neigung, den NS-Gewalttätern bei ihrer Flucht nach Südamerika oder in den Nahen Osten zu helfen.

Hinzu kamen die Forderungen ehemaliger Nationalsozialisten und vor allem ehemaliger Wehrmachtsangehöriger, einen Schlußstrich zu ziehen. Diese Forderungen verstärkten sich in den fünfziger Jahren, als die Debatte über die deutsche Wiederbewaffnung mit einer Amnestierung verknüpft wurde. Derartige Forderungen waren bereits unmittelbar nach der Gründung der Bundesrepublik erhoben worden und hatten die Tendenz verstärkt, die auf die Beendigung der Strafverfolgung von NS-Tätern zielte: Einerseits prägte die deutsche Gesellschaft so in den frühen fünfziger Jahren eine Art »Gnadenfieber« (R. M. W. Kempner), also ein angeblich in der Bevölkerung sehr verbreitetes Begehren, »endlich« einen als längst überfällig gedeuteten Schlußstrich zu ziehen[23]); andererseits überlagerte sich diese Forderung mit der Absicht, die vielfältig Belasteten der NS-Zeit wieder in die Gesellschaft und vor allem in das deutsche Beamtentum zu integrieren.[24]) Daneben gab es freilich andere Positionen, deren Vertreter sich vehement dieser Neigung »moralisch Anspruchsloser«, wie sie der erste deutsche Bundespräsident Theodor Heuss 1952 bei der Einweihung der Gedenkstätte in Bergen-Belsen nannte, widersetzten.

Das Begehren eines Schlußstrichs richtete sich auch entschieden gegen die im Zeitablauf sehr unterschiedlichen Formen deutscher Entnazifizierungspraxis, die sich aus den frühen Maßnahmen der Alliierten unmittelbar nach der Befreiung Europas von der NS-Herrschaft entwickelt hatten, nach 1949 dann in deutsche Verantwortung gerieten und ursprünglich nicht zuletzt darauf abgezielt hatten[25]), Angehörige der NS-Elite politisch auszuschalten und staatliche Institutionen von ihnen als Trägern einer NS-Gesinnung zu säubern. Die Notwendigkeit dieser Maßnahmen leuchtet unmittelbar ein, wenn man an Einrichtungen der Gestapo denkt, deren Angehörige aber niemals kollektiv vor Gericht gestellt wurden, ebensowenig wie die Angehörigen des SD oder der Abwehr, die nicht selten sogar fast übergangslos von neuen Diensten übernommen wurden, obwohl sie als Mitglieder verbrecherischer Organisationen galten.[26]) Mit Bestrafung darf dieser Ausschluß aus dem politischen und kulturellen Leben auf der Grundlage der Entnazifizierungsbestimmungen aber keineswegs verwechselt werden, wie die zurückhaltende Bewertung mancher eindeutiger NS-Straftäter als Mitläufer oder Minderbelastete zeigt. Ein Charakteristikum der Diskussion über die NS-Wirklichkeit in den späten vierziger und fünfziger Jahren sind vielmehr Selbsterklärung und Selbstentlastung, was die These von der »zweiten Schuld« begründete.[27])

Eine ganz andere Dimension der deutschen Auseinandersetzung mit den NS-Verbrechen begann erst mit den großen Strafprozessen seit den fünfziger Jahren und am Ende dieses ersten Jahrzehnts bundesdeutscher Geschichte unter dem Eindruck des Ulmer Einsatzgruppenprozesses, die in die systematische »Ausforschung« der großen Komplexe nationalsozialistischer Gewaltverbrechen durch die Ludwigsburger Zentrale Stelle der Landesjustizverwaltungen mündeten. Damals hatte sich nämlich herausgestellt, daß nur eine systematische Erfassung von Taten und Beteiligten die Chance bot, den Wettlauf gegen die damals noch bestehenden Verjährungsfristen für Mord zu gewinnen. Anfang der sechziger Jahre verjährten Totschlagsdelikte, und es war absehbar, daß 1965, zwanzig Jahre nach dem Ende des NS-Staates, auch Mord zu verjähren drohte. Alle NS-Täter, gegen die bis dahin kein Ermittlungsverfahren eingeleitet worden wäre, hätten nach dem Beginn dieser Verjährung nicht mehr zur Verantwortung für ihre Vergehen gezogen werden können.

In der deutschen Öffentlichkeit waren damals Fragen der Verjährung höchst umstritten.[28]) Mehrheitlich befürworteten die Deutschen, wie Umfrageergebnisse zeigten, einen deutlichen »Schlußstrich«. Dabei argumentierte man nicht so sehr mit dem Gewicht der Taten als vor allem formaljuristisch. In Übereinstimmung mit dem rechtsstaatlichen Grundsatz des Rückwirkungsverbotes dürfe es kein Sonderstrafrecht für NS-Täter geben. So war die Neufestsetzung des Anfangsdatums für die Berechnung der Verjährungsfristen auf das Jahr 1949, die Gründung der Bundesrepublik Deutschland, ein erster und wichtiger Fortschritt.

Mit dieser Fristverlängerung glaubte man, ausreichend Zeit für die systematische Durchsicht der Archivunterlagen und der sonstigen wissenschaftlichen Unterlagen gewonnen zu haben. Eine Schlüsselstellung hatten in diesem Prozeß die an der Ludwigsburger Zentralen Stelle beschäftigten Staatsanwälte. Sie sichteten erstmals systematisch die ihnen zugänglichen Unterlagen über NS-Verbrechen, gaben nach Vorermittlungen Verfahren an die zuständigen Justizstellen in den Ländern ab und verfolgten auch den weiteren Verfahrensgang, um neue Aufschlüsse über NS-Verbrechen zu gewinnen. Dazu bedienten sie sich in zunehmendem Maße auch der wissenschaftlichen Forschung und beauftragten immer wieder Mitarbeiter des Münchener Instituts für Zeitgeschichte, wissenschaftliche Gutachten anzufertigen. Das Münchener Institut, das zunächst gegründet worden war, um die Auseinandersetzung der Deutschen mit der nationalsozialistischen Zeit in der politischen Bildung zu fördern, erhielt nun nicht allein einen wichtigen neuen Aufgabenbereich, sondern auch eine weitere Grundlage seiner kontinuierlichen Forschungs- und Sammlungsarbeit.

Die sich anbahnende Verbindung zwischen wissenschaftlicher Zeitgeschichte (die an den Universitäten noch keineswegs in dem Maße etabliert war, wie wir aus heutiger Sicht vermuten) und der Justiz beeinflußte die wissenschaftliche Erforschung der NS-Zeit ganz außerordentlich. In den fünfziger Jahren hatte der Völkermord an den Juden keineswegs im Zentrum der zeitgeschichtlichen Forschung gestanden, sondern vor allem die Frage nach den Gründen für das Scheitern der ersten deutschen Demokratie, der Weimarer Republik. Das änderte sich allmählich in den sechziger Jahren, weniger durch die Veröffentlichung des Tagebuchs der Anne Frank, sondern vor allem durch ein schmales, aber eindringliches Buch, das Wolfgang Scheffler über die »Judenverfolgung« im Dritten Reich geschrieben und erstmals 1961 veröffentlicht hatte.[29]) Eine Reihe anderer Arbeiten folgte, vor allem von ausländischen Historikern[30]), und sie konnten nicht selten auf jenen Materialien aufbauen, die im Zusammenhang mit dem Eichmann-Prozeß und den deutschen »KZ-Prozessen« zusammengetragen und analysiert worden waren und sich heute in der Ludwigsburger Zentralen Stelle befinden.

Hier wird sichtbar, in welchem Maße die NS-Prozesse die wissenschaftlichen Voraussetzungen für die Erforschung des Völkermords an den Juden und der nationalsozialistischen Gewaltverbrechen verändert haben. Mentale Gründe spielten dabei ebenso eine Rolle wie politische und pädagogische. Durch die Notwendigkeiten der Prozeßvorbereitungen waren auch die finanziellen Schwierigkeiten zeitgeschichtlicher Forschung zumindest in diesem Bereich gemindert, denn erforscht werden mußte aus zwingenden Gründen, was rechtlich relevant werden konnte. Durch die Notwendigkeiten der NS-Strafverfahren standen so Forschungsmittel zur Verfügung, die sich aus dem Zwang zur rechtlich gebotenen Ausforschung der Straftaten ergaben. Es waren nunmehr Archivstudien im Ausland, etwa in Israel, aber auch, unbeschadet der Hallstein-Doktrin, in Polen und in der UdSSR, nicht zuletzt auch ausgedehnte Forschungsreisen mit Archivstudien möglich. Durch die Ermittlungsverfahren wurde ein geradezu unüberschaubares Material mündlich überlieferter Geschichte bereitgestellt. Diese günstige zeitgeschichtliche Quellenlage wurde durch die Hauptverhandlungen noch einmal verbessert.[31])

Da die angeklagten mutmaßlichen NS-Täter selbstverständlich den vollen verfahrensrechtlichen Schutz des Rechtsstaates genossen, waren die Organe der Rechtsprechung verpflichtet, über die reinen historischen Tatsachen und Ereignisse hinaus auch die Begleiterscheinungen und zeitspezifischen Begleitumstände der den Beschuldigten und Angeklagten angelasteten Straftatbestände zu ermitteln, um diese im Zusammenhang mit der Verurteilung der Angeklagten angemessen und umfassend würdigen zu können. Die Voraussetzungen für diese komplexe historische Würdigung der Tatbestandskontexte hatten wiederum zu einem guten Teil zeithistorische Gutachter zu schaffen, indem sie Kontexte rekonstruierten, Befehlsketten analysierten, Überlieferungen überprüften und Handlungsspielräume des Fehlverhaltens auszuloten suchten. In diesem Zusammenhang mußten sie auch die Argumente der Verteidigung, die insbesondere auf den angeblichen »Befehlsnotstand« abhoben, sorgfältig prüfen – dies übrigens mit dem

Ergebnis, daß sich kein einziger Beleg für die oft von den Schuldigen zu ihrer Entlastung angeführte These von der Lebensbedrohlichkeit der Befehlsverweigerung im Zusammenhang mit Vernichtungsaktionen nachweisen ließ. Derartig eindeutige und vor Gericht zu verwertende Forschungsergebnisse ließen sich nur nach sorgfältiger Auswertung des gesamten bekannten Materials formulieren – man kann sich vorstellen, welche außerordentlichen zeitgeschichtlichen Forschungsleistungen gerade durch die NS-Prozesse angestoßen wurden.

Die strenge Beachtung der Grundsätze des Rechtsstaates in NS-Verfahren war oftmals allerdings für die beteiligten Zeugen eine große psychische Belastung und Zumutung, stellte aber auch für die Öffentlichkeit eine starke Herausforderung dar, die den Gerichten nicht selten eine erschreckende Emotionslosigkeit oder gar die Neigung zur Begünstigung der Täter unterstellte. Es konnte beispielsweise geschehen, daß historisch ohne Zweifel schuldige Angeklagte in strafrechtlicher Hinsicht außerordentlich begünstigt wurden, weil die ihnen angelasteten Untaten, die historisch wiederum gesichert waren, persönlich oder zeitlich nicht zweifelsfrei von den Zeugen zuzuordnen waren. Diese erinnerten sich an die Ereignisse, aber nicht mehr an Tag, Stunde oder Dienstrang der Angeklagten, denen sie gegenübergestellt wurden.

Diese Probleme vergrößerten sich mit der zunehmenden zeitlichen Distanz zwischen Straftat und Prozeß. So ist unbestreitbar, daß in vielen der NS-Prozesse ein Moment des Unrechts angesichts der Bestrafungserwartungen der Opfer lag, daß es vielfach gerade nicht zur angemessenen Verurteilung der Täter für ihr strafwürdiges Verhalten kam und die Bestrafung so auch kaum jene versöhnende Wirkung zu entfalten vermochte, die man ihr gerade im Fall der NS-Verbrechen unterstellte. Deshalb ist es wichtig, zur Rechtfertigung der NS-Prozesse weitere Aspekte in den Blick zu rücken.

Gerade die sehr häufig bewiesene Sorgfalt bei Ermittlung und Würdigung der Tatumstände von NS-Verbrechern führte nämlich letztlich dazu, daß die NS-Prozesse in ihrer strafrechtlichen, vor allem aber auch in ihrer historischen Bedeutung in der deutschen Öffentlichkeit anerkannt wurden und die Verfolgung der Juden zu einer der besterforschten Tatsachen der deutschen Zeitgeschichte wurde. Nicht einmal Rechtsextremisten stellten die historische Substanz der ermittelten Befunde in Frage, sondern versuchten in der Regel allein, die Bedeutung der Fakten und des Fehlverhaltens herunterzuspielen. Erst in jüngster Zeit wird der in den Strafverfahren ermittelte und vielfach erst im Zuge der Prozesse rekonstruierte historische Befund bezweifelt. Dies ist die strafrechtliche Brisanz des Zweifels (»Auschwitz-Mythos«) an der historischen Wirklichkeit des Völkermords: daß mit dieser Unterstellung bezweifelt werden kann, was Juristen gemeinsam mit Wissenschaftlern und Einrichtungen der Rechtspflege in langen Jahrzehnten der NS-Prozesse herausgearbeitet haben – die Wirklichkeit der Einsatzgruppenmorde, der Deportation zum Zwecke der »Präparierung der Opfer« (H. Arendt) und der Realisierung des Völkermords in den großen Anlagen industriemäßig betriebener Tötung, Vernichtung von Leichnamen und die Morde in den Vernichtungslagern des Ostens.

Angesichts der Sorgfalt, die Juristen wie Wissenschaftler bei der Ermittlung von Tatsachen aufgewendet haben, ist es verständlich, daß sich Juristen gegen die »Auschwitz-

Lüge« wehren. Denn deren Anhänger zielen nicht nur auf die Verzeichnung der Vergangenheit, sondern ebenso auf eine Diffamierung der deutschen Rechtsprechung, die gerade in den NS-Strafverfahren die größte Sorgfalt bewies. Deshalb greift eine Kritik zu kurz, die vor allem die Verteidigung der hehren Prinzipien der Wissenschaftsfreiheit zu bemühen vorgibt, wenn sie sich gegen die Strafbarkeit der Verbreitung des angeblichen »Auschwitz-Mythos« wendet und dagegen Postulate angeblicher Wissenschaftsfreiheit proklamiert.

Durch eine Akzeptierung rechtsextremistischer Zweifel an der Realität von Auschwitz werden nicht die Grundlagen der Wissenschaftsfreiheit verteidigt, sondern der Zweifel an der Legitimität von NS-Prozessen genährt, die für das Selbstverständnis der Bundesrepublik Deutschland als nachnationalsozialistische Ordnung von konstitutiver Bedeutung waren und weiterhin sind. In diesen Prozessen dokumentiert sich der Anspruch, trotz aller Einwände, die aus Integrationsabsichten resultieren, eine nach- und auch antinationalsozialistische Ordnung zu schaffen. Im Gegenteil: gerade weil zahllose Verfahren die Realität der Endlösung zweifelsfrei festgestellt haben und die NS-Strafprozesse, von ganz wenigen Ausnahmen in rechtsextremistischen Kreisen abgesehen, niemals als Ausdruck der Willkürjustiz eingeschätzt wurden, errangen die Verfahren gegen NS-Straftäter eine hohe Anerkennung in der Bevölkerung und trugen erheblich dazu bei, wissenschaftliche Forschungsergebnisse deutscher und internationaler Zeithistoriker im öffentlichen Bewußtsein und in der politischen Bildung zu verankern.

Die Angeklagten hatten Anspruch auf rechtliches Gehör, sie konnten sich der Hilfe von Verteidigern ihrer Wahl bedienen und nach persönlichen Entlastungsgründen suchen, wie es in einem Rechtsstaat das Recht jedes Angeklagten ist. Das Gericht konnte, es sei noch einmal betont, aus Gründen der Rechtsstaatlichkeit auch nicht darauf verzichten, die NS-Täter in ihren jeweiligen Handlungsbedingungen und -bezügen sichtbar werden zu lassen. Dies war wichtig, um die entscheidende Frage nach der Allein- oder Mittäterschaft zu prüfen, um Exzeßstraftaten von systembedingten Straftaten abzugrenzen, um die Voraussetzungen persönlicher Verantwortung zu klären. Vor dem Hintergrund dieser Differenzierungen wird zugleich verständlich, weshalb trotz aller Erschwernis für die Verfahren letztlich die Entscheidung richtig war, neben der Beurteilung von Einzeltaten auch die Gesamttatbestandskomplexe zu ermitteln.

Deshalb wurden von Zeithistorikern, unter denen besonders Wolfgang Scheffler[32]) zu erwähnen ist, genauestens die Entscheidungs- und Befehlsstrukturen des Völkermords erforscht. Historiker wie er rekonstruierten dabei ebenso die Verlaufsgeschichten von Mordaktionen wie die Baugeschichte der Lager, ja die Geschichte der Gaskammern und der Krematorien. Sie legten ebenso wie die Mitarbeiter der Zentralen Stelle Fallstudien und Gutachten von exemplarischer Bedeutung vor, darunter Gutachten über einzelne Einsatzgruppen, und reflektierten immer die angeblichen gesetzlichen Grundlagen des Unrechts und der Disziplin von Staat, Wehrmacht und SS.

Immer wieder versuchten sie, die Voraussetzungen der tatsächlichen Verbrechen detailreich und quellennah zu rekonstruieren. Weil sie dabei auch auf die in Ost- und Ostmitteleuropa liegenden Quellenbestände zurückgreifen mußten, war ihre Basis in der Regel erheblich besser als die der an den Universitäten betriebenen Zeitgeschichte. Dies spiegelte aber auch Unterschiede im Selbstverständnis der Zeithistoriker wider, deren Vertreter zudem häufig im politikwissenschaftlichen Umfeld arbeiteten und die sich deshalb vor allem auf demokratie- und diktaturtheoretische Fragen konzentrierten. Im Unterschied zu vielen an den Universitäten lehrenden Zeithistorikern, die das Ende der Weimarer Republik oder die Entstehung nationalsozialistischer Herrschaft untersucht und vor allem Regierungsgeschichte betrieben hatten, wandten sich allein Zeithistoriker im Zusammenhang mit den NS-Prozessen den konkreten Fragen einer Durchsetzung nationalsozialistischer Herrschaft im Alltag zu. Sie rückten die Verbindungen zwischen Tätern und Opfern, aber auch zwischen den bedrohten Juden und der deutschen Gesellschaft in den Blick oder versuchten, ihre komplexen Beziehungen zu rekonstruieren.

Die Bedeutung dieses Vorgehens zeigte sich in der Debatte über einen wichtigen Aspekt des Eichmann-Prozesses: die Verhaltensweise der Mitglieder der jüdischen Selbstverwaltung in den Ghettos des Ostens, die von der SS-Führung zur Mitwirkung an der Vorbereitung der Vernichtung von Juden gezwungen worden waren. Dieses Problem macht einen wichtigen Kern der Debatte aus, die Hannah Arendt angestoßen hatte.[33]) Historiker konnten zeigen, welchen Zwängen viele der Juden ausgesetzt waren. Sie benannten konkrete Verantwortlichkeiten und konnten so das Stereotyp des todeswilligen und passiven Opfers, das sich »wie ein Schaf zur Schlachtbank« führen ließ, erheblich korrigieren.

Hier zeigt sich, wie die Erforschung der Tätergeschichte die Untersuchung der Geschichte der Opfer beeinflussen konnte. Die Täter, die den Völkermord an den Juden verübten, hatten als Überlebende im Unterschied zu ihren Opfern weitaus bessere Möglichkeiten gehabt und genutzt, durch gezielte Überlieferung das Bild der Vergangenheit, die Historie, in ihrem Sinne zu beeinflussen. Die Überlebenden, so kann man sagen, sind die Sieger der Geschichte, und das waren in der Regel die Täter. Die Historiker hatten in den NS-Prozessen nicht selten die Aufgabe, die Überlieferung der »Opfer« zum Sprechen zu bringen.

Der Historiker konnte hier durch seine wissenschaftlichen Fähigkeiten im Bereich der Quellenkritik korrigierend in eine einseitige Überlieferung durch die »mündliche Geschichte« der Täter eingreifen, er konnte die »stummen Zeugen« zum Sprechen bringen und ihr Zeugnis mit den Aussagen der Überlebenden konfrontieren. Vor Gericht prallten überlebende Opfer und die sich im Strafverfahren mit allen ihnen gebotenen Mitteln verteidigenden Täter aufeinander, und nicht selten war der Historiker als Sachverständiger derjenige, der allein in der Lage war, durch seine Quellenkenntnis und seine Erfahrungen Widersprüche aufzuklären oder den Selbstschutzbehauptungen der Täter entgegenzutreten, auf diese Weise zugleich aber den Opfern das Gefühl der Gerechtigkeit und des Verstandenseins zu verschaffen. Vielleicht konnten die Opfer nur so akzeptieren, daß die Angeklagten in Übereinstimmung mit dem Strafrecht und dem Prozeßrecht einen Anspruch auf die Bewertung ihrer Taten hatten und strafrechtliche Schuld nicht gleichbedeutend war mit historischer Verantwortung.

Vor allem in diesem Zusammenhang wurden umfangreiche historische Gutachten erarbeitet, die nicht selten grundlegend für die wissenschaftliche Erforschung der NS-Zeit waren. Die bis heute wohl bekannteste Sammlung von Gutachten legte das Institut für

Zeitgeschichte über den »SS-Staat«[34]) vor. Ursprünglich vielfach in den frühen sechziger Jahren im Zusammenhang mit dem Frankfurter Auschwitz-Prozeß entstanden, sind sie bis heute schlechthin grundlegend geblieben und boten zugleich der historischen Forschung und der zeitgeschichtlichen Lehre eine feste Grundlage. Auch die Edition über Prozesse aus dem »Reinhard-Komplex«[35]) sind für die zeithistorische Forschung unverzichtbar. Heiner Lichtenstein stellte den Ertrag des Majdanek-Prozesses dar[36]) und legte damit einen wichtigen Beitrag zur Geschichte des Vernichtungslagers und zur Prozeßgeschichte vor. Auch andere auf ganz unterschiedliche Weise in die Geschichte verschiedener Prozesse involvierte Juristen und Publizisten[37]) haben in diesen Strafverfahren wichtige Ansatzpunkte zeitgeschichtlicher Überlieferung gesehen.

Allerdings gibt es auch Grenzen einer zeitgeschichtlichen Forschung im Zusammenhang mit den NS-Prozessen. Sie resultieren vor allem aus den Prozeßzwecken selbst.[38]) Diese lassen sich primär durch die Aufgabe der Rechtsfindung und Rechtsprechung bestimmen. Deshalb steht die Erforschung von Tatsachen, von Verhaltensregulativen und von Handlungsspielräumen im Mittelpunkt. Dies ist viel – es markiert aber nicht entfernt das Gesamtspektrum des Historischen im Bereich der NS-Gewalttaten. Die Forderung, die Bedingungen einer strafrechtlich zu bestimmenden persönlichen Verantwortung im Zusammenhang mit der Bestimmung möglicher Schuld zu erfassen und die daraus abgeleitete Bestrafung eines individuellen Fehlverhaltens abzuleiten, berührt in der Regel nur die personenbezogene Funktion der Rechtsprechung, die aufgefordert ist, nach sorgfältiger Ermittlung von Ereignissen und Situationen auf der Grundlage des einschlägigen Verfahrensrechtes Straftatbestände zu ermitteln und zu bewerten, weniger aber die Erfassung des gesellschaftlichen und kulturellen Umfelds historischer Entscheidungen und Ereignisse zur Aufgabe hat.

Eine Folge des personenbezogenen Zugriffs der Rechtsprechung ist beispielsweise, daß die Gerichtsverhandlungen mündlich geführt werden, daß sie fast ausnahmslos öffentlich zugänglich bleiben und daß die Zuständigkeiten der Ermittlungsbehörden ebenso wie die der Gerichte für den verhandelten »Fall« peinlich zu beachten sind. Rechtsstaatlich einwandfreie Verfahren erfordern auch, daß die Rechtsprechung bei der Rekonstruktion von vergangenen Tatbeständen ebenso gesellschaftliche Zusammenhänge zu berücksichtigen hat. Damit ist ein sehr schwieriger Bereich angesprochen, der nicht nur den sozialen und kulturellen Kontext von Taten, sondern schließlich sogar die soziokulturelle Einbindung und Prägung der Richter berührt.

Denn die Deutung gesellschaftlicher Kontexte vergangener Handlungen ist von den Kriterien abhängig, die gegenwartsgeprägt sind. Auch hier wirkt die wissenschaftliche Zeitgeschichte in vielen NS-Prozessen korrigierend. So wurde für die Urteilsfindung in den sechziger Jahren die Frage nach der Verantwortung des einzelnen für NS-Verbrechen bedeutsam. Die Mitwirkung von Historikern erwies sich auch bei der Würdigung von Verhaltensspielräumen und Fehlverhalten der Angeklagten als notwendig. Historikern kommt also ebenso wie Psychologen in den Strafprozessen gegen Menschen, deren Verbrechen nicht selten aus den Zielsetzungen des Staates, dem sie dienen wollten, zu erklären sind, eine große Bedeutung zu, denn nur sie scheinen in der Lage zu sein, unabhängig von ihren persönlichen Prämissen die vor einer Verhängung von Strafen zu bewertenden Tatbestände in übergreifende Zusammenhänge einzuordnen und so allgemeine Bezüge für eine Auseinandersetzung mit den Gewaltverbrechen bereitzustellen.

Durch diese Einordnung kann die eigentliche Rechtsprechung den Bedingungen der Straftat ebenso wie der Persönlichkeit der Angeklagten besser gerecht werden, als es eine nur abstrakte Reduktion von normierbaren Tatbeständen auf Gesetzesbestimmungen vermöchte. Der Historiker wurde in diesem Zusammenhang aber nicht nur zum Gutachter in häufig langwierigen und thematisch komplexen Strafverfahren, sondern ihm wurde es nicht selten erst durch Strafprozesse auch ermöglicht, »Ahnungslosigkeit, Unwissen und Böswilligkeit«[39]) zu überwinden und über die Geschichte der NS-Zeit wissenschaftlich zu arbeiten, dies nicht selten in Bereichen, die ihm sonst wegen des häufig gebotenen und die wissenschaftliche Forschung nicht selten ungemein beengenden rigiden Daten- und Persönlichkeitsschutzes versperrt waren.

Gerade der Blick auf die gegenwärtigen Probleme des vereinigten Deutschland und die Schwierigkeiten eines strafrechtlichen Umgangs mit der Geschichte der DDR[40]) zeigen, wie schwer es nach dem Kriege gewesen sein muß, die juristische Ahndung nationalsozialistischer Gewaltverbrechen in der deutschen Gesellschaft gegen breite gesellschaftliche Bestrebungen und Tendenzen des Verdrängens und Vergessens durchzusetzen. Dies gelang, weil einige wenige nicht dem allgemeinen, in der deutschen Gesellschaft weithin verbreiteten »Gnadenfieber« erlagen, weil sie sich nicht auf die »kalte Amnestie« einstimmen ließen oder gar beeindruckt waren von den Ankündigungen gesellschaftlicher Spaltungen, die durch Versöhnung überbrückt werden sollten.

Sie wollten »Wiedergutmachung« und entschieden sich dabei nicht nur für Restituierung und Renten für die Opfer, sondern auch für Strafverfolgung des begangenen Unrechts. In ihrer Entscheidung ließen sie sich nicht von finanziellen Nutzenüberlegungen beeinflussen, deren Vertreter nicht einmal davor zurückschreckten, im Fall einer materiellen Wiedergutmachung den Bankrott des Staates anzukündigen.[41]) Je mehr die Wirklichkeit des NS-Staates vor das Auge gerückt wurde, desto schwerer hatten es die Vertreter der Amnestieforderung. Tatsächlich wurden nur wenige Verantwortliche zur Verantwortung gezogen, und ihre Zahl stand in keinem Verhältnis zu den Dimensionen des Völkermords. Aber die Auseinandersetzung mit ihren Taten, mit ihrem Leben und auch mit ihrer Erbärmlichkeit vor Gericht leistete einen entscheidenden Beitrag dazu, daß die NS-Vergangenheit nach 1945 nicht vergehen, nicht verdrängt und auch nicht verfälscht werden konnte.

In dieser Hinsicht läßt sich auch die Kontinuität zwischen den Zielen des Widerstands und denen der emigrierten Regimegegner und der Auseinandersetzung mit den Gewaltverbrechen betonen. Die Gruppe derjenigen, die in gleicher Weise die Bestrafung der Schuldigen und die Wiedergutmachung des an ihnen verübten Unrechts beanspruchen konnten, war vielfältig. Zu ihnen gehörten

- die aus Deutschland vertriebenen Emigranten,
- die Juden als rassisch Verfolgte, denen nicht nur die Gleichberechtigung abgestritten, sondern auch die Voraussetzungen des nackten Überlebens systematisch genommen wurden,

- die politischen Gegner der NSDAP aus der Zeit vor 1933, die Opfer einer »Legalisierung« der Rache (Theodor Wolff) werden sollten,
- Regimegegner, die auch nach Hitlers Regierungsübernahme in der verfassungswidrigen Konsolidierung der nationalsozialistischen Diktatur die Legitimierung ihres Widerstands erblickten und Opfer des nationalsozialistischen Terrors wurden,
- Intellektuelle, die die eigene Autonomie als Grundlage ihrer Existenz nicht aufzugeben bereit waren.

Sie hatten immer gefordert, die nationalsozialistischen Untaten zu sühnen und die Entrechteten wieder in ihr altes, ihnen zustehendes Recht einzusetzen. Aber sehr viele der überlebenden Verfolgten hatten in der Konfrontation mit Strafverfahren – und das hieß: mit ihren Peinigern und deren Verteidigern – resigniert.[42]) Sie beklagten ihre ermordeten Angehörigen und wußten, daß sie niemals wieder in Deutschland richtig heimisch werden oder gar Vertrauen zu den Deutschen fassen konnten. Manche von ihnen waren gerade durch die Suche nach historischer Wahrheit, wie sie Gutachter symbolisierten, beeindruckt und versöhnt. Denn in den schwarzen Stunden ihrer Bedrohung hatte sie immer wieder der Gedanke beschäftigt, wie die Nachwelt über den durchlebten Schrecken der Verfolgung und Entrechtung, der Beraubung und Verschleppung, der Selektion und der Vernichtung durch Arbeit, schließlich durch den Mord im Osten Kenntnis erlangen könnte.

Die Zeugen in den NS-Verfahren hatten unter großen Mühen im Ausland die Voraussetzungen ihres Überlebens im Exil, vor 1945, aber auch nach ihrer Befreiung, geschaffen und wurden nicht selten in Deutschland selbst durch eine immer deutlicher und geradezu spürbar werdende Neigung der moralisch Selbstgerechten abgestoßen, die einen »Schlußstrich« forderten und sich immer eher selbst zu entlasten trachteten als nach Erklärungen für das eigene individuelle oder das nationale Fehlverhalten zu suchen.

Das ganze Ausmaß der Verbrechen, die zunächst in Deutschland, seit 1935 im Saarland, vom März 1938 an in Österreich, wenig später im dem Reich eingegliederten Sudetenland, seit Frühjahr 1939 im sogenannten Protektorat Böhmen und Mähren, dann seit der Entfesselung des Zweiten Weltkrieges in Polen und schließlich in allen von der deutschen Wehrmacht besetzten Gebieten verübt worden waren, war der Welt früh bekannt geworden, so wenig man sie glaubte und Konsequenzen zog.[43]) Auch den zur Flucht gezwungenen deutschen Emigranten war das von den Nationalsozialisten geplante Verbrechen des Völkermords fast immer in seinen Grundzügen bekannt gewesen. Sie hatten erlebt, wie sie oder ihre Angehörigen an den Rand der Gesellschaft gedrängt wurden, wie sie ihre Stellung verloren, ihre Praxis schließen mußten, gezwungen wurden, die vertraute Schule zu verlassen und sich von Wohnung und Einrichtung zu trennen. Der Entrechtung folgte die Enteignung, die nicht selten unverhohlen als »Arisierung« von Hausbesitz und Wirtschaft bezeichnet wurde. Manche erinnerten sich daran, wie ihr Besitz wertlos geredet wurde, wie die Behörden die Ersparnisse durch willkürliche Festsetzung hoher Auswanderungsgebühren an sich rissen und Nachbarn sich an dem Hausrat bereicherten, der zurückgelassen werden mußte. Das Offensichtliche und Augenscheinliche wurde später geleugnet. Man habe nichts gesehen, so war zu hören.

Auch dieser Satz rechtfertigt die wissenschaftliche Erforschung des Verborgenen, das dann durch die NS-Prozesse ganz unübersehbar und unausweichlich in das Bewußtsein gerückt wurde.

Nach dem Parteipogrom im November 1938 hatten viele deutsche Juden am eigenen Leib Mißhandlungen erlitten und gespürt, mit welcher Konsequenz der NS-Staat sie in ihren Überlebensmöglichkeiten beschneiden wollte. Selbst viele in die Sicherheit des Auslands entkommene Gegner des NS-Staates hatten zunächst aber kaum den spärlichen Nachrichten vom Völkermord an den Juden Glauben schenken können, und diejenigen, die davon überzeugt waren, hatten es schwer, in der Öffentlichkeit des Auslandes Glauben zu finden. Selbst Hannah Arendt mußte später das eigene Unvermögen eingestehen, den Nachrichten vom systematisch vorbereiteten und verübten Völkermord Glauben schenken zu können. Vor diesem Hintergrund zeigt sich, welch große Bedeutung der über alle Zweifel erhabenen Erforschung der nationalsozialistischen Gewaltverbrechen nach der Befreiung vom Nationalsozialismus zukam.

Vor allem jene, die als politische Gegner Hitlers niemals in der Gefahr gestanden hatten, in den Sog der von den Nachlebenden dann vielfach beschworenen Faszination zu geraten, die von Hitlers sogenannten Erfolgen ausgegangen sei, hatten niemals den Gedanken an die »Bestrafung der Rechtsschänder« aufgegeben und sich sowohl im Innern des Reiches als auch im Ausland auf die Strafverfahren vorbereitet, die sich gegen die Vertreter des NS-Staates und ihre Helfer richten sollten.

Damit stellt sich die grundsätzliche Frage, ob sich mit den Möglichkeiten der Rechtsprechung überhaupt historische Forschungen betreiben ließen oder ob nicht gar in der Bundesrepublik Deutschland die justitielle Auseinandersetzung zu sehr an die Stelle der wissenschaftlichen Aufarbeitung der Zeitgeschichte getreten sei. Diese Fragen wurden nicht zuletzt von jenen politischen Kräften aufgeworfen, die nicht müde wurden, in der Auseinandersetzung mit der Vergangenheit vor allem eine Unterwerfung der Deutschen unter die Siegerjustiz, gar eine Art nationaler Selbstzerknirschung zu sehen, sei es, um den Bundesdeutschen ihre Würde abzusprechen, sei es, um ein neues Selbstbewußtsein zu fordern. Diese Kritik ist um so überraschender, je entschiedener bezweifelt wurde, daß die deutsche Nachkriegsgesellschaft sich überhaupt ihrer Vergangenheit gestellt und die NS-Zeit angemessen bewältigt habe.

Die Gegenfrage erleichtert vielleicht die Beantwortung. Man versuche sich nur einmal vorzustellen, was konkret ohne die Erforschung der Judenverfolgung und des Völkermords durch wissenschaftliche Gutachten, die im Zusammenhang mit NS-Prozessen erarbeitet worden sind, in der Nachkriegszeit an zeithistorischer Überlieferung gesichert worden wäre. Man stelle sich die Frage, ob die deutsche Geschichtswissenschaft nicht gerade durch ihre zeitgeschichtliche Öffnung einen Teil der Reputation zurückgewonnen hat, die sie durch ihre Passivität und Anpassungsbereitschaft in der NS-Zeit verloren hatte. Erst die großen NS-Prozesse und die ihnen vorausgehenden Ermittlungen haben eine feste Grundlage für unser historisches Urteil geschaffen – für die Auseinandersetzung mit jenen, die heute die Auseinandersetzung über Zahlen und Fakten, über Indizien und Spekulationen nicht nur zum politischen Gesellschaftsspiel machen, sondern auch fast erreicht haben, daß mit dem Zweifel an Auschwitz eine Leistung der Nachkriegsjustiz und wissenschaftlichen Zeitgeschichte angezweifelt werden darf, die die politische Kultur der deutschen Nachkriegsdemokratie tief beeinflußt hat und Bestandteil deutscher Identität nach der Befreiung vom Nationalsozialismus geworden ist.

Anmerkungen

[1]) Klaus Sühl, Vergangenheitsbewältigung 1945/1989: Ein unmöglicher Vergleich?, Berlin 1994; vgl. ferner Bert Pampel, Was bedeutet »Aufarbeitung der Vergangenheit«? Kann man aus der »Vergangenheitsbewältigung« nach 1945 für die »Aufarbeitung« nach 1989 Lehren ziehen? In: Aus Politik und Zeitgeschichte, B 1-2/95, S. 27ff.

[2]) Adalbert Rückerl, NS-Verbrechen vor Gericht. Versuch einer Vergangenheitsbewältigung, Heidelberg 1982, S. 105ff.; vgl. auch Die Verfolgung nationalsozialistischer Straftaten im Gebiet der Bundesrepublik Deutschland seit 1945, hrsg. vom Bundesministerium der Justiz, Bonn 1964; Götz Albrecht, Bilanz der Verfolgung von NS-Straftaten, Köln 1986.

[3]) Herbert Jäger, Verbrechen unter totalitärer Herrschaft, Freiburg 1967, Neuaufl. Frankfurt/M. 1982.

[4]) Vgl. Günter Eifler u. Otto Saame (Hrsg.), Die Frage nach der Schuld, Mainz 1989.

[5]) Gesine Schwan, Folgen nicht verarbeiteter Schuld für die demokratische politische Kultur. In: Wolfgang Jäger u. a. (Hrsg.), Republik und Dritte Welt, Paderborn 1994, S. 413-428.

[6]) Peter Steinbach, Vergangenheitsbewältigung in vergleichender Perspektive. Politische Säuberung, Wiedergutmachung, Integration, Berlin 1994.

[7]) Vgl. Adalbert Rückerl (Hrsg.), NS-Prozesse – nach 25 Jahren Strafverfolgung. Möglichkeiten, Grenzen, Ergebnisse, Karlsruhe 1971.

[8]) Vgl. dazu Peter Reichel, Erinnern an das Vergessen, München 1995.

[9]) Meinhard Adler, Vergangenheitsbewältigung in Deutschland, Frankfurt/Main u. a. 1990.

[10]) Herbert Jäger, Makrokriminalität. Studien zur Kriminologie kollektiver Gewalt, Frankfurt/Main 1989.

[11]) Vgl. Reinhard Henkys, Die nationalsozialistischen Gewaltverbrechen. Geschichte und Gericht, Stuttgart–Berlin 1965; Peter Steinbach, Nationalsozialistische Gewaltverbrechen: Die Diskussion in der deutschen Öffentlichkeit nach 1945, Berlin 1981.

[12]) Bernd Nellesen, Der Prozeß von Jerusalem. Ein Dokument, Düsseldorf–Wien 1964; Gideon Hausner, Gerechtigkeit in Jerusalem, München 1966.

[13]) Hermann Langbein, Der Auschwitz-Prozeß. Eine Dokumentation, Wien–Frankfurt/Main 1965; Bernd Naumann, Auschwitz. Bericht über die Strafsache gegen Kulka u. a., Frankfurt/Main 1968.

[14]) Heinz Artzt, Zur Abgrenzung von Kriegsverbrechen und NS-Verbrechen. In: Rückerl, NS-Prozesse (Anm. 7), S. 163ff.

[15]) Dazu ganz exemplarisch: Adalbert Rückerl, NS-Vernichtungslager im Spiegel deutscher Strafprozesse, München 1977. Vgl. auch H. G. van Dam, KZ-Verbrechen vor deutschen Gerichten, Frankfurt/Main 1962.

[16]) Hermann Krausnick/Hans-Heinrich Wilhelm, Die Truppe des Weltanschauungskrieges, Stuttgart 1981.

[17]) Christian Streit, Keine Kameraden. Die Wehrmacht und die sowjetischen Kriegsgefangenen 1941-1945, Neuausgabe Bonn 1991.

[18]) Eine hervorragende und von der zeitgeschichtlichen Forschung bis heute bei weitem noch nicht vollständig ausgewertete Sammlung von wichtigen und historisch bedeutsamen Urteilen hat in weit über 20 Bänden zusammengestellt C. F. Rüter, Bearb. u. Hrsg., Justiz und NS-Verbrechen. Sammlung deutscher Strafurteile wegen nationalsozialistischer Tötungsverbrechen, Amsterdam 1968 ff.

[19]) Vgl. dazu jetzt Ulrich Brochhagen, Nach Nürnberg. Vergangenheitsbewältigung und Westintegration in der Ära Adenauer, Hamburg 1994.

[20]) Alexander Mitscherlich u. a., Medizin ohne Menschlichkeit, Neuausg., Frankfurt/Main 1978.

[21]) Hans Robinsohn, Justiz als politische Verfolgung, Stuttgart 1977; Jörg Friedrich, Freispruch für die Nazi-Justiz. Die Urteile gegen NS-Richter seit 1948, Reinbek 1983.

[22]) Karl Ibach, Kemna, Wuppertal 1978.

[23]) Vgl. Jörg Friedrich, Die kalte Amnestie. NS-Täter in der Bundesrepublik, Frankfurt/Main 1984.

[24]) Vgl. zum Klima in den fünfziger Jahren Ludolf Herbst u. a., Wiedergutmachung in der Bundesrepublik Deutschland, München 1989.

[25]) Vgl. Robert Fritzsch, Entnazifizierung. Der fast vergessene Versuch einer politischen Säuberung nach 1945. In: Aus Politik und Zeitgeschichte, B 24/1972, S. 11ff.; Justus Fürstenau, Entnazifizierung, Neuwied–Berlin 1969.

[26]) Vgl. Heinz Artzt, Mörder in Uniform. Organisationen, die zu Vollstreckern nationalsozialistischer Verbrechen wurden, München 1979.

[27]) Ralph Giordano, Die zweite Schuld. Oder von der Last, Deutscher zu sein, Hamburg 1987; dagegen Manfred Kittel, Die Legende von der »Zweiten Schuld«: Vergangenheitsbewältigung in der Ära Adenauer, Berlin 1993.

[28]) Vgl. Rolf Vogel, Ein Weg aus der Vergangenheit. Eine Dokumentation zur Verjährungsfrage und zu den NS-Prozessen, Frankfurt/Main–Berlin 1969.

[29]) Wolfgang Scheffler, Die Judenverfolgung im Dritten Reich 1933-1945, Berlin u. a. 1961.

[30]) Besonders wichtig ist die frühe Studie von Raul Hilberg, Die Vernichtung der europäischen Juden. Die Gesamtgeschichte des Holocaust, Berlin 1982; 3 Bde., Frankfurt/Main 1990[2] (erstmals erschienen 1961).

[31]) Allerdings wurden viele dieser in den Strafverfahren zusammengetragenen Quellen dann anschließend nicht angemessen gelagert und erschlossen. Dabei würde sich die Ludwigsburger Stelle als ein Zentrum zur Erforschung dieser Quellen anbieten. Vgl. allg. Jürgen Weber/Peter Steinbach, Vergangenheitsbewältigung durch Strafverfahren? NS-Prozesse in der Bundesrepublik Deutschland, München 1984.

[32]) Vgl. Helge Grabitz u. a. (Hrsg.), Die Normalität des Verbrechens. Bilanz und Perspektiven der Forschung zu den nationalsozialistischen Gewaltverbrechen – Festschrift für Wolfgang Scheffler, Berlin 1994.

[33]) Hannah Arendt, Eichmann in Jerusalem: Ein Bericht von der Banalität des Bösen, Reinbek 1978; Friedrich A. Krummacher (Hrsg.), Die Kontroverse: Hannah Arendt, Eichmann und die Juden, München 1964.

[34]) Hans Buchheim u. a. (Hrsg.), Anatomie des SS-Staates, 2 Bde., Olten 1965 (auch als Taschenbuch erhältlich).

[35]) Adalbert Rückerl, Nationalsozialistische Vernichtungslager im Spiegel deutscher Strafprozesse, München 1977.

[36]) Vgl. Heiner Lichtenstein, Majdanek. Reportage eines Prozesses, Frankfurt/Main 1979.

[37]) Vgl. Ulrich Renz, Lauter pflichtbewußte Leute. Szenen aus NS-Prozessen, Köln 1989.

[38]) Darauf hat Wolfgang Scheffler hingewiesen. Vgl. Der Beitrag der Zeitgeschichte zur Erforschung der NS-Verbrechen, in: J. Weber u. a., NS-Prozesse (wie Anm. 31), S. 114ff.; ders., Probleme der Holocaust-Forschung. In: Stefi Jersch-Wenzel (Hrsg.), Deutsche – Polen – Juden, Berlin 1987, S. 7ff.

[39]) Wolfgang Scheffler, Über Ahnungslosigkeit, Unwissen und Böswilligkeit. In: Peter Märtesheimer/ Ivo Frenzel (Hrsg.), Der Fernsehfilm Holocaust. Eine Nation ist betroffen, Frankfurt/Main 1979, S. 317ff.

[40]) Klaus Lüderssen, Der Staat geht unter – das Unrecht bleibt? Regierungskriminalität in der ehemaligen DDR, Frankfurt/M. 1992.

[41]) Vgl. Constantin Goschler, Wiedergutmachung. Westdeutschland und die Verfolgten des Nationalsozialismus 1945–1954, München 1992; L. Herbst (Anm. 24).

[42]) Eine eindrucksvolle Bilanz seiner langjährigen Prozeßbeobachtung – und das heißt: Täter- und Opfer-Beobachtung – legt vor: Heiner Lichtenstein, Im Namen des Volkes?, Köln 1984.

[43]) Heiner Lichtenstein, Warum Auschwitz nicht bombardiert wurde, Köln 1980.

Joachim Schlör

Exil und Rückkehr

»und wie wir so von Deutschland sprachen und wie man es verläßt und wie man wieder zurückkommt oder auch nicht ...«[1])

Das Thema hat nicht allein eine historische Dimension. Vielmehr hat sich im Verlauf der Arbeit an diesem Text herausgestellt, wie stark es in die Gegenwart hineinwirkt. Wenn ein Autor Warnungen erhält aufgrund der »Brisanz« seiner Forschungen, könnte er sich in der Versuchung sehen, eine detektivische Haltung einzunehmen und die Frage nach der aktuellen Bedeutung, nach dem politischen Bezug in den Vordergrund zu stellen. Das ist hier nicht vorgesehen. Dennoch ist ein Bezug ganz offenbar vorhanden, und wer sich – naiv, vielleicht – in das Gelände besonders der Berliner wissenschaftlichen und außerwissenschaftlichen Studien zur jüdischen Geschichte vortastet, macht erstaunliche Erfahrungen. Die Behinderungen sind nicht in der Geschichte selbst begründet, sondern im unterschiedlichen Umgang mit ihr, im unterschiedlichen Stellenwert, der ihr zugesprochen wird. Die Frage nach »Exil und Rückkehr« der deutschen Juden wird in diesem Minenfeld verschiedener Interessen unversehens zur Frage nach dem Zustand der beiden deutschen Gesellschaften, Forschungen zur deutsch-jüdischen Geschichte werden »hier« wie »dort« zur Munition in einer unangenehmen Auseinandersetzung. Das ist beklagenswert, aber es kann wohl gar nicht anders sein. Zu tief ist die Wunde, die dieses Land sich selbst geschlagen hat. Sie wird immer dann spürbar, wenn wir von der Vertreibung der Juden und vom millionenfachen Mord reden. Wenn wir zudem von denen reden, die zurückgekommen sind in der Hoffnung auf ein besseres Land, spüren wir, daß Gedenksteine nicht ausreichen. Da sind wir Antworten schuldig.

Ich plädiere für eine gemeinsame Anstrengung von ost- und westdeutschen Historikern: mit dem Ziel, die auseinandergelaufenen und gegeneinander gerichteten Themen und Diskussionsstränge wieder in einen Dialog zu bringen. Das wird nicht einfach sein. Ein persönliches Erlebnis mag dies illustrieren. Im Mai 1994 habe ich beim Dresdner Verein »Hatikva« einen Vortrag über den Anwalt, den Zionisten, den Geschichtenerzähler Sammy Gronemann gehalten. Während der anschließenden Diskussion, in der einige zionismuskritische Töne angeschlagen wurden, habe ich vorgeschlagen, künftige Aufmerksamkeit verstärkt Menschen wie Gronemann und deren Schriften zuzuwenden, also: denen, die nicht nur »aus Deutschland«, sondern auch aus Überzeugung nach Palästina/Israel gegangen und dort geblieben sind. Und ich habe wohl hinzugefügt, daß es in der Geschichte der deutsch-jüdischen Einwanderung in Palästina/Israel wichtigere und eher erforschenswerte Themen gibt als die Sprach- und Schreibschwierigkeiten Arnold Zweigs und die aus diesem Beispiel immer wieder abgeleitete Rede von dem angeblichen Unwillen der hebräischsprachigen Gesellschaft, die deutschen Juden zu integrieren. Die Polemik wurde mit einem freundlichen Gespräch nach Tisch beantwortet, in dem man mich darauf hinwies, dabei handle es sich um eine »sehr westdeutsche« Sicht der Dinge. Nicht etwa: »antikommunistisch« oder »proisraelisch«, nein: »westdeutsch«. Seither habe ich den Eindruck, daß hier noch einiges zu besprechen ist.

Um vorläufig eine These zu formulieren: Beide deutsche Staaten haben die Tatsache der Rückkehr von Emigranten – und damit: die Rückkehrer selbst – für ihre jeweiligen Interessen auszunutzen versucht. In beiden deutschen Staaten hat sich deshalb keiner der Rückkehrer wirklich zu Hause fühlen können. Zu fragen wäre also nach der Instrumentalisierung der Geschichte des Exils und der Rückkehr auf beiden Seiten: Was bedeutete es, »hier« und »dort«, daß einzelne Menschen aus der Emigration – und selbst aus Israel, wo sie keine Emigranten waren – nach Deutschland zurückgekehrt sind? Ist es jetzt möglich, die wirklichen Motive der »Rückkehr« zu erforschen, die womöglich gar keine Rückkehr in dem Sinne war, wie er (hier und dort unterschiedlich, aber mit ähnlichen Interessen) in Vorgänge hineininterpretiert wurde, die nur lebensgeschichtlich und am einzelnen Beispiel wirklich zu erfassen sind? Wir wissen, alles in allem, noch zu wenig. Wie war die Situation für eine Familie, für einen einzelnen Menschen in Deutschland 1933 und in den Jahren danach? Wie hat sich jemand zur Auswanderung entschlossen? Wie ging die Auswanderung vor sich? Mit welchen Gefühlen haben die Auswandernden Deutschland verlassen? Wie kamen sie in den fremden Ländern an? Ist es ihnen gelungen, sich diese Länder zur Heimat zu machen? Warum ja, warum nein? Wenn sie zurückkamen, was waren ihre Motive? Wieviel an deutscher Erfahrung floß in ihren Aufenthalt in der Fremde ein und wieviel fremde Erfahrung brachten sie mit zurück? Das wären Leitfragen, die eben nicht ideologisch oder allumfassend, sondern nur individuell zu beantworten sind.

»Ja, Deutschland ist mir in all den Jahren doch recht fremd geworden. Es ist, das müssen Sie zugeben, ein beängstigendes Land.« Thomas Mann schreibt diese Sätze am 28. September 1945 an Walter von Molo, der ihn zur Rückkehr nach Deutschland aufgefordert hatte. Einer Rückkehr in das Land, das nun am Boden lag, stand vieles entgegen, vor allem aber: eine Erfahrung, die nicht teilen konnte, wer im Land geblieben war. »Schwer genug«, schreibt Mann, »atembeklemmend genug war anno 33 der Schock des Verlustes der gewohnten Lebensbasis«, schwer genug »das Wanderleben von Land zu Land, die Paßsorgen, das Hoteldasein, während die Ohren klangen von den Schandgeschichten«. Und dann folgen die berühmten Sätze, die den unaufhebbaren Unterschied zwischen der »inneren« und der wirklichen Emigration markieren: »Ich vergesse nicht, daß Sie später viel Schlimmeres durchgemacht haben, dem ich entging. Aber das haben Sie nicht gekannt: das Herzasthma des Exils, die Entwurzelung, die nervösen Schrecken der Heimatlosigkeit.«[2])

Wie sollten die Zurückgebliebenen – und wie sollen die Nachgeborenen – verstehen, was das ist: Exil. Emigration. Es ist eine Veränderung, die alles umfaßt, jedes bißchen Leben, jeden Alltag. Nur wenige Zeugen haben, vor all den großen Worten, daran gedacht, die Detailverluste zu schildern. Einer, Theodor Adorno, bleibt vielleicht eines Tages im Gedächtnis, mehr als für manches andere, für die kleine Geschichte, die er festgehalten hat. »Spät abends in der Untergrundbahn setze ich mich einem jungen Mädchen gegenüber, dem einzigen Fahrgast außer mir. Sie war recht bescheiden angezogen. Ihre Kleidung ließ sie als Emigrantin erkennen. Vielleicht war es leise betonte Unabhängigkeit, eine Spur des Burschikosen, durch welche sie drüben gerade sich assimiliert hatte, während sie hier provinziell von der Norm verschieden schien. Vielleicht war das Kleid allzu dauerhaft und hatte daher den Ausdruck des Dumpfigen, der möblierten Zimmer, ein wenig als ob sie in den Kleidern schliefe.« Und er tut, was er in Berlin oder Wien getan hätte: er lächelt ihr zu, worauf sie in Wien und Berlin eine Antwort gefunden hätte, hier aber »verbot sie es sich selber, machte sich unfreundlich und zog den Rock über die schlanken Knie. Wissen Sie nicht, sagte die Geste, daß wir in Amerika sind, wo man Frauen nicht ansprechen darf?« Und Adorno kommentiert: »Das ist Hitlers Triumph, dachte ich. Er hat uns nicht nur Land, Sprache und Geld fortgenommen, sondern noch das bißchen Lächeln konfisziert. Die Welt, die er geschaffen hat, wird uns bald so böse machen wie er ist.«[3])

Hitlers Triumph zeigte sich nach dem Ende der Naziherrschaft in der öffentlichen Verständnislosigkeit gegenüber dem Exil, wie sie in der unverfrorenen Kritik Frank Thiess' an Thomas Mann zutage trat – er zeige einen »wahrhaft fürchterlichen Haß auf Deutschland« –, und gegenüber den zurückkehrenden Emigranten. Man wußte nicht, um das Wort eines westdeutschen Politikers aufzugreifen, was »die« in all den Jahren da »draußen« getan hatten, und man hatte auch kein Interesse daran, etwas darüber zu erfahren. Sie hatten sich selbst außerhalb der Schicksalsgemeinschaft gestellt, sie waren zu »den anderen« gegangen und damit selbst zu anderen geworden.

Zurückgekehrt, blieben sie fremd. Störenfriede. Anstößige Zeugen dessen, was geschehen war. Wenige haben sich so intensiv Gedanken über das schwierige Verhältnis zwischen »drinnen« und »draußen«, zwischen »Heimat« und »Exil« gemacht wie Hilde Domin. Deutschland von innen und außen: ein Lebensthema für mich, heißt es in einem ihrer Gedichte, und in einem Text mit dem schlichten Titel »Heimat« hat sie Zeugnisse zusammengetragen und kommentiert, die von diesem Verhältnis handeln. Was ist das Selbstverständliche? Ist es Heimat? Oder ist es, angesichts aller Geschichte, nicht doch das Exil, das Verstoßensein – und die Heimat das Außergewöhnliche, das Unerreichbare? Weiß nur, wer vertrieben wurde, wer sich unvermutet und unvermittelt jenseits der deutschen Grenzen wiederfand, was Heimat sein könnte, sein sollte?

Ganz entschieden sagt Hilde Domin: »Also die deutsche Sprache. In den anderen Sprachen, die ich spreche, bin ich zu Gast. Gern und dankbar zu Gast. Die deutsche Sprache war der Halt, ihr verdanken wir, daß wir die Identität mit uns selbst bewahren konnten. Der Sprache wegen bin ich auch zurückgekommen. Es war eine der Aufregungen des Lebens, wieder nachhause zu kommen. In das Land der Geburt, wo die Menschen deutsch reden. Vielleicht, ja sicher war es noch aufregender als das Weggehen, damals. Dazwischen lag das Exil, das Nicht-Dazugehören, eine Erfahrung, die man erst stückweise vollzieht, man sieht sie nicht als Ganzes vor sich. Erst beim Gehen merkt man, wie vertrackt der neue Zustand ist, wie ›un-heimlich‹.«[4])

Immer wieder kommt sie darauf zurück: »Die Rückkehr aus dem Exil ist vielleicht noch aufregender als das Verstoßenwerden«, heißt es in einem Text über Brechts Gedicht »Ein neues Haus« – »Immer noch liegt auf dem Schrank mit den Manuskripten mein Koffer« –, auch wenn das Wohngefühl des Überlebenden prekär sei und vor allem in der Dankbarkeit dafür besteht, »überhaupt wohnen zu dürfen«. Und an anderer Stelle: »Wie konnte ich in den schlimmen Jahren des Exils das Vertrauen zu den Menschen bewahren und es auch mit nachhause bringen in dies Land, in dem unsagbare Furchtbarkeiten unter dem Schweigen und Wegsehen aller geschehen waren? Es ist eine Frage, die ich mir selbst nicht beantworten kann. Vielleicht hat mich das Glück der Rückkehr in das Land meiner Sprache, meiner Kindheit, also mein Land, blind gemacht. Ich war ja betrunken von so viel Wiedersehen . . . Sicher hat dabei eine Rolle gespielt, daß in der Rückkehr Freiheit war; im Gegensatz zu all den Fluchten und Exilen, Freiwilligkeit der Entscheidung. Die Rückkehr, nicht die Verfolgung, war das große Erlebnis meines Lebens. Ein Erlebnis von äußerster Zerbrechlichkeit.«[5])

»Nicht die Emigranten kehrten Deutschland den Rücken, sondern umgekehrt«, das kann nicht oft genug gesagt werden, und wenn es heißt, einer habe sein Land »nicht nur physisch verlassen«, sondern auch »seine Geisteshaltung mitgenommen« ins Exil[6]), dann heißt das auch: sie ist nicht mehr da, diese Geisteshaltung. Ich habe an anderer Stelle versucht, auf der Basis eines zufälligen Aktenfunds in einem Tel Aviver Antiquariat den Lebensweg eines Berliner Ehepaares nachzuzeichnen, das seine Stadt, Berlin, 1939 noch verlassen konnte und eben in Tel Aviv darauf angewiesen war, eine andere Heimat zu finden. In den Akten war auch die Rede vom Versuch einer Wiedereinbürgerung. »Eine spezielle Ausbürgerung von mir oder meiner Ehefrau ist niemals erfolgt«, schrieb Herr H. im September 1956 an die deutsche Botschaft in Zypern. »Durch die 11. Verordnung zum Reichsbürgergesetz vom 25. 11. 1941 ist aber eine generelle Ausbürgerung aller ausgewanderten Juden erfolgt. Diese Verordnung ist allerdings aufgehoben. Ob damit die durch sie allgemein ausgesprochenen Ausbürgerungen ebenfalls rückwirkend als aufgehoben gelten und unsere deutsche Staatsangehörigkeit noch fortbesteht, ist eine Rechtsfrage, die ich dort zu entscheiden bitte.« Dieses »dort« war, wieder, Berlin. Herr und Frau H. stellen im September 1956 einen Antrag auf Wiedereinbürgerung. Ich habe diesen Antrag – immer in bezug nur auf diese eine Geschichte, ohne eine Betrachtung der allgemeinen rechtlichen Problematik – als Zeichen interpretiert, als Hinweis der Eheleute auf ihre Zugehörigkeit zu Deutschland, zum deutschen Staat, auch wenn sie nicht mehr vorhatten, daraus resultierende Rechte in Anspruch zu nehmen.[7]) Die allgemeine rechtliche Situation hat Hans Georg Lehmann rekonstruiert. »Schon unmittelbar nach dem Kriegsende begannen ausgebürgerte Emigranten, wenngleich zunächst nur in Einzelfällen, in das frühere Reichsgebiet zu remigrieren.«[8]) Und sie sahen sich, wie die Besatzungsmächte oder die gerade installierten deutschen Behörden, mit einem Problemfeld konfrontiert, das mindestens ebenso viele emotionale wie rechtliche Hürden bereitstellte. Ein alliierter Wiedergutmachungsplan, so Lehmann, vom Kontrollrat erlassen – aber wegen der Arbeitsunfähigkeit dieses Gremiums nach dem Rückzug der Sowjetunion nie in Kraft getreten – bestimmte, »daß die politischen oder rassischen NS-

Ausbürgerungen Unrecht und insoweit nichtig seien; jedoch blieb es den Ausgebürgerten überlassen, ob sie durch eine besondere Erklärung die deutsche Staatsangehörigkeit wieder annehmen wollten, und zwar entweder vom Tage der Abgabe dieser Erklärung an (ex nunc) oder aber rückwirkend von Anfang an (ex tunc).« Zu dieser generellen – und zeichenhaften! – Wiederaufnahme der Ausgebürgerten kam es aber nicht. Eine »von tradierten rechtspositivistischen Rechtspositionen ausgehend(e)« Ministerialbürokratie hat ihren Rechtsstandpunkt durchgesetzt und in eine am 2. Dezember 1947 verabschiedete Gesetzesvorlage über die Staatsangehörigkeit der Ausgebürgerten gegossen, »daß die Ausbürgerungen als gültig zu betrachten seien, und zwar nicht nur aus juristischen Erwägungen, sondern auch aus politischen, da viele der bereits vorhandenen Remigranten bewußt keine Deutschen mehr sein wollten«. Innerhalb einer sehr kurzen Zeit hatte sich auch auf diesem Gebiet der Wandel vollzogen, mit dem ein wirklicher Neuanfang zugunsten eines institutionellen Kontinuitätsdenkens aufgegeben wurde. »Die Ausführungsvorschriften muteten den Ausgebürgerten sogar zu, über ihre Vergangenheit Rechenschaft abzulegen, da sie möglichst genau sämtliche Orte angeben sollten, an denen sie sich seit ihrer Geburt länger aufgehalten hatten.« Das Mißtrauen gegenüber den Emigranten hatte hier seine gesetzliche Form gefunden – »und das wurde nicht ihr Staat«.

Die Wiedergutmachungsnorm des Grundgesetzes, Artikel 16 Absatz 2, unterscheidet zwischen NS-Ausgebürgerten im Ausland, die auf formlosen Antrag hin ihre deutsche Staatsangehörigkeit zurückerhielten, und NS-Ausgebürgerten im Inland, die nach dem 8. Mai 1945 bereits wieder zurückgekehrt waren und so gestellt wurden, »als hätten sie die deutsche Staatsangehörigkeit überhaupt nicht verloren«. Das mag seine guten rechtlichen Gründe gehabt haben. Carlo Schmid hat diesem Entwurf des Parlamentarischen Rats ebenso zugestimmt wie Friedrich Wilhelm Wagner – aber im Grunde wurde damit doch eine Trennlinie gezogen: zu denen, die nicht gleich nach Kriegsende zurückgekommen waren, die nach wie vor im Exil lebten, die draußen blieben auch vermittels dieser Regelung, nach der sie selbst den Akt der Rückkunft in die deutsche Staatsbürgerschaft vollziehen mußten. Hier spielt der an den Boden, an die »deutsche Erde« gebundene Staatsbürgerschaftsgedanke dieses Landes hinein, der besonders kritisch zu bewerten ist.

Warum mußten die Deutschen, die »draußen« lebten, die ihr Deutschsein aber doch mit in die Emigration genommen hatten, anders beurteilt werden als die Zurückgekehrten? Sie waren doch unzweifelhaft Deutsche, von Geburt, von Herkunft und Familie, vor allem aber in ihrer Sprache und in ihrer ganzen Lebensgeschichte mit Deutschland verbunden. Warum war es nicht möglich, diesen Schritt über das althergebrachte und überkommene Verfassungsverständnis hinaus zu wagen: Wer von den Nazis vertrieben wurde, »ausgebürgert« von einem Staat des Unrechts, gehört von Rechts wegen, wenn er oder sie es nicht anders will, diesem Staat, dieser Gesellschaft weiterhin an.

Erst 1968 hat das Bundesverfassungsgericht diesen Gedanken, der im Grundgesetz selbst ja spürbar, von der bürokratischen »Verfassungswirklichkeit« aber mehr und mehr ausgehöhlt worden war, wieder zur Rechtswirklichkeit gemacht: »Während die noch lebenden Ausgebürgerten das ihnen angetane Unrecht durch Wohnsitzbegründung im Inland oder Antragstellung aus dem Ausland beseitigen könnten, müßte man bei den vor dem 8. Mai 1945 gestorbenen Ausgebürgerten davon ausgehen, daß sie die deutsche Staatsbürgerschaft beibehalten wollten, sofern nicht eindeutige Anhaltspunkte dagegen sprächen.«

Noch einmal nach Tel Aviv. Der Gedanke an eine mögliche Rückkehr nach Deutschland – nach Hitlers Ende, nach dem Krieg – wurde auch in Tel Aviv geäußert. Der satirische Autor Meir Reubeni hat über die Rückkehrwilligen ein kleines Gedicht verfaßt, »Deutschland in der Konserve«, dessen letzte Zeilen lauten:

»Er sollte wohl lernen. Das stimmt, ja, das stimmt,
doch fehlt dazu Stimmung und Lust
und wenn man die Sache ganz aufrichtig nimmt,
so fühlt er noch deutsch in der Brust.
Der Krieg geht vorüber, es dreht sich das Glück,
die Nazis stehn vor dem Ruin,
dann ruft man die Juden auch wieder zurück
nach dem Kurfürstendamm in Berlin.
So reden und träumen die Leute hier gern
in Gesellschaft und im Caffee.
Voll Sehnsucht denken die Damen und Herrn
zurück an die Ufer der Spree.«

Es gab ein Sehnsuchtsbild von Deutschland, das anhielt und lebendig blieb, als es schon längst zur Imagination geworden war. Der Vater des Schriftstellers Yoram Kaniuk war aus Berlin nach Palästina gekommen, arbeitete am Museum der Stadt Tel Aviv. »1929, ein Jahr nach ihrer Heirat, nahm er meine Mutter, eine schwarzhaarige Russin aus der zweiten Einwanderungswelle, nach Deutschland, um ihr seine Kultur zu zeigen.« Kaniuk ist in Tel Aviv geboren, im Krankenhaus in der Yehuda-Halevi-Straße, aber der Sechsjährige erklärte vor Freunden, er sei in Deutschland geboren, weil ihm das als etwas Schöneres erschien. Kaniuk erzählt, wie sein Vater in Haifa bei Arnold Zweig saß, wie die beiden Männer deutsch miteinander sprachen, weil es ihre Sprache war – so wie ein Israeli ihm schreibt, jetzt könne er endlich seine, Kaniuks, Bücher lesen, seit sie ins Deutsche übersetzt sind, und er wohnt »erst« seit 55 Jahren in Israel. »In Wirklichkeit wohnen wir dort, in dieser furchtbaren Landschaft, und nicht unter Kamelen und Zitrusbäumen.«

Kaniuk hat dieser Sehnsucht nach dem Golfkrieg, nach dem Versagen der deutschen Öffentlichkeit und ihrer naiven, brutalen Friedensbewegung, die sich kollektiv von der Verantwortung Israel gegenüber verabschiedete, immer wieder Ausdruck gegeben, er hat immer wieder an diese Geschichte erinnert:

»Ich entscheide hiermit, daß wir hier in einem kleinen Berlin gewohnt haben, das wir Tel Aviv nannten und aus dem wir am liebsten wieder zurückkehren oder uns untermischen würden.

Sich hier im Osten unterzumischen ist, als würde man ein leckgeschlagenes Schiff losschicken, um gestrandete Passagiere zu retten. Wir werden dabei traurig sein. Mein ganzes Leben zerfleddert immer wieder wie ein geöffnetes, schimmelndes und schmerzhaftes Buch. Ich bin von dort und habe das ›Dort‹ stets bei mir. Ich habe aber auch etwas vom Tel Aviver Strand dabei, denn da wurde einmal deutsch gesprochen und bei uns zuhause spielte Frank Volk alle Stücke von Bach auf seinem Cembalo.«

Das seltsame Land »Dort«, »aus dem die Eltern und alle anderen stammen und über das man nicht sprechen darf«, wie es in David Grossmans Roman »Stichwort: Liebe« heißt, dieses Land lebt in den Köpfen und Herzen derer, die es verlassen mußten, als Land der Sehnsucht und als Land des Schreckens. Beide Erinnerungen haben sich tief in ein neues Leben eingegraben, ein Leben, von dem Saul Friedländer sagt, er wisse bei aller Kritik an der israelischen Politik doch, daß dies das Land ist, »das uns Heimatlosen einen Ankerplatz gegeben hat«. Und »zu 90 Prozent« würde er zu Israel sagen: »Hier bin ich zuhause.« Der Rest ist »ein tiefer Kern der Heimatlosigkeit«.[9]) Der bleibt, auch wenn die Entscheidung für Israel nicht in Frage gestellt wird.

Für eine Gruppe hat sich die Situation anders dargestellt. Ihre Leute stehen zwischen den Begriffen, von Anfang an und am Ende wieder, von dem Moment, da sie dahingehen, wo nicht »Exil« sein soll, sondern Heimat, bis zu dem Moment, da sie diese Heimat wieder verlassen und dorthin zurückgehen: »47 gingen Sie nach Berlin. Warum? – Wohin denn? Endlich konnten wir. Wir sind weg, um wieder zurückzukommen.«[10]) Tief im Dazwischen standen die (schon im Moment ihrer Ankunft oder erst aus der Erfahrung des neuen Landes) sozialistisch oder kommunistisch eingestellten Emigranten, die – freiwillig, oder weil kein anderer Ort mehr blieb – nach 1933 nach Palästina kamen und dieses Land, als es schon Israel hieß oder noch davor, wieder verließen, um in den Teil Deutschlands zurückzukehren, der den radikaleren Bruch mit der Vergangenheit, den grundlegenderen Neuanfang versprach.

Ich zitiere einige Sätze aus ihren Veröffentlichungen und füge hier gleich hinzu, daß diese Veröffentlichungen selbstverständlich nicht alles sagen können, was ihre Autoren vielleicht gerne gesagt hätten. Die Malerin Lea Grundig schreibt:

»Wir trafen uns in ihrer [Helmar und Anneliese Lerskis] kleinen Wohnung, auf dem Dach, mit dem Blick über Tel Avivs Dächergewirr bis zum Meer, dem schmalen, blauen Streifen, der sich dem Horizont verschmolz. Wichtige Gespräche führten wir, die uns halfen und uns Kraft und Klarheit gaben. Hier wurden Schwankungen überwunden, Pessimismus und Ängstlichkeit geschlagen. (. . .) Sie wußten viel von mir, sie kannten Hans, er war ihnen nah und lieb.

Sie empfanden mit mir, als eines Tages die Post eine Karte brachte, die aus Dresden kam. Ich las das kleine Stück Papier – und plötzlich wankte und bewegte sich alles um mich. Hier war es, die andere Welt, mein gelebtes Leben, meine Liebe, meine Heimat. Mich erschütterte ein Sturm von fassungsloser Freude und Staunen. Das, was so bitter und schmerzvoll, so unvergeßlich vergangen war, war wieder zur Gegenwart geworden. Ich hielt sie in der Hand. (. . .) Der Ruf aus einem anderen Leben hatte mich erreicht. Mein Schiff schwamm nicht mehr ohne Kompaß. Das Ufer zeigte sich, und nun hieß es, das Ufer, das Leben, mein Leben, erneut zu gewinnen! (. . .)

Aber wie heimkommen? Weit war der Weg dahin – und ich hatte keinerlei Papiere. Und was das Allerschlimmste war: ich mußte meine Reise heimlich machen, nur meine vertrautesten Freunde durften davon wissen. Denn der allgemeine Haß gegen die Mörder von sechs Millionen Juden hatte das ganze deutsche Volk getroffen. Dahin zurückzukehren erschien in den Augen der allermeisten wie Verrat.«[11])

Rudolf Hirsch, der spätere Gerichtsreporter der Wochenpost, schreibt in seinem Roman »Patria Israel«:

»Ejn Makom. Kein Platz. Was ist makom, was ist Mokum? Nach einem makom, einem Platz, einem Platz des Friedens, der Geborgenheit sehnten sich die Juden, vertrieben aus Toledo und Sevilla, ausgestoßen aus Saragossa und Lisboa. Makom, so glaubten sie, sei Jerusalem. Jeruschalajim hieß die Stadt des Friedens in ihren Gebeten. (. . .) Jeruschalajim war die Stadt des Friedens für die Juden aus Frankfurt, aus Nürnberg, aus Wien, aus Krakow, aus Warschau und Wilna. Zweitausend Jahre lang unerreichbar. (. . .)

Ein anderes Land, dieses hier. Palästina. Dieses ›Ejn Makom‹ traf Georg Samson wie die anderen, die an diesem Freitagnachmittag nach Haifa wollten, am 15. November 1940. Im Hafen lag die ›Patria‹. Wer war auf der ›Patria‹?

Hier in diesem Land, in dieser Stadt Tel Aviv war Platz für Georg. Seltsam, dort, wo er nicht bleiben wollte, war er kein Fremder, kein Emigrant. Nein, Einwanderer nannten sie ihn, auf Hebräisch sogar Oleh, Aufsteigender.

Die Welt war schwer zu verstehen. Dort, wo du nicht hinwillst, will man dich haben. Dort, wo du herkommst, wo du hingehörst, wirst du getreten. Herausgetreten.

Wollte man dich wirklich hier haben? Schwieriges Land.«[12])

Aus den Erinnerungen von Günter Stillmann:

»Aljoscha argumentierte: ›Du weißt genausogut wie ich, daß der Zionismus nicht die Lösung der Judenfrage bringt. Wenn wir hier für die Freiheit der Araber kämpfen, dann werden auch die Juden frei sein.‹ Doch ich war mir nicht ganz sicher in dieser Frage. Aber ich fühlte mich als deutscher Emigrant und wollte nach dem Krieg zurück nach Berlin. (. . .) Louis Fürnberg war Genosse, kein Zionist. Für ihn stand fest, daß sein Platz nach dem Sieg über Hitler in Prag oder Berlin sein würde. Ich traf ihn 1948 in Prag wieder, wo er beim Rundfunk arbeitete. (. . .) Etwa einen Monat vor Kriegsende in Europa veranstaltete Louis Fürnberg in Jerusalem wieder ein kleines Konzert. Wie üblich saß er am Klavier und sang. Ich hatte meinen Platz neben Arnold Zweig, der still zuhörte. (. . .)

Mein dreiunddreißigster Geburtstag war ein besonderer Festtag für mich. Am 2. Mai 1945 meldete Radio Moskau die Einnahme Berlins. Die Kollegen in der Diamantenschleiferei jubelten. In Palästina wußte man sehr gut, wer die Hauptlast des Krieges getragen hatte. ›Deine Russen sind die wahren Helden!‹, sagte ein Kollege zu mir. (. . .)

Am 8. Mai meldete Radio London das Kriegsende. Radio Moskau meldete den Sieg über die Hitlerarmeen erst am 9. Mai 1945. Nun wußten wir, daß der Krieg in Europa wirklich beendet war.

Ich hielt die Zeit für gekommen, mein Recht auf die Heimkehr nach Berlin mit Nachdruck geltend zu machen. Die Genossen lehnten mit der gleichen Begründung ab, die ich schon von Aljoscha zu hören bekommen hatte.

Mein Gegenargument war: ›Eine Maschine kann man in Brasilien oder in Frankreich und überall arbeiten lassen; ich bin aber ein Mensch, und der gehört nach Berlin.‹ Das wiederholte ich bei jeder passenden und unpassenden Gelegenheit.

Schließlich sagte Aljoscha: ›Emigranten brauchen wir in der Partei nicht. Du wirst die Wahlen 1946 noch vorbereiten. Dann werden wir einen Weg für dich finden.‹ Im Grunde genommen hatte er recht; ich wurde gebraucht, und das wußte ich. Aber ich wollte nach Hause, wie immer das Zuhause auch aussah.

Mich tröstete ein Brief von Siegbert Kahn aus London. Auch die Emigranten, die in London waren, wollten nach Deutschland, nach Österreich oder in die Tschechoslowakei zurück. (. . .)

Im Jahre 1946 bekam ich vom Zentralkomitee endlich die Erlaubnis, nach Berlin zurückzukehren. Mein Argument, daß ich nie für immer in Palästina hatte bleiben wollen, wurde schließlich akzeptiert.«[13])

Rudolf Hirsch, »damals Arbeiter in einer Schuhfabrik«, beherbergte Arnold Zweig, wenn der zu den Sitzungen der Liga V nach Tel Aviv kam. Liga V, das ist: Liga Victory, eine Gesellschaft, die nach dem Überfall Nazi-Deutschlands auf die Sowjetunion von linken Intellektuellen gegründet worden war. Zweig war ihr Präsident, Mitglieder unter anderen Lea Grundig, Louis Fürnberg, Else Lasker-Schüler. Eines Tages sprach Zweig im Kino Esther am Dizengoff-Platz: »Ins Kino Esther waren etwa achthundert Menschen gekommen. Als ich Arnold Zweig sprechen hörte, fand ich sein Deutsch wunderbar. Ich war daran gewöhnt, so einen Mischmasch von Emigrantendeutsch zu sprechen und zu hören, und merkte nun, wie schön die deutsche Sprache sein konnte. Aber rechts eingestellte Zionisten pfiffen und johlten im Kino. Sie brüllten: ›Hier wird nicht die Sprache Hitlers gesprochen!‹ Arnold Zweig entgegnete: ›Es ist auch die Sprache Goethes, Schillers, Heines und Feuchtwangers.‹ Mit Knüppeln, die sie unter den Jacken verborgen hatten, begannen die Randalierer eine Prügelei.«[14]) Zweig selbst schrieb später über diese Vorfälle, »wir sprachen im Estherkino deutsch, weil wir unsere Menschen in seelischen Zentren anzurühren hatten.« Wenn es um Fragen der Existenz, des nackten Lebens gehe, sei kein Platz für Sprachenstreit. Er beklage »die schöne Stadt Tel Aviv, deren Einwohner, soweit sie um den Dizengoffplatz wohnten, uns zujubelten, dankten, zum Wiederkommen aufforderten, als wir uns am Ende der Saalschlacht entfernten«. Aber im gleichen Text bezeichnet Arnold Zweig die Hebräisierung als »Fassade«, hinter der Maske der »Sprachbesorgnis« entblöße sich der »alte, liebe Hang zum Faschismus und jener Haß gegen die russische Revolution, den die Besiegten von 1917 und 1918 tief im Busen hegten.«[15]) Diese Aussage kennzeichnet die Situation der Kommunisten in Palästina. Wenn sie schon in Deutschland verjagt wurden, wollten sie sich wenigstens auf die Seite der Sieger in Rußland stellen – blind für die Motive der »Sprachbesorgten«, die Zweig so einfach mit dem Etikett »Faschisten« versah; ganz zu schweigen von der gnadenlosen Formulierung über »die Besiegten von 1917 und 1918«. War wirklich nicht 1943 wenigstens ein Teil, eine Ahnung von den stalinistischen Verfolgungen an die Öffentlichkeit gelangt? Mit dieser Blindheit erst, nicht mit dem Festhalten an der Sprache Goethes, bewies Zweig seine Fremdheit.

Die Beschreibung der Szene im Kino stammt aus den Erinnerungen von Günter Stillmann. Der Berliner Stillmann, Lehrling in einer Hutfabrik in der Leipziger Straße, erlebte die politischen Kämpfe der späten Weimarer Republik, die »Machtergreifung«, den Boykott jüdischer Geschäfte, die ersten Verhaftungen, den Reichstagsbrand. Er war begeistert von Georgi Dimitroffs Verteidigungsrede bei diesem Prozeß, nahm an einem »Kapital«-Kurs eines linken zionistischen Zirkels teil, den er aber verließ, als dort Werbung für die Auswanderung nach Palästina gemacht wurde. 1936 schloß Stillmann sich einer kommunistischen Widerstandsgruppe an. Ein Jahr später machte er eine Urlaubsreise nach Palästina und kehrte »mit gemischten Gefühlen nach Berlin zurück«. Erst 1939 beantragte er die Auswanderung. Illegal kam er über die Grenze. Nach einem Monat in Antwerpen konnte er ein Schiff besteigen, die »Dora«. Vierzehn Tage vor dem Beginn des Krieges erreichte er Palästina. »Anfang 1940 zogen Hans, Herbert und ich nach Tel Aviv. Im Norden der Stadt, unweit von Heinz Appels Elektroladen, fanden wir ein Zimmer. In dieser Gegend lebten überwiegend Einwanderer aus Deutschland und Österreich. In den Schaufenstern dieses Stadtteils wurden die Waren zweisprachig angeboten . . .«

Nach vielen vergeblichen Versuchen, eine gute Arbeit zu bekommen, fand Stillmann im Mai 1940 Kontakt zur Kommunistischen Partei, »wir waren die einzige Partei, in der Juden und Araber gemeinsam kämpften«. Von illegalen Zusammenkünften ist die Rede, von Streiks und Diskussionen, von Zusammenstößen mit den Engländern, von endlosen Debatten über die Zukunft der arabischen Bevölkerung, auch gelegentlich von Tel Aviv, Jerusalem und Haifa; aber darunter liegt immer ein Ton, der heißt: Berlin. »Im Jahre 1946 bekam ich vom Zentralkomitee endlich die Erlaubnis, nach Berlin zurückzukehren.« Für ihn war Palästina, war Tel Aviv Exil, nicht Heimat. Aber es wäre wohl falsch, eine solche Haltung nur den Kommunisten zuzuschreiben, die eben jede Wendung ihres Zentralkomitees mitmachten. Auch eine Frau wie Gabriele Tergit, für die es doch kein anderes Etikett gibt als das der Berlinerin, fand sich in Tel Aviv im Exil, vertrieben aus der Sprache, in der sie einige der schönsten Berlin-Feuilletons der zwanziger Jahre verfaßt hat, einige der ersten antinazistischen Gerichtsreportagen, dazu den Roman »Käsebier erobert den Kurfürstendamm«. Als ein »fanatischer« Redner sich über die aus Deutschland gekommenen Juden beklagte, die »gemein im Café sitzen wie vorher in Berlin«, sei sie zum Podium gegangen und habe ihm »eine geknallt«, so wird erzählt, und es wird schon stimmen. Gabriele Tergit wurde krank in diesem Exil und ging 1938 nach England. Ihr Manuskript über die Geschichte des Zionismus, ihre Reportagen über die Siedlungen und Städte in Palästina hat sie nie publiziert. In den Unterlagen der erst sehr spät wiederentdeckten Autorin fand sich ein Briefwechsel mit Arnold Zweig, in dem beide ihren Unmut über die schlechte Behandlung der deutschen Juden, über die Jüdische Rundschau und über die Intoleranz der Zionisten äußern.[16])

Die deutschen, deutschsprachigen Zeitungen, so wichtig ihre Funktion für die deutschen Einwanderer war, »waren in den Seitenlinien des Lebens in Israel.«[17]) Im Archiv der Stadt Tel Aviv finden sich unter dem Titel Bewahrung der hebräischen Sprache beispielsweise Denunziationsbriefe gegen ein Café, in dessen Fenster – unübersetzt, nur in deutscher Sprache – das Schild hing: »Alles aus reiner Butter« . . . Dieter Schiller schreibt von den »Zerrüttungen«, »die das seelische Gleichgewicht älterer Einwanderer durcheinanderbringen«. Arnold Zweig habe in seinen Kurzgeschichten für die Palestine Post den Widerspruch herausgearbeitet: »Die alte Heimat ist Last, Irritation, aber zugleich auf seltsame Weise auch untilgbarer Teil der Persönlichkeit, zurückgenommen in die Erinnerung, und doch alle Wertvorstellungen prägend, die noch in der Zerrüttung eine Art Halt geben.«[18]) Aber damit ist doch nur eine Seite wiedergegeben.

Wer sich der hebräischen Sprache verweigerte, machte deutlich, daß er sich hier im Wartestand befand, die Rückkehr im Blick. Nach dem Muster anderer Emigrationsländer, vor allem der Sowjetunion, gründeten Mitglieder der Kommunistischen Partei Palästinas, der KPD und der früheren SAP ein »Nationalkomitee Freies Deutschland«. Eine Organisation namens Lepac sollte »die kulturellen Beziehungen zur Sowjetunion« pflegen, richtete Buchklubs ein und gab zwei Zeitschriften heraus. Der »Chug«, »Kreis der Bücherfreunde«, war die deutschsprachige Zeitschrift; ihr Redakteur Dr. Arnold Czempin. In einem Buch, »Mein Repertoire«, das 1969 im Selbstverlag in New York erschien und nur an Freunde abgegeben wurde, gab Czempin seine Palästina-Erfahrung als die des Fremden, des Flüchtlings wieder. Im »Chug« schrieben Arnold Zweig, Fritz Schiff, Louis Fürnberg, und immer wieder Ernst Loewy, besprochen wurden Bücher von Anna Seghers, Willi Bredel und Walter Ulbricht. Kaum einer der Autoren blieb nach Kriegsende in Palästina; die Nummer vom März/April 1944 trug den programmatischen Titel: »Was wird aus Deutschland?«[19])

Das sind vermutlich Texte, die im Westen dieses Landes unbekannt geblieben sind. Abschließend folgt ein Auszug aus den Erinnerungen von Carl-Jacob Danziger, die 1980 in Düsseldorf erschienen sind, nachdem der Autor auch die DDR wieder verlassen hatte.

»Ich bekam eine Bescheinigung über ›ehrenvolle Entlassung‹ aus der Israel-Armee, mein Jahrgang sei nicht gefragt und werde nicht benötigt. Mit einem selbstgefertigten Knüppel in der Hand bewachte ich bis zum Ende meiner Palästinazeit private Einrichtungen, Bauplätze, Materiallager, eine Mühle, nie wieder hielt ich ein Gewehr in der Hand. Aber die zu philosophischen Übungen anregenden schönen Nächte führten mich zu einem traurigen Denkergebnis.

Ich war vor fünfzehn Jahren in dieses Land gekommen und war heute so arm und fremd wie damals, nur fehlten mir Elan und Naivität, um von vorne anzufangen. Es war im Februar 1949, nach Unterzeichnung des Waffenstillstands zwischen Israel und Ägypten, die Juden hatten sich nichts ins Meer werfen lassen und ihre Grenzen erfolgreich verteidigt. (. . .) Es wurde überall gebaut, man fühlte den bevorstehenden Aufschwung. Nur ich stand draußen, ich war weder Soldat noch Handwerker geworden, nicht einmal ein Hebräer, der Büros in Ordnung halten konnte. (. . .)

Es war nicht ganz unrichtig, wenn mir Zionisten vorwarfen, ich hätte mich nicht assimilieren wollen, ich sei von vornherein mit Unlust an die Aufgabe herangegangen, in diesem Land Fuß zu fassen.

Meine Mutter war tot, Frimsche war in England, vielleicht hätte eine dieser beiden Personen das Schlimmste, nämlich die Auswanderung, verhindern und mich zurückhalten können. Aber sie waren nicht da, und es zog mich nichts mehr an in diesem Land, die ganze Kette der Väter zog mich weniger als Jo und Fürnberg. (. . .) Das Ende näherte sich, ich mußte dieses Land verlassen.«

Danziger trifft auf der Straße einen Bekannten, erzählt ihm von seiner Lage: »Frau und Kinder in Berlin, ich hier ohne Arbeit und ohne die Möglichkeit, ihnen zu folgen, während in Berlin ein Buch von mir erschienen sei und ich dort als Schriftsteller leben könne.« Der Freund hilft, schlägt eine Korrespondententätigkeit für die Zeitung Dawar in Europa vor.

»Ich verstehe es bis heute nicht, was Felsenbach veranlaßte, das alles für mich zu tun, obwohl er genau wußte, daß ich das schlimmste Verbrechen zu begehen im Begriffe stand: das Land für immer zu verlassen, auszuwandern. (...)

Dann saß ich in der großen britischen Passagiermaschine, die sich in den Himmel erhob. Auf den silbernen Tragflächen lag der schimmernde Vollmond. Ich sah hinaus. Ich verzichtete auf Wärme und Palmen, auf Kakteenfrüchte und Granatäpfel, auf Pomeranzen und Pampelmusen, auf blaues Mittelmeer und historische Felsenlandschaft, auf mein geliebtes Jerusalem und die wenigen Freunde, auf meinen Vater, der traurig zurückblieb, und auf das Grab meiner Mutter, das unauffindbar geworden war. Ich war entartet, endgültig. Entartung trieb mich aus dem Land der Väter, aber ich war froh zu entkommen, ich hörte Stimmen, Brüder riefen mich.«[20])

Wieviel Bitterkeit liegt in diesen Worten, und wieviel angestrengte Zuversicht war nötig, um die Bitterkeit zu überdecken! Wie viele Hoffnungen wurden darauf gesetzt, daß das Leben im neuen Deutschland die Rückkehr rechtfertigen würde.

Es ist an der Zeit, die Frage nach dem Schicksal dieser Emigranten und Remigranten neu zu stellen. »Insoweit, hüben wie drüben, Exilforschung als Legitimationsideologie für die Frontbildung im Kalten Krieg mißbraucht wurde, ist sie wohl obsolet geworden«, schreibt Wolfgang Motzkau-Valeton in dem von ihm und Edith Böhne herausgegebenen Band »Die Künste und die Wissenschaften im Exil«.[21]) Neue Untersuchungen, die auch nunmehr zugängliche Archive in den ehemaligen »Ostblock«-Staaten benutzen, sind jetzt zweifellos erforderlich. Aber die um den 20. Juli 1994 aufgekommene Debatte über Rolle und Funktion des deutschen Widerstands zeigte, daß die Frontstellung sich möglicherweise nur verschoben hat. Wird jetzt Exilgeschichte als »westliche« Siegergeschichte oder als »östliche« Rechtfertigungsgeschichte geschrieben?

Mir scheinen alle diese Darstellungen, gerade wenn es um Arnold Zweig geht, darauf hingeschrieben, die Rückkehr und vor allem die Rückkehr in den Osten Deutschlands zu rechtfertigen. Denn was an einer Rückkehr problematisch sein mochte, scheint in diesem Fall ja gerade aufgehoben, denn dort, heißt es, sei etwas Neues entstanden. Die Rückkehr in die neue Heimat konnte die »Zerrüttung« beenden, die Wunde heilen, den Widerspruch überbrücken. Allerdings nur für kurze Zeit. Lothar Mertens und Angelika Timme haben im Jahrbuch für Antisemitismusforschung 1993 in zwei ähnlich oberflächlichen Beiträgen die Israel-Politik der DDR dargestellt. Angelika Timm schreibt: »Das Geschehen in Osteuropa blieb nicht ohne Auswirkungen auf die DDR. Die SED säuberte ihre Reihen – wie es offiziell hieß – von ›trotzkistischen, titoistischen und zionistischen Elementen‹. Paul Merker, der bereits im Oktober 1945 im mexikanischen Exil die Verantwortung der Deutschen gegenüber den Juden betont und sich für eine Unterstützung der ›nationalen Bestrebungen des jüdischen Volkes‹ eingesetzt hatte, wurde beschuldigt, Leiter einer zionistischen Agentengruppe gewesen zu sein und ›die Finanzierung der Auswanderung jüdischer Kapitalisten nach Israel‹ gefordert zu haben. Er war von 1952 bis 1956 in Haft. Prominente jüdische Opfer dieser Kampagne waren der Chefredakteur des ›Neuen Deutschland‹, Lex Ende, und der Chefredakteur des Deutschlandsenders, Bruno Goldhammer. Verhaftet wurden auch einige Mitarbeiter des Ministeriums für Auswärtige Angelegenheiten der DDR, z. B. der Leiter der Osteuropa-Abteilung, Peter Florin. Erich Jungmann, wie Merker während der Zeit des Nationalsozialismus im mexikanischen Exil und dann Mitglied des Zentralkomitees der SED, wurde im März 1953 aller seiner Funktionen – er war Herausgeber der Berliner Zeitung und der Geraer Volkswacht – enthoben. Die Repressionen ließen eine breite antisemitische Welle erwarten. Diese Situation führte dazu, daß ein wesentlicher Teil der nach 1945 in die Sowjetische Besatzungszone zurückgekehrten Juden die DDR verließ, darunter mehrere Vorsitzende jüdischer Gemeinden.«[22])

Hier bleibt für die Forschung noch viel zu tun. Vermutlich bietet die Frage nach dem Schicksal der aus der Emigration Zurückgekehrten einen interessanten Ansatzpunkt, von dem aus die Geschichte der DDR in ihrer Widersprüchlichkeit – zwischen einem staatlich verordneten Antifaschismus und zunehmender Repression gegen Andersdenkende, zwischen Integration und Ausgrenzung – nachgezeichnet werden könnte.

Aber auch für die Nachkriegsgeschichte der Bundesrepublik ist die Frage zu stellen, wie sich die aus der Emigration Zurückgekehrten zurechtfanden, mit welchen Zwängen, mit welchen Loyalitätsanforderungen auch sie konfrontiert waren. In einem Bericht über die Präsentation des ersten Bandes vom »Biographischen Handbuch der deutschsprachigen Emigration nach 1933« versuchte Hans Schwab-Felisch, den Unterschied herauszuarbeiten. Auf dem Podium saßen, als Zeitzeugen, Fritz Heine, der das SOPADE-Büro in Prag aufgebaut hatte, Johannes Schauff, ein Zentrumspolitiker, der im brasilianischen Urwald einen Zufluchtsort für deutsche Auswanderer, die Siedlung Rolandia, mitgegründet hatte, und Herbert Weichmann, einst Referent des preußischen Ministerpräsidenten Otto Braun, nach dem Krieg der Erste Bürgermeister der Freien und Hansestadt Hamburg. Für sie alle schien die Zeit des Exils weit zurückzuliegen: »Sie repräsentieren den ›Aufbau‹; sie und die Bundesrepublik sind identisch. Sie blickten, seit sie aus der Fremde nach Europa oder in ihr altes Land zurückkehrten, nach vorn. Für sie dürfte das Vergangene weiter zurückliegen als für jenen Interpellanten aus dem Publikum, der auf dem Podium einen Kommunisten vermißte. Er war selbst Emigrant gewesen und bezeichnete sich als links von der SPD stehend – wohl ein Sympathisant der DKP. Man merkte: Für ihn war das Exil in ganz anderer Weise noch ein Trauma, für ihn war es noch sehr gegenwärtig.«[23])

Wieder sind wir damit mitten im deutsch-deutschen Gelände. In der Bundesrepublik war der Kommunist als Repräsentant des Gestrigen erkennbar, der Vergangenheit verhaftet, traumatisiert (und die passende Schublade, »DKP«, stand immer offen), während Sozial- und Christdemokraten »nach vorn« blickten und sich in das einfügten, was wir »Aufbau« nennen. In der DDR waren die Kommunisten, soweit sie es sich selbst gestatteten, auf diesen Wesenszug reduziert zu werden, »vorn« und »dabei«. Wer mehr und anders war, womöglich Zionist, blieb zurück, im Exil. Die rasante Beschleunigung im Vereinigungsprozeß hat auch dies verhindert: daß beide Staaten sich hätten Gedanken machen können über das jeweils Ausgegrenzte. Kommunisten in der Bundesrepublik, Bürgerliche in der DDR – was hätten sie zu sagen gehabt? Dafür war keine Zeit.

Wolfgang Frühwald hat das Schicksal des über Wien und Prag nach Jerusalem emigrierten Publizisten Franz Goldstein zum Anlaß genommen, die Exilgeschichte als eine Geschichte der Angst zu beschreiben. Goldsteins Nervenarzt bescheinigte ihm eine »Entwurzelungsneurose«, und Frühwald kommentiert: »In allen unseren wissenschaftlichen Bemühungen, bei der Suche nach vergilbten Steckbriefen und den Wäscherechnungen Verschollener, bei unseren Entdeckungsreisen in den Nachlässen des Elends, wie sie Hans Sahl in seinem berühmten Gedicht ›Die Letzten‹ beschrieben hat, wurde Exilgeschichte meist als eine Art Heldengeschichte geschrieben. Wir haben vergessen, daß Exilgeschichte auch als die Geschichte kreatürlicher Angst vor physischer und psychischer Vernichtung geschrieben werden müßte.«[24]) Heimweh ist die »schwere und oft genug tödliche Krankheit«, die zum Schicksal der Vertriebenen gehört.

Da ist der Name gefallen, an den unweigerlich denkt, wer über Exil und Rückkehr schreiben soll: Hans Sahl. Unter den Autoren des in den 1960er Jahren von Wolfgang Weyrauch herausgegebenen Rowohltbändchens »Ich lebe nicht in der Bundesrepublik« erschien auch dieser Name, aber erst viel später erschien Hans Sahl selbst in allen Medien: Der zurückgekehrte Emigrant, der endlich Heimgekommene – ein Beleg, so mochte es scheinen, für die Rückkehr Deutschlands in die Zivilisation, ein Beleg womöglich für das Ende der Nachkriegszeit mit ihren bösen Restriktionen und Rückschlägen, zu denen man nun auch die Tatsache zählte, daß einige der Vertriebenen eben nicht zurückgekommen waren. So sachlich wie Hans Sahl im Gespräch sagte, er wäre ja längst zurückgekommen, hätte er nur den Eindruck gehabt, daran würde irgendein Interesse bestehen, so nüchtern beschied er auch diese Interpreten seiner Rückkehr mit der für ihn typischen Mischung aus einem in den USA geschulten demokratischen Bewußtsein und einer sächsisch-berlinischen Verschmitztheit: zum Kronzeugen für die Qualität des wiedervereinigten Deutschland tauge er nicht, und was Heimat sei, das müsse sich erst herausstellen.

Über die *Rückkehr auf Zeit*, die Besuche von Emigranten in ihren ehemaligen Heimatstädten, hat Wolfgang Benz einen wichtigen Aufsatz geschrieben, in dem er gleich zu Anfang – anknüpfend an Hilde Domins Mahnung zur Prüfung der Sprache – die *Wörter*, die Wortwahl, die Redeweise der Begegnung befragt. »Jüdische Mitbürger«, so wurde mehrfach kritisiert, sei eine Formel, die den »nur geduldeten«, den reduzierten, nicht gleichwertigen Bürger anspreche. Am Beispiel dieses so häufig und so bedenkenlos verwendeten Begriffs werde deutlich, so Benz, »welch schwieriges Terrain betreten wird bei den Beziehungen zwischen ehemaligen deutschen Bürgern im Exil, den Repräsentanten einer versöhnungswilligen Bundesrepublik und den Offiziellen der Juden in Deutschland, die diese Aktivitäten aufmerksam betrachten«[25]) – und selbst in diesen Text, der doch dazu auffordert, »Tonart und Lautstärke, Melodie und Takt jeder Weise kritisch zu prüfen«, auch in diesen Text schleichen sich die unglücklichen Begriffe ein.

»Versöhnungswillige Bundesrepublik«? Wem gegenüber zur Versöhnung bereit? Wer hat ihr etwas angetan?

Wenn die Emigranten zu Besuch kommen, erscheinen Zeitungsartikel, die immer ähnlich klingen. Eine typische Überschrift: »Wiedersehensfreude siegt über Schmerz des Erinnerns«; eine andere: »Blick zurück – aber nicht im Zorn«.[26]) Die Emigranten sind gut, wenn sie zurückkommen, auch nur für kurze Zeit, und verzeihen. »Ick bleibe imma Berliner«, läßt man sie dann sagen, oder »I love Berlin« (Neue Zeit vom 29. Juni 1992) und »Ich komme bestimmt wieder« (Berliner Zeitung vom 4. November 1993). Die »Beklemmung« verschwindet regelmäßig am zweiten, dritten Tag, »schließlich sind die Menschen freundlich, und die Stadt ist großartig« (Bild Berlin vom 10. April 1988). Und: »Man darf doch nicht ewig hassen« (Berliner Morgenpost vom 20. August 1987). Bei solchen unglücklichen Formulierungen wird deutlich, wie verzerrt sich die Wahrnehmung der Rückkehr darstellt. Hier wie dort wurde die Lebensentscheidung zur Rückkehr im Sinne einer Entlastung interpretiert. Die Herausforderung, die auch darin lag, wurde nicht wahrgenommen. Hans Sahls Rückkehr hat schließlich die Frage aufgeworfen, ob damit wenigstens jenes Exil beendet worden sei, das gekennzeichnet war durch die gewaltsame Ausbürgerung und die folgenden Leiden ebenso wie durch die schöpferischen Leistungen der Verfolgten.

Ich hatte, als langjähriger Tübinger, das große Glück, Hans Sahl noch einige Male zu treffen und ihn befragen zu können. Diese eine große Frage stand unausgesprochen oder gelegentlich auch ausgesprochen immer im Raum – aber sie ist nicht beantwortet. Ich glaube, er hätte einer Antwort den Vorzug gegeben, die eine »Heimkehr« – ins Wort, in die Kultur, in die Zugehörigkeit – nicht mit der physischen Heimkehr gleichgesetzt hätte. Solange Hans Sahl im Exil lebte, schien ihm die endliche Rückkehr nach Deutschland eine wichtige Möglichkeit. Angekommen, war er doch nicht: zu Hause. Die Beschäftigung mit den deutschen Dingen war ihm lästig, seine Welt war größer geworden. Vielleicht ist zwischen »Exil« und »Rückkehr« gar keine wirkliche Alternative; vielleicht ist, wer einmal vertrieben wurde, auf Dauer unbehaust und zugleich an vielen Orten daheim. Aber diese Orte heißen dann nicht »Deutschland« oder »Vereinigte Staaten«, vielleicht nicht einmal »Israel«, sondern: Berlin, New York, Tel Aviv. Ein paar Straßen, ein Park, zwei, drei Kaffeehäuser, einige Theater und Buchläden, und Freunde, mit denen man in vielen Sprachen reden kann.

Anmerkungen

[1]) Hilde Domin, Besuch bei Hermann Hesse. Exil seit 1912. In: Aber die Hoffnung. Autobiographisches aus und über Deutschland. München–Zürich 1982, Neuausgabe 1987, S. 16–22, hier S. 20.

[2]) Thomas Mann, Offener Brief. In: Aufbau, New York, 28. September 1945, danach im »Augsburger Anzeiger« vom 12. Oktober 1945. In: Gesammelte Werke, Bd. XII, Reden und Aufsätze 4, S. 953 unter dem Titel: »Warum ich nicht nach Deutschland zurückgehe«.

[3]) Theodor W. Adorno, Kein Abenteuer. Vorabdruck aus Gesammelte Schriften, Band 20 (Unveröffentlichter Text; geschrieben 1940).

[4]) Hilde Domin, Heimat. In der Reihe Verbale Tabus. Autoren der Gegenwart treten ein für veruntreute Begriffe, Süddeutscher Rundfunk 1975. In: Aber die Hoffnung (Anm. 1), S. 11–15, hier S. 12.

[5]) Hilde Domin, Hineingeboren. Zuerst in: Mein Judentum. Hrsg. v. Hans-Jürgen Schultz. Stuttgart 1978 (ursprünglich Sendereihe des Süddeutschen Rundfunks). In: Aber die Hoffnung (Anm. 1), S. 64–80, hier S. 70.

[6]) Holger Kreitling, In weiter Ferne nah. Zum 90.Geburtstag des Filmtheoretikers Rudolf Arnheim. In: Der Tagesspiegel vom 15. Juli 1994.

[7]) Joachim Schlör, Von Berlin nach Tel Aviv. In: Menora. Jahrbuch für deutsch-jüdische Geschichte, Band 5/1994, S. 231–259. Vgl. dazu auch Julius H. Schoeps, Öffentlich geächtet und vogelfrei. Vertreibung und Ausbürgerung im NS-Staat. In: FAZ-Magazin, Nr. 354/1986, S. 50–55. Auch in: Leiden an Deutschland. Vom antisemitischen Wahn und der Last der Erinnerung, München 1990, S. 40–54.

[8]) Hans Georg Lehmann, Wiedereinbürgerung, Rehabilitation und Wiedergutmachung nach 1945. Zur Staatsangehörigkeit ausgebürgerter Emigranten und Remigranten. In: Jahrbuch für Exilforschung, Band 9/1991: Exil und Remigration, S. 90–103, hier S. 92. Daraus stammen auch die folgenden Zitate.

[9]) Klaus Pokatzky, Pavel, Paul, Shaul. Erfahrungen mit der deutschen Verdrängung. Ein Historiker aus Tel Aviv in Berlin. In: Die Zeit vom 16. Mai 1986.

[10]) Der »Faust« ist mir nun mal näher als der Kohelet. Sophie Marum, geboren 1910 in Wien. In: Zwischen Thora und Trabant. Juden in der DDR. Hrsg. v. Vincent v. Wroblewsky. Berlin 1993, S. 13–39, hier S. 27.

[11]) Lea Grundig, Gesichte und Geschichte. Berlin (Ost) 1971 (erste Auflage 1958), S. 339–341.

[12]) Rudolf Hirsch, Patria Israel, Rudolstadt 1983, S. 7 f., 10.

[13]) Günter Stillmann, Berlin – Palästina und zurück. Erinnerungen, Berlin (Ost) 1989, S. 113, 118, 122 f., 126.

[14]) Ebenda, S. 95.

[15]) Arnold Zweig, Cinema Esther Pantomime. In: Orient, 3 (1942) 13, S. 1 ff.; zit. nach: Exil. Literarische und politische Texte aus dem deutschen Exil 1933–1945. Hrsg. v. Ernst Loewy. Band 2: Erbärmlichkeit und Größe, Frankfurt/Main 1982, S. 540–542, hier S. 541.

[16]) Jens Brüning hat für das Literaturhaus Berlin eine Kabinettsausstellung zum 100. Geburtstag von Gabriele Tergit eingerichtet und plant die Herausgabe von einigen ihrer in Palästina entstandenen Feuilletons. Ich danke ihm für die Einsichtnahme in glänzend geschriebene, von Unsicherheit und Bitterkeit – und von Dankbarkeit – geprägte Texte.

[17]) Ruth Bondy im Gespräch am 4. Oktober 1992.

[18]) Dieter Schiller, Arnold Zweig und die Palestine Post in Jerusalem. In: Jahrbuch für Exilforschung, Band 7/1989: Publizistik im Exil und andere Themen, S. 184–201.

[19]) Rudolf Hirsch/Ursula Behse, Exil in Palästina. In: Kunst und Literatur im antifaschistischen Exil 1933–1945. Band 5: Exil in der Tschechoslowakei, Großbritannien, Skandinavien und Palästina, Leipzig 1980, S. 559–622, hier S. 582–586.

[20]) Carl-Jacob Danziger, Kein Talent für Israel (autobiographischer Roman), Düsseldorf 1980, S. 262–267.

[21]) Edith Böhne/Wolfgang Motzkau-Valeton (Hrsg.), Die Künste und die Wissenschaften im Exil, Gerlingen 1993.

[22]) Angelika Timm, Israel in den Medien der DDR. In: Jahrbuch für Antisemitismusforschung, Band 3. Hrsg. v. Wolfgang Benz für das Zentrum für Antisemitismusforschung der TU Berlin, Frankfurt/Main–New York 1993, S.154–173, hier S. 158f.; vgl. dazu auch Lothar Mertens, Staatlich propagierter Antizionismus: Das Israelbild der DDR. Ebenda, S. 139–153.

[23]) Hans Schwab-Felisch, Wie viele Leben lebt der Mensch in seinem Leben? Deutsche Szenen: Emigranten. In: Frankfurter Allgemeine Zeitung vom 12. Juli 1980.

[24]) Wolfgang Frühwald, Meine Heimat ist die Erde, die Welt mein Vaterland. Exilgeschichte als eine Geschichte der Angst. In: Frankfurter Allgemeine Zeitung vom 5. Juni 1993.

[25]) Wolfgang Benz, Rückkehr auf Zeit. Erfahrungen deutsch-jüdischer Emigranten mit Einladungen in ihre ehemaligen Heimatstädte. In: Jahrbuch für Exilforschung, Band 9/1991: Exil und Remigration. Hrsg. im Auftrag der Deutschen Gesellschaft für Exilforschung v. Claus-Dieter Krohn u. a., S. 197–207, hier S. 208.

[26]) Neue Zeit vom 29. Juni 1992; Die Welt vom 27. Juni 1979.

Susanne Urban

Die Freiheit kam erst später

Jüdische Überlebende als Displaced Persons

»Unser Lager hieß Föhrenwald... Eine Enklave, ein ostjiddisches Städtel in Bayern... Das Lager war mir heimisch und die Juden vertraut. Mir schien, als trügen sie die Schultern leicht nach vorne gebeugt, so daß sie eine gekrümmte Haltung hatten. Wie Menschen mit einer schweren, unsichtbaren Last. Die Gesichter waren bleich, und die meisten versteckten es unter einem Hut.«
(Lea Fleischmann, Dies ist nicht mein Land, Hamburg 1980)

Verschleppt und heimatlos

»7 bis 10 Millionen Menschen, die im Verlauf des Krieges aus ihrer Heimat vertrieben wurden, geflohen sind, als Zwangsarbeiter verschleppt wurden, als Soldaten in Gefangenschaft saßen, gab es bei Kriegsende in Europa. Unter diesen von der Alliierten-Verwaltung als Displaced Persons Bezeichneten befanden sich im Frühjahr 1945 nahezu 60 000 Juden. Etwa 20 000 von ihnen starben noch in den ersten Wochen nach Kriegsende. Der Überlebenswille schien nur bis zur Befreiung gereicht zu haben, die körperliche Verfassung war derart geschwächt, daß jede Nahrung zu spät kam.«[1]) Die Befreiung kam für viele der von den Nazis Geschundenen zu spät. Diejenigen, die überlebten, glaubten sich nun in Sicherheit und Freiheit. Doch Tausende wurden zunächst bitter enttäuscht. Manche mußten feststellen, daß die Heimat zum zukünftigen stalinistischen Satelliten mutierte, andere waren zu Hause nur unerwünschte Rückkehrer. Die jüdischen Displaced Persons (DP's) setzten all ihre Hoffnung auf die Auswanderung ins damalige Palästina, in den Aufbau eines eigenen jüdischen Staates. Doch sie hatten noch eine lange Zeit des Wartens, der Entbehrungen und Strapazen vor sich: Für sie kam die Freiheit erst später.

»Displaced Persons« war ein von den Westalliierten geprägter Begriff. Die sowjetische Militärregierung übernahm diese Bezeichnung nicht. Damit wurde deutlich, daß den Verschleppten dort kein besonderer Status eingeräumt werden sollte. Die Sowjets vereinbarten mit den westlichen Alliierten, daß alle ehemaligen Osteuropäer und Sowjetbürger so rasch wie möglich in ihre Ursprungsländer repatriiert werden sollten. Bis dahin waren sie in der sowjetischen Zone vollkommen auf sich allein gestellt. Dies war in den Westzonen anders. Die DP's erhielten dort Unterkunft und Nahrung; und es gab Organisationen, die speziell für sie zuständig waren. Doch auch die Westalliierten machten zunächst die Repatriierung zum Kern und Ziel ihrer DP-Politik. Es war nämlich scheinbar die einfachste und für die Menschen beste Lösung, ihnen nach Verschleppung und Lagerhaft endlich die Rückkehr in ihre Heimat zu ermöglichen. Aber die Wirklichkeit sah anders aus, und die Probleme, die aus dieser Politik entstanden, ließen nicht lange auf sich warten.

Was die Alliierten nicht bedacht hatten, war zum einen der Umstand, daß zu den DP's neben Zwangsarbeitern und ehemaligen KZ-Häftlingen auch jene gehörten, die nach Kriegsbeginn freiwillig für die deutsche Wirtschaft gearbeitet und mit den deutschen Besatzern kollaboriert hatten. Manche waren sogar in die SS eingetreten und hatten in KZs »Dienst« getan. Zu dieser Gruppe zählten vor allem Balten, Polen, Russen und Ukrainer. Diese Kollaborateure wollten aus Angst vor Rache selbstverständlich nicht zurück in ihre Heimat. Andere wieder standen zur stalinistischen Politik in Opposition und weigerten sich vehement, den Repatriierungsaufrufen Folge zu leisten. Solche zur Repatriierung vorgesehenen DP's brachten sich häufig lieber um, als in ihre Heimat zurückzukehren. Trotzdem waren ein halbes Jahr nach der Befreiung fast sechs Millionen DP's in ihre Heimatländer zurückgekehrt.[2]) Mehr als eine Million blieb jedoch in den Westzonen. Neben Osteuropäern waren dies vor allem Juden. Die Alliierten begriffen, daß – aus welchen Gründen auch immer – lediglich ein Bruchteil der Juden repatriierbar war oder sich aus eigenem Antrieb auf den Weg in die einstige Heimat machte. Erst im Laufe der intensiveren Betreuung infolge der Zusammenarbeit mit jüdischen Organisationen und während der Ende 1945 einsetzenden unerwarteten Flucht vieler Juden in den Westen wurde klar, warum die jüdischen Überlebenden solch schwierige Fälle bildeten und eben nicht der üblichen DP-Politik unterworfen werden konnten. Vor allem die osteuropäischen Juden wurden nach ihrer Befreiung mit der nahezu kompletten Zerstörung ihrer einstigen Lebenswelt konfrontiert. Sie hatten Verfolgung und Lager überlebt oder waren im Untergrund den Mördern entkommen, doch sie konnten nicht so wie andere nichtjüdische DP's in ein einigermaßen intaktes soziales und kulturelles Umfeld zurückkehren. Ihnen war außerdem die Situation in Osteuropa nur allzu gut bekannt. Viele befürchteten zu Recht, wegen des virulenten Antisemitismus im besten Fall als unerwünschte Rückkehrer behandelt zu werden. Ein neuer Anfang, so die Überlegung, sei deswegen kaum möglich.

Die jüdischen DP's, die sich selbst »Rest der Geretteten« (hebr. Sheerit Hapleita) nannten[3]), befanden sich also in einer spezifischen Lage. Deshalb begannen die Alliierten, allen voran die Amerikaner, flexibler zu werden. Die Repatriierung war nicht mehr einziges Ziel. Vor allem nicht, als immer mehr Juden aus Osteuropa in den Westen flohen. Die Repatriierung wurde ad acta gelegt.

»Sonderfälle« der DP-Politik waren die deutschen, österreichischen und ungarischen Juden. Sie sollten laut einem Memorandum der SHAEF (Supreme Headquarters Allied Expeditionary Forces) von 1944 in der Regel wie DP's behandelt werden.[4]) Sie galten als Angehörige einer besiegten feindlichen Nation: »Fast ein Jahr nach der Befreiung befanden sich die deutschen Juden in der britischen Zone nach der Einschätzung jüdischer Beobachter in deutlich schlechterer Lage als die Displaced Persons.«[5]) Erst nach und nach wurden auch sie als Überlebende anerkannt.

Der Exodus in den Westen

»In Polen blühen Pogrome. Das polnische Volk, das vor dem Krieg 3,5 Millionen Juden verdauen konnte, ist heute nicht in der Lage, 80 000 Juden zu beherbergen. Eine wilde Pogromhetze überschwemmt das Land. Judenpogrome in Krakau ... Judenpogrome in Radom ... Judenpogrome in Czenstochowa, Opatow, Gruwaszow, Strachowice und Lodz ... Judenpogrome in Wismara, in Bialystok, in Lublin, in Nowy Targ ... Judenpogrome in Kielce ... In der Slowakei werden Juden ... gemordet ... In Ungarn (bekommen) die geretteten Juden weder ihr Vermögen noch ihre Wohnungen zurück ... In Rumänien drängen jüdische Massen zur Emigration.«[6])

Seit Herbst 1945 strömten Tausende osteuropäische, vor allem polnische Juden in die Westzonen. Es gab grausame Pogrome und Anschläge auf Überlebende sowie, als schrecklichen Höhepunkt, den Pogrom im polnischen Kielce im Juli 1946, bei dem fast 50 Juden ermordet wurden. Die Überlebenden, durch die »Schule der Diktatoren« gegangen, rechneten erst gar nicht auf die Hilfe von Nachbarn oder auf staatlichen Schutz, sondern flohen, so rasch sie konnten, in den Westen. Dort hofften sie auf die Hilfe der westlichen Befreier und eine Auswanderungserlaubnis nach Palästina oder in die USA.

Unter den Flüchtlingen befanden sich:

- Juden, die in Osteuropa befreit worden waren,
- repatriierte Juden, die nun erneut zu DP's wurden,
- Juden, die ohne Inanspruchnahme alliierter Hilfe in ihre einstige Heimat zurückgekehrt waren, zumeist auf der Suche nach Angehörigen,
- Juden, die aus der UdSSR, ihrem Exil während der deutschen Okkupation, in ihre osteuropäischen Heimatländer zurückgekehrt waren.

Die sowjetische Zone blieb Durchgangsstation in den Westen. Dort arbeiteten internationale jüdische und zionistische Organisationen, die bei der Emigration, ganz gleich, ob legal oder illegal, aus Europa behilflich sein konnten. Bei der Flucht aus Osteuropa wurden sie von der jüdischen Fluchthilfeorganisation Bricha[7]) massiv unterstützt. Dazu zählten unter anderem illegale Grenzüberschreitungen ganzer Gruppen, die Vergabe gefälschter Papiere und Transitvisa. Unter dem Namen Bricha ging die Massenflucht dann auch in die jüdische Geschichtsschreibung ein. Die West-Alliierten hatten verständlicherweise nicht mit dem Phänomen der Zuwanderung gerechnet. »Die Ironie des Schicksals wollte es, daß ausgerechnet Deutschland, oder, besser, die deutschen Besatzungszonen, zum ersten hoffnungsvollen Etappenziel auf dem Wege nach Palästina wurden.«[8])

Der Zuzug der neuen jüdischen DP's wurde von den alliierten Behörden einhellig als »illegal infiltration« bezeichnet[9]), weil sie keine legalen Visa und Passierscheine für die Einreise oder den Aufenthalt in den Zonen hatten. Andere Ausweise besaßen sie häufig auch nicht. Diese Illegalität wurde jedoch nach kurzer Zeit in der amerikanischen Zone durch die nachträgliche Anerkennung des DP-Status für all jene, die von Herbst 1945 an in die Zone kamen, aufgehoben.

Die britischen Behörden handhabten das Ganze rigoroser. Schließlich waren die Briten für die Lage in Palästina verantwortlich. Sie lehnten mit Rücksicht auf die Araber jüdische Einwanderer ab. Zunächst war gar keine nachträgliche Anerkennung vorgesehen. Erst aufgrund des Drucks der internationalen Flüchtlingshilfeorganisation UNRRA (United Nations Relief and Rehabilitation Administration) konnten sich die jüdischen DP's doch noch registrieren lassen. Die Frist dafür lief am 10. August 1946 ab. Wer danach kam oder sich nicht meldete, dem wurde der Zutritt zu den DP-Lagern in der britischen Zone verweigert. Er erhielt auch keinerlei materielle Unterstützung, mußte sich selbst um Unterkunft, Kleidung und Lebensmittel kümmern. Die Illegalen waren daher auf die Hilfe jüdischer Organisationen angewiesen.

Die französische Zone wurde von dem Problem der jüdischen DP's kaum berührt. Dort waren nur wenige befreit worden. Die innerjüdische Organisation war dementsprechend schlecht. Es gab nur ein paar kleinere Gruppen, und es kam nicht selten vor, daß sie allesamt über Nacht verschwanden – nach Erez Israel. Es kam schließlich wegen der sowjetischen Ignoranz, der britischen Politik, der französischen Desorganisation und der im Vergleich zu alldem eher positiven amerikanischen DP-Politik zur Konzentration der jüdischen DP's in der US-Zone. Dies führte dazu, daß die amerikanischen Behörden die DP-Lager für Zuwanderer, die nach dem 21. April 1947 ankamen, schlossen. Bis Mitte 1946 lebten in den drei Westzonen schätzungsweise 30 000 bis 40 000 jüdische DP's.[10]) Sie verteilten sich Ende 1946 folgendermaßen: amerikanische Zone rund 141 000, britische Zone 19 000, französische Zone 1300.[11]) Das Gros der osteuropäischen jüdischen DP's war polnischer Herkunft (ca. 72 %). Es folgten ungarische, tschechische und rumänische Juden.[12]) Es waren doppelt so viele Männer wie Frauen[13]), die meisten Menschen, die im »arbeitsfähigen« Alter überlebt hatten. Frauen hatten die Arbeit in Ghetto und Lager nicht lange überlebt oder sie waren mit ihren Kindern ermordet worden.

Die DP-Lager

»Viele jüdische Displaced Persons leben unter Bewachung hinter Stacheldraht, in Lagern unterschiedlichster Art (von den Deutschen für Zwangsarbeiter und Juden erbaut), einige der berüchtigsten Konzentrationslager eingeschlossen, auf engstem Raum . . ., wartend, hoffend auf ein Wort der Ermutigung und Hilfe . . . Die Situation spitzt sich dramatisch zu . . . Ich empfehle dringend, besondere Lager für Juden zu errichten.«[14])

Die bald nach der Befreiung eingerichteten Lager sollten ursprünglich reine Durchgangslager bis zur Repatriierung sein. Deshalb lebten dort anfänglich DP's aller Nationalitäten. Für die Repatriierungsbeauftragten der verschiedenen Länder war es jedoch leichter zu helfen, wenn die Menschen nach ihrer früheren Staatsangehörigkeit untergebracht wurden. Deshalb kam es entweder zur Trennung der DP's nach Nationalitäten, oder innerhalb eines Lagers wurden Baracken für Polen, Russen usw. eingerichtet. Und so fanden sich Juden nicht gerade selten plötzlich neben ihren ehemaligen Aufsehern, Kapos oder Kollaborateuren etwa aus dem Baltikum oder der Ukraine.

In den Lagern herrschte Mangel an Kleidung und Betreuung. Viele jüdische DP's trugen noch ihre Lagerklamotten; Wehrmachts- oder SS-Uniformen, die zuerst verteilt wurden, wollten sie verständlicherweise nicht anziehen. Zivilisten und Angehörige jüdischer Organisationen hatten zunächst keinen Zutritt zu den DP-Lagern, so daß die Juden auf sich gestellt waren. Der innerjüdische Zusammenhalt wurde daher gerade in dieser ersten Zeit wichtig, in der viele der Überlebenden keinerlei Hoffnungen in ihr zukünftiges Leben setzten. In den Lagern wurden z. B. Versammlungen und jüdische Gottesdienste organisiert. Wenn die DP's Glück hatten, stand ihnen ein alliierter jüdischer Soldat oder ein Militärrabbiner zur Seite. Der Harrison-Bericht vom Sommer 1945[15]) über die Situation jüdischer DP's erregte in der amerikanischen Zone enormes Aufsehen. Bereits im August 1945 wurde die Errichtung von gesonderten Lagern für die nicht repatriierbaren und staatenlosen jüdischen DP's verbindlich. Die britische Militärverwaltung blieb demgegenüber hart und unflexibel und schloß sich dieser Entwicklung nicht an. Das wichtigste Gegenargument war, die Wiedereinbürgerung müsse oberstes Ziel bleiben. Die Briten waren als Mandatsmacht in Palästina entsetzt über die Vorstellung, der von Harrison angeregte massive Transfer der Überlebenden nach Palästina könne Realität werden. Außerdem, so ein weiteres »Argument«, wolle man doch die Juden nicht erneut von ihren Landsleuten trennen und damit die Nazi-Politik indirekt fortsetzen. Die meisten Organisationen von Überlebenden hatten jedoch bereits kurz nach der Befreiung verlauten lassen, sie sähen sich aus leidvoller Erfahrung nicht mehr als Polen, Russen usw., sondern nur noch als Juden. Sie wollten nunmehr in einer jüdischen Gemeinschaft leben.

Die Versorgung und Instandhaltung der DP-Lager war eine Angelegenheit der Alliierten, doch den DP's wurde nach Einrichtung der speziellen DP-Lager von den Amerikanern eine relativ weitreichende Eigenverantwortlichkeit zugebilligt. Auch in der französischen Zone war die Selbstverwaltung ausgeprägt. In der britischen Zone lag die Verwaltung in den Händen der Behörden, doch es entwickelte sich auch dort ein reges internes Lagerleben mit verschiedenen Institutionen. Dabei wurde die innere Struktur der Lager immer komplexer. Die Überlebenden hatten bereits direkt nach der Befreiung begonnen, sich zu organisieren. Auf diese Weise konnten sie sowohl ihre Forderungen nach angemessener Versorgung und Unterkunft an UNRRA, IRO oder Joint richten als auch ihre politischen Forderungen so formulieren, daß sie die Öffentlichkeit erreichten. Proteste angesichts der britischen Palästina-Politik erregten dementsprechend immer Aufsehen. Eine andere Form der Arbeit solcher Vereinigungen war die Dokumentation der Shoah oder die gegenseitige Hilfe bei der Suche nach Angehörigen. Ein solches, in allen Bereichen aktives Komitee war das »central komitet fun di befrajte jidn in der amerikanischen okupaciecone in daitschland«. Die jiddische Namensgebung verweist auf den hohen Anteil von Juden osteuropäischer Herkunft. In den Lagern selber nahmen die organisierten jüdischen DP's bei dem Aufbau einer inneren Lagerverwaltung und einer jüdischen Infrastruktur regen Anteil. Es gab Synagogen, Lagergerichte, Kindergärten, Schulen, Sportvereine, Arbeitsämter, Berufsschulen, Kranken- und Sozialstationen, kulturelle Vereinigungen, Theater und Orchester. Die historischen Kommissionen sammelten und veröffentlichten Informationen über die Shoah und den jüdischen Widerstand. Diese Arbeiten waren erste Formen einer systematischen Holocaust-Forschung. Viele Artikel über die Shoah erschienen erstmals in der jüdischen Lager-Presse.

Diese in der Mehrzahl jiddischsprachigen »cajtungen« hießen »Dos Fraje Wort«, »Jidisze Cajtung« oder auch »Wochncajtung fun di befrajten Jidn«. Daneben erschienen Blätter in anderen Sprachen, z. B. ungarisch. Die Zeitungen dienten auch der Mitteilung von Lagerinterna oder dem Abdruck von Vermißten-, Todes- und Überlebenden-Listen. Um über das Weltgeschehen informiert zu bleiben, wurden Nachrichten aus amerikanischen und palästinensischen bzw. israelischen Zeitungen nachgedruckt.

Während die alliierten Organisationen den äußeren Rahmen der DP-Lager schufen, für die Bewachung des Lagers verantwortlich waren und die DP's außerhalb der Lager im Falle von Straftaten der Military Police bzw. der deutschen Polizei unterstanden, wurden interne Auseinandersetzungen zwischen DP's durch die Lagerpolizei und die zum Teil religiösen Gerichte innerhalb der Lager geregelt. Die jüdischen DP's waren selbst verantwortlich für die Zuweisung von Wohnraum, die Verteilung von Nahrungsmitteln und Kleidung. Weil sich die Lagerverwaltungen aus gewählten Vertretern zusammensetzten, entstanden auch verschiedene Parteien. Das Spektrum reichte von religiösen bis hin zu sozialistisch-zionistischen Gruppierungen. Das Leben wurde nicht mehr ausschließlich fremdbestimmt, sondern es bestand die Möglichkeit, es in die eigene Hand zu nehmen, sich wieder als Mensch mit Rechten und Pflichten zu etablieren und zu bewähren – vor sich und vor den anderen.

Das Leben ging eben, mit welchen Traumata und bleibenden Schäden auch immer, weiter. »Während der nächsten Jahre sorgten die jüdischen DP's damit für Aufsehen, daß sie die höchste Geburtenrate aller jüdischen Gemeinden der Welt aufwiesen.«[16])

Die Kinder waren Zukunft und Hoffnung, Ersatz für die Toten und Garanten des neuen Lebens. Sie symbolisierten das Leben schlechthin und waren zugleich ein Triumph über Auschwitz. Durch die Namen, die den Kindern gegeben wurden, erinnerten die Eltern an ermordete Familienangehörige. Man entriß sie dem Vergessen. Die Kinder waren mehr als nur Nachkommen, sie waren Symbole und in den meisten Fällen emotionaler Lebensmittelpunkt der Eltern. So konnte es nicht ausbleiben, daß sich daraus erhebliche Konflikte entwickelten. Die Kinder empfanden die elterliche Liebe oft als Umklammerung und die extrem hohen Ansprüche, die an sie gerade aufgrund der Überlebensgeschichte der Eltern gestellt wurden, als Überforderung. In dem Buch »Dies ist nicht mein Land« von Lea Fleischmann und dem Roman »Rubinsteins Versteigerung« von Rafael Seligmann werden die Probleme dieser Kinder von Überlebenden in all ihrer Komplexität und Absurdität deutlich.

Die meisten Lager wurden zwischen 1948 und 1950 aufgelöst, als es nach der Gründung des Staates Israel für die Überlebenden endlich möglich war, nach Israel einzuwandern. Die letzten Lager wurden allerdings erst Mitte der 1950er geschlossen – Feldafing 1953 und Föhrenwald 1957. Die erste Generation der Lagerbewohner weigerte sich zunächst standhaft, aus den Lagern in deutsche Großstädte zu ziehen. Die im Lager Verbliebenen hatten es aus verschiedenen Gründen nicht geschafft auszuwandern, aber sie wollten diesen jüdischen Mikrokosmos auch keinesfalls verlassen und in einer nichtjüdischen Umwelt leben. Die deutschen Behörden entschieden, in den für die Ansiedlung gedachten Städten immer eine gewisse Anzahl von DP's gemeinsam unterzubringen. In

Frankfurt am Main oder in München entstanden dadurch in bestimmten Wohngebieten oder Häusergruppen Sektionen von »Föhrenwaldern« und »Feldafingern«. Diese jüdischen DP's blieben unter sich und man kann sagen, daß sie das DP-Lager eigentlich ihr Leben lang nicht mehr verließen, immer Fremde in einer fremden Umgebung blieben.

Das gut organisierte Lagerleben sollte nicht als erstes jüdisches Leben im Nachkriegsdeutschland mißdeutet werden. Die Lager waren als Durchgangsstationen, als Wartesäle gedacht. »Hier sammelt sich der Rest des Judentums und hier ist der Wartesaal.«[17])

Es waren jüdische Enklaven in einer als feindlich wahrgenommenen Umwelt. Diese Enklaven verloren im Laufe der Zeit ihren reinen Transitcharakter. Ein Teil der DP's – Kranke und Alte – akzeptierte für sich, in einem solchen Lager zu bleiben. Andere, die den Aufenthalt auf deutschem Boden zuerst als zeitlich begrenzt erachtet hatten, bauten sich doch noch eine eigene, unabhängige Existenz auf und blieben in Deutschland. Die Lager boten den jüdischen DP's in jedem Fall psychischen Halt – Jude zu sein in einer vertrauten jüdischen Umgebung, die so in der Heimat nicht mehr existierte.

Jüdische DP's, Befreier und Deutsche

»Wie die Berichte der amerikanischen Besatzungsbehörde zeigen, konzentrieren sich antisemitische Einstellungen auf die jüdischen DP's; diese bildeten in den Nachkriegsjahren das wichtigste Objekt in der Kontinuität antisemitischer Stereotype. Sie paßten in die überkommenen Vorstellungen vom ›Ostjuden‹, sie blieben im öffentlichen – wenngleich nur selten, aber dann entlarvend, veröffentlichten – Bewußtsein die ›Fremden‹.«[18]) Doch auch die Angehörigen der alliierten Armeen waren nicht frei von Antisemitismus. Die jüdischen DP's waren physisch und psychisch durch die Verfolgung geprägt worden, nahmen zum Teil geltende Normen und Gesetze nicht an. Die meist verwaisten Kinder und Jugendlichen aus Ghetto und Lager kannten keine andere Welt und waren häufig nur schwer in eine »normale« Gesellschaft zu integrieren. Diebstahl war lebenserhaltend gewesen – warum sollte das plötzlich strafbar sein?[19])

Das Spektrum der »Folgen der Verfolgung« reichte von psychischen Auffälligkeiten bis hin zum Verlust des Unrechtsbewußtseins.[20]) Der anfängliche Schock der Alliierten über die Zustände in den KZ und die daraus resultierende demokratisch-pädagogische Aufklärung der Deutschen wich bald einem Unverständnis vieler Armeeangehöriger für die Auffälligkeiten der Überlebenden und wurde durch eine wachsende Sympathie für die deutsche Bevölkerung ersetzt.

»Irritiert und vor Abscheu angeekelt, kommentierten UNRRA-Soldaten das merkwürdige Verhalten der Überlebenden in den DP-Lagern.«[21]) Der deutsche Antisemitismus, bei Kriegsende zusammen mit Parteiabzeichen und »Mein Kampf« über Nacht verschwunden oder, besser gesagt, nie dagewesen, gewann neuen öffentlichen Zuspruch.

»Viele Deutsche suchten in Begegnungen mit den Siegern nach einer Gemeinsamkeit, die gegenwartsbezogen war, nachdem ›das mit Hitler‹ vorbei war. Hierbei war es natürlich für das eigene Selbstbewußtsein naheliegend, jeden Ansatz von Philo-Germanismus, Neigungen zu spießig-bürgerlicher heiler Welt und antisemitischen Andeutungen erleichtert in das eigene nachfaschistische Weltbild einzuordnen.«[22]) Man glaubte, sozusagen mit Billigung der »Besatzer«, die jüdischen DP's zum Zentrum des immer noch vorhandenen antisemitischen Stereotyps machen zu können. Doch amerikanische Behörden wurden auf das Phänomen des Antisemitismus in den eigenen Reihen und die dadurch erfolgte indirekte Förderung des deutschen Judenhasses recht schnell aufmerksam. Hinzu kamen offene Spannungen und Auseinandersetzungen zwischen DP's auf der einen und deutscher Polizei, deutschen Lagerwachen, deutschen Nachbarn und alliierten Soldaten auf der anderen Seite.[23]) In »dem« jüdischen Schwarzhändler wurden alle gängigen antisemitischen Judenbilder vereint.[24]) »Die auf deutscher Seite bis zum heutigen Tag geläufigen Vorurteile über die jüdischen DP's als die hauptsächlichen Betreiber des Schwarzmarktes . . . können allerdings keineswegs aufrechterhalten werden . . .«[25]) Auch die Weigerung, für deutsche Firmen zu arbeiten, wurde nicht in Verbindung mit der Sklavenarbeit gesehen. Die obersten Ränge der Alliierten wurden angesichts des Antisemitismus sichtlich nervös. Sie fragten, ob die Erziehungsarbeit nichts genutzt habe, ob der Ungeist im Geheimen fortlebe, virulent bleibe. Wegen der alarmierenden antisemitischen Tendenzen ließ die OMGUS schließlich seit 1946 regelmäßig den Antisemitismus in Deutschland untersuchen.[26]) Doch die Entnazifizierung und Reeducation, vorangige Ideale und Ziele der Befreier, wichen bald einer Politik des Wiederaufbaus und der Nutzung aller vorhandenen menschlicher Ressourcen, gleich ob mit oder ohne braune Vergangenheit, so daß die Untersuchungen nicht mehr in praktische Erziehungsarbeit umgesetzt wurden. Die einzigartige historische Chance, den Antisemitismus in einem Land offensiv und massiv zu bekämpfen, wurde politischen und wirtschaftlichen Überlegungen geopfert.

Auswanderung

»Breite Übereinstimmung herrschte in der . . . Einstellung fast aller jüdischen DP's: Nur der Zionismus hatte nach dem Holocaust noch Sinn . . .«[27])

Der Zionismus und die Errichtung eines jüdischen Staates wurden als Triumph über die »Endlösung«, aber auch als Verpflichtung den Toten und den Nachkommen gegenüber angesehen. Es war weniger eine politische denn eine historisch-philosophische und letztlich emotionale Zionismus-Begeisterung. Die zionistischen Organisationen oder auch David Ben-Gurion, der einige jüdische DP-Lager besuchte, sahen in den Überlebenden hingegen vorrangig ein gewaltiges politisches Potential, eine Art politischer »Waffe«, um die Gründung Israels vorantreiben zu können. Die jüdischen DP's ihrerseits, mehrheitlich gewillt, nach Palästina zu emigrieren – allen Widrigkeiten zum Trotz – sahen in Ben-Gurion eine Art von Messias, der sie nach Hause führen könne: »To the people of the camp, he is God. It seems that he represents all of their hopes of getting to Palestine.«[28]) Die Einwanderung nach Palästina war jedoch wegen der restriktiven Politik der britischen Mandatsmacht auf legalem Wege nur wenigen möglich. Wer einen Einreiseantrag stellte, mußte damit rechnen, jahrelang auf die Genehmigung zu warten. Daher waren etliche in den DP-Lagern tätige jüdische und zionistische Organisationen bei der umfangreichen Vorbereitung der illegalen Einreise behilflich. Zu den Managern der illegalen Aliyah (der sogenannten Mossad le Aliyah Beth im Gegensatz zur legalen Aliyah Aleph) gehörten neben der bereits bestehenden Siedlungsgemeinschaft in Palästina, dem Jischuw, auch Ben-Gurion selbst sowie die Jewish Agency. Sie hatte für die Siedler Land gekauft, sammelte Gelder für den Aufbau von Moshav und Kibbuzim und vertrat die wirtschaftlichen und sozialen Interessen der Siedler. Nach 1945 beschaffte die 1922 in den USA gegründete Jewish Agency auch gefälschte Papiere für die jüdischen DP's. Das Chartern der Schiffe für die Fahrt nach Palästina übernahm ebenfalls die Jewish Agency. Diese Schiffe, auch »schwimmende Särge« genannt, wurden in der Regel als Frachtschiffe geordert oder gekauft. Selbst der Joint beteiligte sich an der Finanzierung der illegalen Einwanderung.[29]) Die Schiffe erreichten zwar in den meisten Fällen die Küste des späteren Israel, doch entweder wurden die Passagiere an Land gebracht und dort interniert oder nach Zypern verschifft, wo Tausende in menschenunwürdigen Internierungslagern zusammengepfercht waren. Einige Schiffe sind sogar von der britischen Marine beschossen oder versenkt worden. Und wer kennt nicht die Geschichte der »Exodus« – des Schiffes, das trotz internationaler Proteste nach Deutschland zurückgebracht wurde. Die Passagiere, Überlebende der Shoah, sind mit Waffengewalt bei Lübeck an Land gebracht worden.

Nach der Proklamation des Staates Israel am 14. Mai 1948 konnten die jüdischen DP's einschließlich der auf Zypern Internierten ohne jede Beschränkung nach Israel einwandern. Bis zu diesem Zeitpunkt hatten viele die ihnen angebotene Möglichkeit, in die USA oder ein anderes Land auszuwandern, ausgeschlagen. Ihr Warten und Hoffen hatte sich gelohnt. Sie konnten nun in das Land ihrer Sehnsucht – ob es auch das Land ihrer Träume war, erwies sich erst nach und nach. Viele der für ein Resettlement in Frage kommenden Länder hatten bereits vor dem Zweiten Weltkrieg Immigrationsbeschränkungen erlassen. Die zentral- und südamerikanischen Staaten betrieben zudem eine offene antijüdische Einwanderungspolitik. Regierungen vermieden es tunlichst, Juden eine Genehmigung zur Einwanderung zu erteilen, selbst wenn diese eine höhere berufliche Qualifikation als andere DP's vorweisen konnten. 1948 erließen die USA ein Gesetz zur verstärkten Aufnahme jüdischer DP's. Australien und Kanada lockerten im gleichen Jahr ihre Einwanderungsbestimmungen. Nun hatten auch Überlebende mit Familie, Kinder, kranke und alte Menschen, die sich nicht in die Unsicherheit des jungen Israel begeben, sondern ein sicheres Leben führen wollten, eine Chance auf ein Resettlement.

Die Viertelmillion jüdischer DP's (einschließlich der ca. 80 000, die aus Österreich auswanderten) fand ihre endgültige Heimstätte in folgenden Ländern:

Israel 142 000
Vereinigte Staaten 72 000
Kanada 16 000
Belgien 8000
Frankreich 2000
andere Länder 10 000.[30])

Nach der Gründung Israels und der Öffnung der Grenzen der erwähnten Länder stellte sich ein neues Problem: Wohin mit den fast 12 000 jüdischen DP's in Deutschland, die »hard core« genannt wurden?

Der »Hard Core«

»Die Frage, warum gerade Juden aus Osteuropa, die die brutalste Variante der Nazi-Verfolgung erleiden mußten, in Deutschland geblieben sind, läßt sich nicht mit dem Hinweis auf körperliche Schwäche und Krankheit und schon gar nicht mit dem Anreiz der Wiedergutmachungszahlen befriedigend beantworten . . . Die verwirklichte Auswanderung . . . setzte die Fähigkeit voraus, das zu akzeptieren, was geschehen war, zu ertragen, daß die Toten wirklich tot sind . . ., daß alle Menschen und Güter . . . unwiderruflich verloren sind.«[31])

Selbstverständlich gab es Alte und Kranke, die sich körperlich nicht mehr in der Lage sahen, die Strapazen einer Auswanderung auf sich zu nehmen. Auch die Rücksichtnahme auf kleine Kinder war ein nicht zu unterschätzendes Hindernis. Hinzu kommen psychische Aspekte. Die Auswanderung wäre verbunden gewesen mit dem Aufbau eines »neuen« Lebens, weit weg vom Ort des Geschehens. Dies wurde oft als Verrat an den Toten gesehen. Also richteten sich die Überlebenden, so gut es ging, dort ein, wo sie nach der Shoah gestrandet waren. Sie befanden sich dadurch auch in der Nähe derer, die für ihr grausames Leid verantwortlich waren. Die deutsche Sprache, das Symbol schlechthin für Nazis und ihre Befehle, für Lagerhaft und Folter, war tagtäglich zu hören, der Deutsche tagtäglich zu sehen. Die Erinnerung an Verfolgung und Tod konnte gar nicht verdrängt oder gemildert werden. Auf diese Weise konfrontierten sich die DP's immer wieder mit ihrer Geschichte und erschwerten sich zusätzlich den Aufbau eines »neuen« Lebens. Die quälende Überlebensschuld blieb eine Art Kontribution an die Toten. Im Laufe der Zeit hatten diese jüdischen DP's jedoch auch Kontakte mit der deutschen Bevölkerung. Das einfach strukturierte Schema Opfer–Täter geriet infolge dieser persönlichen Erfahrungen mit Deutschen nach und nach ins Wanken. Somit war es den Toten und damit dem eigenen Gewissen gegenüber noch schwerer, den Aufenthalt in Deutschland zu rechtfertigen.

Es gab auch DP's, die in Deutschland blieben und ihre neue Existenz akzeptierten, sich irgendwann sogar mehr oder weniger heimisch fühlten. Sie stellten den gepackten Koffer, Sinnbild für Heimatlosigkeit und Entwurzelung, in den Keller. Den Ausgewanderten, die keinerlei Kontakt zu Deutschen hatten, fiel es hingegen wesentlich leichter, das Opfer-Täter-Denken aufrechtzuerhalten.

Die jüdischen Gemeinden in Westdeutschland, die nach 1945 zunächst als Zusammenschlüsse überlebender deutscher Juden gedacht waren, konstituierten sich in den fünfziger Jahren als feste Einrichtungen und sie erhielten durch die jüdischen DP's enormen Zuwachs. Doch auch dies lief nicht ohne Irritationen ab. So brach u. a. der alte, nahezu traditionelle Gegensatz zwischen Westjudentum und Ostjudentum wieder auf. Er ist hin und wieder auch heute zu beobachten, wenn russische Juden hierzulande integriert werden müssen oder wollen.

Literatur

Berge, Francois (ed.), Personnes Deplacées-D.P.s, Paris 1947.

Büttner, Ursula, Not nach der Befreiung. Die Situation der deutschen Juden in der britischen Besatzungszone 1945–1948. In: dies. (Hrsg.), Das Unrechtsregime. Internationale Forschung über den Nationalsozialismus, Bd. 2: Verfolgung – Exil – Belasteter Neubeginn, Hamburg 1986, S. 343 – 383.

Dinnerstein, Leonard, German Attitudes toward the Jewish Displaced Persons (1945 – 1959). In: Trefousse, Hans L. (ed.), Germany and America. Essays on Problems of International Relations and Immigration, New York 1980, S. 241 – 247.

Fleischmann, Lea, Dies ist nicht mein Land. Eine Jüdin verläßt die Bundesrepublik, Hamburg 1980[2].

Gringauz, Samuel, Das Jahr der großen Enttäuschungen. 5706 in der Geschichte des jüdischen Volkes. In: Babylon, 5/1989, S. 73–81.

Heymont, Major Irving, Among the Survivors of the Holocaust – 1945: The Landsberg DP Camp Letters of Major Irving Heymont, US Army; Cincinnati, Ohio, American Jewish Archives 1982 (Monographs of the American Jewish Archives, 10).

Hilberg, Raul, Die Vernichtung der europäischen Juden, Frankfurt/Main 1990[2].

Jacobmeyer, Wolfgang, Dokumentation: Polnische Juden in der amerikanischen Besatzungszone 1946/47. In: Vierteljahrshefte für Zeitgeschichte, 25, (1977) 1, S. 119–135.

Jacobmeyer, Wolfgang, Jüdische Überlebende als Displaced Persons. In: Geschichte und Gesellschaft, 9 (1983) 3, S. 421–451.

Jacobmeyer, Wolfgang, Vom Zwangsarbeiter zum Heimatlosen Ausländer. Die Displaced Persons in Westdeutschland 1945–1951, Göttingen 1985 (Reihe: Kritische Studien zur Geschichtswissenschaft, Bd. 65).

Jacobmeyer, Wolfgang, Die Lager der jüdischen Displaced Persons in den deutschen Westzonen 1967/1947 als Ort jüdischer Selbstvergewisserung, in: Brumlik, Micha u. a. (Hrsg.), Jüdisches Leben in Deutschland seit 1945, Frankfurt am Main 1988, S. 31–48.

Königseder, Angelika/Juliane Wetzel, Lebensmut im Wartesaal. Die jüdischen DP's (Displaced Persons) im Nachkriegsdeutschland, Frankfurt am Main 1994.

Kugelmann, Cilly, Juden in Frankfurt nach 1945. In: Heuberger, Rachel/Krohn, Helga, Hinaus aus dem Ghetto ... Juden in Frankfurt/Main 1800–1945, Frankfurt/Main 1988, S. 195–205.

Kugelmann, Cilly, Zur Identität osteuropäischer Juden in der BRD. In: Brumlik, Micha u. a. (Hrsg.), Jüdisches Leben in Deutschland seit 1945, Frankfurt/Main 1988, S. 177–181.

Kugelmann, Cilly, Identität und Ideologie der Displaced Persons. Zwei historische Texte aus den DP-Lagern. In: Babylon, 5/1989, S. 65–73.
Nederland, William, Folgen der Verfolgung: Das Überlebenden-Syndrom: Seelenmord; Frankfurt/Main 1980[1].
Pinson, Koppel S., Die Persönlichkeit der Displaced Persons, in: Babylon, 5/1989, S. 82–88.
Seligmann, Rafael, Rubinsteins Versteigerung, München 1991.
Stern, Frank, Im Anfang war Auschwitz. Antisemitismus und Philosemitismus im deutschen Nachkrieg, Gerlingen 1991 (Schriftenreihe des Instituts für Deutsche Geschichte der Universität Tel Aviv, 14).
Zertal, Idith, Verlorene Seelen. Die jüdischen DP's und die israelische Staatsgründung. In: Babylon, 5/1989, S. 88–104.

Anmerkungen

[1]) Zitiert aus: Cilly Kugelmann, Identität und Ideologie der Displaced Persons. In: Babylon, 5/1989, S. 66.
[2]) Ebenda, S. 67
[3]) Vgl. Esra (9,14; 9,15) »Können wir nach alledem von neuem deine Gebote brechen und uns mit diesen greuelbeladenen Völkern verschwägern? Mußt du uns dann nicht zürnen, bis wir ganz vernichtet sind, so daß kein Rest von Geretteten mehr übrigbleibt? Herr, Gott Israels, du bist gerecht, darum hast du uns als geretteten Rest übriggelassen, wie es heute der Fall ist.«
[4]) Vgl. Angelika Königseder/Juliane Wetzel, Lebensmut im Wartesaal. Die jüdischen DP's (Displaced Persons) im Nachkriegsdeutschland, Frankfurt/ Main 1994, S. 21.
[5]) Zit. nach Ursula Büttner, Not nach der Befreiung. Die Situation der deutschen Juden in der britischen Besatzungszone 1945–1948. In: dies. (Hrsg.), Das Unrechtsregime, Bd. 2, Verfolgung-Exil-Belasteter Neubeginn, Hamburg 1986, S. 383; Vgl. außerdem: Frank Stern, Im Anfang war Auschwitz, Gerlingen 1991, S. 71.
[6]) Zit. aus: Samuel Gringauz, Das Jahr der großen Enttäuschungen. 5706 in der Geschichte des jüdischen Volkes. In: Babylon, 5/1989, S. 76 f.
[7]) Bricha (hebr.) = Flucht.
[8]) Zitiert aus: Cilly Kugelmann, Juden in Frankfurt nach 1945. In: Rachel Heuberger/Helga Krohn, Hinaus aus dem Ghetto . . . Juden in Frankfurt am Main 1800–1950, Frankfurt/Main 1988, S. 196.
[9]) Vgl. zum Thema ihrer Flucht: Wolfgang Jacobmeyer, Dokumentation: Polnische Juden in der amerikanischen Besatzungszone 1946/1947. In: Vierteljahrshefte für Zeitgeschichte, 25 (1977) 1, S. 119 – 135; Königseder/Wetzel, Lebensmut im Wartesaal (Anm. 4), S. 47–57.
[10]) Nach Vergleich der bisherigen Untersuchungen über jüdische DP's kann keine genauere Angabe gemacht werden; die Angaben schwanken zwischen 115 000 (Raul Hilberg), 140 000 (Königseder/Wetzel), 155 000 (Jacobmeyer) und 200 000 (Kugelmann); Jacobmeyer beruft sich auf einen Artikel aus dem Periodikum »Jewish Affairs«, und Königseder/Wetzel geben Zahlen an, die sie dem Yivo-Report entnahmen. Die außerhalb der Lager Lebenden werden jedoch in solchen Statistiken nicht berücksichtigt.
[11]) Vgl. Königseder/Wetzel (Anm. 4), S. 47.
[12]) Vgl. Wolfgang Jacobmeyer, Die Lager der jüdischen Displaced Persons in den deutschen Westzonen als Ort jüdischer Selbstvergewisserung. In: Micha Brumlik u. a. (Hrsg.), Jüdisches Leben in Deutschland seit 1945, Frankfurt/Main 1988, S. 38.
[13]) Vgl. Kugelmann, Juden in Frankfurt nach 1945 (Anm. 8), S. 198.
[14]) Zit. aus dem Harrison-Bericht (Earl G. Harrison war ein amerikanischer Vertreter des Intergovernmental Committee on Refugees und Rektor der juristischen Fakultät der Universität Pennsylvania) vom Sommer 1945, nach: Königseder/Wetzel, Lebensmut im Wartesaal (Anm. 4), S. 35 ff.

[15]) Vgl. ausführlich Königseder/Wetzel, Lebensmut im Wartesaal (Anm. 4), S. 35–47.

[16]) Zit. aus: Königseder/Wetzel, Lebensmut im Wartesaal (Anm. 4), S. 105.

[17]) So Zalman Grinberg, Erster Präsident des ZK der befreiten Juden der amerikanischen Zone, zit. nach: Königseder/Wetzel, Lebensmut im Wartesaal (Anm. 4), S. 8.

[18]) Zit. aus: Frank Stern, Im Anfang war Auschwitz, S. 345.

[19]) Vgl. Koppel S. Pinson, Die Persönlichkeit der Displaced Persons (DP). In: Babylon, 5/1989, S. 82–88.

[20]) Vgl. William Nederland, Folgen der Verfolgung. Das Überlebenden-Syndrom Seelenmord, Frankfurt/Main 1980.

[21]) Zit. aus: Kugelmann, Identität und Ideologie der Displaced Persons. In: Babylon, 5/1989, S. 69.

[22]) Zit. aus: Stern, Im Anfang war Auschwitz (Anm. 5), S. 93.

[23]) Vgl. hierzu Leonard Dinnerstein, German Attitudes toward the Jewish Displaced Persons (1945–1950). In: Hans L. Trefousse (ed.), Germany and America: Essays on Problems of International Relations and Immigration, New York 1980, S. 241–247; Frank Stern, Im Anfang war Auschwitz (Anm. 5), S. 65–155, S. 341–159.

[24]) Zur DP-Kriminalität vgl. Jacobmeyer, Vom Zwangsarbeiter zum heimatlosen Ausländer. Die Displaced Persons in Westdeutschland 1945–1951, Göttingen 1985, S. 209–215; ders., Jüdische Überlebende als Displaced Persons. In: Geschichte und Gesellschaft, 9 (1983) 3, S. 441 ff.

[25]) Wolfgang Jacobmeyer, Jüdische Überlebende als Displaced Persons. In: Geschichte und Gesellschaft, 9 (1983) 3, S. 442.

[26]) Ausführlich dazu Stern, Im Anfang war Auschwitz (Anm. 5), S. 115–133.

[27]) Zit. aus: Königseder/Wetzel, Lebensmut im Wartesaal (Anm. 4), S. 148.

[28]) Zit. aus: Major Irving Heymont, Among the survivors of the Holocaust – 1945, The Landsberg DP Camp Letters, Cincinnati 1982, S. 65.

[29]) Vgl. Idith Zerthal, Verlorene Seelen. Die jüdischen DP's und die israelische Staatsgründung. In: Babylon, 5/1989, S. 90 f.

[30]) Vgl. Raul Hilberg, Die Vernichtung der europäischen Juden, Bd. 3, Frankfurt/Main 1990[2], S. 1230.

[31]) Zit. aus: Cilly Kugelmann, Zur Identität osteuropäischer Juden in der BRD. In: Brumlik, Micha u. a. (Hrsg.), Jüdisches Leben in Deutschland nach 1945, Frankfurt am Main 1988, S. 179.

Karl Brozik

Einmalig und voller Lücken

Entschädigung und Rückerstattung

Ein Wort zum Begriff »Wiedergutmachung«: Der Genozid an den Juden kann nicht in dem Sinne »wiedergutgemacht« werden, daß damit alles NS-Unrecht beseitigt werde. Die israelische Regierung legte diese Auffassung bereits in einer Note an die Alliierten vom 12. März 1951 dar: »Ein derart entsetzliches Verbrechen kann nicht durch materielle Schadenersatzzahlungen, ganz gleich welcher Art, gesühnt werden . . . Keine Schadenersatzzahlung kann die zerstörten menschlichen Leben und kulturellen Werte gutmachen oder die Folterungen und Leiden der Männer, Frauen und Kinder abzahlen, die durch alle erdenklichen Mittel einer viehischen Einbildungskraft getötet worden sind. . . . Die Toten können nicht wieder zum Leben gebracht werden. Ihre Leiden können nicht ausgelöscht werden.«

Wiedergutmachung kann sich also nur auf die materiellen Schäden der Verfolgung und deren Spätfolgen beziehen. Ein Aufsatz zum Thema »Wiedergutmachung« kann daher ohne einen Rückblick auf die nationalsozialistischen Greueltaten nicht begonnen werden.

Der Holocaust, für dessen Schrecken meist der Begriff »Auschwitz« steht, ist nur das Extrem der Judenverfolgung. Die Juden wurden unter dem Nationalsozialismus auf tausendfache Weise gedemütigt, drangsaliert und gefoltert. Eine große Anzahl von deutschen Juden wurde in die Emigration getrieben. Diejenigen, die das Glück hatten zu emigrieren – und das waren die wenigsten –, mußten vor der Emigration diskriminierende Zwangsabgaben an das Deutsche Reich zahlen, die häufig die geringen Erlöse aus der Auflösung der ökonomischen Existenz in Deutschland verzehrten. Juden wurden zur Zwangsarbeit herangezogen, alle ihre Rechte als Bürger wurden ihnen geraubt, sie wurden in Ghettos gesperrt und von dort schließlich deportiert. Vor der Deportation in den Tod stand die Beraubung. Ebenso wie nicht nur die Totenkopfverbände der SS die einzigen bei den Massenmorden waren, sondern Unterstützung und Hilfe von den regulären Truppenteilen der Wehrmacht erhielten, hat die Gestapo nicht allein und völlig losgelöst von der übrigen deutschen Verwaltung das Vermögen der Juden geraubt. Auch die reguläre Finanzverwaltung hatte »Vermögensverwertungsstellen« eingerichtet, die das Massengeschäft der Liquidierung der Vermögenswerte der Deportierten bürokratisch korrekt abwickelten. Das in der Geschichte einzigartige Ausmaß des Genozids in der Form des »industriellen Massenmordes« durch das NS-Regime, die Vernichtung aller Juden im nationalsozialistischen Herrschaftsbereich vom Kleinkind bis zum Greis und die vollständige Beraubung der Opfer müssen gegenwärtig bleiben, um zu verstehen, weshalb mit der Gesetzgebung zur »Wiedergutmachung« ein völlig neues Gebiet der Rechtsprechung eröffnet worden ist.

Die Entwicklung des »Wiedergutmachungsrechtes« ist ein wesentlicher Faktor in der Geschichte der Bundesrepublik Deutschland. »Wiedergutmachung«, d. h. Restitution von unrechtmäßig entzogenen Vermögenswerten, materielle Hilfe und Entschädigungen für Haft- und Gesundheitsschäden der Opfer der Nazi-Diktatur waren bereits wichtige Punkte in der Politik der westlichen Besatzungsmächte.

Obwohl die Einzigartigkeit der Verbrechen den deutschen Behörden und der Bevölkerung nach und nach bekannt wurden, ist das Ausmaß der bürokratischen Vorbereitungen für den nationalsozialistischen Völkermord erst im Laufe der Jahre in allen Details der Öffentlichkeit klar geworden. Die Forschungen auf dem Gebiet der Zeitgeschichte haben hier zusammen mit den Ermittlungen der zuständigen Behörden und Gerichte erst gesicherte Erkenntnisse erbracht. Dienststellen der Alliierten haben sich bei der Sicherung von unverzichtbarem Archivmaterial in der unmittelbaren Nachkriegszeit und teilweise schon während der Kampfhandlungen große Verdienste erworben.

Die Verdrängung der Verbrechen an den Juden war nicht allein eine psychische Angelegenheit der deutschen Bevölkerung. Dieser Abwehrmechanismus funktionierte ebenso bei den Vertretern der deutschen Behörden, die sich nicht auf einen verantwortungsvollen und sicher schmerzlichen Versuch einlassen wollten, sich der eigenen Geschichte zu stellen. Daher war es begreiflich, daß verschiedene Organisationen, die der Tätigkeit der Claims Conference vorausgingen, frühzeitig mit der Dokumentation der Judenverfolgung in Deutschland begonnen haben. Stellvertretend für viele andere seien hier genannt: das American Joint Distribution Committee (AJDC) und der World Jewish Congress, damals bereits unter Nahum Goldmann.

Der Einmaligkeit des nationalsozialistischen Genozids entspricht der singuläre Charakter der Wiedergutmachungsgesetze. Zwei große Bereiche sind damit abgedeckt worden: zum einen die Rückerstattung und zum anderen die Entschädigung als materielle Ausgleichszahlung für Schäden, die einem Individuum direkt zugefügt worden sind. Die Rückerstattung von feststellbaren Vermögenswerten wurde frühzeitig durch entsprechende Gesetze der westlichen Militärregierungen vorangetrieben. Dabei nahm die Wiedergutmachung von Anfang an Rücksichten auf die ökonomische Wirtschaftskraft Deutschlands. Aus diesen Gründen wurde vorrangig die Rückerstattung von Vermögenswerten betrieben. Zum einen wollte man verhindern, daß jene, die sich am Vermögen der verfolgten Juden bereichert hatten, weiter im Genuß des Vermögens blieben. Zum anderen war die Rückerstattung der noch vorhandenen Vermögenswerte sehr viel einfacher als die Beurteilung der verfolgungsbedingten Schäden an Körper und Gesundheit, an Freiheit und beruflichem Fortkommen.

Die Differenzen der Alliierten Mächte hinsichtlich der Politik gegenüber dem besiegten Deutschland machten sich auch in den Fragen der Rückerstattung und der Entschädigung bemerkbar. Schon die Unterschiede im Zeitpunkt der jeweiligen Regelung durch die Militärregierungen deuten dies an: während die amerikanische Militärregierung für Deutschland (OMGUS) für ihre Zone auf Länderebene 1946 erste Entschädigungsgesetze und Ende 1947 ein Gesetz für die Restitution erließ, weil eine einheitliche Regelung unter den Westalliierten nicht zu erzielen war, benötigten die Militärregierungen in der britischen und der französischen Besatzungszone dafür sehr viel länger. Für die westlichen Sektoren von Berlin wurde durch die Anordnung der Alliierten Kommandantura Berlin (BK/O 49 180) vom 26. Juli 1949 im wesentlichen die Regelung des amerikanischen Rückerstattungsrechtes auf West-Berlin übertragen.

In der sowjetischen Besatzungszone gab es keine vergleichbaren Regelungen. Das Wiedergutmachungsgesetz vom 14. September 1945 für das Land Thüringen – die Vorbereitungen hatten noch unter der amerikanischen Besatzung begonnen, die kurz zuvor Ostdeutschland geräumt hatte – konnte für die Fragen der Rückerstattung keine praktische Bedeutung erlangen. Die politischen Zielvorgaben der Sowjetischen Militäradministration in Deutschland (SMAD) ließen keinen Spielraum für eine sogenannte »Wiederherstellung kapitalistischer Eigentumsverhältnisse«. Der einzige einflußreiche Politiker der SED, der sich für eine großzügige und rasche Rückerstattung einsetzte – Paul Merker – wurde im Zusammenhang mit den stark antisemitisch gefärbten Säuberungen in den kommunistischen Parteien 1950 aller Posten enthoben und verhaftet. Aus seinen Kontakten zu jüdischen Organisationen wurde der Vorwurf des »Verrates« konstruiert.

Die Regelungen der alliierten Militärregierungen wurden Bestandteil der Rechtsordnung der Bundesrepublik Deutschland. In den Überleitungsverträgen hatte sich die Bundesregierung verpflichtet, für eine rasche und umfassende gesetzliche Lösung der Wiedergutmachung zu sorgen. Mit dem Bundesentschädigungsgesetz (BEG) von 1953, das 1956 erheblich erweitert und verbessert wurde, und dem Bundesrückerstattungsgesetz (BRüG) von 1957 hat die Bundesregierung diese und weitere internationale Verpflichtungen erfüllt. Das Bundesentschädigungsgesetz nannte in § 1 Verfolgte, die aus verschiedenen Gründen »Schaden an Leben, Körper, Gesundheit, Freiheit, Eigentum, Vermögen oder in ihrem beruflichen und wirtschaftlichen Fortkommen erlitten« hatten, als Berechtigte. Der Kreis schien damit umfassend umschrieben. Doch zeigte sich schnell, daß die territoriale Abgrenzung in § 8 BEG eine sehr große Anzahl von Geschädigten ausschloß. Juden sind auch in den mit Deutschland verbündeten Staaten verfolgt, in Ghettos gesperrt und schließlich bei der »Endlösung der Judenfrage« in die Vernichtungslager deportiert worden. Hier mußte erst das Bewußtsein geschaffen werden, daß vom Reichssicherheitshauptamt aus die Fäden für die »Endlösung der Judenfrage« in allen mit Deutschland verbündeten Staaten und natürlich auch in allen von Deutschland besetzten Ländern gezogen wurden.

Auch die Höhe der Entschädigungen für die Überlebenden des Holocaust wurde bereits von den Zeitgenossen als unangemessen gering bemängelt: »Man bedenke etwa, daß zivilrechtliches Schmerzensgeld schon für ›Kummer, Sorgen, Unbehagen‹ geschuldet wird, ja ›für die Versetzung eines Beamten in den Ruhestand, den Entgang des Jagdvergnügens‹, und vergleiche die Haftentschädigung von ganzen 150 DM für einen Monat geschundenen, verzweifelten Daseins, die überdies alle Martern und alle bleibenden Entstellungen mit abgilt, wenn sie die Erwerbsfähigkeit des Verfolgten nicht um mindestens 30 Prozent gemindert haben« (Becker/Huber/Küster, Kommentar zum BEG). Selbst der Regierungsvertreter im zuständigen Bundestagsausschuß mußte unumwunden zugeben, daß nach den Vorschriften über Amtsunrecht »die Verpflichtungen weiter gingen, wenn es keine Wiedergutmachungsgesetzgebung gäbe«.

Mit mehreren Ausführungsbestimmungen, der großen Gesetzesreform von 1956 und dem BEG-Schlußgesetz von 1964 wurde versucht, den Mängeln bei der Entschädigung des NS-Unrechts abzuhelfen. Das Bundesrückerstattungsgesetz erfuhr ebenfalls bis 1969 Ergänzungen, die die erkannten Mängel lindern sollten. Der Gesetzgeber bewies mit der Errichtung mehrerer Härtefonds die Einsicht, daß auch nach all den Gesetzesnovellen noch immer Überlebende des Holocaust unversorgt bleiben konnten. Die Praxis der Rückerstattung zeigte mehrere Probleme auf: Zum einen, wem sollte man Vermögenswerte zurückübertragen, wenn keine direkten Erben mehr vorhanden waren? Und zum anderen: was sollte mit dem Vermögen jüdischer Organisationen und Gemeinden geschehen, die nicht mehr existierten?

Die wirkliche Dimension des nationalsozialistischen Völkermordes war bei den ersten Überlegungen für eine Entschädigung noch gar nicht bekannt. Erst im Zusammenhang mit der Besetzung des deutschen Herrschaftsgebietes wurde klar, daß der Umfang jedes Vorstellungsvermögen überstieg. Die wenigen Nachrichten von Flüchtlingen über die Vernichtungslager im Osten und die gigantischen Massenmorde konnten während des Krieges nicht überprüft werden. Die schlimmsten Befürchtungen und die größten Schätzungen wurden von den Tatsachen bei weitem in den Schatten gestellt.

Der amerikanische Ausschuß für mehrere jüdische Organisationen, die auf dem Gebiet der Wiedergutmachung tätig waren, schlug die Errichtung einer »Nachfolgeorganisation« vor. Sie sollte die Nachfolge für erbenloses Vermögen und für das Vermögen der nicht mehr vorhandenen jüdischen Gemeinden und Organisationen antreten. Im Juni 1948 setzte die amerikanische Militärregierung für die US-Zone die »Jewish Restitution Successor Organization« (JRSO) mit Hauptsitz in Nürnberg ein. Die JRSO wurde später auch für West-Berlin zuständig. In ihr waren dreizehn der wichtigsten jüdischen Organisationen aller Richtungen vertreten. Für die britische Besatzungszone wurde 1950 die »Jewish Trust Corporation« (JTC) und für die französische Besatzungszone 1952 eine »French Branch/Branche francaise« der JTC errichtet.

Neben den Gesetzen zur Wiedergutmachung (BEG und BRüG), die die individuellen Ansprüche regelten, kam es darüber hinaus zu »Globalabkommen«. Die Vorgeschichte der Verhandlungen von 1952 im niederländischen Wassenaar zwischen Vertretern der Bundesregierung, des Staates Israel und der »Conference on Jewish Material Claims against Germany« – kurz Claims Conference – ist in den letzten Jahren bereits von verschiedenen Seiten untersucht worden. Von herausragender Bedeutung ist die Tatsache, daß im Zusammenhang mit diesen Verhandlungen Bundeskanzler Konrad Adenauer für die junge Bundesrepublik die Verantwortung für die Folgen der Nazi-Diktatur übernommen hatte. Seine Erklärung im Bundestag machte die Verhandlungen erst möglich, da auch auf jüdischer Seite und in Israel die Vorstellung von direkten Verhandlungen mit Deutschen auf erhebliche Widerstände stieß.

Die Gespräche in Wassenaar gestalteten sich überraschend schwierig. Gleichzeitig liefen in London Verhandlungen der Bundesrepublik mit den westlichen Gläubigerländern über die Schulden des Deutschen Reiches, bei denen der deutsche Verhandlungsführer

Hermann Josef Abs ein möglichst umfassendes Moratorium durchzusetzen versuchte. Die Mehrheit im Bundeskabinett und speziell der Finanzminister waren der Ansicht, die Londoner Verhandlungen könnten durch eine Vereinbarung über Entschädigungszahlungen an den Staat Israel und die Claims Conference belastet und dadurch die deutsche Verhandlungsposition geschwächt werden. Die Gespräche in Wassenaar sollten hinhaltend geführt werden, um das Ergebnis in London abzuwarten. Die Verhandlungsführer der deutschen Delegation waren von der unbeweglichen Haltung ihrer eigenen Regierung enttäuscht. Prof. Franz Böhm aus Frankfurt/M. und Otto Küster, der zuvor Staatsbeauftragter für Wiedergutmachung in Baden-Württemberg gewesen war, erkannten, daß an einer raschen Regelung zugunsten der Überlebenden der Shoah kein vorrangiges Interesse bestand. Böhm und Küster sahen deshalb für sich nur den Weg des offenen Eklats. Sie traten öffentlich zurück, da sie es nicht mit ihrer Ehre und ihren Überzeugungen vereinbaren konnten, weiter die Verschleppungstaktik der Ministerien vertreten zu müssen.

Der Abbruch der Verhandlungen in Wassenaar kehrte die Prioritäten um: Nun war der Erfolg der Londoner Verhandlungen zum Schuldenabkommen abhängig geworden von einer Einigung in der Frage der Wiedergutmachung. Erst durch persönliche Verhandlungen zwischen Konrad Adenauer und Nahum Goldmann konnte diese Krise überwunden und ein beide Seiten zufriedenstellendes Ergebnis erreicht werden. Adenauer konnte sich in den Fragen der Wiedergutmachung auf die Unterstützung der SPD-Opposition unter Kurt Schumacher verlassen, der erklärt hatte, es sei »die Pflicht jedes deutschen Patrioten, das Geschick der deutschen und der europäischen Juden im Dritten Reich in den Vordergrund zu stellen und die Hilfe zu leisten, die dort notwendig ist«.

Die Bundesrepublik verpflichtete sich, dem Staat Israel für die Hilfe und Eingliederung von einer halben Million jüdischer Flüchtlinge und »Displaced Persons« sowie für Vermögensverluste von Juden in den von Nazi-Deutschland besetzten Gebieten eine globale Entschädigung von drei Milliarden DM zu zahlen. Eine analoge Regelung über eine Summe von 450 Millionen DM wurde mit der Claims Conference für die jüdischen Verfolgten getroffen, die außerhalb Israels lebten. Ein besonderer Fonds in Höhe von 50 Millionen DM wurde für die rassisch Verfolgten eingerichtet, die nicht das jüdische Glaubensbekenntnis hatten. Die Zahlungen erfolgten gemäß den Bestimmungen der Haager Verträge.

Die Vereinbarungen mit dem Staat Israel und der Claims Conference bedeuteten für die neugegründete Bundesrepublik auch eine Erleichterung bei ihrer Integration in die westliche Staatengemeinschaft. Die Gläubigerstaaten bei der Londoner Schuldenkonferenz erwarteten, daß die Bundesrepublik ein deutliches Zeichen setzen würde, um mit der Vergangenheit des Deutschen Reiches zu brechen. Aus Gründen der internationalen Politik im Zuge des sich verschärfenden Ost-West-Gegensatzes war die Integration der Bundesrepublik in das westliche Lager sehr erwünscht. Auch die deutsche Industrie war dringend auf die internationale Zusammenarbeit angewiesen. Deshalb wurden die Fragen der Reparationen, d. h. die Entschädigung für Kriegsschäden zwischen den kriegsführenden Staaten, auf die Zeit nach einem Friedensvertrag mit Deutschland als Ganzem vertagt, um den wirtschaftlichen Aufbau der Bundesrepublik nicht zu beeinträchtigen.

Einen Friedensvertrag mit diesem Namen gibt es bis heute nicht, aber der sogenannte »Zwei-plus-Vier-Vertrag« zwischen der UdSSR, Großbritannien, Frankreich und den USA sowie den beiden deutschen Staaten darf fraglos als »Friedensvertrag« zwischen den ehemaligen Kriegsgegnern verstanden werden. Trotzdem wurden die offenen Fragen, die sich aus der ausstehenden Entschädigung für die Überlebenden der Zwangsarbeit ergeben, bis heute nicht geregelt. Eine diesbezügliche Klage liegt derzeit dem Bundesverfassungsgericht in Karlsruhe zur Prüfung vor. Es bleibt zu hoffen, daß in dieser Sache eine Entscheidung gefällt wird, bevor die wenigen Berechtigten, die noch leben, ebenfalls gestorben sind.

Die Gründung der »Conference on Jewish Material Claims against Germany« im Oktober 1951 war keine Selbstverständlichkeit. Nahum Goldmann hatte in Absprache mit der israelischen Regierung die wichtigsten jüdischen Organisationen zu einer Konferenz nach New York eingeladen. An dieser Konferenz nahmen Vertreter von 22 Organisationen aus den USA, Kanada, Argentinien, Großbritannien, Frankreich, Südafrika und Australien teil. Schnell fanden sich die verschiedenen Richtungen zu einer gemeinsamen Auffassung zusammen und gründeten eine Dachorganisation, die seitdem die Interessen der jüdischen Verfolgten vertritt. Die Claims Conference ist seit der Zeit der Verhandlungen von Wassenaar ein geachteter Verhandlungspartner der Bundesregierung geblieben. Zum ersten Vorsitzenden wurde Nahum Goldmann gewählt. Neben vielen anderen waren Jakob Blaumann und Moses Leavitt im Vorstand der Claims Conference tätig. Nahezu die gesamte Zeit über war Saul Kagan in die Arbeit eingebunden: bei der Gründung als Sekretär gewählt, bekleidet er jetzt das Amt des Generalsekretärs und Vizepräsidenten.

Wenn man heute eine Übersicht der Leistungen zur Wiedergutmachung seitens der Bundesrepublik betrachtet, kann man die Höhe der gezahlten Entschädigungen nur gerecht interpretieren, wenn man sich zugleich das Ausmaß der Zerstörungen vor Augen hält. Bei dem, was die Nazis »Endlösung der Judenfrage« nannten, wurde neben der Vernichtung der Menschen auch deren materieller Besitz geraubt oder zerstört. In Polen, das unter der Okkupation besonders schwer gelitten hat, wurden z. B. 4000 jüdische Gemeinden mit 4000 Synagogen und ebensovielen Schulen zerstört. Das Grund- und Privatvermögen von mehr als vier Millionen polnischen Juden wurde geraubt – und dies gilt für die anderen überfallenen Länder gleichermaßen.

Die finanzielle Dimension der Globalentschädigung für Israel und die Claims Conference von insgesamt 3,45 Milliarden DM erschien den Zeitgenossen hoch. 1952 konnte niemand voraussehen, daß die Leistungen der Bundesrepublik diese Summe bei weitem übersteigen würden. Nach einer Übersicht des Bundesministeriums der Finanzen vom Oktober 1994 wurden für Leistungen nach dem BRüG 3,933 Mrd. DM und für Leistungen nach dem BEG 72,597 Mrd. DM erbracht. Für die gesamte Wiedergutmachung wird bis Januar 1994 eine Bilanz von mehr als 93 Milliarden DM ausgewiesen. Darin sind auch die Globalverträge mit anderen Staaten, die Härtefonds, die Entschädigungen für Angehörige des öffentlichen Dienstes und sonstige Wiedergutmachungsleistungen enthalten, die selbstredend nicht nur jüdische Verfolgte betrafen. Leistungen in dieser Höhe wären den Zeitgenossen von 1952 völlig utopisch und unrealistisch erschienen.

Die letzte Frist für Ansprüche nach dem BEG war der 31. Dezember 1965. Um die Berechtigten, die erst nach diesem Datum einen Antrag stellen konnten, nicht ohne jede Entschädigung zu belassen, konnten aus den Mitteln des Härtefonds einmalige und in geringem Umfang auch laufende Zahlungen gewährt werden. Im Jahr 1980 wurde ein weiterer Härtefonds für jüdische Opfer des NS-Regimes eingerichtet, die bis dahin nichts bekommen hatten, weil sie außerstande gewesen waren, Fristen einzuhalten oder Stichtags- und Wohnsitzvoraussetzungen des BEG oder des BEG-Schlußgesetzes zu erfüllen. Diese Regelung wurde 1992 in der »Artikel-2-Vereinbarung« weitergeschrieben. Der Artikel 2 der Vereinbarung der beiden deutschen Staaten vom 18. September 1990 zum Einigungsvertrag bezieht sich auf die Erklärung der ersten freigewählten Volkskammer der DDR, die sich nach der friedlichen Revolution von 1989 zur Verantwortung für die Folgen der nationalsozialistischen Völkermordpolitik bekannt hatte. Die Regierungen der DDR hatten sich vierzig Jahre lang geweigert, ihren Teil des deutschen Erbes zu übernehmen. Der Auftrag zur Schaffung einer den westlichen Wiedergutmachungsgesetzen vergleichbaren Regelung für die Berechtigten in Ostdeutschland wurde mit diesem Fonds weitgehend erfüllt.

Die Bundesregierung hatte ihren guten Willen, die Wiedergutmachung rasch und umfassend zu regeln, in den Haager Verträgen zwar festgelegt. In der Praxis zeigte sich aber leider, daß die Befürchtungen einiger Minister über die Höhe der Entschädigungen von vielen Beamten geteilt wurden. Durch die ständige Verbesserung der gesetzlichen Grundlagen, oft durch die sachlichen Anregungen von Mitarbeitern der United Restitution Organization (URO) vorbereitet, konnten dann manche Härten gemildert werden. Die URO in Frankfurt/M. ist seit 1948 als ein Anwaltsbüro für arme Antragsteller tätig. Sie konnte durch ihre hochqualifizierten Spezialisten auch noch in schwierigen Fällen zum Erfolg verhelfen. Dennoch blieben einige Opfergruppen eine unverständlich lange Zeit von Leistungen ausgeschlossen. Hier sind z. B. die durch Zwangssterilisation Geschädigten zu nennen, deren psychische Leiden lange von Gutachtern geleugnet wurden und die nach der ersten Fassung des BEG ganz leer ausgegangen waren. Die Zwangsarbeiter, die in den Rüstungsbetrieben unter unmenschlichen Bedingungen ihre Gesundheit für die Kriegsrüstung Hitler-Deutschlands verbrauchten, sind bis heute ohne jegliche Vergütung geblieben und von Entschädigungszahlungen ausgeschlossen. Hier gibt es durchaus noch Handlungsbedarf. Härtefonds wurden vor allem für osteuropäische Staaten erst in den neunziger Jahren geschaffen: für Polen 1991, für Rußland, Weißrußland und die Ukraine erst im März 1993. Weitere Regelungen stehen noch aus.

In diesem Zusammenhang muß auch auf die Verantwortung der Rechtsnachfolger der ehemaligen Rüstungskonzerne hingewiesen werden. Langwierige Verhandlungen mit den heute noch bestehenden Firmen führten schließlich zur Einrichtung der Compensation-Treuhand, die aus Vergleichen zwischen verschiedenen Industriekonzernen und der Claims Conference finanziert wurde und heute unter der Leitung des Verfassers steht.

Eine weitere Gruppe, deren Verfolgung zwar nach dem Gesetzestext des BEG anerkannt ist, deren Ansprüche aber in der Praxis der Entschädigung nur äußerst schwierig positiven Ergebnissen zugeführt werden konnten, sind die Sinti und Roma. Tiefsitzende Vorurteile gegen die »Zigeuner« führten in den Wiedergutmachungsverfahren zu krassen Ungerechtigkeiten. Die rassische Verfolgung der Sinti und Roma wurde lange mit Himmlers sog. »Auschwitz-Erlaß« vom 16. Dezember 1942 festgelegt. Davor seien sie nur aus »kriminalpräventiven Gründen« in die KZ gekommen, obwohl jedem Verantwortlichen bewußt war, daß sie den rassistischen Nürnberger Gesetzen ebenso unterworfen waren wie die Juden. Die Wiedergutmachungsämter in Nordrhein-Westfalen wurden Anfang der fünfziger Jahre angewiesen, Aussagen von »Zigeunern« grundsätzlich zu bezweifeln, da deren »angeborene Neigung« sie zu Lügnern mache. Als Sachverständige zur Klärung der rassischen Verfolgung wurden in den Wiedergutmachungsverfahren oft nur die Kriminalpolizisten gehört, die zuvor die Einweisung in die KZs verfügt hatten. Diese »Sachverständigen« konnten in ihrem früheren Tun natürlich nichts entdecken, das eine rassische Verfolgung belegt hätte.

Fünf DM je Tag KZ-Haft ebenso wie bei den Juden – ein Hohn angesichts der täglichen Folter und Todesangst – wurden für die Sinti und Roma durch solch mißgünstige Praxis nicht einmal für die gesamte Haftdauer gewährt. Ja, bereits kleine Unstimmigkeiten in der Erinnerung wurden oft zum versuchten »Wiedergutmachungsbetrug« umgedeutet. Verfolgungsbedingte Gesundheitsschäden wurden nicht anerkannt. Auch hier sollte wieder die angeborene Konstitution der »Zigeuner« dafür verantwortlich sein. Christian Pross nannte seine Darstellung der deutschen Wiedergutmachung etwas polemisch »Kleinkrieg gegen die Opfer«.

Die Entschädigungen nach dem BEG sind im Einzelfall nicht üppig ausgefallen. In der Regel halten sie keinen Vergleich mit den Entschädigungen für Beamte nach Art. 131 des Grundgesetzes aus. Nach diesem Artikel wurden von 1951 an den ehemaligen Beamten – jenen, die bei der Entnazifizierung aus ihren Ämtern entfernt worden waren – wieder Bezüge gewährt. Ein besonders krasses Beispiel ist die Entscheidung zugunsten der Witwe Roland Freislers, deren Rente erhöht wurde, da der Vorsitzende des Volksgerichtshofes – hätte er den Krieg überlebt – in der Bundesrepublik noch Karriere hätte machen können.

Das Klischee von den »wohlversorgten NS-Verfolgten« muß richtiggestellt werden. Viele blieben völlig ohne Entschädigung – besonders Bürger der osteuropäischen Staaten –, weil sie die Voraussetzungen des BEG, d. h. Wohnsitz im Geltungsbereich des BEG, nicht erfüllen konnten. Auch ist zu berücksichtigen, daß für Schäden an Gesundheit oder für Freiheitsberaubung oft nur winzige Beträge gezahlt wurden. Es ist ein Hohn, daß die Täter von damals sich in größerem Maße der staatlichen Fürsorge und höherer Renten erfreuen können als die Verfolgten.

Das Gesamtwerk der Wiedergutmachung nationalsozialistischen Unrechts ist im ganzen gesehen dennoch eine einmalige Anstrengung gewesen. Es gab dafür kein Vorbild. Auch für das Gebiet der ehemaligen DDR kann nun endlich das bisher unbeanspruchte und erbenlose Vermögen für Überlebende des Holocaust eingesetzt werden, im wesentlichen in Altersheimen, Pflegeheimen mit Krankenstationen und Krankenhäusern. Die Menschen sind arm, einsam und alt. Eile ist geboten.

Literatur

Bentwich, Norman, The United Restitution Organization 1948–1968. The work of restitution and compensation for victims of Nazi oppression, London 1968.

Bundesminister für Finanzen in Zusammenarbeit mit Walter Schwarz (Hrsg.), Die Wiedergutmachung nationalsozialistischen Unrechts durch die BRD, 6 Bände, München 1983.

Ferencz, Benjamin B., Less than Slaves. Jewish Forced Labor and the Quest for Compensation, Cambridge (Mass.) 1979.

Goldmann, Nahum, Über die Bedeutung der Wiedergutmachung nationalsozialistischen Unrechts. In: Die Freiheit des Anderen. Festschrift für Martin Hirsch, Baden-Baden 1981, S. 215–218.

Jelinek, Yeshayahu A., Die Krise der Shilumin/Wiedergutmachungs-Verhandlungen im Sommer 1952. In: Vierteljahrshefte für Zeitgeschichte (VfZG), 28 (1990), S. 113–139.

Jena, Kai von, Versöhnung mit Israel? Die deutsch-israelischen Verhandlungen bis zum Wiedergutmachungsabkommen von 1952. In: VfZG, 34 (1986), S. 457–480.

Katzenstein, Ernst, Jewish Claims Conference und die Wiedergutmachung nationalsozialistischen Unrechts. In: Die Freiheit des Anderen. Festschrift für Martin Hirsch, Baden-Baden 1981, S. 219–226.

Pross, Christian, Wiedergutmachung. Der Kleinkrieg gegen die Opfer, Frankfurt/Main 1988.

Robinson, Nehemiah, Beraubung und Wiedergutmachung. Der materielle Schaden der Juden während der Verfolgung – Reparationen, Rückerstattung und Entschädigung. In: Institute of Jewish Affairs/World Jewish Congress (Ed.) The Institute Anniversary Volume 1941–1961, New York 1962.

Sagi, Nana, Wiedergutmachung für Israel. Die deutschen Zahlungen und Leistungen, Stuttgart 1981.

Zweig, Ronald W., German Reparations on the Jewish World. A History of the Claims Conference, Boulder–London 1987.

EDITH RAIM

Wem gehört das Erbe der Toten?

Die Jewish Cultural Reconstruction

Als das »Dritte Reich« zusammengebrochen war, blieb ein Trümmerhaufen zurück. Während für die Deutschen das Leben inmitten von Schutt und Asche wieder anfing, der »Wiederaufbau« für viele gnädig die Verdrängung der Vergangenheit ermöglichte, während Zwangsarbeiter repatriiert wurden und jüdische Überlebende in DP-Lagern eine Zukunft in Erez Israel oder in den USA vorbereiteten, begann der komplizierte Prozeß der materiellen »Wiedergutmachung«, der Rückerstattung und Kompensation von konfisziertem jüdischen Eigentum an Erben oder die treuhänderischen Nachfolgeorganisationen Jewish Restitution Successor Organisation in der amerikanischen, Jewish Trust Corporation in der britschen und deren Ableger, Branch Française in der französischen Besatzungszone. Aber auch eine andere amerikanische Organisation, deren Wirken mit der Jewish Restitution Successor Organisation eng verbunden war, die heute aber nahezu vergessen ist, startete ihre Arbeit in Deutschland.

Wie die Nazis die Juden ermordet hatten, so hatten sie auch versucht, das gesamte jüdische Kulturgut zu zerstören. Doch so, wie es neben Millionen Vernichteter Überlebende gab, so hatten auch einige Bücher, Manuskripte und religiöse Gegenstände die allumfassende Zerstörungswut der Nazis überstanden. Teils versteckt, teils konfisziert und in Bibliotheken, Archiven und Museen verwahrt, teils von Nazis für antisemitische Propagandazwecke gesammelt, kam am Ende des Kriegs ein – zwar angesichts des ehemals reichen jüdischen kulturellen Lebens in Europa winziger, aber doch beachtlicher – Überrest jüdischen intellektuellen und spirituellen Gutes zum Vorschein.

Das Interesse an kulturellen Überbleibseln aber schien erschreckend gering: Für die Überlebenden hatte die Suche nach Familie und Freunden verständlicherweise Priorität gegenüber dem Forschen nach Büchern, Bildern oder religiösen Gegenständen des Familienbesitzes oder der Gemeinde. Die Profiteure des beschlagnahmten Kulturguts hatten ohnehin kein Interesse, ihre Erwerbungen publik zu machen oder gar aufzugeben. Vielleicht wäre vieles einfach verschwunden oder aus Unkenntnis vernichtet worden, hätte sich nicht eine Gruppe Akademiker um Salo Baron um die Rettung bemüht. Baron, ein aus Galizien gebürtiger Jude, hatte nach dem Studium der Rechts-, Geschichts- und Politikwissenschaft in Wien auch eine rabbinische Ausbildung erhalten und war 1930 auf den Lehrstuhl für jüdische Geschichte an der Columbia University in New York berufen worden, wo er sich um die Etablierung der Judaistik als akademische Disziplin besonders verdient machte.

1945 scharte sich um ihn eine kleine Gruppe deutschstämmiger jüdischer Intellektueller und gründete die Commission on European Jewish Cultural Reconstruction, eine Forschungsgruppe, die es sich zur Aufgabe machte, die kulturellen Relikte des europäischen Judentums zu sammeln, zu erforschen und zu retten. Zu ihnen gehörte Hannah Arendt ebenso wie Gershom Scholem. Direktoren der Beraterkommission waren Sir Isaiah Berlin sowie Cecil Roth und Leo Baeck. Aus der Commission ging wenig später die »Jewish Cultural Reconstruction« (JCR) hervor, eine internationale Körperschaft, die als Treuhänder des jüdischen Volkes alle herrenlosen jüdischen Kulturgüter, die insbesondere in Deutschland, Österreich und den Ländern der ehemaligen Achsenmächte gefunden würden, verwalten und ihre Verteilung übernehmen wollte. Die Jewish Cultural Reconstruction folgte in ihren Entscheidungen über den endgültigen Verbleib des Materials zwei Prinzipien: erstens sollte es nie wieder möglich sein, diese Sammlungen in einem Kampf gegen die Juden zu benutzen. Zweitens hielt die JCR Europa – aufgrund der angeblichen Unausrottbarkeit des europäischen Antisemitismus – für einen ungeeigneten Ort zur Aufbewahrung und schlug deshalb vor, alle aufgefundenen Gegenstände und Bücher aus Mitteleuropa wegzuschaffen. Für die Verteilung der Sammlungen gab es verschiedene Richtlinien. Zunächst sollte versucht werden, die rechtmäßigen Eigentümer oder ihre Erben ausfindig zu machen. Sollten diese überlebt haben, war ihnen ihr Eigentum auszuhändigen. Das Eigentum einer jüdischen Gemeinde sollte ebenfalls zurückgegeben werden, vorausgesetzt, daß mindestens fünf Prozent der Mitglieder der Gemeinde überlebt hatten und an ihren Herkunftsort zurückgekehrt waren. Falls die Eigentümer nicht identifiziert werden konnten oder den Krieg nicht überlebt hatten – und das betraf den Großteil des Materials – sollte es auf jüdische Gemeinden und Institutionen in der ganzen Welt verteilt werden.

So weit die ursprüngliche Idee. Was sich daraus entwickelte, war in gewissem Sinn eines der größten jüdischen Forschungsprojekte der Nachkriegszeit: die Suche nach dem verlorenen Erbe der Juden Europas, eine Suche, die bis heute andauert. Zu einer der ersten Aktivitäten der Jewish Cultural Reconstruction gehörte die Zusammenstellung von Listen. Listen der ehemals existierenden und teils wiedergegründeten jüdischen Schulen und Erziehungsinstitutionen in Europa, Listen jüdischer Verlage und Verleger von Hebraica und Judaica. Minutiös wurde z. B. die Zahl von Schulen, Schülern, Lehrern, aber auch der Status der Schulen und die gesamte frühere und gegenwärtige jüdische Bevölkerung eines Ortes vermittels Fragebögen recherchiert.

Schwieriger war die Suche nach Tausenden und Abertausenden von jüdischen Büchern und Kultgegenständen, die über ganz Deutschland und Österreich verstreut waren. Die Situation schien hoffnungslos zu sein. Zwar war die amerikanische Besatzungsmacht auf ein Nazidepot mit konfisziertem jüdischen Eigentum gestoßen und hatte es übernommen. Der erste Verwalter, amerikanisch-jüdischer Abstammung, hatte jedoch, um seine angebliche Kollaboration im Dritten Reich vergessen zu machen, allen Juden, die Ansprüche auf Material erhoben, freizügig wertvolle Manuskripte, Megilloth (alttestamentliche Schriften) etc. aus der dort verwahrten Rothschild-Bibliothek überlassen.

In einigen Fällen war den Forschern der Jewish Cultural Reconstruction unfreiwillig Vorarbeit geleistet worden, und zwar von den Nazis selbst.

Alfred Rosenberg hatte für ein »Institut zur Erforschung der Judenfrage« in Frankfurt wichtige Judaica und Hebraica aus geplünderten Beständen zusammentragen lassen. Ähnlich verhielt es sich mit verschiedenen kleineren jüdischen Sammlungen, die im »Giftschrank« von NS-Verbänden und rassekundlichen Instituten verwahrt wurden. Allerdings half es den Rechercheuren wenig, den Verbleib dieser Bücher zu kennen, waren doch mittlerweile viele Sammlungen in entlegenste Orte und kurioseste Aufbewahrungsstätten gebracht worden. Als 1945 das Frankfurter Institut den Alliierten in die Hände fiel, war schnell klar, daß die 150 000 Bände nur einen Bruchteil der in Europa zusammengestohlenen Bibliothek darstellten. Über eine Million Bände waren angeblich in 38 Güterwaggons nach Hungen im Kreis Gießen in insgesamt neun verschiedene Lokalitäten ausgelagert worden. Zu dem Bestand gehörten Manuskripte aus dem 15. und 18. Jahrhundert, die Rothschild-Sammlung aus Paris, Unterlagen der jüdischen Gemeinde Riga und Gemeindearchive von Mainz und Frankfurt sowie ca. 300 Thora-Rollen.

Als wäre diese Situation nicht schon hoffnungslos genug gewesen, gab es massenweise andere Probleme. Dazu gehörte nicht zuletzt der »Eiserne Vorhang«. Der Jewish Cultural Reconstruction war der große Bestand an Büchern in der Tschechoslowakei bekannt. Diese stammten von Juden aus ganz Europa und waren während des Krieges zur sicheren Verwahrung dorthin ausgelagert worden. Die Jewish Cultural Reconstruction bat die amerikanische Regierung, in Verhandlungen mit der tschechoslowakischen Regierung einzutreten, um die Übergabe der während des Krieges beschlagnahmten religiösen und kulturellen Schätze an die Jewish Cultural Reconstruction zu ermöglichen. Professor Scholem und Professor Bergmann von der Hebrew University in Jerusalem reisten 1946 zu weiteren Nachforschungen in die Tschechoslowakei. Sie erfuhren, daß die Deutschen zwei Ladungen konfiszierter Bücher in Theresienstadt von jüdischen Wissenschaftlern hatten katalogisieren lassen. Diese Bücher stammen vor allem aus tschechisch-jüdischen und deutsch-jüdischen Bibliotheken. Die Bücher befanden sich nun in Händen des Verbands jüdischer Kultusgemeinden der Stadt Prag, die bereit war, diese der Hebrew University treuhänderisch zu überlassen, vorausgesetzt, die tschechoslowakische Regierung stimmte zu. Diese allerdings reagierte unwirsch.

Der quantitativ weitaus bedeutendere Bestand jedoch befand sich im Schloß Niemes (Mimon) und anderen böhmischen Schlössern. 650 000 Bände, viele davon Hebraica und Judaica, Teile der Sammlung des jiddischen Forschungsinstituts YIVO aus Wilna, wurden von einem von der tschechoslowakischen Regierung angestellten Bibliothekar sortiert, wobei Bücher, deren Eigentümer nicht feststellbar waren, der Universitätsbibliothek Prag zugeschlagen werden sollten. Die polnische Regierung hatte Ansprüche auf die in Polen konfiszierten Gegenstände. So sei nach Informationen der JCR bereits die Bibliothek der Trumzki-Synagoge in Warschau nach Polen zurückgebracht worden. Die Jewish Cultural Reconstruction hoffte, daß die US-Regierung darauf Einfluß nehmen könne, die Bücher aus der Tschechoslowakei treuhänderisch an die Hebrew University zu übergeben. Bis die Übergabe tatsächlich stattfinden konnte, mußten durch die

JCR ein Propagandaminister und mehrere Bibliothekare (denen Kompensation durch hebräische und fremdsprachige Bücher versprochen wurde) überzeugt werden.

Doch zurück nach Deutschland, wo ein Großteil des Plünderguts oder zumindest Hinweise auf seinen Verbleib zu finden waren. Einer der wichtigsten Orte für die Nachforschungen war Berlin. Hier aber war, wie Hannah Arendt in einem Bericht 1950 darlegte, die Situation höchst unvorteilhaft. Bombardierungen hätten viele Kulturschätze unwiederbringlich zerstört. Die meisten Gegenstände befänden sich im Ostsektor der Stadt, und zwar einige hundert Thora-Rollen auf dem Friedhof Weissensee sowie Bücher und Teile des jüdischen Gesamtarchivs. Allerdings waren auch Erfolge zu verzeichnen. Die Gemälde aus dem jüdischen Museum stünden nun, nach Verhandlungen mit den Vertretern der vier Mächte, vor der Auslieferung. Die fast vollständige Gestapo-Sammlung zeremoniellen Silbers (300 Pfund), das wider Erwarten nicht eingeschmolzen worden war, sei der JCR übergeben worden und befinde sich in einem Lagerhaus. Ebenso habe die JCR die konfiszierten Judaica aus dem Reichssippenamt erhalten, darunter Teile der YIVO-Sammlung und der Wiener jüdischen Gemeinde.

Schwierig waren auch die Verhandlungen mit deutschen Bibliotheken, Museen und Archiven. Es war zu Recht angenommen worden, daß eine Vielzahl jüdischen Eigentums seinen Weg in deutsche Bibliotheken gefunden hatte. Die Verwahrung von Judaica und Hebraica wurde nur treuen Nazis anvertraut, die teils 1945 ihre Stellen verlassen mußten und ihre Nachfolger oft in Unkenntnis der jüdischen Bestände ließen. Außerdem war wegen der Größe der privaten und gemeindlichen jüdischen Bibliotheken, aber auch wegen des Krieges, viel Material einfach in Kisten verpackt geblieben, die auch in den Nachkriegsjahren nicht sofort geöffnet wurden. Gershom Scholem beschrieb in einem Brief an Arendt vom 29. September 1949 die Reaktion der Bibliothekare auf seine Nachforschungen ironisch: »Sie alle verfahren nach dem Prinzip ›Mein Name ist Hase, ich weiß von nichts‹.«

Dank Hannah Arendts Verhandlungsgeschick mit Bibliotheks- und Archivdirektoren und nicht zuletzt mit Kultusministern erging ein Appell an alle Bibliothekare, nach jüdischen konfiszierten Büchern zu suchen. Jeder gefundene Kultgegenstand, jeder Band sollte dem Jewish Cultural Reconstruction Büro in Wiesbaden angezeigt werden. In Museen versuchte sie, den Verbleib jüdischer Kunstsammlungen und Synagogensilbers herauszubekommen. Sie bat Dr. Alois Hundhammer, Kultusminister von Bayern und Präsident der Kultusministerkonferenz, an alle involvierten Institutionen zu appellieren, ständig nach jüdischem Material Ausschau zu halten und darüber Bericht zu erstatten.

Rechtlich stand die Jewish Cultural Reconstruction auf unsicherer Grundlage. Die Alliierten hatten sich anfangs auf ein Rückgabegesetz nach geographischen Gesichtspunkten geeinigt. Das bedeutete, daß polnische und russische Ansprüche auf jüdisches Kulturgut erhoben werden konnten. So war es für manche JCR-Mitarbeiter gar nicht wünschenswert, die ehemaligen Eigentümer genau zu identifizieren. Koppel Pinson, JCR-Rechercheur, warnte Arendt bezüglich einer von ihr zusammengestellten Liste eines Depots und meinte, es sei besser, ohne nach der Liste vorzugehen, soviel wie möglich aus Deutschland zu holen. Als Alternative müsse Material nach Kaunas und Wilna, Warschau und Lemberg zurückgeschickt werden, wenn die Liste in die falschen

Hände falle. Gershom Scholem fürchtete sowjetische Ansprüche, wenn der Erwerb jüdisch-baltischen Kulturguts durch die Hebrew University in Jerusalem durch das Pressestatement eines JCR-Mitarbeiters gegenüber einer jiddischen Zeitung publik gemacht würde. Erst im November 1947 trat in der amerikanischen Besatzungszone ein Rückerstattungsgesetz in Kraft, das die Wünsche der Jewish Cultural Reconstruction erfüllte und nicht nach geographischen Gesichtspunkten verfuhr, sondern die Treuhänderschaft von JCR und später der Jewish Restitution Successor Organization berücksichtigte.

Erschwert wurde die Arbeit der Jewish Cultural Reconstruction durch den Mangel ähnlicher Institutionen in der französischen und britischen Besatzungszone. Die Jewish Trust Corporation und ihr Ableger, Branch Française, entstanden erst mit großer Verzögerung 1950 und 1952. Wegen der Verstreuung des konfiszierten Eigentums aber war es wichtig, auch in anderen Zonen operieren zu können – wenn schon nicht in der sowjetischen Besatzungszone, über die Hannah Arendt kommentierte, es sei unmöglich, etwas aus der russischen Zone zu holen, und schwierig und gefährlich, überhaupt präzise Informationen zu erhalten.

Am spannungsreichsten allerdings war die Haltung der Jewish Cultural Reconstruction zu den jüdischen Kultusgemeinden in Deutschland. Der Konflikt mit ihnen war allein aufgrund der Zielsetzung der Jewish Cultural Reconstruction gegeben. Sie und mit ihr wohl die Mehrheit des Judentums betrachteten Deutschland als ein Land, in dem keine Juden freiwillig leben sollten. Die israelitischen Kultusgemeinden galten ihr daher als reine Liquidationsobjekte, deren Lebensdauer auf wenige Jahre begrenzt sein sollte. Hannah Arendt beklagte die unsicheren und chaotischen Verhältnisse der Kultusgemeinden. Auch gebe es keine zentrale Körperschaft, die genügend Autorität für allgemein bindende Abmachungen habe, weswegen man auf Einzelverhandlungen mit den Gemeinden angewiesen sei. Sie kritisierte, daß das im gemeindlichen Besitz befindliche jüdische Kulturgut, das den Krieg überdauert hatte, nicht benutzt und allgemein vernachlässigt werde.

In der amerikanischen Zone war die Jewish Restitution Successor Organization (JRSO) Nachfolgerin und rechtmäßige Erbin allen jüdischen Eigentums, faktisch auch allen Gemeindeeigentums. Obwohl die JRSO Gemeinden nicht als Erben anerkannte, versuchte sie, Klagen zu vermeiden, indem sie den israelitischen Kultusgemeinden ihren Grundbesitz und notwendige Gegenstände beließ. Philip Auerbach, bayerischer Generalanwalt für Entschädigungsfragen, warf der Jewish Restitution Successor Organization nichtsdestoweniger vor, die jüdischen Gemeinden zerstören zu wollen. Arendt schilderte eine Begebenheit in Auerbachs Haus, die das Mißtrauen gegenüber JRSO und JCR illustriert; sie traf dort einen deutsch-jüdischen Rückwanderer, der ihr vorwarf, die Jewish Cultural Reconstruction würde in die eigene Tasche wirtschaften, Bücher in New York verkaufen und zeremonielle Objekte zerstören, um sie als Altmetall zu verkaufen. Erst als sie mit einer Klage drohte, stoppte die Flut an Vorwürfen. Auerbach seinerseits haßte Arendt, die er heimlich »Mies« Arendt nannte.

Als die Jewish Cultural Reconstruction 1950 ihre Arbeit in Deutschland einstellte, hatte sie 400 000 Bücher, 1100 Thora-Rollen und 7000 künstlerische und religiöse

Gegenstände ausfindig gemacht und Gemeinden und Universitäten, religiösen und wissenschaftlichen Institutionen in Israel, in den USA und Kanada sowie in Westeuropa, Südafrika und Australien übergeben. Ihre weiteren Aufgaben – denn die Suche war bei weitem noch nicht beendet – wurden von der Jewish Restitution Successor Organization unter Benjamin Ferencz übernommen.

Obwohl angesichts des »Totalausverkaufs« dieser Kulturgüter nicht nur die deutschen jüdischen Gemeinden empört und traurig reagierten, war in den Augen der Jewish Cultural Reconstruction nur diese Entscheidung möglich. Am klarsten wurde die negative Haltung von einem Vertreter der israelischen Mission, Dr. Chaim Yahil, 1954 in Replik auf den Wunsch der Stadt Worms, die Ausfuhr jüdischer Kulturgüter nach Israel zu verhindern, formuliert:

»Der Nationalsozialismus hat zum Resultat gehabt, daß das Judentum in Europa – und gewiß in Deutschland – aufgehört hat, eine lebendige, schöpferische, zukunftsträchtige Gemeinschaft zu bilden. Die jüdische Geschichte in Deutschland und in den meisten Ländern Europas muß als abgeschlossen gelten. . . Es gibt heute auf dem ganzen europäischen Kontinent keine jüdisch-theologische Lehranstalt mehr. . . Wenn es in Europa keine jüdische Lehranstalt mehr gibt, so gibt es eben in Israel eine hebräische Universität und zahlreiche andere Anstalten, in denen jüdische Kultur und jüdische Geschichte gepflegt werden. Diese Anstalten bedürfen nicht nur einer materiellen Unterstützung, sie bedürfen der geistigen Fundierung.«

Die Bücher und Kultgegenstände der Deportierten und Ermordeten wurden Grundlage für jüdisches Leben und Lernen in Israel und der Neuen Welt. Sie dienten dem Aufbau einer neuen jüdischen Identität fern von Europa, aber auch der Erforschung der jüdischen Vergangenheit in Europa. Ein Hoffnungsschimmer, allerdings zu Lasten neuen jüdischen Lebens in Deutschland.

Naomi Bubis

Die jüdischen Generationen nach dem Holocaust

1995 – ein Gedenkjahr in vielerlei Hinsicht. Zum fünfzigsten Mal jährt sich die Befreiung des Vernichtungslagers Auschwitz-Birkenau – Synonym für den industriell durchgeführten Massenmord an den europäischen Juden; zum fünfzigsten Mal jährt sich die Befreiung all der anderen Konzentrations- und Vernichtungslager; zum fünfzigsten Mal jährt sich am 8. Mai der Tag der Befreiung von der nationalsozialistischen Gewaltherrschaft.

Welche Bedeutung haben diese Tage des Gedenkens an einstige Schrecken und Grauen für die Nachkommen von Holocaust-Überlebenden? Was bedeutet es für die zweite jüdische Generation, in der Gewißheit aufzuwachsen, Kinder von Überlebenden zu sein? In einer Zeit, in der sich der Blick berechtigterweise in die Vergangenheit richtet, sollten auch die jüdischen Nachkommen und somit die nachwirkende Vergangenheit in die Reflexion über die Shoah einbezogen werden. Diese Thematik ist gerade in Deutschland eine noch weitgehend unberührte. Erst in letzter Zeit gibt es vermehrt Ansätze, die eine Diskussion über die Problematik der zweiten Generation zulassen. Zentrale Fragestellungen sind dabei die innerfamiliäre Aufarbeitung der Vergangenheit zwischen Überlebenden und deren Kindern sowie die aus dem Verfolgungsschicksal der Eltern resultierenden psychischen Auswirkungen auf die Kinder.

Für die Überlebenden des Holocaust stellt sich die Frage nach dem Erinnern oder Vergessen, Sprechen oder Schweigen. Die Auseinandersetzung mit der Vergangenheit über Gespräche in der eigenen Familie ist für die zweite Generation oft unmöglich. Die persönliche Überlebensgeschichte der Eltern wird zum absoluten Tabu. Die Erinnerung ist zu schmerzhaft, die Trauer zu groß. Dabei ist die individuelle Verfolgungsgeschichte der Eltern sekundär – ob sie ein Vernichtungs-, Konzentrations- oder Arbeitslager überlebten, ob sie versteckt wurden oder in der Illegalität überleben konnten: die Traumatisierung der Kinder kennt keine Relativierung des Leids; die Sprachlosigkeit in den Familien ist unabhängig vom persönlichen Überlebensschicksal der Eltern.

Der Verlust von ermordeten Familienangehörigen und Freunden, die Todesangst in den Konzentrationslagern, die Demütigung und erfahrene Entmenschlichung, das Schuldgefühl, überlebt zu haben: dies sind die eigentlichen Tabuzonen, die die Kinder meistens nur erahnen können. Die Verfolgungstraumata dürfen keinen Namen tragen. Die Grenzen des eigenen Nachfragens müssen somit von den Nachkommen selbst gesetzt werden. Zurück bleibt die Angst, durch Fragen zu verletzen, die Angst, die Eltern an einem wunden Punkt zu treffen. Einzelheiten über das persönliche Verfolgungsschicksal müssen die Kinder der Überlebenden meistens im Gespräch mit Dritten erfragen.

Die relative Unbefangenheit, mit der die Nachkommen mit ihren Großeltern, aber auch Tanten und Onkeln über die Vergangenheit der Eltern sprechen können, steht im Gegensatz zu den wechselseitigen Berührungsängsten zwischen Überlebenden und deren Kindern.

Das Nicht-reden-Können ist beidseitig bedingt. Seitens der ersten Generation spielt die Angst, die eigenen Kinder mit der Vergangenheit zu belasten, eine große Rolle. Aber auch die Hemmungen und Ängste der Kinder, konkret nachzufragen, tragen ihren Teil zum Schweigen und zur Sprachlosigkeit in den Familien bei. Hinzu kommt das Verdrängen seitens der Nachkommen: Bekannte Episoden aus der Leidensgeschichte der Eltern sind für Kinder von Überlebenden oft auch verdrängte Episoden. In Familien, in denen die persönliche Leidensgeschichte nicht thematisiert wird, entwickeln die Kinder oft eigene Phantasien über die Zeit der Verfolgung. Die verdrängte Vergangenheit der Eltern wird in den eigenen Vorstellungen lebendig. In den meisten Familien dominiert die geschilderte Sprachlosigkeit, die Unfähigkeit zum Dialog. Es gibt jedoch auch Fälle, in denen Söhne und Töchter von Überlebenden seit früher Kindheit an mit Erlebnisberichten förmlich »überschüttet« werden. Jedes Gespräch endet unweigerlich im Holocaust. Doch auch diese permanente Konfrontation mit der Vergangenheit birgt keinen Dialog in sich. Die emotionalen Reaktionen der Überlebenden verstärken vielmehr die Ängste, nachzufragen.

In diesen Familien wachsen die Kinder zwar mit den immer wiederkehrenden Erzählungen über Kriegserlebnisse auf. Doch auch hier findet kein Gespräch statt. Das Erzählen ist fragmentiert. In der Erinnerung der zweiten Generation bleiben nur kurze Episoden aus den Jahren der Verfolgung zurück.

Können es denn die Kinder ihren Eltern überhaupt zum Vorwurf machen, eben kein »offenes« Gespräch mit ihnen über diese Zeit des Leids zu führen? Ist es nicht auch verständlich, daß sich dieser Lebensabschnitt in Schweigen hüllt? Würde ein Erzählen nicht wieder alle grausamen Erinnerungen wachrütteln? Wie stark sind die Kinder in ihrer Persönlichkeit, wie schwach und verängstigt die Eltern? Wo liegen beidseitig die Grenzen der Belastbarkeit?

Einen für alle Familienmitglieder »adäquaten« Umgang mit der Vergangenheit gibt es kaum. Es kann nur individuell entschieden werden, welcher Weg der »richtige« ist. Die Auswirkungen für die Kinder von jüdischen NS-Verfolgten sind gleich. Ob das Schweigen dominiert oder die Überflut an emotionalen Erzählungen aus der Zeit der Verfolgung – die Kinder sind unweigerlich von der Vergangenheit ihrer Eltern geprägt. Die Leidensgeschichte wird internalisiert, die Shoah oft zum integralen Bestandteil der eigenen Identitätsbildung. Dies schließt nicht aus, daß die zweite Generation ein »normales« Leben führt. Die Prägungen sind nicht immer als solche identifizierbar und sichtbar.

Dennoch gibt es Ausdrucksformen, die gewissermaßen als Ventil zur Verarbeitung der eigenen Familiengeschichte dienen. Dazu zählen vor allem die Mittel der Kunst. Gerade in Israel, aber auch in den Vereinigten Staaten ist der unmittelbare Einfluß der Holocaust-Thematik in den Werken jüdischer Künstler der zweiten Generation aufzuzeigen. So wird etwa die Malerei, die Musik, aber auch das Theater oder die Literatur zu einem Mittel, die persönlichen Übertragungen emotional zu verarbeiten. Berühmtestes Beispiel für diese Form der Auseinandersetzung ist der israelische Musiker Jehuda Poliker. In seinen Melodien und Texten verarbeitet er die Geschichte seiner aus Griechenland stammenden Eltern: die Deportation der Juden von Saloniki nach Auschwitz. Der Erfolg einer solchen vom Holocaust inspirierten Musik wäre in Deutschland undenkbar, in der deutschen Sprache unvorstellbar. Diesen offensiven, öffentlichen teils auch provokativen Umgang mit dem Holocaust durch die Mittel der Kunst gibt es in Deutschland nur in Ansätzen. Einzige Ausnahme bildet das Umfeld der Literatur. Herausragende Ausdrucksform bleibt die Sprache, das literarische, essayistische, journalistische Schreiben. Es gibt mehrere jüdische Autoren der Nachkriegsgeneration, in deren Werken der Einfluß, Kind von Shoah-Überlebenden zu sein, zu spüren ist. Zu den bekanntesten jüngeren Autoren zählen etwa Henryk M. Broder, Rafael Seligman und Maxim Biller. Dennoch wird es immer schwierig bleiben, die Einflüsse der zweiten Generation in einem gesellschaftlichen Umfeld auszudrücken, das deutsch ist.

Der Weg, durch expressive Formen eine Auseinandersetzung mit dem Holocaust zu erreichen, ist in Deutschland – dem Land der ehemaligen Täter – weitaus komplizierter. Nicht ohne Grund war gerade in Deutschland jahrelang das Verdrängen die zentrale Umgangsform der Nachkommen von Shoah-Überlebenden. Auch in der deutschen Öffentlichkeit wurde das Thema bis dato nicht aufgegriffen.

Seitens der nichtjüdischen Gesellschaft verstärkt sich die ohnehin vorhandene Befangenheit Juden gegenüber in der Konfrontation mit Kindern von Überlebenden. Die existente Sprachlosigkeit in vielen jüdischen Familien ist für nichtjüdische Deutsche kaum vorstellbar und ein völlig neues Faktum. Gerade die jüngeren deutschen Generationen gehen in ihren Vorstellungen meistens von einer wechselseitigen Kommunikationsbereitschaft zwischen jüdischen Überlebenden und deren Kindern aus. Für viele sind die Schwierigkeiten des Erzählens, die Mauer des Schweigens, überraschend. Zwar kennen die Nachgeborenen auf deutscher Seite diese Verhaltensmuster des Tabuisierens aus eigenen familiären Erfahrungen, sie hätten jedoch nicht erwartet, daß es auch auf der »anderen Seite« eine fehlende Dialogbereitschaft zwischen Eltern und Kindern gibt. Das Verschweigen der Vergangenheit in deutschen Familien können die betroffenen Nachkommen eher nachvollziehen, wenn auch nicht immer akzeptieren. Denn hier legt sich das Schweigen über eine potentielle Mittäterschaft. Aus Angst vor unbequemen Fragen, aus Angst vor enthüllenden Antworten und möglichen Schuldbekenntnissen umgehen viele dieses dunkle, geheimnisträchtige Kapitel der eigenen Familiengeschichte. Unverständlich bleibt für viele jedoch die Angst seitens der Kinder von jüdischen Verfolgten, nachzufragen. Denn hier könnte der Umgang mit dem Geschehenen doch viel unbefangener sein. Hier dürfte es keine Berührungsängste geben, da es nicht um die Infragestellung der eigenen Schuld geht, nicht um unterlassene Hilfestellung, nicht um die aktive oder passive Unterstützung eines verbrecherischen Regimes. Um so erstaunter sind viele junge Deutsche, wenn sie durch einen Zufall von den vorhandenen Schwierigkeiten auf Seiten der »Opfer«, der jüdischen Verfolgten, erfahren.

Selbst innerhalb der jüdischen Gemeinschaft wird das Thema der nach dem Holocaust geborenen jüdischen Generationen nur in Ansätzen aufgegriffen. So gibt es in der Bundesrepublik erst seit 1991 die Einrichtung »ESRA« in Berlin – ein psychotherapeutisches Beratungszentrum, das sich in Fortbildungs- und Selbsthilfegruppen der Probleme der zweiten Generation annimmt. Zu diesem Zeitpunkt konnten Israel, die USA und die Niederlande schon auf längere Erfahrungen im Bereich der psychosozialen Betreuung von Kindern Überlebender zurückblicken. Die Organisation »AMCHA« ist in Israel das herausragende Zentrum, in welchem den Überlebenden und ihren Nachkommen psychologische Beratung und soziale Unterstützung angeboten werden.

In Deutschland bestimmte der eigene Schutzmechanismus sehr lange das Verhalten der zweiten Generation. Nach wie vor gehen viele Kinder von Überlebenden einer Beschäftigung mit dieser Thematik – wenn auch unbewußt – aus dem Weg. Ein Großteil denkt nie konkret darüber nach, wie sich die Leidenserfahrungen der Eltern auf das eigene Leben auswirken. Die Sprachlosigkeit in den Familien wurde gewissermaßen an die Kinder weitergegeben. Gibt es somit auch eine sprachlose zweite Generation? Nur eine Minderheit spricht heute darüber, was es für sie bedeutet, Kind von Überlebenden zu sein. Erst in letzter Zeit wird das Tabu auch innerhalb der jüdischen Gemeinschaft aufgehoben, wird über die Probleme nachgedacht, wird das internalisierte Schweigen gebrochen.

Dazu sind Anstöße von außen oft hilfreich. So können Jahrestage zur Erinnerung an die Vernichtung der europäischen Juden auslösendes Moment zur Reflexion der eigenen Situation in der globalen Geschichte des Holocaust werden. An diesen Tagen der Erinnerung reisen jüdische Jugendliche aus aller Welt nach Auschwitz-Birkenau, Majdanek, Treblinka, um der Ermordeten ihres Volkes zu gedenken. Das historische Jahr 1995 mag somit gerade auch für die nachkommenden jüdischen Generationen Denkanstoß in der eigenen Identitätsfindung sein – einer jüdischen Identität, in der der Holocaust durchaus auch nach fünfzig Jahren noch Bestandteil ist.

Schon seit frühester Kindheit erfahren viele jüdische Nachkommen die Vergangenheit als Bestandteil des alltäglichen Lebens. Bis zu einem gewissen Alter stellen Kinder noch neugierige, unbefangene Fragen: Fragen nach der fehlenden Verwandtschaft oder nach der Bedeutung von eintätowierten Nummern.

Die erste konkrete Auseinandersetzung als Jugendlicher findet meistens auf allgemeiner Ebene statt, zielt auf die generelle Geschichte der Judenvernichtung und nicht auf die persönlichen Erlebnisse der Eltern in der Nazizeit. Damit wird der private Bezug zu dieser nicht-rationalisierbaren Geschichte von vornherein ausgeklammert. Der Holocaust wird mit gleichaltrigen Freunden in den verschiedenen jüdischen Jugendorganisationen besprochen; der persönliche Bezug, die eigene Involvierung als Kinder von Überlebenden wird dabei jedoch weitestgehend ausgespart.

Trotzdem ist die Shoah immer präsent. In fast jeder der im Deutschland der Nachkriegszeit ansässigen jüdischen Familien hatte die Vernichtungspolitik der Nazis ihre Toten, Ermordeten und Wunden hinterlassen. Die jüdischen Generationen nach 1945 waren in ihrer Mehrzahl Kinder von Überlebenden aus osteuropäischen Staaten. Sie wurden zwar in Deutschland geboren, konnten aber dennoch nie abgekoppelt von der Vergangenheit ihrer Eltern aufwachsen. Um die Korrelation zwischen der NS-Verfolgung der Eltern und dem Übertragungsmechanismus auf die Kinder besser zu verstehen, müssen die Besonderheiten der Familiendynamik miteinbezogen werden. Für die Überlebenden war der Aufbau einer Familie das entscheidende Moment, um weiterleben zu können, um die Trauer über ermordete Familienangehörige zu kompensieren. Die Kinder wurden mit enormen Erwartungen großgezogen. In diesem Zusammenhang benannte der Psychologe Hillel Klein drei typische Erziehungsformen: ein übertriebenes Schutzverhalten; hohe Anforderungen an die Kinder und enorme Trennungsängste. Diese Charakteristika treten in den sogenannten »survivor families« gehäuft und verstärkt auf. Der Holocaust war somit in den neugegründeten Familien immer gegenwärtig, auch wenn nie explizit darüber gesprochen wurde. Die Verfolgungserfahrungen wirkten sich unweigerlich auf die Erziehung aus.

Die komplexe Situation für jüdische Nachkommen von Shoah-Überlebenden in Deutschland läßt vermuten, daß eine Identitätsbildung schwieriger, die Verdrängung größer und die Ablösung von der Vergangenheit der Eltern mühseliger ist als in anderen Ländern. Die erst spät begonnene Diskussion über die Probleme und Spezifika der sogenannten zweiten Generation bestätigt diese Annahme. Dies ist jedoch nicht nur auf das bisher mangelnde Angebot von professioneller Seite zurückzuführen, sondern auch auf die fehlende Bewußtmachung seitens der Kinder von Überlebenden. Die innere Bereitschaft, über Empfindungen und Wahrnehmungen zu sprechen, war selbst in jüdischen Kreisen kaum vorhanden. Das Thema wurde zum Tabu in der Familie, im Freundeskreis, in der Öffentlichkeit.

Dennoch wird nun auch verstärkt in Deutschland diese Tabuisierung aufgebrochen, wächst die Bereitschaft innerhalb der Familien, das Schweigen zu beenden. Die Zeitzeugen werden älter, das Bedürfnis größer, den Kindern die eigene Lebensgeschichte direkt mitzuteilen.

Bedingt durch die zunehmende Enttabuisierung in der öffentlichen Diskussion ist auch eine größere Gesprächsbereitschaft zwischen Angehörigen der zweiten Generation zu konstatieren. Zum ersten Mal gab es in diesem Jahr in Frankfurt eine vom jüdischen Studentenverband organisierte Podiumsdiskussion zum besagten Thema. Im Rahmen der Veranstaltungen zum fünfzigsten Jahrestag der Befreiung von Auschwitz stand ein ganzer Tag im Zeichen der zweiten Generation. Gezeigt wurden drei ausländische Filme, die sich aus verschiedenen Perspektiven der Problematik der zweiten Generation annahmen. Bezeichnenderweise gibt es zum jetzigen Zeitpunkt keine dokumentarische filmische Aufarbeitung des Themas aus jüdisch-deutscher Sicht. Die Hemmschwelle, ein solch intimes Thema vor einem breiten Publikum auszutragen, ist in Deutschland verständlicherweise weitaus größer als in anderen Staaten. Die Angst vor einer Stigmatisierung als »Opfer« spielt dabei eine große Rolle.

Für viele gerade in Deutschland lebende Juden nimmt die globale Geschichte des Holocaust einen großen Stellenwert ein. Die Beschäftigung mit der Vergangenheit ist unerläßlich.

Die Erinnerung an die Verbrechen wird fast alltäglich durch die gesellschaftspolitische Entwicklung wachgehalten. Friedhofsschändungen, brennende Synagogen, rassistisch motivierte Übergriffe und Morde, skandalöse Justizurteile, relativierende Historiker, rechtsradikale Jugendliche, Skinheads im Kampfanzug, Skinheads als Biedermänner in der Politik, die ewig währende Forderung nach einem Schlußstrich – Normalität in Deutschland?

Als Bürger dieses Landes erleben auch die Angehörigen der jüdischen Nachkriegsgenerationen diese »Normalität«. Sie reaktivieren Zweifel an der eigenen jüdischen Identitätsfindung in Deutschland. Der Umstand, Kind von Überlebenden zu sein, erschwert eine solche kritische Selbstbetrachtung. So bleibt die emotionale Abschottung als Selbstschutz oder aber der Versuch einer bewußten Auseinandersetzung mit den eigenen Ursprüngen und den Implikationen für das eigene jüdische Selbstverständnis.

Dabei kann die eigene Herkunft nicht verleugnet werden, muß die Verfolgungsgeschichte der Eltern in die Reflexion einbezogen werden. Die eigene Identität ist zu stark mit den Kontinuitäten, aber auch Brüchen in der Familiengeschichte verbunden. So gibt es zwar eine universell verbindende Vergangenheit aller Angehörigen der zweiten Generation, aber dennoch ist die Situation für jüdisch-deutsche Nachkommen eine andere. In den meisten Überlebendenfamilien auf der ganzen Welt – auch in Israel – gibt es die Problematik der Nicht-Kommunikation. In der Mehrzahl der Fälle findet sie im Verschweigen des Erlebten ihren Ausdruck, in anderen Fällen in permanenten emotionalen Ausbrüchen seitens der Überlebenden. Die Verarbeitung und der Umgang mit der Gegebenheit, Kind jüdischer NS-Verfolgter zu sein, werden jedoch in Deutschland auch in Zukunft eine andere Dimension haben.

Fünfzig Jahre sind nun vergangen – fünfzig Jahre, in denen die Shoah-Überlebenden nicht mit ihren Kindern über die Erlebnisse reden konnten. Vielleicht bewirkt dieses symbolische Jahres 1995 auch ein Umdenken seitens der ersten Generation. Vielleicht ist nun die Zeit gekommen, das Verdrängen zu überwinden, das Schweigen gerade auch gegenüber den eigenen Kindern zu brechen. Jedes einzelne Schicksal muß in der Erinnerung weiterleben. Aber wenn die eigenen Kinder es nicht erfahren, wer soll die Lebensgeschichte dann weitergeben?

Micha Guttmann

Macht oder Ohnmacht

Jüdische Politik in Deutschland

Die jüdische Gemeinschaft in Deutschland ist eine verschwindend kleine Minderheit im Verhältnis zur nichtjüdischen Umwelt. Etwa 50 000 eingeschriebene Mitglieder weisen die Statistiken aus, Juden also, die sich zu ihrer Identität und zu ihren Gemeinden bekennen. Bei rund 80 Millionen nichtjüdischen Deutschen ist dies eine Zahl, die politisch nicht ins Gewicht fällt. 50 000 zu 80 Millionen: dies bedeutet statistisch einen Prozentsatz von 0,01 Prozent. Es wird deutlich, daß Juden in dieser Gesellschaft kaum sichtbar sind und daß die meisten Bürger wohl nie in ihrem Leben bewußt einem Juden begegnet sind oder begegnen werden. Doch haben jüngste Umfragen des Emnid-Instituts im Auftrag des »American Jewish Committee«, einer bedeutenden amerikanischen jüdischen Organisation, ergeben, daß 20 Prozent der Befragten der Meinung sind, Juden hätten in der deutschen Gesellschaft zuviel Einfluß.

Interessant ist dabei die Untergliederung der Fragestellung an Westdeutsche und an Ostdeutsche. Sie widerlegt beeindruckend das neue Vorurteil, gerade in Ostdeutschland steige der Antisemitismus. Denn 24 Prozent der Westdeutschen, aber nur acht Prozent der Ostdeutschen stimmten der Aussage der Interviewer zu, der jüdische Einfluß sei zu groß.

In diesem Zusammenhang ist bemerkenswert, daß nichtjüdische Deutsche kaum eine Ahnung davon haben, wie viele Juden in Deutschland leben. Die Schätzungen, die sich aus Umfragen ergeben, liegen zwischen 2000 und 4 Millionen. Und dies, obwohl Fernsehen und Radio, Zeitungen und Zeitschriften sehr oft und auch sehr detailliert über Juden berichten.

All dies muß jüdische Politik in Deutschland berücksichtigen, wenn sie effektiv und produktiv die Interessen unserer Gemeinschaft vertreten will. Zunächst einmal ist jüdische Politik Handeln im Auftrag und für die jüdische Gemeinschaft, Interessenvertretung also. In dieser Lobbyeigenschaft unterscheiden sich die Repräsentanten des Zentralrats der Juden in Deutschland in keiner Weise von anderen Interessenvertretern. Auch wenn die jüdische Gemeinschaft in Deutschland keine homogene Gruppe bildet, also keine Gruppe mit parteipolitischen Präferenzen oder mit gemeinsamen wirtschaftlichen Interessen, so ist sie doch als Gruppe identifizierbar. Religion, Kultur, Tradition und die jüngste Geschichte sind Bestandteile des Ringes, der die jüdische Gemeinschaft in Deutschland heute zu einer Lebens- und Schicksalsgemeinschaft macht. Aus dieser Gemeinsamkeit entwickeln sich legitime gemeinsame Interessen, die letztlich der Motor jüdischer Politik sind. Jüdische Politik heute ist also zunächst einmal aktive Interessenvertretung.

Aber jüdische Politik in Deutschland bedeutet noch mehr: Durch die Geschichte, durch die Shoah ist jüdischen Politikern eine ganz besondere Rolle zugewachsen: die Rolle des Mahners, des Zeugen der Vergangenheit, desjenigen also, der moralische Kraft in die Tagespolitik einbringt. Repräsentanten der jüdischen Gemeinschaft stehen daher immer noch im Schatten des Holocaust, auch wenn einige diesem moralischen Anspruch nicht gerecht werden konnten und können. Es ist schwierig, diese Last in der und in die Öffentlichkeit zu tragen.

Die Aufbaujahre 1945–1965

Ein »Anblick des Grauens« sei es gewesen, der sich den alliierten Soldaten bot. Ausgemergelte, kraftlose Menschen wankten ihnen entgegen, so schilderte Max Willner, der kürzlich verstorbene langjährige Vorsitzende des Landesverbandes der Jüdischen Gemeinden in Hessen, die Stunde der Befreiung für die wenigen jüdischen Überlebenden deutscher Konzentrations- und Vernichtungslager. Die kranken, von Todesnähe gezeichneten Menschen, die trotz der Systematik der Judenvernichtung dieser Hölle entkommen waren, wurden 1945 in Sammellagern aufgenommen. Die Mehrzahl der Überlebenden, etwa Zweihunderttausend, waren keine ursprünglich deutschen Juden. Sie waren sogenannte »displaced persons« (DPs), überwiegend aus Osteuropa verschleppte Menschen, die durch den Holocaust Heimat und Familie verloren hatten (s. dazu den Beitrag von Susanne Urban, Die Freiheit kam erst später).

Das deutsche Judentum, 1933 waren es 499 682 Gemeindemitglieder, existierte nicht mehr. Nur rund 20 000 ursprünglich deutsche Juden zählten die offiziellen Statistiken der Alliierten und der amerikanischen jüdischen Hilfsorganisationen 1945. Sie lebten völlig abgeschieden von den DP-Lagern und versuchten, in ihrer alten Heimat wieder Fuß zu fassen. Biographien schildern ihr Leid, »nach Hause« zurückzukehren, ohne sich »zu Hause« fühlen zu können. Rund 5000 unter ihnen hatten illegal, mit falschen Papieren und oft auch mit Hilfe nichtjüdischer Freunde, die Verfolgungsjahre im Untergrund verbracht.

Betreut wurden die Überlebenden vor allem von jüdischen Hilfsorganisationen aus den USA und Großbritannien, dem »American Joint« und der »Jewish Relief Unit«. Besonders aktiv waren darüber hinaus zionistische Organisationen, die die Auswanderung ins damalige Palästina, das spätere Israel, vorbereiteten.

Die rund 60 DP-Lager leerten sich nach und nach. Nur etwa 15 000 Menschen blieben in Deutschland zurück, der überwiegende Teil der Shoah-Überlebenden wanderte aus. »Alle wollten weg, nach Palästina, in die USA oder sonstwohin – nur weit weg von Deutschland«, erinnerte sich Heinz Galinski, der spätere Vorsitzende der Jüdischen Gemeinde zu Berlin, anläßlich eines Gedenktages. Die wenigen, die hier blieben, begannen mit dem Wiederaufbau. Das erste Ziel jüdischer Politik nach 1945 war, den physisch und psychisch Kranken zumindest äußerlich eine neue Heimat zu geben. Synagogen wurden wiedererrichtet, Gemeindehäuser provisorisch renoviert und vor allem Sozialhilfezentren geschaffen, um die Überlebenden zu betreuen. Diese Entwicklung war in höchstem Maße umstritten. Die in Deutschland lebenden Juden bekamen damals deutlich Widerstand und Verachtung der Mehrheit aller Juden außerhalb Deutschlands zu spüren.

Dabei hatten die meisten Überlebenden keine bewußte Entscheidung getroffen, hier zu bleiben und damit jüdisches Leben wieder zu gründen. Sie blieben, weil sie nur hier ihre Chance sahen, nach der Entwurzelung eine neue Existenz zu gründen. Sie hofften auf Rückgabe ihres geraubten Eigentums, auf zumindest materielle Wiedergutmachung für die geraubten Lebensjahre. Nicht wenige aber blieben, weil sie mit deutscher Kultur und Lebensart so eng verbunden waren, daß sie sich – trotz allem, was geschehen war – ein Leben anderswo nicht vorstellen konnten.

Der Aufbau der Gemeinden ging schnell voran. Dennoch lebten oder wollten die meisten in der Illusion leben, nur kurzfristig weiterhin im Land der Täter zu weilen, letztlich aber auszuwandern, Deutschland zu verlassen. Das damals geflügelte Wort war: »Wir sitzen auf gepackten Koffern.« Diese Einstellung prägte das Leben der ersten jüdischen Nach-Holocaust-Generation in Deutschland entscheidend. Die wiedergegründeten Gemeinden in den verschiedenen Besatzungszonen taten sich zunächst auf Landesebene zu Landesverbänden zusammen. Im Juli 1949 beschlossen die Vertreter dieser Landesverbände, einen Ausschuß einzusetzen, der die Gründung einer Dachorganisation der Juden in Deutschland vorbereiten sollte. Im Juli 1950 wurden in Frankfurt am Main die Grundlagen für diesen Dachverband geschaffen, der sich als »Zentralrat der Juden in Deutschland« im Januar 1951 in Hamburg konstituierte. Sein Name war umstritten. Eine Minderheit wollte die deutsch-jüdische Symbiose im Namen verankert wissen. Doch selbst die Mehrheit der aus Deutschland stammenden Gemeindemitglieder wandte sich mit aller Schärfe dagegen. So blieb es bei der Bezeichnung »Juden in Deutschland«.

Wichtig war die Gründung dieser Repräsentanz vor allem wegen der Wiederherstellung der Rechte der jüdischen Gemeinden und der Entschädigungsleistungen. Besonders der politische Druck aus den USA förderte die Bereitschaft der Bundesregierung, Hilfen zur Verfügung zu stellen. So beklagte sich im November 1950 die Exekutive des Jüdischen Weltkongresses in Washington, die Organisation nehme »mit größter Beunruhigung vom Zusammenbruch der alliierten Entnazifizierungspolitik in Deutschland, vom Versagen der Bonner Regierung bei der Unterdrückung des Antisemitismus, von der Wiedereinsetzung bekannter ehemaliger Nationalsozialisten in wichtige Stellungen und von der Freilassung verurteilter nationalsozialistischer Kriegsverbrecher Kenntnis«.

Jüdische Politik in Deutschland zu dieser Zeit bedeutete vorrangig, Hilfe für den Aufbau der Gemeinden einzufordern, physisch und psychisch kranken Menschen Zukunftsperspektiven zu geben und irgendwie mit deutschen Behörden und Politikern zusammenzuarbeiten, die unmittelbare Nachfolger des nationalsozialistischen Unrechtsstaates waren. Unter ihnen gab es viele, die mitgemacht oder zumindest zugeschaut hatten, als Juden verfolgt, entrechtet und schließlich ermordet wurden. Daß jüdische Repräsentanten dabei so manche Hand ergreifen mußten, die nicht unschuldig an vergangenen Verbrechen war, wurde ihnen später oft vorgeworfen. Man kann diesem Phänomen wohl nur dann gerecht werden, wenn man im Vergleich dazu die Aufbauleistungen der jüdischen Gemeindepolitiker bewertet.

Einen Teil ihrer Arbeitskraft mußten die jüdischen Repräsentanten auch damals bereits in die Auseinandersetzung mit der noch jungen Vergangenheit einsetzen. Immer wieder fällten Gerichte skandalöse Urteile im Zusammenhang mit dem Holocaust, kam es zu Synagogenentweihungen, Friedhofsschmierereien und antisemitischen Vorfällen. Zu einer öffentlichen Demonstration kamen in München im August 1949 rund dreitausend Mitglieder der israelischen Kultusgemeinde zusammen. Vor der Süddeutschen Zeitung protestierten sie gegen den Abdruck eines Leserbriefes, in dem es unter anderem hieß: ». . . geht doch nach Amerika, aber dort können sie Euch nicht gebrauchen, sie haben genug von diesen Blutsaugern. Ich bin beim Ami beschäftigt, und das haben verschiedene schon gesagt, daß sie uns alles verzeihen, nur das eine nicht, und das ist: Daß wir nicht alle vergast haben, denn jetzt beglücken sie (die Juden) Amerika . . .« Im Verlaufe der Demonstration kam es zu Übergriffen der Polizei gegen die Kundgebungsteilnehmer. Der Landesverband Bayern der israelitischen Kultusgemeinden protestierte gegen das Vorgehen der Ordnungskräfte.

Unabhängig von diesen Entwicklungen wuchs die jüdische Gemeinschaft in Deutschland stetig. Rückwanderer aus aller Welt, vor allem aus Südamerika und aus Israel, ließen die Mitgliedszahlen ansteigen. Ende der 60er Jahre lebten bereits 30 000 Juden in Deutschland. Die Aufbauphase der Gemeinschaft war zu Ende, die Konsolidierungsphase hatte begonnen. Die Bewertung jüdischer Politik in dieser Zeit ist schwierig. Deutlich sichtbar aber ist: Genau wie in der nichtjüdischen Umwelt standen im Vordergrund des Denkens und Handelns der materielle Aufbau der Gemeinden und die Sicherung der privaten Existenz. Innerhalb der jüdischen Welt hatten der Zentralrat und andere jüdische Institutionen immer mehr Aufgaben der ausländischen Hilfsorganisationen übernommen, die sich aus Deutschland zurückzogen. Auch wenn es noch Vorbehalte gegen in Deutschland lebende Juden gab, so konnten sich die jüdischen Repräsentanten doch international durchsetzen und engagieren.

Besondere Verdienste in der Aufbauphase erwarben sich Hendrik George van Dam, erster Generalsekretär des Zentralrats der Juden in Deutschland, und Heinz Galinski, damals bereits Vorsitzender der Jüdischen Gemeinde zu Berlin. Zweifel aber blieben, ob die junge Generation, die nach der Shoah Geborenen, in Deutschland bleiben würde. Ihre Eltern ermutigten sie hierzu nicht. Die Auseinandersetzung mit der eigenen Identität war zu dieser Zeit tabu.

Die Konsolidierungsjahre 1966–1987

Zeitgleich mit dem Aufbegehren der Studenten 1967 und 1968 begann in der jüdischen Gemeinschaft die Phase der Konsolidierung. Zum ersten Mal setzte sich die jüdische Nachholocaust-Generation offen mit ihrer Identität auseinander. Sie war jetzt um die 20 Jahre alt. Die meisten hatten das Abitur bestanden – und nun stellte sich die konkrete

Frage nach der künftigen Lebensführung: In Deutschland bleiben – oder, wie sie es so-oft von ihren Eltern gehört hatten, auswandern.

Dies war eine sehr persönliche Diskussion. Ich erinnere mich an viele Einzelheiten: Zum Beispiel daran, daß ich in Berlin zu Anfang der Auseinandersetzungen sehr viel Widerstand verspürte, als ich mich offen dazu bekannte, hierbleiben zu wollen. Die Entwicklung sollte mir recht geben. Wenige sind nach Israel ausgewandert. Nur die sind tatsächlich dort geblieben, die ihre Entscheidung aus zionistischer Überzeugung getroffen hatten. Andere sind zurückgekommen, die meisten aus meiner Generation sind hiergeblieben. Diese Entwicklung hat jüdische Politik zu jener Zeit beeinflußt. Denn mit der Entscheidung, in Deutschland zu bleiben, kam auch die Überzeugung, hier in den Gemeinden aktiv zu werden. Zu dieser Zeit, also Ende der 60er, Anfang der 70er Jahre, gab es nur wenige jüdische Repräsentanten, die diese Situation richtig einschätzten. Wieder muß in diesem Zusammenhang Heinz Galinski erwähnt werden. Ihm gelang es, junge Juden für Engagement und Mitarbeit in der Berliner Gemeinde zu gewinnen. In den Wahlen zur Repräsentanz kandidierten zum ersten Mal Studenten und andere junge Leute.

1977 trafen sich in Würzburg zur ersten Jugend- und Kulturtagung etwa 150 junge Juden aus der Bundesrepublik. Religiöse, kulturelle und politische Arbeitskreise befaßten sich mit jüdischer Identität und der Auseinandersetzung mit dem Gemeindeestablishment. Der Würzburger Kongreß wurde zum Auftakt jährlicher Veranstaltungen dieser Art. Doch nur selten wurden die Diskussionen so heftig geführt wie 1977 in Würzburg.

Jüdische Repräsentanten, so etwa der damalige Vorsitzende des Direktoriums des Zentralrats der Juden in Deutschland, Werner Nachmann, mußten sich fragen lassen, wie sie enge Verbindungen zu ehemaligen Nazis oder deren Mitläufern mit ihrem Gewissen vereinbaren konnten. Nachmann hatte sich damals in einem Brief vor den langjährigen Ministerpräsidenten Baden-Württembergs, Hans Filbinger, gestellt. Filbinger mußte wegen seiner unsäglichen Rolle als Marinerichter in der Nazizeit von seinem Amt zurücktreten, als bekannt wurde, daß er nach der Kapitulation der Nazis noch Todesurteile gefällt hatte.

Unter der Führung Werner Nachmanns entwickelte sich der Zentralrat der Juden in Deutschland zu einer Repräsentanz, die eng mit dem politischen Establishment des Landes zusammenarbeitete. Kritik an politischen und gesellschaftlichen Entwicklungen war nur selten zu vernehmen. Jüdische Politik in dieser Zeit war eher eine Art Honoratiorenpolitik. Es ging vor allem um Ehrenämter, um Repräsentation, um das Dabeisein. Visionen für die Zukunft gab es nicht, jüdische Politik beschränkte sich aufs Verwalten, aufs Zusehen, zumeist unter dem Motto: »Nur nicht auffallen.«

Einen anderen Weg schlug Heinz Galinski ein, der damalige Vorsitzende der Jüdischen Gemeinde zu Berlin. Er meldete sich stets öffentlich zu Wort, wenn er jüdische Interessen verletzt wähnte. Das Direktorium des Zentralrats mußte sich mehrfach zwischen beiden so verschiedenen Artikulationen jüdischer Politik entscheiden. Dies wurde auch sichtbar bei der Auseinandersetzung um die Uraufführung des Fassbinder-Theaterstückes »Die Stadt, der Müll und der Tod«. Während sich die Vertreter der Jüdischen Gemeinde Frankfurt für eine aktive Verhinderung des Stückes aussprachen und dies auch durchsetzten, verlief die Diskussion im Zentralrat eher zögerlich. Werner Nachmann war erst auf dringende Intervention der Direktoriumsmitglieder bereit, Briefe an den Intendanten des Theaters und an die politisch Verantwortlichen zu schreiben.

Heftige interne Diskussionen löste 1984 eine Empfehlung des Zentralrats aus, in der den Gemeinden nahegelegt wurde, künftig keine mit Nichtjuden verheirateten Gemeindemitglieder mehr in das Direktorium des Zentralrats zu entsenden. Weiter wurde empfohlen, Juden, die mit nichtjüdischen Ehepartnern verheiratet sind, nicht mehr mit Führungspositionen in jüdischen Gemeinden und Landesverbänden zu betrauen.

Damit sollte – so Werner Nachmann damals – die jüdische Identität gesichert werden. Andere jüdische Organisationen, so der Studentenverband, protestierten. Sie sahen in der Empfehlung eine Einteilung in »Juden zweiter Klasse«. Der verstorbene Entertainer Hans Rosenthal warnte damals ebenfalls vor den verheerenden Folgen dieser Empfehlung – und zog persönliche Konsequenzen. Er trat von seinem Amt als stellvertretender Vorsitzender des Direktoriums zurück.

Jahre des Umbruchs 1988–1994

Das Jahr 1988 war für die jüdische Politik von besonderer Bedeutung und Belastung. Nach dem Tod Werner Nachmanns trat schier Unglaubliches zutage. Der angesehene jüdische Politiker hatte 30 Millionen Mark veruntreut. Erleichtert hatte ihm dies die Inkompetenz der damaligen Mitglieder des Verwaltungsrates, die übrigens nie ihre persönlichen Konsequenzen daraus gezogen haben, und sein ihm zugetaner Generalsekretär Alexander Ginsburg. Vollständig aufgeklärt werden konnte die Unterschlagung nicht – trotz aller Bemühungen des neu gewählten Direktoriumsvorsitzenden Heinz Galinski.

Nach dem Rücktritt Alexander Ginsburgs wurde ich zum Generalsekretär gewählt. In den Jahren 1988 bis 1992 konnte ich somit an der Seite Galinskis und seines Nachfolgers Ignatz Bubis jüdische Politik in Deutschland aktiv mitgestalten. Es wurden Jahre des Umbruchs, die jüdisches Leben in Deutschland voranbrachten. Zunächst einmal war es wichtig, das Ansehen des Zentralrats wieder herzustellen. Mit höchstem persönlichem Einsatz und wegen seiner bei Freund und Feind unbestrittenen Integrität ist dies Heinz Galinski gelungen.

Doch viel Zeit blieb für diese »Vergangenheitsbewältigung« nicht. Neue Probleme standen an, die zu einer Herausforderung für die gesamte jüdische Gemeinschaft in Deutschland wurden. Aus der Sowjetunion flüchteten immer mehr Juden nach Deutschland. Sie zogen weg aus Angst vor neuem Antisemitismus, der sich bereits im alltäglichen Leben äußerte. Die meisten wanderten nach Israel aus, doch einige Tausende kamen in die Bundesrepublik. Ihre Situation war unklar. Einerseits hatten sie keinen Anspruch auf Einbürgerung, andererseits waren sie keine Asylbewerber im eigentlichen Sinn. Ich erinnere mich an viele Gespräche mit den damaligen Länder- und Bundesinnenministern, mit Staatssekretären und zuständigen Beamten.

Heinz Galinski und seine Stellvertreter Max Willner und Robert Guttmann haben es geschafft, gemeinsam mit der Bundesregierung und den Länderregierungen eine Regelung zu finden, die heute noch gültig ist. Die Flüchtlinge erhielten den Status des sogenannten Kontingentflüchtlings, der ihnen ein Aufenthaltsrecht und entscheidende Hilfen bei der Eingliederung zubilligt. Kein Jude aus Rußland wurde zurückgeschickt, selbst wenn die Voraussetzungen für die Aufnahme nicht vorlagen. Die Bundesregierung hat ihre Versprechen in dieser Hinsicht stets eingehalten. Auch auf anderen Gebieten wurde Galinski nicht müde zu intervenieren. Schon damals setzte er sich vehement für die Strafbarkeit der sogenannten Auschwitz-Lüge ein. Das inzwischen verabschiedete Gesetz konnte auf damalige Initiativen zurückgreifen.

Die zweite große Herausforderung kam 1989 mit dem Fall der Mauer. Der Zentralrat war auf der einen Seite der Meinung, daß ein Unrechtsstaat verschwand, der überzeugter Gegner Israels gewesen ist. Auf der anderen Seite gab es die Angst vor einem vereinigten Deutschland, das nunmehr seine Vergangenheit und die damit verbundene Verantwortung vergessen könnte. Der Zentralrat hatte zwar schon zuvor Kontakte zu Erich Honecker und zur DDR-Regierung, allerdings waren diese Begegnungen stets nur repräsentativer Art gewesen. Doch der Gesprächsfaden zwischen der Jüdischen Gemeinde zu Berlin und dem Kirchenreferat beim zuständigen DDR-Ministerium war auch während der Zeit des Kalten Krieges nie abgerissen.

Auch die Beziehungen zwischen den Gemeinden in West- und Ostberlin waren ohne Unterbrechungen vorhanden. Allerdings beschränkte sich der offizielle Umgang auf religiöse und kulturelle Bereiche. Politische Gespräche hat es nie gegeben. Von herausragender Bedeutung war in diesem Zusammenhang eine gemeinsame Tagung des Jüdischen Weltkongresses und des Zentralrats im Mai 1990 in Berlin. Zuvor hatte Heinz Galinski den amtierenden Ministerpräsidenten der DDR, Lothar de Maizière, besucht. Dabei wurde er über Kontakte informiert, die der Jüdische Weltkongreß zur DDR-Regierung unterhielt, ohne daß der Zentralrat darüber unterrichtet war. Im Direktorium herrschte darin Einigkeit, daß ein derartiges Verhalten nicht hinnehmbar sei. Der interne Streit wurde vor der Berliner Tagung beigelegt. Doch später erfuhr der Zentralrat, daß der Jüdische Weltkongreß bereits in den Monaten zuvor laufend direkte Verhandlungen mit der DDR-Regierung geführt hatte.

Dilettantisch agierte dabei der Beauftragte des Weltkongresses in Europa, Maram Stern. Er ließ sich von der DDR-Regierung noch empfangen, als längst der Untergang jenes Staatsgebildes vor der Tür stand. Und er überbrachte dem DDR-Außenminister die Botschaft seines Vorsitzenden Edgar Bronfman, der Jüdische Weltkongreß sei am Bestand der DDR interessiert. Dies war ganz und gar nicht die Meinung des Zentralrats. Der Weltkongreß hatte eigenmächtig gehandelt, obwohl hier eine Zusammenarbeit mit dem Zentralrat unabdingbar gewesen wäre. Er hat sich damit politisch ins Abseits gestellt.

Für den Zentralrat war der Kontakt mit der damaligen DDR-Regierung unter Lothar de Maizière wichtig. Im Direktorium unterstützten besonders Ignatz Bubis und Michael Fürst vom Landesverband der jüdischen Gemeinden in Niedersachsen die politischen Kontakte zu Ost-Berlin. Denn im Hinblick auf die voraussehbare Vereinigung der beiden deutschen Staaten benötigte der Zentralrat die Unterstützung der DDR beim vorzubereitenden Zusammenschluß der jüdischen Gemeinden in Ost und West.

Für mich war damals entscheidend, den Zusammenbruch der kleinen jüdischen Gemeinschaft in der DDR zu verhindern. Mit dem damaligen Sekretär des DDR-Gemeindebundes, Peter Fischer, gelang es mir, ein Konzept zu erarbeiten, das schließlich vom Zentralrat gebilligt wurde. Die bestehenden Gemeinden in Berlin-Ost, in Leipzig, Dresden, Erfurt, Halle und Magdeburg wurden in die jüdische Gemeinschaft in Deutschland aufgenommen. Heute sind sie auf Landesebene Mitglied im Zentralrat. Allerdings verfügen sie noch nicht über die notwendige Infrastruktur. Es fehlt an Rabbinern, Kantoren und Religionslehrern. Dies wiegt besonders schwer, da die Mehrheit der Gemeindemitglieder Zuwanderer aus der ehemaligen Sowjetunion sind. Sie verfügen kaum über jüdisches Wissen. Auch ihre religiösen Kenntnisse sind nur gering ausgebildet. Der Zentralrat hat hier Verantwortung für die Zukunft zu tragen. Die Jahre 1988 bis 1992 waren eine Zeit des Umbruchs. Das Ziel jüdischer Politik war es, die jüdische Gemeinschaft durch Zuwanderung zu stärken und ihr gleichzeitig Bedeutung in einem neuen, größeren Deutschland zu verschaffen.

Nach dem Tode Galinskis im Juli 1994 hat Ignatz Bubis diese Linie fortgesetzt. Mit seiner ruhigen, freundlichen Art, mit der er in der Öffentlichkeit agiert, hat er sich bereits jetzt Verdienste um den Zentralrat erworben. Die neuen ausländerfeindlichen und auch antisemitischen Gewaltakte verlangen, die Stimme in der Öffentlichkeit zu erheben. Denn die Medien fragen in dieser Situation nach der Meinung jüdischer Repräsentanten.

Die Verantwortung hierfür ist heute nicht ähnlich hoch wie in den Jahren zuvor. Jüdische Politik heute bedeutet, sich einzumischen und immer wieder öffentlich Stellung zu beziehen im Kampf gegen Ausländerfeindlichkeit und Antisemitismus. Wichtig ist es dabei auch, für die Rechte anderer Minderheiten einzutreten. Hier fehlt es manchmal an genügend Engagement bei der Basis. Nicht nur der Zentralrat, auch die Gemeinden bleiben hier gefordert.

Jüdische Politik heute, das heißt, in dieser Gesellschaft präsent zu sein und deutlich zu zeigen, daß es in diesem Lande aktive jüdische Gemeinden gibt. Sie sind Teil dieser Gesellschaft, nehmen sich aber das Recht, eigenständig zu sein und nach ihren Wertvorstellungen zu leben.

Aufgabe jüdischer Politik in der Zukunft wird es sein, diese Entwicklung auszubauen, den verschiedenen Strömungen in der jüdischen Gemeinschaft Platz zu geben und über Entwicklungen nachzudenken, wie auch für das nächste Jahrtausend jüdisches Leben in Deutschland zu sichern ist.

Elisabeth Abendroth

»Holocaust« im Unterricht

Möglichkeiten einer Annäherung

»Für den Historiker, der die Massenvernichtung der Juden zu verstehen sucht, ist der absolut einmalige Charakter dieser Katastrophe das schwerwiegendste Hindernis. Es ist nicht lediglich eine Frage der Zeit und der historischen Perspektive. Ich bezweifle, daß man nach tausend Jahren Hitler, Auschwitz, Majdanek und Treblinka besser verstehen wird, als wir es heute tun. Wird man dann eine bessere historische Perspektive besitzen? Es könnte sogar der Fall sein, daß die Nachwelt alles noch viel weniger versteht als wir.«[1]) Der Marxist, Hitler- und Stalin-Gegner Isaak Deutscher schrieb diese Zeilen 1968, fast 20 Jahre vor dem »Historikerstreit«.

Zwei Jahre später begründete Jean Améry, Überlebender der Todeslager, seine schmerzhaften »Bewältigungsversuche eines Überwältigten« mit den Worten: »Niemand kann aus der Geschichte seines Volkes austreten . . . Man soll und darf die Vergangenheit nicht ›auf‹ sich beruhen lassen‹, weil sie sonst aufstehen und zu neuer Gegenwärtigkeit werden könnte. Das deutsche Volk, die deutsche Jugend schützen sich am wirksamsten durch die Erkenntnis und geistige Verarbeitung des alten.«[2])

1995, fünfzig Jahre nach der Befreiung vom Nationalsozialismus, acht Jahre nach dem Historikerstreit, unter dem Eindruck der Anschläge von Hoyerswerda, Hünxe, Sachsenhausen, Mölln, Rostock und Solingen beschreiben die Sätze von Deutscher und Améry noch immer treffend das Dilemma der Beschäftigung mit dem bürokratisch organisierten, industriell »durchgeführten« (wo, wenn nicht hier, paßt dieser Begriff aus dem Beamtendeutsch?) Massenmord an den europäischen Juden, den Sinti und Roma, den Opfern der »Euthanasie« und allen anderen, denen die Nationalsozialisten das Recht auf Leben abgesprochen haben, im Unterricht an deutschen Schulen: Es scheint – den zahlreichen Erklärungsversuchen von Historikern, Philosophen, Politologen, Psychologen und Philosophen zum Trotz – unmöglich, das Grauen von Auschwitz zu »erkennen«, geschweige denn, es »geistig zu verarbeiten«, wie Améry es forderte. Gunnar Heinsohn unternimmt auf den ersten 127 Seiten seines Buches »Warum Auschwitz? Hitlers Plan und die Ratlosigkeit der Nachwelt«, Reinbek 1995, den nützlichen Versuch eines zusammenfassenden Überblicks über die bisherigen Deutungsansätze. Sein dann folgender eigener Deutungsversuch bleibt m. E. ebenso unzureichend wie diejenigen, die er zuvor kritisierte. Aber zugleich stimmt auch: Wenn es nicht gelingt, die Erinnerung an die Realität des Holocaust aufrechtzuerhalten, könnte »die Vergangenheit aufstehen und zu neuer Gegenwärtigkeit werden« – im Land der Täter.

Jede »Erziehung nach Auschwitz« steht vor diesem Dilemma. Die pädagogische Literatur seit den Überlegungen Fritz Bauers in seinem berühmt gewordenen Vortrag während einer Arbeitstagung des Landesjugendrings Rheinland-Pfalz am 30. November 1961[3]) und Theodor W. Adornos Erziehung nach Auschwitz[4]) – beide aus dem Exil heimgekehrte NS-Verfolgte, einer als Jurist in der Referendarsausbildung, der andere als Soziologe und Philosoph an der Universität pädagogisch, aber nicht als »Fachpädagoge«, tätig – haben dieses Dilemma immer wieder nur benennen, aber nicht lösen können. Und – Isaak Deutschers Befürchtung war prophetisch – das Dilemma ist mit zunehmendem zeitlichen Abstand nicht geringer, sondern zumindest in drei Hinsichten eher größer geworden.

Mit dem Zusammenbruch der »antifaschistischen« Staaten des »real existierenden Sozialismus« haben »faschismustheoretische« Erklärungsansätze des nationalsozialistischen Massenmords an den europäischen Juden, den Sinti und Roma, den Behinderten und anderen von den Nationalsozialisten als »lebensunwert« bezeichneten Opfergruppen an Bedeutung verloren. Fünfzig Jahre nach der Befreiung von Auschwitz-Birkenau und den anderen Todeslagern wird die Zahl derer, die als Überlebende des Grauens »im Auftrag der Ermordeten« (Primo Levi) Zeugnis ablegen können, immer kleiner. Das bedeutet: Das Grauen rückt in immer schemenhaftere Ferne, das Unvorstellbare, das nur begrenzt (oder gar nicht) Verstehbare droht immer irrealer zu werden, denn bald ist niemand mehr da, der es durch seine Erzählung direkt bezeugen könnte. Hinzu kommt in Deutschland, von dem das Grauen ausging, noch ein Drittes: Spätestens nach der Vereinigung der beiden deutschen Nachkriegsstaaten wurde offenbar, daß die Unfähigkeit, sich dem Grauen und der Verantwortung für das Morden zu stellen, die »Unfähigkeit zu trauern«[5]) – bei allen, z. T. durchaus gravierenden Unterschieden im Umgang mit Nazitätern – ein gesamtdeutsches Phänomen war und ist. Was die »zweite Schuld«[6]), die »kalte Amnestie«[7]) von NS-Tätern und ihre fast völllige Wiedereingliederung in die Funktionseliten in der Bundesrepublik betraf – das war die jede Verantwortlichkeit vor der Geschichte ins »kapitalistische Deutschland« delegierende und neues – wenn auch mit dem Nationalsozialismus unvergleichbares – Unrecht legitimierende, antifaschistische Staatsdoktrin in der DDR. Mit den Folgen dieser gesamtdeutschen Leugnung und Verdrängung sind wir in den Jahren nach der Vereinigung nachdrücklichst konfrontiert.

Die Zunahme fremdenfeindlicher und antisemitischer Gewalttaten, die der Vereinigung der beiden deutschen Nachkriegsstaaten auf dem Fuße folgte, hat nun – wie schon einmal in der Geschichte der Bundesrepublik – Anfragen an die Institution Schule und ihren Beitrag zur Aufklärung über die NS-Verbrechen ausgelöst. In der Presse wurde sogar ein eigenes Schulfach »Aufklärung über den Holocaust« gefordert. Zugleich ist von einer »Übersättigung« mit Informationen über den Holocaust die Rede. Sie sei eine der Ursachen für die Zunahme rechtsextremer Gewalt durch Jugendliche quasi als Gegenreaktion. Wie bereits Anfang der sechziger Jahre, als Schändungen jüdischer Friedhöfe in der Bundesrepublik die internationale Öffentlichkeit beunruhigten, werden die Ursachen jugendlichen Fehlverhaltens in der Schule gesucht, wird die möglichst umgehende »Lösung des Problems« an die Schule delegiert.

Daß der Ruf nach der Schule damals wie heute eine Entlastungsfunktion hat und die Institution ebenso wie den einzelnen Lehrer überfordert, sei zugegeben. Zugleich ist die Widersprüchlichkeit der Schuldzuweisungen doppelt belastend. Was ist nun gefordert, fragt der verwirrte Pädagoge, mehr oder weniger Aufklärung? Reduziert man die gegenwärtige Debatte auf ihren rationalen Kern, lautet die Antwort: Eine andere, wirksamere Aufklärung muß her. Denn in der Tat entbehren beide in der Öffentlichkeit erhobenen Vorwürfe nicht der Grundlage. Zum einen ist tatsächlich festzustellen, daß in vielen Lehrplänen der Holocaust nicht als eigener Unterrichtsschwerpunkt vorkommt, daß in vielen Lehrbüchern im Abschnitt über die Geschichte des Nationalsozialismus dem Mord an den europäischen Juden wenige Seiten, dem an den Sinti und Roma im besten Falle einige Zeilen gewidmet sind. Zum anderen ist häufig in Gesprächen mit Lehrern und Schülern davon die Rede, man habe zu viel, zu oft, zu intensiv über dieses Thema gesprochen. »Ich bin dafür, daß endlich Schluß gemacht wird. Wie weit soll das überhaupt noch gehen? Bis ins dritte und vierte Glied? Es wachsen neue Generationen heran, man soll die Vergangenheit auf sich beruhen lassen.« Dieser Stoßseufzer einer jungen Studentin, der Jean Améry schon 1968 entgegenschlug[8]), frustriert auch heute viele gutmeinende Pädagogen. Selbst eine Fülle von »Sachinformationen« über den Holocaust kann zu diesem Ergebnis führen, wenn nicht versucht wird, die unvorstellbare Anzahl der Opfer oder wenigstens einige von ihnen der Anonymität zu entreißen. Jedes Opfer hat ein Gesicht, einen Namen, ein eigenes Schicksal. In Auschwitz verloren sie ihre Individualität – für die Mörder waren sie Nummern. Menschen wurden zu Material für die Todesfabrik. Nur wenn es gelingt, den Opfern ihre Identität zurückzugeben, kann es den Tätern, Zuschauern, Wegsehern und ihren Kindern vielleicht ansatzweise gelingen, »an das Entsetzliche heranzugehen, das hinter ihnen (d. h.: den Deutschen, d. Verf.) liegt« (Fritz Bauer 1961).

Daß Personalisierung immer auch die Gefahr der Verharmlosung in sich birgt – in dem Sinne, daß der »absolut einmalige Charakter dieser Katastrophe« (Isaak Deutscher) im Schicksal eines einzelnen Opfers nur ansatzweise deutlich werden kann – dieser berechtigte Einwand bestimmte jüngst die Diskussionen um Steven Spielbergs »Schindlers Liste« ebenso wie vor Jahren die Debatten um die amerikanische Fernsehserie »Holocaust«. Auch dies ist ein Dilemma, vor das sich »Erziehung nach Auschwitz« gestellt sieht. Schließlich: Ist das legitim – Rekonstruktion der Erinnerung aus der Sicht der Überlebenden im Land der Täter, Mitläufer, Beifallklatscher, Hin- und Wegseher, in einem Land, in dem viel zu wenige dem Morden Widerstand entgegensetzten? Ist das legitim – Rekonstruktion der Erinnerung aus der Sicht der überlebenden Opfer in einem Land, das nach der Befreiung mit den Tätern so nachsichtig, mit den Opfern nicht gerade einfühlsam umgegangen ist?

Trude Simonsohn, Überlebende von Theresienstadt und Auschwitz-Birkenau, die seit Jahren Schülerinnen und Schülern in bundesrepublikanischen Schulen über ihr Schicksal berichtet, sagt dazu: »Empathie mit den Opfern – das ist ein Gefühl, das in Deutschland sehr, sehr selten ist. Und nur diese Empathie hätte die Naziverbrechen doch verhindern können.« Aber ihr fällt auch auf: »Ich spüre sofort, in welche Atmosphäre ich komme, in einer Schulklasse. Das hängt natürlich von den Kindern, von den Jugendlichen selbst ab. Da hat sich in den letzten Jahren einiges verändert – auch dadurch, daß es mehr und mehr Schülerinnen und Schüler aus anderen Ländern gibt, die sich mit dem Nationalsozialismus aus einer ganz anderen Position auseinandersetzen als deutsche Schüler. Das hängt natürlich auch von der Vorbereitung der Klasse ab. Klassen, die schon etwas wissen, stellen ganz andere Fragen als unvorbereitete. Aber vor allem hängt es von den Lehrern ab. Und zwar davon, ob sich die Lehrerin, der Lehrer der Geschichte der eigenen Eltern, der eigenen Großeltern gestellt hat. Ob sie sich gefragt haben: ›Was hat mein geliebter Vater, was hat meine geliebte Mutter damals getan? Haben sie zugesehen, haben sie weggesehen, haben sie mitgemacht?‹«[9])

Diese Dilemmata lassen sich nicht auflösen. Möglich ist aber eine Annäherung an das Unvorstellbare. Drei Schulprojekte beweisen, daß diese Annäherung gelingen kann.

Das Projekt »Den Antisemitismus an den Frankfurter Schulen erforschen« der Arbeitsgemeinschaft gegen Antisemitismus – Holbeinschule entstand 1978 an einer Realschule in Frankfurt am Main. Der Anlaß waren ausländerfeindliche Schmierereien an den Wänden der Schule – und Bedrohungen ausländischer Schülerinnen und Schüler durch andere Jugendliche. Zunächst diskutierten die Holbeinschüler verschiedener Klassen mit ihrem Lehrer Benjamin Ortmeyer die bedrohliche Situation der Gegenwart. Bald wurde in diesen Unterrichtsdiskussionen die Frage nach der Vergangenheit der eigenen Schule in der Zeit des Nationalsozialismus gestellt. »Wie ist es jüdischen Schülerinnen und Schülern an unserer Schule in jener Zeit ergangen?« fragten die ausländischen Schülerinnen und jene, die sich mit ihnen solidarisierten. Das herauszubekommen, könne doch nicht so schwierig sein. Schließlich müsse es eine amtliche Schulchronik geben. Die Schülerinnen und Schüler der Holbeinschule und ihr Lehrer Ortmeyer stießen mit ihrer Anfrage auf unerwarteten Widerstand. Es begann ein jahrelanger Kampf um diese Dokumente, die zwar vorhanden waren, aber quasi im Giftschrank lagen. Das galt übrigens, wie sich bald herausstellte, nicht nur für die Chronik der Holbeinschule, sondern für die fast aller Frankfurter Schulen. Vielleicht hat der für die AG-Mitglieder zunächst völlig überraschende Widerstand der Schulbürokratie entscheidend dazu beigetragen, daß die Arbeit an dem Projekt auch außerhalb des Unterrichts, über lange Jahre hinweg von immer neuen Schülerinnen und Schülern und auch von ehemaligen, die längst im Studium oder in der Lehre waren, weitergeführt wurde. Benjamin Ortmeyer, der immer wieder auch Unterrichtsprojekte im »normalen Schulalltag« in die Arbeit der AG mit einbezog, garantierte die Kontinuität.

Daß der »Kampf um die Schulchroniken« nach langen Jahren schließlich damit endete, daß der AG Akteneinsicht gewährt wurde, hat ebenso zum Erfolg des Projekts beigetragen wie die sich nach dem ersten Aktenstudium für die AG-Teilnehmer ergebende Notwendigkeit, die »Akten der Täter« mit der Erinnerung der Opfer zu konfrontieren. Ortmeyer lud Überlebende der Todeslager in den Unterricht ein, unter ihnen Trude Simonsohn und Herbert (Ricky) Adler, einen »Frankfurter Bub«, der als Sinto zunächst von der Schulbank gerissen, dann in ein Frankfurter Lager gesperrt und schließlich nach Auschwitz deportiert worden war. Von diesen Gesprächen entstanden Tonband- und Videoaufnahmen. Die AG-Mitglieder bemühten sich außerdem, mit ehemaligen jüdischen Holbeinschülern, die überlebt hatten, Kontakt aufzunehmen. Dabei kam ihnen zu Hilfe, daß die Stadt seit Beginn der achtziger Jahre jedes Jahr eine Gruppe ehemaliger Bürger einlädt, die während des Nationalsozialismus Frankfurt hatten verlassen müssen. Zu diesen »ehemaligen Frankfurtern« nahmen die Schülerinnen und Schüler Briefverbindungen auf. »Wie haben Sie Ihre Schulzeit in Frankfurt erlebt«, fragten sie, »was hat die nationalsozialistische Rassenpolitik für ein jüdisches Schulkind in unserer Stadt konkret bedeutet?« Es entstanden intensive Brieffreundschaften. Mehrere dicke Aktenordner mit Briefen zeugen davon. Eine Auswahl dieser Briefe hat Benjamin Ortmeyer 1994 in Frankfurt am Main unter dem Titel »Berichte gegen Vergessen und Verdrängen. Der Weg zur Schule war eine tägliche Qual« herausgegeben. Bei ihren Besuchen in Frankfurt kamen zahlreiche ehemalige jüdische Holbeinschüler in den Unterricht und stellten sich den Fragen der Schüler.

Beim Durchblättern der Chroniken – inzwischen wurde das Forschungsinteresse der AG auch auf andere Frankfurter Schulen ausgedehnt – stellte sich zwangsläufig die Frage: »Was ist aus den von der Schule relegierten jüdischen und Sinto-Kindern geworden?« Zunächst suchten die Schülerinnen und Schüler nach einer Antwort auf diese Frage in den Deportationslisten der von Frankfurt am Main aus verschickten Juden in den Jahren 1941 bis 1944, die fast vollständig in der gleichnamigen Publikation von Adolf Diamant, Frankfurt am Main 1979, ausgewertet sind und welche die Schüler mit Erlaubnis des Autors in Faksimile nachdruckten. Daß das Ergebnis dieser Nachforschung unvollständig bleiben mußte, wurde klar, als die AG sich mit dem Tagebuch von Anne Frank beschäftigte. Anne, ein Mädchen aus Frankfurt, taucht in den Frankfurter Deportationslisten nämlich nicht auf. Sie, der zunächst die Emigration in die Niederlande gelungen war, wurde von dort aus über Westerbork nach Auschwitz und schließlich nach Bergen-Belsen deportiert. Es galt also, auch die holländischen und die französischen Dokumente, soweit sie zugänglich waren, auszuwerten. Für die französischen ist das im vergangenen Jahr mit Hilfe von Beate und Serge Klarsfeld geschehen.[10]) Auch aus den Täterakten publizierten die Holbeinschüler Ausschnitte, um sie Arbeitsgemeinschaften an anderen Schulen, die ähnlich zeitaufwendige Recherchen scheuten, zugänglich zu machen.

Das im Frankfurter Stadtbild auffälligste Ergebnis der Arbeit der AG gegen Antisemitismus – Holbeinschule ist ohne Zweifel ein riesiges Plakat mit allen bisher feststellbaren Namen in die Vernichtungslager deportierter Frankfurter Schülerinnen und Schüler aus jüdischen Familien, das die AG gemeinsam mit der Frankfurter Schuldezernentin Jutta Ebeling, dem Vorsitzenden des Zentralrats der Juden in Deutschland, Ignatz Bubis, und dem Vorsitzenden des Landesverbands Hessen des Verbands Deutscher Sinti und Roma, Adam Strauß, im vergangenen Jahr an der Mauer des Stadtwerkegebäudes am Frankfurter Börneplatz anbrachte. Hier waren 1987 die Grundmauern des Frankfurter Ghettos ausgegraben und zum größten Teil beim Bau des Stadtwerkegebäudes vernichtet worden. Die AG gegen Antisemitismus – Holbeinschule hat im vergangenen Jahr ihre Arbeit abgeschlossen. Gewiß sind die Erfahrungen ihrer langjährigen intensiven Arbeit, die von der Gewerkschaft Erziehung und Wissenschaft, von der Gesellschaft für christlich-jüdische Zusammenarbeit, von der Hessischen Landeszentrale für politische Bildung, vom Institut für Stadtgeschichte in Frankfurt am Main, über das auch die Publikationen der AG zu beziehen sind, und von einer ganzen Reihe weiterer Organisationen und Personen unterstützt wurde, nicht generell auf den »normalen Schulalltag« zu übertragen. Wie bei allen solchen Projekten bedurfte es vor allem des immensen Engagements des die Kontinuität wahrenden Lehrers. Drei Erfahrungen scheinen auch für den Schulalltag von Bedeutung zu sein: Am Anfang standen als Motive ausländerfeindliche Angriffe und Schmierereien. Seit 1991 sahen sich die AG-Teilnehmer einer viel massiveren Wiederholung dieser Situation ausgesetzt. Schließlich: Die für junge Leute noch nachvollziehbare Rezeption der ersten Schritte auf dem Weg in die Vernichtung: Ausgrenzung, Entrechtung, Stigmatisierung.

Um noch einmal Trude Simonsohn zu zitieren: »Viele nichtjüdische Deutsche sagen mir heute: Ich habe von Auschwitz nichts gewußt. Das glaube ich ihnen. Selbst in Theresienstadt haben wir uns das Ausmaß des Grauens nicht vorstellen können, obwohl wir ahnten, daß wir in den Tod gingen, als unser Transport nach Auschwitz zusammengestellt wurde. Aber sie haben davon gewußt, daß jüdische Lehrer ihre Kinder nicht mehr unterrichten durften, sie haben davon gewußt, daß ihre jüdischen Ärzte sie nicht mehr behandeln durften, sie haben davon gewußt, daß ihre Nachbarn den gelben Stern tragen mußten, sie haben davon gewußt, daß man die Nachbarn schließlich abgeholt hat. Sie hätten rechtzeitig nein sagen müssen. Und einige haben es ja auch getan, sicher viel zu wenige.«[11])

Ein zweites, sehr langfristig angelegtes Schulprojekt ist das der Robert-Kempner-AG im Adolf-Reichwein-Gymnasium in Heusenstamm. Eine Klasse des nach dem 1944 in Plötzensee hingerichteten fortschrittlichen Pädagogen und Widerständlers benannten Gymnasiums erarbeitete 1986 eine Ausstellung über seinen Namensgeber. Der die AG leitende Lehrer Horst Brandl hielt bei der Eröffnung eine Rede, die 1987 im Dokumentationsteil der Frankfurter Rundschau abgedruckt wurde. Robert Kempner las diesen Artikel und nahm von sich aus Kontakt zum Adolf-Reichwein-Gymnasium auf. Die Schülerinnen und Schüler der Adolf-Reichwein-AG waren von Robert Kempners Persönlichkeit genauso fasziniert wie Horst Brandl und mehrere andere Kollegen der Schule. Aus einem intensiven Meinungsaustausch über dieWurzeln des Nationalsozialismus in der Weimarer Republik, über seine Verbrechen und deren unbefriedigende juristische Aufarbeitung in der Bundesrepublik entstand die Idee, eine Ausstellung über Robert Kempner zu erarbeiten, die alle diese Fragen thematisieren sollte. Die Robert-Kempner-AG wurde gegründet.

1989 – noch zu Lebzeiten Robert Kempners – wurde die erste Fassung der Ausstellung im Adolf-Reichwein-Gymnasium präsentiert. 1991, als neonazistische Brandanschläge die Republik beunruhigten, wurde sie zum zweiten Mal gezeigt. Außer von Robert Kempners langjähriger Mitarbeiterin Gertraud Stiefel wurden die AG-Teilnehmer bei ihren Recherchen sehr nachhaltig von Michael Stolleis, dem Rechtshistoriker an der Johann Wolfgang Goethe-Universität in Frankfurt am Main unterstützt. Dieser sorgte auch dafür, daß die Ausstellung im Juridicum der Universität zu sehen war. Auf Anregung von Michael Stolleis und Trude Simonsohn entschloß sich das Institut für Stadtgeschichte, die Ausstellung im Frühjahr 1995 in veränderter Form in der Paulskirche zu präsentieren. Die Überarbeitung der Ausstellung – die nun auch technisch alle Voraussetzungen einer Wanderausstellung erfüllt und von Frankfurt aus in Robert Kempners »ursprüngliche Heimat« nach Berlin-Lichterfelde gehen wird – besorgte eine personell veränderte Robert-Kempner-AG. Die Initiatoren hatten inzwischen die Schule verlassen. Neue Schülerinnen und Schüler der Klassen 10, 11 und 12 des Adolf-Reichwein-Gymnasiums konnten zur Mitarbeit gewonnen werden. Sie hatten nicht mehr die Möglichkeit, Robert Kempner persönlich kennenzulernen – aber auch auf sie »sprang der Funke über«. Die Ausstellungstafeln wurden überarbeitet, die Texte gestrafft, Photos wurden gesucht, in der 11. Klasse entstand die Idee, sich mit dem Holocaust auch im Kunstunterricht auseinanderzusetzen.

Das faszinierende lange Leben Robert Kempners als einer der wenigen demokratischen Juristen in der Weimarer Republik, als Auswanderungshelfer für jüdische Verfolgte in den Anfangsjahren des Nationalsozialismus, als Mitglied der Allied War Crimes Commission im US-Exil, als stellvertretender US-Hauptankläger und Hauptankläger in den Nürnberger Prozessen, als Mitgestalter der Entschädigungsverhandlungen zwischen Israel und der jungen Bundesrepublik, als Nebenklagevertreter der Opfer in zahlreichen NS-Prozessen, als kritischer und mahnender Publizist und Redner, der den Kontakt mit der Jugend in Deutschland suchte, um ihr Engagement zugunsten der Menschenrechte zu gewinnen – dieses lange, kämpferische Leben bildete quasi den Leitfaden durch die Geschichte der letzten siebzig Jahre – für die Schülerinnen und Schüler wie für die von ihnen gestaltete Ausstellung.

Schon der Titel der Ausstellung macht deutlich, daß es den Initiatoren neben der historischen Information ganz besonders auf den Bezug zur heutigen gesellschaftlichen Wirklichkeit ankommt: Es ist – wieder mit Unterstützung der Gewerkschaft Erziehung und Wissenschaft, des Instituts für Stadtgeschichte in Frankfurt am Main und vieler weiterer öffentlicher wie privater Unterstützer – ein Katalog zur Ausstellung entstanden[12]), der ebenfalls über das Institut für Stadtgeschichte bezogen werden kann. Auch bei der Arbeit der Robert-Kempner-AG hat die kontinuitätsstiftende Insistenz eines Lehrers, Horst Brandl, eine entscheidende Rolle gespielt. Die Erfahrungen dieser Arbeitsgemeinschaft sind gewiß nur bedingt auf den »normalen Schulalltag« zu übertragen. Aber auch hier sind einige dieser Erfahrungen selbst für weniger arbeitsintensive Unterrichtsprojekte interessant: Personalisierung macht Geschichte leichter zugänglich, spannender und besser nachvollziehbar. Das gilt auch für die Geschichte der NS-Verbrechen und ihre Rezeption im Nachkriegsdeutschland. Selbst recht komplizierte Zusammenhänge, wie z. B. der Kampf für die Verankerung demokratischen Rechtsbewußtseins in der Justiz der Weimarer Republik, waren so für die Schülerinnen und Schüler schneller zu verstehen. Daß der Massenmord an den europäischen Juden vor allem aus der Perspektive Robert Kempners, des Rechercheurs, erlebt wird, macht den Zugang für die heute selbst recherchierenden Schüler leichter. Arbeitsergebnisse anderen Schülern in der eigenen Schule oder andernorts präsentieren zu können, erhöht die Motivation erheblich. Und schließlich: Ein Transfer auf die heutige gesellschaftliche Wirklichkeit – bei aller Unvergleichbarkeit der Situationen – steht bei der Beschäftigung mit dem Nationalsozialismus und dem Kampf gegen seine Verbrechen für Schülerinnen und Schüler von heute im Mittelpunkt des Interesses.

Schließlich wird noch auf ein drittes Unterrichtsprojekt eingegangen, an dem sich Schülerinnen und Schülern verschiedener Schulformen und Klassenstufen seit 1994 in einem Frankfurter Stadtteil beteiligen. Am 12. Juni 1994 wäre Anne Frank, die ihre frühe Kindheit gemeinsam mit ihrer Schwester Margot im Frankfurter Stadtteil Dornbusch-Escherheim verbrachte, 65 Jahre alt geworden. Das Historische Museum der Stadt Frankfurt hatte bereits 1990 die Wanderausstellung »Anne aus Frankfurt. Leben und Lebenswelt Anne Franks« erarbeitet. Der gleichnamige Katalog in der wissenschaftlichen Konzeption und Bearbeitung von Dr. Jürgen Steen und Wolf von Wolzogen erschien im selben Jahr in Frankfurt am Main. Auf Vorschlag des Historischen Museums des Fritz-Bauer-Instituts, des Hessischen Instituts für Lehrerfortbildung und des Frankfurter Jugendrings rief Frankfurt nun 1994 – im Jahr der 1200-Jahr-Feier – Kinder und Jugendliche, Schülerinnen und Schüler auf, in Annes alter Heimat nach Menschen und Dingen zu suchen, die an sie, ihre Familie und an die Zeit des Nationalsozialismus erinnern. Die Frau des Frankfurter Oberbürgermeisters, eine engagierte Stadtverordnete aus Dornbusch-Escherheim und Trude Simonsohn übernahmen die Schirmherrschaft und baten die Bürgerinnen und Bürger des Stadtteils über die Medien und in persönlichen Briefen, den Kindern und Jugendlichen bei ihrer »Spurensuche Anne Frank« zu helfen.

Die Resonanz sowohl von seiten der Schülerinnen und Schüler aller im Stadtteil angesiedelten Schulformen von der Sonderschule über die Grundschule, die Haupt- und Realschule bis zum Gymnasium und einer Freien Waldorfschule als auch seitens der Bürgerinnen und Bürger aus Dornbusch-Escherheim überwältigte zunächst beinahe die Initiatoren des Projektes. Zu ihnen gehörten zwei seit langem in der »Arbeitsgruppe Spuren jüdischen Lebens in Frankfurt« des Hessischen Instituts für Lehrerfortbildung engagierte Lehrer, die seit Beginn der achtziger Jahre regelmäßig Kontakte zu den alljährlich von der Stadt eingeladenen ehemaligen Frankfurter Bürgern suchen, sie interviewen und zu Gesprächen vornehmlich in ihre ehemaligen Schulen einladen.[13])

Schülerinnen und Schüler lasen Annes Tagebuch und das von Ida Vos, einer Überlebenden, die als Kind – wie Anne – im Versteck in Holland leben mußte.[14]) Sie liefen mit Mikrophonen und Kassettenrecordern, Videokameras und Photoapparaten in Annes Stadtteil umher und fragten ältere Menschen nach deren Erinnerungen. Sie entdeckten zwar eine Gedenktafel am ehemaligen Wohnhaus von Annes Familie, aber das war ihnen zuwenig. Sie machten Annes Freundin ausfindig, die sie noch während des Nationalsozialismus, vor dem deutschen Überfall auf Holland in Amsterdam besucht hatte. Sie schrieben an Annes Vetter Buddy Elias, der heute als Schauspieler in Basel lebt und an ihre Helferin Miep Gies, die sie und ihre Familie im Amsterdamer Hinterhaus versteckte, mit Nahrungsmitteln versorgte sowie mit persönlicher Zuwendung getröstet hatte und die Annes Tagebuch gefunden und aufbewahrt hatte.

Schon Zwölfjährige liefen mit ihren Lehrern in die städtischen Archive, um Antworten auf selbstgestellte Fragen zu finden: Wem hat eigentlich damals das Haus gehört, in dem ich heute mit meiner Familie lebe? Hat da vielleicht auch eine jüdische Familie gewohnt? Wenn ja, was ist aus ihr geworden? Ein Schüler fand diesen Verdacht bestätigt: Eine Tochter der Familie, der sein Wohnhaus vor dem Holocaust gehört hatte, war mit einem Kindertransport nach England die Flucht gelungen. Er machte die Adresse der Gründerin der Kindertransport Association in London ausfindig und schrieb an Bertha Leverton, um nach dem weiteren Schicksal des Mädchens zu forschen, das damals so alt gewesen war wie er jetzt.

Zwei Theaterstücke entstanden: Eines in der Anne-Frank-Realschule – von den Schülerinnen und Schülern und einem Lehrer selbst geschrieben, in dem ein Junge auf Zeitreise geht und Anne im Hinterhaus in Amsterdam besucht. Das andere gemeinsam entwickelt von der Frankfurter Regisseurin Helen Körte und Schülerinnen und Schülern der Freien Waldorfschule: eine szenische Umsetzung von Ida Vos' Buch »Anne gibt es noch«. Beide Stücke wurde im überfüllten Schauspiel Frankfurt an Annes 65. Geburtstag aufgeführt. Die Schirmherrin Ulrike Holler leitete ein Gespräch zwischen Schülerinnen und Schülern und den angereisten Freunden und Verwandten Annes: Buddy Elias, der zweiten Frau von Otto Frank und Miep Gies. Ida Vos kam aus Holland und las aus ihrem Buch. Erste Arbeitsergebnisse der Spurensuche wurden ausgestellt. Im September 1994 schließlich wurde der Videofilm fertig, den verschiedene Projektbeteiligte, Schüler, Lehrer und Museumsleute gemeinsam gedreht haben. Seine Premiere war zugleich Vernissage einer größeren Ausstellung der Arbeitsergebnisse des Projekts im Historischen Museum. Im Frühjahr 1995 hat die Ausstellung »Anne aus Frankfurt« des Historischen Museums in der Evangelischen Dornbuschgemeinde, die sich sehr engagiert an dem Projekt beteiligt hat, Quartier bezogen. Am 21. März 1995 erinnerten Projektteilnehmer mit einem Spaziergang durch den Stadtteil auf Annes Spuren und einer von den Schülern gestalteten Veranstaltung an Annes fünfzigsten Todestag.

Bemerkenswert an der Spurensuche sind vor allem die Einbeziehung jüngerer Schülerinnen und Schüler und die hohe Identifikation, die sowohl über »Anne aus Frankfurt« als auch über die räumliche Nähe zu Schul- und Wohnrealität der Kinder und Jugendlichen erreicht werden konnte. Mit der Problematik der Leugnung und Verdrängung von Annes Schicksal im Nachkriegsdeutschland wurden die Beteiligten besonders bei ihren Interviews im Stadtteil konfrontiert. »Ich glaube, die wollen sich nicht so gern erinnern – sie haben ja nichts gemacht, um Anne zu helfen«, sagte mir eine Zehnjährige. Geholfen hat den Schülern nach ihrer eigenen Einschätzung vor allem die Möglichkeit, mit Trude Simonsohn zu sprechen, mit Ille Petersen, einer 94jährigen, die gemeinsam mit ihrem Mann und ihrer Quäker-Gruppe vielen jüdischen Freunden zur Flucht verhalf und in nationalsozialistischen Gefängnissen inhaftiert wurde, und mit Mile Braach, einer über neunzigjährigen Frankfurterin, die das Schicksal der Entrechteten im Nazideutschland bis zur Befreiung teilte. Auch die Gespräche mit Buddy Elias, Ida Vos, Miep Gies und Annes Frankfurter Kinderfreundin wurden als sehr wertvoll empfunden.

»Den Nationalsozialismus an den Frankfurter Schulen erforschen« der AG gegen Antisemitismus – Holbeinschule, die Ausstellung »Robert Kempner: Ewige Wachsamkeit ist der Preis der Freiheit« der Robert-Kempner-AG des Adolf-Reichwein-Gymnasiums, das Projekt »Spurensuche Anne Frank« im Frankfurter Stadtteil Dornbusch-Escherheim – drei Versuche einer Annäherung an die Realität des nationalsozialistischen Massenmords in Empathie mit den Opfern, in Reflexion der Schuld der Täter, Hin- und Wegseher, in bewußter Realisierung der Tatsache, daß das Grauen nicht in Auschwitz begonnen, daß es mit der Befreiung von Auschwitz-Birkenau am 27. Januar 1945 nicht geendet hat. Drei Projekte schließlich, die auch und vor allem im immer wieder formulierten Interesse der beteiligten Schüler den Transfer wagen. Wo begannen Ausgrenzung, Stigmatisierung, Entrechtung damals, wo heute? Wo beginnen das demokratische Recht und die demokratische Pflicht zum Widerstand gegen das Unrecht – auch wenn es von Staatsorganen ausgehen sollte?

Keines der drei Schulprojekte begann in Auschwitz – keines endete dort. Alle drei Projekte versuchten, den Schülern identifikatorisch nachvollziehbare Personen, Situationen, Orte als Einstieg und Leitfaden anzubieten. Alle drei wollten den Weg der Opfer in die Todeslager nachvollziehen: Annes Ausgrenzung und Entrechtung, Annes Flucht, Anne im Versteck, Anne im Todeslager. – Jedes Projekte regte zu Fragen an: Wo hätte man eingreifen, nein sagen, retten können? Die Zehnjährige im Anne-Frank-Projekt reflektierte das nach den mißglückten Interviews mit älteren Frankfurtern, der Oberstufenschüler der Robert-Kempner-AG bei der Lektüre von Robert Kempners »Justizdämmerung – Auftakt zum Dritten Reich«, zuerst unter dem Pseudonym Eike von Repkow 1932 in Berlin erschienen. Jedes Projekt bezog die Zeit nach der Befreiung mit ein und stellte so die Kontinuität zu heute her. Die AG gegen Antisemitismus – Holbeinschule erfuhr ganz direkt die bis heute andauernde Exkulpation der Täter in den Widerständen gegen ihre Forschungsarbeit. Alle drei Projekte suchten den direkten Kontakt mit den Überlebenden, leiteten aus der Projektarbeit ein ganz konkretes Engagement für Demokratie und Menschenrechte ab. Dies sind – bei aller Unterschiedlichkeit von Projektsituation und »normalem Schulalltag« – Kriterien, an denen sich Unterricht orientieren könnte, der eine Annäherung an die Realität des Holocaust versucht – ein Unterricht, der nicht den Anspruch erhebt, die eingangs skizzierten Dilemmata aufzulösen, aber den Auftrag Jean Amérys ernst nimmt, ohne zu moralisieren: »Man soll und darf die Vergangenheit nicht auf sich beruhen lassen, weil sie sonst aufstehen und zu neuer Gegenwärtigkeit werden könnte.«

Wo sich keine direkten Gesprächspartner für die Schüler finden, schlage ich die Lektüre von Büchern Überlebender vor, die den Holocaust aus der Perspektive des Kindes oder Jugendlichen schildern. Neben den bereits genannten empfehle ich: Schoschana Rabinowicz, Dank meiner Mutter, Frankfurt am Main 1994, Stella Müller-Madej, Das Mädchen von der Schindler-Liste, Augsburg 1994 und – für Ältere – Ruth Klüger, Weiter leben, Göttingen 1992. Sie alle verdanken ihr Überleben der Tatsache, daß ihre Mütter sie »älter gelogen« haben. Weitere Buchhinweise wie auch Hinweise auf andere wissenschaftliche und literarische Werke finden sich in der Annotierten Bibliographie der deutschsprachigen Auschwitzliteratur von Werner Renz, herausgegeben vom Fritz-Bauer-Institut in Frankfurt am Main 1994, die den Stand des Erscheinungsjahres fast vollständig wiedergibt. Auf Werke, die in dieser Sammlung notiert sind, wird im folgenden nicht hingewiesen. Neben Arno Lustiger, Zum Kampf auf Leben und Tod. Vom Widerstand der Juden 1933–1945, Köln 1994, das mit einer Vielzahl von Dokumenten und Zeitzeugenberichten den Widerstand der Juden Ost-, West- und Südeuropas gegen die Nazibarbarei dokumentiert, ist auf Bernard Goldsteins 1946 geschriebenen Erlebnisbericht »Die Sterne sind Zeugen. Der bewaffnete Aufstand im Warschauer Ghetto«, wieder erschienen Freiburg 1992, und Hanna Kralls beeindruckendes Interview mit Marek Edelmann, einem der letzten Überlebenden des Warschauer Ghetto-Aufstands, hinzuweisen. Es ist unter dem Titel »Dem Herrgott zuvorkommen« 1992 in Frankfurt am Main erschienen. Zwei Erlebnisberichte von den Nazis zu »Mischlingen« gestempelter junger Menschen verweisen auf die fließenden Grenzen zwischen »Normalität« und Grauen im Nationalsozialismus: Marlies Flesch-Thebesius, Hauptsache Schweigen. Ein Leben unterm Hakenkreuz, Stuttgart 1988, und Hans Heinz Sanden, Der Makel. Eine Jugend zwischen Rassen und Klassen, München 1990.

Daß auch in Deutschland Jugendliche im Versteck leben mußten, schildert Eugen Herman-Friede in seiner Autobiographie »Für Freudensprünge keine Zeit. Erinnerungen an Illegalität und Aufbegehren 42-48«, Berlin 1994. Es sei auch noch einmal an Valentin Sengers schon legendären Bericht »Kaiserhofstraße 12«, als Taschenbuch 1995 bei dtv in München erschienen, erinnert, in dem er sein Überleben und das seiner Familie als »unerkannte Juden« mitten in Frankfurt am Main schildert. Ein gemeinsamer Besuch von Steven Spielbergs Film »Schindlers Liste« empfiehlt sich – aller intellektuellen Kritik zum Trotz. Umfassende Kenntnisse über Filme, die sich mit dem Holocaust beschäftigen, haben die Gedenkstätte Wannseevilla in Berlin und das Fritz-Bauer-Institut in Frankfurt am Main.

Anmerkungen

[1]) Isaak Deutscher, The Non-Jewish Jew and Other Essays, London–New York 1968, zitiert nach Saul Friedländer, Vom Antisemitismus zur Judenvernichtung. Eine historiographische Studie zur nationalsozialistischen Judenpolitik und Versuch einer Interpretation. In: Eberhard Jäckel/Jürgen Rohwer (Hrsg.), Der Mord an den Juden im Zweiten Weltkrieg. Entschlußbildung und Verwirklichung, Stuttgart 1985, S. 18 ff.

[2]) Jean Améry, Jenseits von Schuld und Sühne. Bewältigungsversuche eines Überwältigten, München 1970, S. 8.

[3]) Nachdruck unter demTitel: Die Wurzeln faschistischen und nationalsozialistischen Handelns, Frankfurt am Main 1965.

[4]) Theodor W. Adorno, Stichworte. Kritische Modelle, Frankfurt am Main 1969, S. 85 ff.

[5]) Margarethe und Alexander Mitscherlich, Die Unfähigkeit zu trauern. Grundlagen kollektiven Verhaltens, München 1994[22].

[6]) Ralph Giordano, Die zweite Schuld. Oder von der Last, Deutscher zu sein, München 1990.

[7]) Jörg Friedrich, Die kalte Amnestie. NS-Täter in der Bundesrepublik, Frankfurt am Main 1984.

[8]) Vgl. J. Amery (Anm. 2).

[9]) Interview d. Verf. mit Trude Simonsohn am 4. Dezember 1993.

[10]) Vgl. AG gegen den Antisemitismus – Holbeinschule (Hrsg.), In Frankfurt geborene Juden, die aus Frankreich in Konzentrations- und Vernichtungslager deportiert wurden, Frankfurt am Main 1994.

[11]) Vgl. T. Simonsohn (Anm. 9), S. 190.

[12]) Robert-Kempner-AG des Adolf Reichwein-Gymnasiums (Hrsg.), Robert Kempner: »Ewige Wachsamkeit ist der Preis der Freiheit«, Frankfurt am Main 1995.

[13]) Frucht dieser Arbeit ist u. a. die Publikation von Gottfried Kößler, Angelika Rieber und Feli Gürsching (Hrsg.), »... daß wir nicht erwünscht waren«. Novemberpogrom 1938 in Frankfurt am Main. Berichte und Dokumente, Frankfurt am Main 1993.

[14]) Ida Vos, Anne gibt es noch, München 1984.

Angela Genger

Gedenkstätten in Deutschland

Trauer – Dokumentation – Begegnung

Am 28. September 1993 gab der damalige Bundespräsident Richard von Weizsäcker die Preisträgerinnen und Preisträger im Schülerwettbewerb Deutsche Geschichte bekannt und empfing die erfolgreichen Jungen und Mädchen in seinem Berliner Amtssitz Schloß Bellevue. Das Thema, dem sich die 11 650 Schülerinnen und Schüler im Alter zwischen acht und 21 Jahren stellten, lautete »Denkmal: Erinnerung – Mahnung – Ärgernis«. 1981/82 hatte sich zum ersten Mal eine vergleichbar große Zahl von Teilnehmerinnen und Teilnehmern an einem Schülerwettbewerb beteiligt. 2172 Beiträge waren damals zum Thema »Alltag im Nationalsozialismus« eingereicht worden. Was veranlaßte junge Menschen, sich über ein halbes Jahr lang neben dem Unterricht mit Geschichte zu beschäftigen?

Während bei dem letzten Wettbewerb die Möglichkeit, sich mit konkreten Sachzeugnissen beschäftigen zu können, sicher eine Rolle spielt, ist die Tatsache, daß diese Wettbewerbe bei der lokalen Umwelt, bei Ereignissen und Geschehnissen vor Ort ansetzen, von erheblicher Bedeutung. Schließlich förderte die im Wettbewerb vorgeschriebene Methode des »forschenden Lernens« Eigeninitiative und Engagement.

Ich werde im folgenden zu zeigen versuchen, daß die Elemente Beschäftigung mit Sachzeugnissen, lokaler Bezug und Selbständigkeit bei der geschichtlichen Auseinandersetzung für Form und Art der Gedenkstätten in Deutschland seit 1980 charakteristisch sind. Dies soll am Beispiel der Entwicklung der Gedenkstätten im bevölkerungsreichsten Bundesland Nordrhein-Westfalen beschrieben werden, unter anderem weil sich dort in den vergangenen 14 Jahren zehn lokale Gedenkstätten etablieren konnten.

Vom symbolischen Ersatzort zum »Lernort«

Sieht man von der bereits 1962 eröffneten Gedenkhalle Oberhausen ab, so waren Gedenkstätten in Nordrhein-Westfalen bis 1980 nichts anderes als symbolisch gekennzeichnete Orte von Denkmalen oder Gedenktafeln. Mahnmale und Gedenkorte wurden an wenig zentralen Plätzen oder auf Friedhöfen errichtet. Die Texte der meist unauffälligen Gedenktafeln beschränkten sich auf Formulierungen wie »Zur Erinnerung an . . .«. In vielen Städten fanden sich allgemeine Widmungen von Mahnmalen »für die Opfer von Krieg und Gewaltherrschaft«. Form und Sprache der Mahnmale folgten älteren Traditionen, insbesondere solchen aus der Sepulkralkultur.[1])

An dieser Stelle sollen drei Beispiele für diese Art von Mahnmalen genügen:

- Vor der Alten Synagoge Essen, umbrandet von Verkehr, steht seit 1949 ein Sarkophag, der bis zum Jahr 1981 folgende Inschrift trug: »Mehr als 2500 Juden der Stadt Essen mußten in den Jahren 1933 bis 1945 ihr Leben lassen.«
- Am Volkstrauertag im Jahre 1958 wurde auf dem Nordfriedhof in Düsseldorf ein Mahnmal zu Ehren der Opfer von Krieg und Gewaltherrschaft eingeweiht. Das nach einem Entwurf des Bildhauers Jupp Rübsam geschaffene zehn Meter hohe Mahnmal stellt drei überdimensionale Frauenfiguren dar. Im Sockel sind drei Inschriften eingelassen:
  »Den Opfern des Krieges und der Gefangenschaft«
  »Den Opfern in der Heimat, den Vermißten und Hinterbliebenen«
  »Den Opfern des politischen Terrors«.
- Zur Erinnerung an die Synagoge in Krefeld heißt es:
  »Zum Andenken / an die Opfer / die der / Nationalsozialismus / in den Jahren / 1933 bis 1945 / von den Mitgliedern / unserer Gemeinde / gefordert hat.«

Diese Texte entstanden in der Regel in den ersten Jahren nach Ende der Nazizeit. Heute erscheinen sie eher appellativ und allgemein, wenig spezifisch jedenfalls und schon gar nicht informativ. Dennoch übernahmen sie eine wichtige Funktion: Den Überlebenden dienten sie als symbolische Ersatzorte für persönliches Gedenken an ihre Angehörigen, denen ein würdevolles Begräbnis versagt geblieben war. Die Mahnmale und Gedenktafeln entsprachen dabei den gesellschaftlich üblichen Kodizes, Trauer auszudrücken.

Die Funktion als symbolische Ersatzorte übernehmen solche Mahnmale für die Generation der heute Lebenden sehr viel weniger, ist diese doch so weit vom Geschehen entfernt, daß sie statt des Symbols zunächst Informationen erwartet. Erst dann könne, so die Annahme, ein Prozeß des Gedenkens auch über Symbole einsetzen.[2]) Es setzte eine gesellschaftliche Veränderung ein, die Dietfrid Krause-Vilmar 1987 folgendermaßen beschrieb: Die Forderung, nun endlich einen Schlußstrich zu ziehen oder »aus dem Schatten Hitlers herauszutreten«, nicht mehr »das eigene Nest zu beschmutzen«[3]), läßt sich als »strukturelle Amnesie« deuten, gegen die sich einzelne Vertreterinnen und Vertreter der ersten Nachkriegsgeneration engagierten und, getragen von Mitgliedern verschiedener gesellschaftlichen Gruppen, Initiativen für andere Formen des Umgangs mit der NS-Vergangenheit ergriffen.[4]) Eine Konsequenz aus der Einschätzung, Mahnmale und Gedenkorte hätten ihre symbolische Funktion weitgehend verloren, war die Forderung, Gedenkstätten als Lernorte aufzubauen. Als erste Einrichtung entwickelte die im November 1980 eröffnete Alte Synagoge Essen ein breit angelegtes Programm, das den Anspruch erhob, Gedenken über Lernen erst zu ermöglichen. Herkömmliche Vermittlungsformen wie Gedenkfeiern und Vorträge wurden um viele andere erweitert. Sowohl künstlerische Angebote als auch spezifische Projekte, die unmittelbar von den verschiedenen Beteiligten ausgingen, gaben der Einrichtung ihre besondere Charakteristik. Die Angebote richteten sich sowohl an Erwachsene als auch an Schüler. Ein solch breit gefächertes Angebot gehört inzwischen zum »Standard« in fast allen bundesrepublikanischen Gedenkstätten. Dagegen spielen symbolische Akte und Feierlichkeiten eher eine marginale Rolle, es sei denn, eine Gedenkstätte wird von Politikern zum Ort eines solch rituellen Gedenkens auserwählt, wie dies 1985 in der KZ-Gedenkstätte Bergen-Belsen anläßlich des Treffens zwischen Kanzler Kohl und dem damaligen amerikanischen Präsidenten Reagan geschah, die sich zuvor auf dem Soldatenfriedhof von Bitburg die Hände gereicht hatten. Diese politische Instrumentalisierung von Gedenkstätten war jedoch in der alten Bundesrepublik eher die Ausnahme, in der ehemaligen DDR dagegen die Regel. Während die Politik in der ehemaligen DDR die Gedenkstätten als Teil eines in sich geschlossenen Erziehungszyklus betrachteten, kannten und kennen nur wenige west- und süddeutsche Politiker in der Regel eine NS-Gedenkstätte.

Von Gedenkstätten in der Bundesrepublik

Die neuen Gründungen und die neuen Konzepte nutzten das Wissen, daß jedes Individuum je eigene Zugangsweisen zur Realität und zur Geschichte entwickelt hat, daß es also sehr unterschiedliche Wege der Erinnerung an die Vergangenheit gibt. Zum anderen bedienten sie sich der Tatsache, daß jedes Medium das Material prägt, das es vermittelt, weil es seine eigenen, ganz spezifischen Eigenschaften hat. »Indem es die Ereignisse wiedergibt, gestaltet es sie.«[5]) Hierzu ein Beispiel:

Zur Ergänzung der ständigen Ausstellung in der Mahn- und Gedenkstätte Düsseldorf sollte eine Figur im Eingangsbereich aufgestellt werden, die den Widerstand vor der Machtübergabe an die Nazis im Jahre 1933 symbolisiert. Die Umsetzung dieser Idee übernahm eine Kunsterzieherin mit ihren Kunstleistungskursen. Modell sollte eine Frau sein, die von der Arbeitersportbewegung über eine Agit-Prop-Gruppe zur Kommunistischen Partei gekommen war und dem aktiven Widerstand angehört hatte. Sie war nach der Besetzung Frankreichs interniert, an die Gestapo ausgeliefert und zu einer Zuchthausstrafe verurteilt worden. Ihre Haft endete mit der Befreiung Deutschlands. Diese Frau, Maria Wachter, lebt heute in Düsseldorf. Sie ging ein halbes Schuljahr lang zweimal wöchentlich in den Kunstunterricht, begleitet von einer Mitarbeiterin der Mahn- und Gedenkstätte. Die Schülerinnen und Schüler erfuhren Marias Geschichte und erlebten, wie die Achtzigjährige über sich und ihre Erfahrungen sprach. Sie hatten die Gedenkstätte besucht und sich die Örtlichkeiten vergegenwärtigt, für die die Figur zu entwickeln war.

Historische Fragen beantwortete die Gedenkstätten-Mitarbeiterin. Zunächst fertigten die Schüler Skizzen; sie beschäftigten sich mit kunstgeschichtlichen Themen, sie fotografierten ihr Modell und die Örtlichkeiten und näherten sich der Gestaltung auch im Körperspiel, indem sie selbst in bestimmte Posen schlüpften. Dann begannen die Arbeiten an kleinen Wachsmodellen, die bestimmte Haltungen zeigten. Schließlich entstanden drei große Gipsarbeiten. Nur eine trägt die Züge von Maria Wachter. Alle drei Skulpturen abstrahieren von der jungen, historischen Maria. In ihren Skulpturen gestalteten die Schüler Angst, Leid, Verzweiflung und Ohnmacht, nicht aber aktiven Kampf.

Die dem Modell am ähnlichsten gestaltete Skulptur Maria Wachters zeigt eine 80jährige Frau in ihrer heute typischen Pose von disziplinierter Aktivität. Die Zeitzeugin ihrerseits konnte und wollte auch nicht so tun, als sei sie die junge Frau aus den dreißiger und vierziger Jahren.

Das Beispiel verweist einerseits auf die Eigenart des Mediums: Zwar gingen Erfahrungen, die die jungen Leute selbst gewonnen hatten, in die Gestaltung der Skulpturen ein. Das künstlerische Medium Skulptur fordert aber, diese Erfahrungen auf eine sichtbare Haltung zu reduzieren. Die Skulptur läßt eine im Fluß befindliche Geschichte, eine Lebensgeschichte erstarren, so wie die Schüler sie verstanden, besser: mitgefühlt hatten.

Neue Ergebnisse der Geschichtswissenschaft

Mit der Essener Neugründung setzte eine weitere, wichtige Entwicklung ein: die Rezeption neuer historischer Forschungen zum Nationalsozialismus. Diese Rezeption schlug sich einerseits in der Widmung der Einrichtung als Ort des Gedenkens für alle Opfer des Nationalsozialismus nieder. Zum zweiten spiegelte sie sich in den historischen Ausstellungen. Während bis zum Beginn der achtziger Jahre die Politiker für »Gedenken« an bestimmten Tagen zuständig zu sein schienen, beteiligten sich an neuen Konzepten für Gedenkstätten junge Historiker und Historikerinnen ebenso wie engagierte »Laien«. Sie brachten nicht nur Fragen der Geschichtswissenschaft und ihre neueren Ergebnisse, bezogen auf den Ort, mit ein. In Oberhausen wie in Dortmund, in Essen wie in Köln, in Düsseldorf wie in Gelsenkirchen ist das Schicksal verschiedener Verfolgtengruppen Teil der Darstellungen. Der Beitrag der Wissenschaftler umfaßte aber auch die Erweiterung der Methoden in der Erarbeitung der Geschichte eines Ortes. Hier ist insbesondere die Methode der »Oral History« zu nennen, auf Grund derer die subjektive Seite der Geschichte, wie sie sich nicht in Akten spiegelt, ernstgenommen wurde und persönliche Zeugnisse als wesentliche Erweiterung historischer Wissensbestände einbezogen wurden. Am Beispiel der Entwicklung einer Skulptur von einem noch lebenden »Modell« wurde bereits auf die Möglichkeiten und auf die Grenzen des persönlichen Zeugnisses hingewiesen. »Der heutige Erzähler gibt Bedeutungen, die Interpretation der Tradition, der er zugehört, und der Gestalt, die aus Tradition und Bedeutung erwachsen, wieder.«[6])

Was also erinnert wird, hängt davon ab, wie es erinnert wird. Jeder Überlebende kennt das: Seine Erfahrung, unauslöschlicher Bestandteil seines Lebens, wird, sobald von außen erzählt, fremd: »Die Worte eines übersetzten und gedruckten Tagebuchs über den Holocaust«, z.B., »sind nicht mehr, was sie für den Autor, der sie aufzeichnete, waren: Spuren von Verbrechen.«[7]) Wenn also von dem »fiktionalen Element« in einem Zeugnis gesprochen wird, dann ist damit die unvermeidliche Diskrepanz zwischen der Wahrnehmung und der Darstellung der Fakten bei jedem einzelnen Zeugen, in jeder Sprache und in jeder Kultur gemeint.[8])

Oral History erschließt auch in Gedenkstätten begrenzte, aber lohnende historische Erkenntnisse, indem sie den Blick weitet auf Lebenssituationen und konkrete Alltagserfahrungen und dadurch vorschneller Verallgemeinerung und Einordnung vorbeugt. Sinnvoll eingesetzt, ermöglicht die Oral History in Gedenkstätten die Verknüpfung von drei Dimensionen: die der Individualerfahrung, die der historischen Aufklärung und die der medialen Repräsentation.[9]) Daß eine solche Verknüpfung am ehesten in überschaubaren Zusammenhängen möglich ist, leuchtet ein. Damit wird der Einsatz der Methode in lokalen Gedenkstätten leichter zu bewerkstelligen sein als in zentralen Gedenkstätten, wie sie auf dem Gelände der ehemaligen Konzentrationslager eingerichtet worden sind.[10])

Nahe Perspektive und globale Sicht

Betrachten wir nun die Orte genauer, an denen seit Beginn der achtziger Jahre Gedenkstätten errichtet wurden, und wenden uns dabei zunächst wieder Nordrhein-Westfalen zu: Auf dem Gebiet des heutigen Nordrhein-Westfalen existierte ein Konzentrationshauptlager mit allen Merkmalen der der SS unterstehenden Häftlingsstätten: das Konzentrationslager Niederhagen nicht weit von Paderborn. In ihm litten zwischen 1941 und 1943 Häftlinge verschiedenster Herkunft (jüdische, politische, Nacht-und-Nebel-Häftlinge, polnische, behinderte Häftlinge, Zeugen Jehovas etc.); es war zentrale Erschließungsstätte für einen überregionalen Einzugsbereich. Und es ist untrennbar mit der Wewelsburg als ideologischer Kultstätte der SS verbunden. Das EL-DE-Haus als Gestapo-Zentrale Kölns einschließlich seines mit Häftlingsinschriften erhalten gebliebenen Kellers legte eine Widmung als Gedenkstätte ebenso nah wie die Steinwache in Dortmund, die eines der großen Gestapo-Gefängnisse des ehemaligen Reiches beherbergte. Die Alte Synagoge Essen, die in ihrer baulichen Substanz erhalten geblieben war, bot sich als Gedenkstätte ebenso an wie die bemerkenswerte Villa Merländer in Krefeld. Die Orte legen einen inhaltlichen Akzent nahe: Die Steinwache in Dortmund ist eindeutig als ehemaliger Gefängnisbau erkennbar, die Alte Synagoge Essen widmet sich insbesondere der jüdischen Geschichte und Kultur; die Villa Merländer weist als Wohnhaus eines Krefelder Textilfabrikanten bedeutende Arbeiten des rheinischen Expressionisten Campendonk auf und gibt damit Zeugnis von einer bürgerlichen jüdischen, deutschen Kultur, deren Verlust als substantiell und unwiederbringlich anzusehen ist.

Damit wird deutlich, daß der Ort zum Mittelpunkt der Darstellung werden kann, auch dann, wenn dieser auf den ersten Blick von weniger zentraler Bedeutung ist als die großen Lager wie Dachau, Buchenwald, Neuengamme, Bergen-Belsen oder Ravensbrück oder gar die Vernichtungslager im Osten, die trotz aller Veränderungen als zentrale Stätten des Terrors und der Qualen, des Sterbens und des vereinzelten Überlebens in sich historisch bedeutsame Stätten bleiben. Das ehemalige Wachgebäude der SS-Schule Wewelsburg, das ehemalige Polizeipräsidium Düsseldorf im Stadthaus oder die Räume der NSDAP-Ortsgruppenleitung Buer-Erle auf der Cranger Straße in Gelsenkirchen strahlen höchstens die Kühle und Nüchternheit von Verwaltungsgebäuden aus: sie sind quasi neutral. Trotzdem kommt diesen Orten eine wichtige Bedeutung zu. Bürgerinnen und Bürger einer Stadt oder einer Region, Gruppen von Laien und engagierte Historiker hatten seit Ende der siebziger Jahre damit begonnen, die Geschichte des Nationalsozialismus in seiner lokalen Ausprägung zu untersuchen und drangen auf die Institutionalisierung der Beschäftigung mit diesem Teil der Geschichte. Ausgangspunkt solcher Institutionalisierungen waren also Bewegungen von unten, Ausdruck eines bis dahin nicht bekannten demokratischen Selbstbewußtseins, sich die Geschichte anzueignen.

Auf der zweiten, administrativen Ebene tauchten eher praktische Fragen auf wie: Welches Gebäude war so gut erhalten, daß es eine ständige Ausstellung beherbergen, Ort der Auseinandersetzung mit der Geschichte und Ort politischer Diskussion werden konnte? Solche Orte waren zweifellos die Alte Synagoge in Essen, die Steinwache in Dortmund, das EL-DE-Haus in Köln, die Villa Merländer in Krefeld, Teile des Stadthauses in Düsseldorf oder, seit dem 8. Mai 1994, das frühere Haus der NSDAP-Ortsgruppenleitung in Buer-Erle. Jedoch mußten, anders als es zu erwarten gewesen wäre, die Initiativen in der Regel um die Widmung dieser Häuser als Gedenkstätten kämpfen, und nicht jeder Versuch war erfolgreich. Während die Entscheidungen in Oberhausen, wo eigens eine Gedenkhalle erbaut wurde, oder in Wuppertal, wo erst im April 1994 die Begegnungsstätte »Alte Synagoge Wuppertal« eröffnet wurde, ebenfalls mit einem – architektonisch bemerkenswerten – Neubau eine große »Lösung« vorsahen, drängte die Verwaltung in Bonn den »Verein an der Synagoge e.V.« an einen Ort ab, der mit seinem Namen nichts zu tun hat (s. TRIBÜNE, 33 [1994] 130, S. 168, F. Husemann »Warten auf eine Gedenkstätte«). Das historische Grundstück mit Resten von Fundamenten der zerstörten Synagoge wurde größtenteils für einen Hotelbau in Anspruch genommen. NS-Geschichte als Teil der Heimatgeschichte zeigt die Agierenden, die Opfer wie die Täter, als »normale« Menschen. Gleichzeitig wird damit die Annahme verbunden, daß die größere Nähe zum Ort bis zu einem gewissen Grad die zeitliche Distanz aufheben könne.

Gedenkstätten als Orte der Bildung

Die Einrichtung von Gedenkstätten war in den achtziger Jahren immer mit einem Erziehungsanspruch an die Heranwachsenden verbunden. Es wurde explizit von Gedenkstätten als Lernorten gesprochen, an denen »forschendes Lernen« organisiert werden könne. Forschendes Lernen umfaßte, wie in den eingangs erwähnten Schülerwettbewerben, Aufgaben wie die folgenden: Sammeln, Beschreiben, Erklären und Beurteilen. Wie ein solcher Prozeß ablaufen kann, soll an einem 1985 erstmals in Essen der Öffentlichkeit vorgestellten Projekt anschaulich gemacht werden.

In diesem Projekt geht es, kurz gesagt, um die Rekonstruktion der persönlichen Lebens- und Leidensgeschichte eines NS-Opfers. Dem Konzept lag eine Reihe von Gesprächen zugrunde, die Benno Reicher, heute Vorsitzender der Jüdischen Gemeinde Essen, mit jungen Leuten geführt hatte. Aus diesen Gesprächen ging hervor, »daß wir den Opfern, die wir nur dem Namen nach kennen – und in manchen Fällen kennen wir nicht einmal diesen–, ihre Geschichte zurückgeben müssen. Mit den Kenntnissen der Geschichte eines einzelnen können wir uns einer Form des Gedenkens nähern, die sonst nur die Verwandten mit ihren konkreten Erinnerungen entwickeln können.«[11]) Diese Aufgabe der Rekonstruktion einer Lebensgeschichte kann jeder interessierte Besucher, jede interessierte Besucherin übernehmen. Dazu muß sich der »Pate« grundlegende Kenntnisse über die NS-Zeit aneignen und sich selbständig Quellen erschließen. Erste Hinweise auf persönliche Daten, auf Material in Archiven, auf noch lebende Verwandte und Freunde sind als Hilfe ebenso sinnvoll wie die Berücksichtigung der bisherigen Lebensgeschichte des »Paten«. So wird ein überzeugter Atheist sich gewiß schwerer tun, über einen Rabbiner zu arbeiten als über einen jüdischen Sozialisten, ein Schüler aus einem gutsituierten Viertel eher Zugang zur Lebensgeschichte eines jüdischen Gymnasiasten als zum jüdischen Metzger finden – es sei denn, die Neugierde auf das ganze Fremde sei der Patin/dem Paten zu eigen. Besonders motivierend wirkten und wirken Kontakte zwischen dem »Paten« und den Angehörigen. »Die Erinnerungen der Verwandten verhelfen den Autorinnen zu sehr persönlichen Informationen, die in Archiven nicht zu finden sind. Für die Verwandten entsteht das Gefühl, daß es irgendwo Menschen gibt, die die Erinnerung an ihre Toten wachhalten.«[12]) Es sind gerade solche Szenen und Episoden, die viele Autoren und noch mehr Autorinnen als bedeutsam erachteten und aufschrieben.

Das Konzept forderte eine »angemessene Form« geradezu heraus. Jeder Text wurde, nach Prüfung der sachlichen Richtigkeit, in einer Kunstschrift von Studenten auf eigens für die künstlerisch gestalteten Gedenkbücher entworfene Blätter geschrieben. In einer kleinen Zeremonie unterschrieb der »Pate« diese Urkunde, nachdem er sie verlesen hatte. Die Angehörigen erhielten eine Kopie der Urkunde, eine andere blieb beim Autor. Für einige der Angehörigen war dieser Augenblick einer der bedeutsamsten, holte diese kleine Zeremonie doch in gewisser Weise das Kaddisch (ein jüdisches Gebet) nach, das dem oder der Ermordeten verwehrt gewesen ist.

In diesem Projekt kommen also Individualerfahrungen, historische Aufklärung und mediale Repräsentanz in besonderer Weise zusammen. Ebenso werden Lernprozesse mit rituellen Formen verbunden.

Daß ein solches Projekt alle Nachgeborenen verschiedensten Alters erreichen kann, hat sich in der Praxis erwiesen. Daß damit Perspektiven erweitert werden, daß die Bedeutungen, »die in Geschichten und Geschichte zugrundeliegenden Ereignissen, Objekten, Situationen enthalten sind«[13]), sich auf diese Weise nah an der eigenen Biographie herausarbeiten lassen, liegt auf der Hand. Was aber, wenn die erzählten Lebenssituationen mit den bisher gültigen Deutungen nicht mehr zu erschließen sind, wenn sie eine »Totalrevision« von Deutungsschemata verlangen, deren Kriterien undurchschaubar sind? Eine solche Totalrevision gelingt fast nie. Was wir aber den Teilnehmerinnen und Teilnehmern von Bildungsprozessen in Gedenkstätten abfordern, ist die Fähigkeit, Andersartigkeit und Fremdheit wahrzunehmen oder gar in sich selbst entdecken zu können[14]), auch wenn Trauer eine Emotion ist, die einen gemeinsamen Weltbezug voraussetzt, »mit dem die Angehörigen einer Gemeinschaft schnell, spontan und ohne Reflexion auf weitere Umstände, auf gemeinsam oder einzeln erlittene Verluste reagieren und deren Erfahrung zu einem kathartischen Abschluß bringen«.[15])

Stehen wir vor einem Roll-Back?

Die großen Gedenkstätten im vereinigten Deutschland sind auf dem Gebiet der früheren DDR zu finden. Das in ihren Museen vermittelte Geschichtsbild war unbedingt revisionsbedürftig. Diese Revision soll und muß sicherlich öffentliche Aufgabe und z. T. staatlicher Auftrag sein. Das darf aber nicht zu einem verordneten neuen Geschichtsbild führen. Zwar bedienen sich Bund, Land und Kommunen der wissenschaftlichen Kapazität der in den Kommissionen beratenden oder in den Gedenkstätten forschenden Historiker, jedoch fällt bei der Neugestaltung der großen Gedenkstätten auf, daß die seit Beginn der achtziger Jahre entwickelte diskursive und prozeßorientierte Praxis nicht leitend ist. So sucht man diejenigen, die diesen Prozeß im wesentlichen trugen und umsetzten, in den Kommissionen vergeblich. Die Aufgabe der Gedenkstätten von der Bedeutung Buchenwalds, Sachsenhausens oder Ravensbrücks liegt nicht so sehr in der Schließung historischer Lücken zur allgemeinen Geschichte des Nationalsozialismus, denn »die Realität ist tot, weil die Realität nicht wiederzugeben ist. Wir imitieren die Welt nicht, wir konstruieren Versionen von ihr«.[16]) Vielmehr muß es um die konkrete lebensgeschichtlich relevante Rekonstruktion der Geschichte des Ortes und der Menschen gehen, die dort gelitten haben. Das hat nichts mit dem von Götz Aly konstatierten »detaillistischen Abspalten einzelner Aspekte des Dritten Reiches« zu tun.[17]) Die verallgemeinernde, übergreifende, an eine Vielzahl von Beispielen und historischen Fakten gebundene genaue Analyse dessen, was war, ist und bleibt Aufgabe der Geschichtswissenschaft. Deren Ergebnisse sind und müssen die Matrix sein, auf der die lebensgeschichtliche Rekonstruktion in den Gedenkstätten basiert. Die spezifische Aufgabe von Gedenkstätten beschränkt sich aber nicht auf Rekonstruktion und Analyse der Geschichte. Sie sind – das sollte aus dem bisher Gesagten deutlich geworden sein – immer noch Orte der Trauer und zugleich Orte für Bildungsprozesse.

Orte des »sozialen Gedächtnisses«

Bei aller Unterschiedlichkeit der Gedenkstätten in Deutschland, die nicht nur vom Ort, an dem sie sich befinden, abhängt, sondern auch vom Zeitpunkt ihrer Gründung, von ihrer Stellung als kulturelle Einrichtung, von der Kapazität an Raum, Geld und Ausstattung und nicht zuletzt von der jeweiligen Interessenlage bzw. professionellen Herkunft der Leiterinnen und Leiter bzw. der Mitarbeiterinnen und Mitarbeiter, hat sich für alle Gedenkstätten die Frage nach Vermittlung und Aneignung von Geschichte im Kontext gegenwärtiger politischer Kultur als zentral erwiesen. Die Gedenkstätten haben die längst überfällige Dokumentation des Widerstandes und der Verfolgung weitergeführt, zum Teil auch erstmals begonnen. Sie widmen sich der Befragung der letzten Zeitzeuginnen und Zeitzeugen, versuchen das Material festzuhalten, das mangels Ansprechpartnern für immer verlorenzugehen droht und damit der NS-Politik der Ausgrenzung einen späten Erfolg bescheren könnte. Einige Initiativen, wie die in Köln, Bonn, Essen und Wuppertal, bemühen sich intensiv um die Opfer und deren Angehörige, andere pflegen internationale Kontakte und tragen mit ihrer Arbeit zur Verständigung zwischen den Völkern bei. Die Einrichtungen leisten politische Aufklärungsarbeit, die auf der Basis historischer Erkenntnisse aktuelle politische und gesellschaftliche Erfahrungen zu problematisieren und zu reflektieren hilft. Die Gedenkstätten und Dokumentationszentren sind zugleich Foren für die Diskussion über Ausländerfeindlichkeit und Rassismus, über die Gefährdung der Demokratie durch Extremismus und Gleichgültigkeit. Sie ermöglichen den Dialog zwischen den Generationen, zwischen gesellschaftlichen Gruppen, zwischen Anhängerinnen und Anhängern unterschiedlicher politischer Auffassungen.

Gedenkstätten weisen alle Merkmale der Überlieferung des »sozialen Gedächtnisses«[18]) auf. Sie umfassen die mündliche Tradition und historische Dokumente wie Memoiren und andere schriftliche Aufzeichnungen; sie schließen gemalte oder fotografische, ruhende oder bewegte Bilder ein, sie bedienen sich kollektiver Gedenkrituale und sehen in geographischen und sozialen Räumen Medien der Gedächtnisvermittlung. In ihrer Funktion als Orte des sozialen Gedächtnisses sind sie Teil einer demokratischen Gesellschaft und aus dieser nicht mehr wegzudenken. In ihrer gesamten Anlage bedienen sie sich eines selbstreflexiven Ansatzes, der die dauerhafte Organisation eines kommunikativen Prozesses vorsieht.[19])

Literatur

Behrens-Cobet, Heidi/Herrmann Buschmeyer, Biographisches Lernen. Erfahrungen und Reflexionen. Hrsg. vom Landesinstitut für Schule und Weiterbildung, Soest 1990.

Krause-Vilmar- Dietfrid, Zum Umgang mit dem Nationalsozialismus an den Orten des Schreckens, Neue Sammlung 27 (1987) 3, S. 356–363.

Loewy, Hanno (Hrsg.), Holocaust. Die Grenzen des Verstehens, Reinbek 1992.

Lutz, Thomas/Wulff E. Brebeck/Nicolas Hepp (Red.), Über-Lebens-Mittel. Kunst aus Konzentrationslagern und in Gedenkstätten für die Opfer des Nationalsozialismus, Marburg 1992.

Marcuse, Harold/Frank Schimmelpfennig/Jochen Spielmann, Steine des Anstoßes – Nationalsozialismus und Zweiter Weltkrieg in Denkmalen 1945 bis 1985, Hamburg 1985.

Assmann, Aleida/Dietrich Harth (Hrsg.), Mnemosyne. Formen und Funktion der kulturellen Erinnerung, München 1992.

Niethammer, Lutz/Alexander von Plato (Hrsg.), »Wir kriegen jetzt andere Zeiten«. Auf der Suche nach der Erfahrung des Volkes in nachfaschistischen Ländern, Berlin–Bonn 1988.

Stih, Renate/Frider Schnock, Arbeitsbuch für ein Denkmal in Berlin. Orte der Erinnerung im Bayrischen Viertel, Berlin o. J. (1993).

Young, James E., Beschreiben des Holocaust. Darstellung und Folgen der Interpretation, Frankfurt 1992.

Anmerkungen

[1]) Vgl. dazu Harold Marcuse/Frank Schimmelpfennig/Jochen Spielmann, Steine des Anstoßes – Nationalsozialismus und Zweiter Weltkrieg in Denkmalen 1945 bis 1985, Hamburg 1985; sowie Jochen Spielmann, Denkmale in Bewegung – Der Wandel von Gestalt, Widmung und Funktion in ehemaligen Konzentrations- und Vernichtungslagern 1945 bis 1991, Ein Überblick findet sich in: Thomas Lutz/Wulff E. Brebeck/Nicolas Hepp (Red.), Über-Lebens-Mittel. Kunst aus Konzentrationslagern und in Gedenkstätten für die Opfer des Nationalsozialismus, Marburg 1992, S.103–130.

[2]) Vgl. Renata Stih/Frider Schnock, Arbeitsbuch für ein Denkmal in Berlin. Orte des Erinnerns im Bayrischen Viertel, Berlin o. J. (1993).

[3]) Den Begriff der »strukturellen Amnesie« benutzt Peter Burke in seinem Aufsatz Geschichte als soziales Gedächtnis, in: Mnemosyne. Formen und Funktionen der kulturellen Erinnerung, München 1992, S.289–305. Diese »strukturelle Amnesie« ordnet Burke den »Siegern« zu, »während es den Verlierern unmöglich ist, das Geschehene hinzunehmen; diese sind dazu verdammt, über das Geschehene nachzugrübeln, es wiederzubeleben und Alternativen zu reflektieren.« Nun läßt sich sicherlich nicht behaupten, daß die Zeit des Nationalsozialismus vergessen sei. Jedoch scheint mir die Beobachtung richtig, daß das Thema anläßlich bestimmter Jubiläen, Ereignisse und Gedenktage kurzatmig thematisiert wird und ihm damit auffallend »Konjunkturelles« anhaftet. Dieses kurzatmige Thematisieren löst vermutlich überhaupt keine grundlegende Veränderung aus. Es setzt auf das Vergessen.

[4]) Vgl. Dietfrid Krause-Villmar, Zum Umgang mit dem Nationalsozialismus an den Orten des Schreckens, Neue Sammlung, 27 (1987) 3, S. 356–363.

[5]) James E. Young, Beschreiben des Holocaust. Darstellung und Folgen der Interpretationen, Frankfurt/Main 1992, S. 243.

[6]) Ebenda, S.22

[7]) Ebenda, S.48

[8]) Vgl. ebenda, S.61

[9]) Vgl. Lutz Niethammer, Erinnerungsgebot und Erfahrungsgeschichte. Institutionalisierungen im kollektiven Gedächtnis. In: Hanno Loewy (Hrsg.), Holocaust. Die Grenzen des Verstehens, Reinbek 1992, S. 23.

[10]) In den zentralen Gedenkstätten müssen eigens Projekte durchgeführt und – in der Regel über Sondermittel – finanziert werden. Die Mitarbeiter sehen sich mit dem ärgsten Feind dieses Ansatzes, der Zeit, konfrontiert, denn viele Zeugen leben nicht mehr lange.

[11]) Benno Reicher, Aktives Gedenken, Ms., Essen 1986

[12]) B. Reicher (Anm. 11).

[13]) Heidi Behrens-Cobet/Hermann Buschmeyer, Biographisches Lernen. Erfahrungen und Reflexionen, Soest 1990, S. 95.

[14]) Vgl. Luise Passerini, Erzählte Erinnerung an den Faschismus. Aspekte des Wechselspiels zwischen dem Eigenen und dem Anderen. In Lutz Niethammer/Alexander von Plato (Hrsg.), »Wir kriegen jetzt andere Zeiten«. Auf der Suche nach der Erfahrung des Volkes in nachfaschistischen Ländern, Berlin–Bonn 1988, S. 367.

[15]) Micha Brumlik, Trauerrituale und politische Kultur nach der Shoah in der Bundesrepublik. In: H. Loewy (Anm. 9), 1992, S.197

[16]) Robert Scholes, zitiert bei J. E. Young (Anm. 5), S. 36.

[17]) Vgl. Götz Aly, Wider das Bewältigungs-Kleinklein. In: H. Loewy (Anm. 9), 1992, S. 46.

[18]) Vgl. Peter Burke, S. 292–293.

[19]) Wichtige Ideen vermittelten mir auch Heidi Behrens-Cobet und Norbert Reichling im Gespräch, ebenso wie durch ihren informativen Beitrag »Bilder erhalten, die den Schlaf stören« – KZ-Gedenkstätten in Ostdeutschland – Ein Diskussionsbericht, Werkstatt Geschichte, Dezember 1993, S. 81–85.

ROMAN HERZOG

Wir tragen Verantwortung

Ansprache während der Gedenkveranstaltung in Bergen-Belsen am 27. April 1995

Beginnen will ich mit Worten, die der erste Bundespräsident, Theodor Heuss, im November 1952 an dieser Stelle gesprochen hat. Er sagte damals:

> Ich habe, als ich gefragt wurde, ob ich heute (. . .) ein Wort zu sagen bereit sei, ohne lange Überlegungen mit ja geantwortet. Denn ein Nein der Ablehnung, der Ausrede, wäre mir als eine Feigheit erschienen, und wir Deutschen wollen, sollen und müssen, will mir scheinen, tapfer zu sein lernen gegenüber der Wahrheit, zumal auf einem Boden, der von den Exzessen menschlicher Feigheit gedüngt und verwüstet wurde.

Soweit Theodor Heuss. Auch für mich ist es nicht leicht, an diesem Ort, an diesem Tag und gerade vor Ihnen zu sprechen.

Es ist, zum ersten, schwer, an diesem *Ort* zu sprechen. Der Name Bergen-Belsen steht, zusammen mit vielen anderen Lagernamen, für das schlimmste Verbrechen an der Menschlichkeit, das es bisher gab. Zu der Trauer über die Toten, zum Mitgefühl für die Opfer, kommen für mich Scham und Zorn. Scham und Zorn darüber, daß es Deutsche waren, die diese Verbrechen begangen haben, daß das, was geschehen ist, im Lande Lessings, Kants und Goethes geschehen konnte.

Es ist schwer, zum zweiten, an diesem *Tag* zu sprechen. Heute ist der Tag, an dem die Juden weltweit, besonders in Israel, der Opfer der nationalsozialistischen Verbrechen gedenken, der »Yom Hashoa«. Wenn wir Deutschen diesen Gedenktag gemeinsam mit den Opfern begehen, dann denken wir an die Worte des Alten Testamentes, das Juden und Christen gemeinsam ist: »Unsere Väter haben gesündigt, sie sind nicht mehr: Wir tragen deren Sünden.« An diesen Sünden tragen wir Deutschen schwer. Nichts darf verdrängt werden, nichts darf vergessen werden. Wir tragen Verantwortung dafür, daß sich so etwas nie mehr wiederholt.

Es ist, zum dritten, schwer, vor *Ihnen* zu sprechen, meine Damen und Herren, die Sie mir jetzt zuhören. Viele von Ihnen waren selbst hier gefangen oder sind Kinder oder Angehörige von Gefangenen. Auch Befreier sind unter uns, die das schockierende Bild nicht vergessen haben, das sich ihnen damals bot. Wir erinnern uns auch daran, daß die Befreiung des Lagers am 15. April 1945 nicht das Ende der Leiden war. Tausende sind noch gestorben an den Tagen, die auf die Öffnung folgten, an Hunger, Krankheit und

Entkräftung. Auch viele Ärzte und Schwestern, die in den ersten Wochen geholfen haben, sind durch Seuchen ums Leben gekommen.

Die meisten anderen, die überlebten, haben zwar das Lager verlassen, aber das Lager hat sie nicht verlassen. Die Erinnerungen haben sie ihr ganzes Leben begleitet und lassen sie nicht ruhen. Die Alpträume der Vergangenheit sind für sie ständige Begleiter in der Gegenwart. Auch das dürfen wir heute nicht vergessen.

Unter den vielen, die an diesem Ort litten und starben, war ein Mädchen, dessen Geschichte viele kennen und dessen Name fast stellvertretend steht für alle, die der Barbarei zum Opfer gefallen sind: Anne Frank. Am 11. April 1944 schrieb sie in ihr Tagebuch: »Einmal wird dieser schreckliche Krieg doch vorbeigehen, einmal werden wir doch wieder Menschen und nicht nur Juden sein.« In diesem einen Satz wird deutlich, was die Wurzel der Barbarei war: Selektion. Selektion, das war nicht nur ein Schreckenswort in den Lagern. Es war das Prinzip des Nationalsozialismus selbst.

Die Menschen verloren das Antlitz des Menschen. Sie wurden nach Merkmalen eingeteilt, sie wurden aussortiert. Statt »nicht nur Juden« hätte Anne Frank auch schreiben können: »Nicht nur Sinti und Roma, nicht nur Russen, nicht nur Christen, nicht nur Gewerkschafter, nicht nur Sozialisten, nicht nur Behinderte, nicht nur diese oder jene Minderheit.«

Unsere Verantwortung ist es, solche Selektionen nie mehr zuzulassen. Nie mehr zuzulassen, daß Menschsein abhängig gemacht wird von Rasse oder Herkunft, von Überzeugung oder Glauben, von Gesundheit oder Leistungsfähigkeit. Nie mehr zuzulassen, daß unterschieden wird zwischen lebenswertem und nicht lebenswertem Leben. Die Lehre von Bergen-Belsen heißt: »Die Würde des Menschen ist unantastbar.«

Der Völkermord, den das nationalsozialistische Regime beging, war in seiner technischen und bürokratischen Perfektion so einzigartig und beispiellos, daß man glauben könnte, er könne sich nicht wiederholen. Aber, meine Damen und Herren, das wäre ein gefährlicher Trugschluß. Es ist natürlich wahr, die Geschichte wiederholt sich nicht. Aber es kann neue Formen von Ausschluß und Gleichschaltung, von Selektion und Totalitarismus geben, die wir heute vielleicht noch nicht einmal ahnen. Also müssen wir wachsam bleiben. Dazu müssen wir uns erinnern. Nur wer sich erinnert, kann Gefahren für die Zukunft bannen.

Ich bin nicht sicher, ob wir die rechten Formen des Erinnerns für die Zukunft schon gefunden haben. Immerhin stehen wir an einer Schwelle von größter Bedeutung. Die Generation der Zeitzeugen geht zu Ende, und es beginnt das Leben einer Generation, die in der Gefahr ist, die Erfahrungen, für die Bergen-Belsen steht, nur noch als Geschichte zu betrachten. Jetzt kommt alles darauf an, über die Vergangenheit so zu sprechen, sie so zu vermitteln und an sie so zu erinnern, daß die Jungen die Verantwortung, gegen jede Wiederholung aufzutreten, als ihre eigene Verantwortung empfinden. Das ist eine ganz entscheidende Aufgabe unserer Generation. Ihr hat sich alles, alles unterzuordnen, was in diesem Zusammenhang gedacht und geplant wird.

Noch einmal zusammengefaßt: Der Ablauf von 50 Jahren seit dem Ende des NS-Regimes kann nicht Ende des Erinnerns heißen. Was wir jetzt brauchen, ist eine Form des Gedenkens, die zuverlässig in die Zukunft wirkt.

Vor allem geht es darum, eine dauerhafte Form zu finden. Das ist wichtiger als schnelle Entscheidungen. Wir sollten uns die Zeit nehmen, die notwendig ist – allerdings auch nicht mehr–, um einen breiten gesellschaftlichen Konsens herzustellen. Denn wir brauchen eine lebendige Form der Erinnerung. Sie muß Trauer über Leid und Verlust zum Ausdruck bringen, aber sie muß auch zur steten Wachsamkeit, zum Kampf gegen Wiederholungen ermutigen, sie muß Gefahren für die Zukunft bannen. Für mich ist alles richtig, was unseren Kindern und Kindeskindern ihre Verantwortung für Demokratie, für die Freiheit und Menschenwürde in die Herzen gräbt, und für mich ist alles falsch, was am Ende nur in momentanen Alibi-Effekten versandet.

Das sind wir nicht nur den NS-Opfern und nicht nur den möglichen Opfern neuer Diktaturen schuldig, sondern wir sind es auch unseren Kindern selbst schuldig. Die Geschichte des Versagens begann ja nicht erst nach der Machtergreifung von 1933. Sie begann schon lange vorher: in nationalistischer Überheblichkeit, in der Zögerlichkeit, mit der die Demokratie von Weimar einerseits gehandhabt und andererseits verteidigt wurde, in Witzen und Karikaturen, in einem wahnsinnigen Machtkalkül, das sich einbildete, Hitler gleichzeitig benutzen und bändigen zu können.

Auch unsere Kinder müssen es lernen: Totalitarismus und Menschenverachtung bekämpft man nicht, wenn sie schon die Macht ergriffen haben. Man muß sie schon bekämpfen, wenn sie zum ersten Mal – und vielleicht noch ganz zaghaft – das Haupt erheben.

Nach der Machtergreifung war für den einzelnen gegen den Nationalsozialismus nicht mehr allzuviel auszurichten. Nun lag das Versagen vor allem im Wegschauen. Wer Augen hatte, konnte zwar sehen. Aber das war gefährlich. Und vor allem, es war unbequem.

Man sah weg, als jüdischen Ärzten und Rechtsanwälten die Zulassung entzogen wurde; man wechselte eben zu anderen.

Man sah weg, als jüdischen Geschäftsleuten ihr Gewerbe weggenommen wurde; es gab ja Interessenten, die es erwerben wollten.

Man sah weg, als Juden der Zugang zu Restaurants und Cafés, Bibliotheken und Parks durch Verbotsschilder verwehrt wurde.

Und man sah weg, als Nachbarn abgeholt wurden, und fragte nicht, warum sie nie wiederkamen.

Auch das ist die Lektion von Bergen-Belsen: Man ist nicht nur verantwortlich für das, was man tut, sondern auch für das, was man geschehen läßt. Wer es zuläßt, daß anderen die Freiheit geraubt wird, verliert am Ende die eigene Freiheit. Wer es zuläßt, daß anderen die Würde genommen wird, der verliert am Ende die eigene Würde.

Gewiß, nicht alle haben weggesehen. Es gab den Widerstand Dietrich Bonhoeffers, der Geschwister Scholl, des 20. Juli. In Bergen-Belsen büßten Rudolf Lüstermeier und Heinrich Jaspers für ihre Opposition gegen die Nazi-Diktatur. Es gab auch Menschen, die im Alltag ihren Anstand bewahrten. Es gab den Wissenschaftler, der seine Freundschaft zum plötzlich geächteten Kollegen eben nicht auf staatlichen Befehl aufgab. Es gab die Familie, die es sich nicht nehmen ließ, ihre jüdischen Freunde zu Hause zu besuchen. Es gab die Hausfrau, die des Berufs beraubte Nachbarn mit Lebensmitteln versorgte. Und es gab Menschen, die, obwohl es mit höchstem Risiko verbunden war –

Juden aufnahmen und versteckten. Sie waren Helden, aber sie waren wenige, und sie allein konnten das Unheil nicht mehr abwenden.

Bergen-Belsen ist nicht nur Vergangenheit. Jorge Semprun hat es uns erklärt, indem er sagt: »Die Geschichte ist frisch. Der Tod steht noch im Präsens.« Wenn wir aus der Geschichte lernen wollen, müssen wir erkennen, daß die Gefahr des Totalitarismus immer noch im Präsens steht und nicht nur in Deutschland – sondern in der ganzen Welt – und daß sie uns auch im Futur wieder begegnen kann.

Unsere Verantwortung ist es, dieses Wissen weiterzugeben.

Wir sind dankbar, daß wir noch einmal die Chance bekommen haben, zusammen mit unseren europäischen Nachbarn eine gemeinsame friedliche Zukunft zu gestalten. Deutschland wird alles daransetzen, daß es nationalistischer Engstirnigkeit, Überheblichkeit und Intoleranz nie mehr gelingt, den Frieden zu gefährden. Wo immer es sei.

Am gleichen 11. April 1944 schrieb Anne Frank in ihr Tagebuch, sie rechne bereits mit der Möglichkeit des Todes. Sie fand den Mut, sie fand die Kraft, hinzuzufügen, daß es dann eben ein Opfer für Freiheit, Wahrheit und Recht sein müsse. Das ist ihr Vermächtnis. Nehmen wir es an.

Quelle: Bulletin des Presse- und Informationsamts der Bundesregierung, Nr. 34 vom 2. Mai 1995, S. 286–288. Die Überschrift wurde von den Herausgebern gewählt.

CHAIM HERZOG

Ich bringe keine Vergebung oder Vergessen

Ansprache anläßlich der Gedenkveranstaltung in Bergen-Belsen am 27. April 1995

Eure Exzellenz, Präsident Roman Herzog,
Kanzler Kohl,
Herr Bubis,
Exzellenzen und Freunde,

wenn ich hier zu diesem historischen und, ja, bewegenden Anlaß vor Ihnen stehe, komme ich nicht umhin, auf die Geschichte meines Volkes in diesem Lande zurückzublicken, auf eine Vergangenheit, die unsterblich geworden ist in Tausenden von Bänden, eine Vergangenheit, die Perioden von Trauer und Tragik, die die Leiden unseres Volkes durch das Mittelalter hindurch einschließt, das in unserer kollektiven Erinnerung fortlebt, eine Vergangenheit, die die großartigen Jahre, in denen der Geist unserer Nation auf dieser Erde blühte und über die Jahrhunderte einige der größten Beiträge im Denken, in der Literatur, im Gesetzeswesen, in der Liturgie, in der Philosophie hervorbrachte, geschaffen von unserem Volk – Beiträge des großartigen Flügels der Aschkenasi im jüdischen Volk. Sie haben die Zeiten überdauert und stehen als leuchtende Wahrzeichen am Weg, den sowohl die westliche als auch die jüdische Zivilisation in den letzten Jahrhunderten gegangen sind.

Was in der ersten Hälfte dieses Jahrhunderts geschehen ist, läßt sich nicht ungeschehen machen. Denn kein Volk kann sich der eigenen Geschichte entziehen und sie verleugnen. Sie ist ein niemals zu leugnendes Erbe. Unsere Kinder, Ihre wie unsere, bleiben die Erben der Vergangenheit. Dies schafft ein Problem und eine Bindung; es begründet auch eine gegenseitige Verpflichtung und eine Verantwortung gegenüber der Menschheit; eine Verantwortung, auf einen Zustand hinzuarbeiten, in dem weder Auschwitz noch Bergen-Belsen sich jemals wiederholen können.

Wir müssen der Geschichte ins Auge sehen und akzeptieren, was in ihrem wie auch immer entfernten Spiegel reflektiert wird, wie Präsident von Weizsäcker so furchtlos in seiner denkwürdigen Rede vor dem Bundestag im Mai 1985 ausführte. Um ihn zu zitieren: »Wir brauchen und wir haben die Kraft, der Wahrheit ins Auge zu sehen, ohne Beschönigung und ohne Einseitigkeit.« ». . . wer vor der Vergangenheit die Augen verschließt, wird blind für die Gegenwart . . .« Aber wir wissen, daß freie Menschen zur

Veränderung in der Lage sind, daß sie in der Lage sind, eine würdige Zukunft zu formen. Obwohl es nicht in der Macht der Sterblichen steht zu vergeben, sollte in diesem Fall die Erinnerung an Vergangenes niemals als moralische Selbstlähmung angesehen werden. Das Gegenteil ist richtig: Es ist ein moralisches Gebot, die Entschlossenheit zu artikulieren, daß, was einmal geschah, niemals wieder geschehen darf.

Der Staat Israel, hervorgegangen aus der Tiefe jüdischer Träume und Gebete über Jahrhunderte, und das neue Deutschland sind beide auf den Ruinen jener Jahre entstanden. Beide tragen aus unterschiedlichen Gründen eine Verantwortung, Symbol menschlicher Gerechtigkeit zu sein, der Unverletzlichkeit des menschlichen Lebens, der Gleichheit ohne Unterschied der Religion, Rasse oder Hautfarbe, der Freiheit und Würde. Wir sind beide dazu verpflichtet, Position zu beziehen gegen alle bösen Regime, die die Würde des Menschen unterdrücken und fanatischen religiösen Fundamentalismus, Rassismus und Diskriminierung praktizieren. Wir beide müssen für eine Welt des Friedens kämpfen, eine Welt, die den Gegensatz und vollständige Ablehnung alles dessen, wofür der Nazismus stand, darstellt.

Der Staat Israel trägt die höchste Verantwortung, die Zukunft eines jüdischen Volkes sicherzustellen, das stark und standfest ist in seiner moralischen Kraft, in seiner menschlichen Qualität und seiner Fähigkeit, sich selbst zu schützen. Ich glaube, daß Deutschland eine historische Verantwortung hat, Israel in dieser vitalen Aufgabe des Überlebens zu helfen und jede Handlung zu unterlassen, die jene stärken könnte, die unsere erklärten Feinde sind.

Herr Präsident, ich bin Angehöriger und Repräsentant eines einzigartigen Volkes in der Geschichte. Unser Lebensmotto durch die Zeiten hindurch könnte am besten zusammengefaßt werden in einem Psalmvers: »Ich werde nicht sterben, sondern ich werde leben und die Taten des Allmächtigen erzählen.«

Der europäische Holocaust fegte in grenzenloser Tragödie eine der ruhmreichsten Epochen der jüdischen Geschichte hinweg. Er besiegelte eine Epoche des Judaismus. Die Seele der Nation war verheert worden, ihre geistige Kontinuität war bedroht und ihr Leben selbst stand auf des Messers Schneide. Die schmerzliche Tragweite unserer Tragödie war in den Annalen der Menschheit ohne Beispiel.

Bereits drei Jahre nach dem größten Verbrechen gegen unser Volk in der Geschichte stellte die jüdische Nation ihre Staatlichkeit wieder her. Die Narbe des Exils wurde geheilt; die jüdische Würde wurde gerettet und aufgerichtet. Eine Nation gewann neu die Quellen ihrer ewigen Erleuchtung, und unsterbliche Weissagung wurde vor ihren eigenen Augen gerechtfertigt. Eine neue und ruhmreiche Epoche wurde unserem Volk eröffnet. Die Tiefen des Todes mündeten plötzlich in die weiten Höhen der Hoffnung. Hoffnung und Würde wurden gewährt.

Bei dieser bewegenden und inspirierenden Gelegenheit, an dieser heiligen Stätte, die ich zuerst vor 50 Jahren als jüdischer Soldat aus Israel sah, der an der Zerstörung des Nazi-Regimes teilnahm, »die Brandzeichen dem Feuer entreißend«, wird mich die Erinnerung an jene schockierenden Anblicke niemals verlassen. Ich bringe keine Vergebung oder Vergessen. Die einzigen, die vergeben können, sind die Toten; die Lebenden haben kein Recht zu vergessen.

Ihr, meine Brüder und Schwestern, deren Überreste hier liegen, habt unserem Volk den Lebensgrundsatz, das Gebot des Lebens hinterlassen, sicherzustellen, daß niemals wieder der Jude ein hilfloses Opfer sei und daß niemals wieder Holocaust und Zerstörung das Schicksal Israels seien. Ihr habt ein Testament hinterlassen, die Zukunft des jüdischen Volkes in seinem eigenen Land zu bauen, stolz und frei. Ein Volk, das stark ist in seinem moralischen Recht und seiner moralischen Kraft, ebenso wie in seiner Fähigkeit, sich zu verteidigen; ein Volk, das auferstand aus der Asche des Holocaust zu einem konstruktiven, kreativen Leben. Die Trauer um Euren Tod wird ewig bei uns sein. Nicht als ewiger Haß, nicht als unfruchtbare, lähmende Feindschaft, sondern als ein Ruf nach Kraft und Standfestigkeit. Ein Ruf, der versteht, wie tief die menschliche Seele sinken kann, und ein Ruf, der sich darüber erhebt. Um mit unserer ganzen Kraft den Gegensatz des Bösen, des Übels zu erfüllen: »Wende dich vom Übel ab und tue Gutes. Strebe nach Frieden und verfolge ihn.«

Im Namen des jüdischen Volkes und im Namen des Staates Israel wiederhole ich unseren Schwur, Euch niemals zu vergessen und Eurem Vermächtnis stets treu zu bleiben – dem Gebot des Lebens.

Quelle: Bulletin des Presse- und Informationsamts der Bundesregierung, Nr. 34 vom 2. Mai 1995, S. 291–292. Die Überschrift wurde von den Herausgebern gewählt.

Die Autorinnen und Autoren

BENZ, PROF. DR. WOLFGANG, Leiter des Zentrums für Antisemitismusforschung der Technischen Universität Berlin

KAISER, DR. WOLF, Pädagogische Abteilung der Gedenkstätte Haus der Wannsee-Konferenz, Berlin

DRESSEN, WILLI, Staatsanwalt, Stellv. Leiter der Zentralen Stelle der Landesjustizverwaltungen, Ludwigsburg

UEBERSCHÄR, DR. GERD, Militärgeschichtliches Forschungsamt, Freiburg

LAIR, KATINA, Studentin

GRAML, HERMANN, Institut für Zeitgeschichte, München

STEINBACH, PROF. DR. PETER, Gedenkstätte Deutscher Widerstand, Berlin

LICHTENSTEIN, HEINER, Redaktion TRIBÜNE, Köln

RENZ, ULRICH, Journalist, Frankfurt a. M.

SCHLÖR, DR. JOACHIM, Universität Potsdam

URBAN, SUSANNE, Germanistin, Doktorandin, Frankfurt a. M.

BROZIK, DR. KARL, Claims Conference, Frankfurt a. M.

RAIM, DR. EDITH, Historikerin, Durham/England

BUBIS, NAOMI, Journalistin, Frankfurt a. M.

GUTTMANN, MICHA, Journalist, Köln

ABENDROTH, ELISABETH, Historikerin, Frankfurt a. M.

GENGER, ANGELA, Leiterin der Mahn- und Gedenkstätte Düsseldorf

HERZOG, ROMAN, Bundespräsident

HERZOG, CHAIM, Staatspräsident a. D. in Israel